Schulkulturen in Entwicklung

Beiträge zur Reform der Grundschule – Band 152
Herausgeber: Der Vorstand des Grundschulverbandes e.V.
Verantwortlich für diesen Band: Gabriele Klenk

Herausgegeben von Ursula Carle, Stefan Kauder, Eva-Maria Osterhues-Bruns

Schulkulturen
in Entwicklung

Grundschulverband e.V.
Frankfurt am Main

© 2021 Grundschulverband
Frankfurt am Main

Satz und Gestaltung: novuprint · Agentur für Mediendesign,
Werbung, Publikationen GmbH, 30175 Hannover

Bildnachweis: Die Rechte für die Abbildungen liegen bei den jeweiligen
Autorinnen und Autoren, falls nicht anders vermerkt;
Hans-Quick-Schule. Bickenbach (Umschlag vorn),
Grundschule Baierbrunn (Umschlag hinten)

Bibliografische Information der Deutschen Nationalbibliothek:
Die Deutsche Nationalbibliothek verzeichnet diese Publikation
in der Deutschen Nationalbibliografie; detaillierte bibliografische
Daten sind im Internet über http://dnb.d-nb.de abrufbar.

Druck und Bindung: WKS Print Partner GmbH, 34587 Felsberg

ISBN 978-3-941649-31-6 / Best. -Nr. 1116
(Beiträge zur Reform der Grundschule, Band 152)

Bestelladresse: info@grundschulverband.de bzw. direkt online unter
www.grundschulverband.de → Shop → Buchreihe

Inhalt

Ursula Carle, Stefan Kauder & Eva-Maria Osterhues-Bruns
Schulkulturen in Entwicklung – Einführung 9

Mutige Schulentwicklung

Susanne Nagel-Jung, Johannes Schubert & Dörthe Sickau
Wenn Lehrerinnen und Lehrer (wieder) Lernende sind.
Professionelle Lerngemeinschaften (PLG) eröffnen neue Wege
des systematischen Austauschs 20

*Andrea Karlsberg, Beate Rupp-Uhlig, Hendrik Weber,
Jan Dombrowski, Malte Cunis & Michael Pehle*
„Trau dich ran, fang einfach an!"
Zur Schulkultur an der Winterhuder Reformschule 31

Cornelia Münch, Karolin Noll & Marcel Gelesz
Schritte in eine neue Lernkultur. Von der Grundschule
zur Gemeinschaftsschule 44

Carmen Pauli & Katrin Quosdorf
Jürgen Reichens Ideen als Anlass, neu zu denken –
Schule ohne Pädagräuel und Didadogmen 51

*Marja Ertel, Christina Grom, Klaus Großmann, Tina Hartwig,
Patricia Kies & Lars Strömel*
„Du hast eine gute Stimme, und wenn wir mitsammen musizieren,
wird es gar herrlich klingen" *(Die Bremer Stadtmusikanten, Brüder Grimm)* 61

Kerstin Schindler
Weiter, immer weiter …?! 73

Wertschätzende Beziehung

Doris Burkhardt & Volker Geis
Was macht eigentlich ein Kinderhausmeister? „Jedes Kind möchte
das Erlebnis haben, etwas gut machen zu können." 86

Antje Braunreuther & Claudia Tröbitz
Beziehung zulassen, sich einlassen, gestalten. Beziehungsgestaltung
als Fundament für Schulentwicklung 98

Frank Wagner
„Zitronen zu Limonade – oder: wie man einen Schulpreis gewinnt"   109

Barbara Hallmann
Mitbestimmen und mitbestimmen lassen   118

Alexandra Vanin-Andresen
Unser Leistungsversprechen. Mutig die Welt von morgen gestalten –
Verantwortung übernehmen für sich, die Klasse, die Schule, die Welt   130

Strukturierte Vielfalt

Conni Kastel, Andreas Neuffer & Petra Stumpf
Kunst als Brücke zur Sprache   138

Maxi Brautmeier-Ulrich, Melanie de Gooijer & Raphaela Ruthmann
Individuelles und gemeinsames Lernen in der medienorientierten
Schule. Inklusive Schulentwicklung und Digitalisierung
mit dem Lernplaner   149

Andrea Keyser
Schule plus Kultur ist nicht gleich Schulkultur,
auch nicht in der Grundschule Steinbergkirche   162

Gaby Huber
Leistung – Chancenwegweiser für individuelle Lernwege
an unserer Schule für alle   172

Alexandra Mangold & Johanna Rosner
Machen hier eigentlich alle, was sie wollen?!   183

Kooperation und Vernetzung

Matthias Dautel & Simone Hentschel-Gärtner
„Schimmeldewog, wie laigscht du schäi".
Vom kleinen Theater zum großen WIR   194

Gunda Ruge-Strudthoff
Ich zeige, was ich kann. Die Fähigkeiten der Kinder
in den Mittelpunkt stellen   208

Boris Gukelberger & Markus Schega
Niemand fliegt raus. Wie wir die Haltequalität unserer Schule steigern   221

Martina Fritz, Marie-Luisa Ortner, Susanne Putler,
Stefanie Ristow, Kathrin Rottler & Vivien Semmelmann
Voneinander lernen – Miteinander die Welt entdecken   229

Lernen für nachhaltige Entwicklung

Beate Hunfeld & Lenka Hertel
Mit Kinderrechten zu einer demokratischen Schulkultur   244

Melanie Hansmann, Dorothea Haußmann, Simone John,
Ulrike Mathein-Landschütz, Doris Maier, Kerstin Spiers &
Martina Zippelius-Wimmer
Natur, Kultur und Demokratie an der Grundschule Bubenreuth   256

Eva-Maria Osterhues-Bruns & Georg Schillmöller
Jedes Kind lernt gern. Bildung an einer Schule in Bewegung   276

Michael Bauernschuster, Martina Frühmorgen, Corinna Krieg &
Laura Schneidewind
Von der Umweltschule zur nachhaltigen Schule   289

Sabine Cordes
Mera, deine, nuestro future – unser gemeinsamer Kompass
für unsere Welt von morgen! Globales Lernen und Nachhaltigkeit
als Wegweiser der Schule am Wingster Wald   301

Steffen Petzak
Modellprojekte als Motor für Schulentwicklung –
die pädagogische Arbeit an der KNEIPP-Grundschule Mestlin   310

Autorinnen und Autoren   316

Ursula Carle, Stefan Kauder & Eva-Maria Osterhues-Bruns

Schulkulturen in Entwicklung – Einführung

Lehrerinnen und Lehrer aus allen Bundesländern laden im Band „Schulkulturen in Entwicklung" ein, ihre Schulen kennenzulernen. Ihnen allen ist gemeinsam, dass sie sich unaufhörlich und hoch motiviert den gesellschaftlichen Anforderungen an eine zukunftsfähige Schule stellen. Sie sind wach für Impulse der Schülerinnen und Schüler, der Eltern und aus dem Umfeld der Schule. Mit Kreativität, Durchhaltevermögen und Teamgeist gelingt es ihnen, eine Lern- und Arbeitsatmosphäre zu schaffen, die unterschiedliche Zugänge und Voraussetzungen als Fundus für die Entwicklung einer guten Schule nutzt. Dabei dreht sich alles darum, eine Lernumgebung zu schaffen, die jedem Kind beste Lernbedingungen bietet. Viele Schulen haben dazu u. a. jahrgangsübergreifende Lerngruppen eingerichtet. Inklusion ist dann kein speziell zu betonender Sonderfall, sondern wird alltäglich gelebt und weiterentwickelt.

Trotz vieler Gemeinsamkeiten hat jede der vorgestellten Schulen eine eigene, unverwechselbare Gestalt. Jede Schule, die im Buch zu Wort kommt, hatte einen spezifischen Anlass und eine schulindividuelle Ausgangslage, um den dargestellten Weg einzuschlagen. Auch die Motivation des Kollegiums, weiter auf dem Weg zu bleiben, ist von Schule zu Schule unterschiedlich. Denn kaum ist ein Entwicklungsschritt getan, kaum wurde ein noch so kleiner Baustein der Schulkultur erneuert, tut sich schon die nächste Herausforderung auf. Zwischen vielen dargestellten Einzelbausteinen zeigt sich jeweils eine spezifische Schulkultur, die nicht starr festgeschrieben ist, sondern sich laufend weiterentwickelt. Zu einem umfassenden Bild vom Entwicklungsprozess gehört auch, dass von den 65 Autorinnen und Autoren nicht nur die Wege und Zwischenergebnisse aus ihren Schulen präsentiert werden. Vielmehr wird teils mit großer Offenheit gezeigt, welche Hindernisse überwunden werden mussten, um den nächsten Erfolg zu erringen, und wie das gelungen ist.

Das Buch handelt also nicht nur von Ideen, sondern auch von deren konkreter Umsetzung. Wenn in einer Schule eine Entwicklung angestoßen werden soll und der Weg noch unklar ist, bietet dieser Band eine Fülle anschaulicher und in der Praxis gut umsetzbarer Impulse. Stockt die Entwicklung einer Schule oder wird verzweifelt für das aufgetauchte Problem nach einer Lösung gesucht, findet sich in diesem Buch garantiert ein Lösungshinweis.

Zur Entstehung des Buches

Der Band „Schulkulturen in Entwicklung" passt in die Reihe „Beiträge zur Reform der Grundschule" des Grundschulverbands, leistet er doch einen wichtigen Beitrag zur praktischen Fundierung der laufenden Umgestaltung der Grundschule. Gleichzeitig handelt es sich um ein ungewöhnliches Werk, in dem ausschließlich die schulpraktische Perspektive zu Wort kommt. Wie kam es zu diesem Buchprojekt? Im Anschluss an den Bundesgrundschulkongress 2019 in Frankfurt entstand der Gedanke, die vielen engagierten Grundschulen in einem Band selbst zu Wort kommen zu lassen. Da die Zahl der Beiträge begrenzt war, konnten bei Weitem nicht alle interessanten Schulen zu den drei Auftaktworkshops für den Band eingeladen werden, die in Erfurt, Freiburg und Hamburg stattfanden.

Zum Begriff „Schulkulturen"

Diskutiert wurde über den Begriff „Schulkulturen". Zustimmung erhielt die vorgestellte Begriffsklärung: Unter Schulkulturen verstehen wir „Gesamtkunstwerke", die sich in einer ständigen Veränderung befinden. Motoren dieses Prozesses sind innerschulische Veränderungen, aber auch Anforderungen, die von außen auf die Schule zukommen. Jede Schule bewältigt diese Veränderungen auf ihre Weise und nutzt sie zur eigenen Weiterentwicklung. Sehr schnell zeigte sich, dass jede Schule als Individuum zu sehen ist. Es gibt aber auch Verbindendes zwischen den beteiligten Schulen. Gemeinsam ist allen eine Leitung, die die vereinbarten Ziele und den eingeschlagenen Entwicklungsweg nach innen und nach außen transparent hält und für die bestmöglichen Bedingungen sorgt. Ein weiteres gemeinsames Merkmal ist ein Kollegium, das mit enormem Engagement und kooperativ die gemeinsame Sache kritisch-konstruktiv voranbringt. Deutlich wird auch, dass die Schulen sich das Vertrauen der Schüler*innen und der Eltern erarbeitet haben. Es hat sich bei jeder Schule eine von den schulischen Akteur*innen konsensuell getragene, grundlegende, als sinnvoll erachtete, gute Ordnung herausgebildet, eine verlässliche Basis, auf der die Schulgemeinschaft ihre Ideen verfolgt und weiterentwickelt. Dabei geht es sowohl um gemeinsame Wertorientierungen als auch um damit verwobene schulische Strukturen und pädagogische Handlungsmuster. Im Zentrum steht bei allen beteiligten Schulen das ständige Ringen um die bestmögliche Förderung ihrer Schülerinnen und Schüler. Einige Beiträge zeigen, dass der Weg zum aktuellen Entwicklungsstand der Schule nicht glatt verlief, sondern auch viele innere und äußere Hürden zu meistern waren. Gerade die Überwindung solcher Widerstände stärkt die Ausprägung einer schulindividuellen Schulkultur.

Werner Helsper, ein renommierter deutscher Schulpädagoge, hat 2008 unter dem Titel „Schulkulturen – die Schule als symbolische Sinnordnung" bilanziert, wie sich die schulkulturtheoretischen Positionen von einem normativen Verständnis hin zu einem dynamischen Schulkulturverständnis gewandelt haben, so wie es auch in den Beiträgen dieses Bandes zum Tragen kommt. Er schreibt: „Schulkulturen erscheinen als Ordnungen pädagogischen Sinns, die durch die Akteure der Einzelschule in der Auseinandersetzung mit Sinnstrukturen höherer Ordnung handelnd konstituiert und transformiert werden. In den Anerkennungskämpfen der schulischen Akteure ergeben sich dominante Sinnordnungen, in denen jeweils exzellente, tolerable, marginalisierte und tabuisierte kulturelle Entwürfe und Praktiken enthalten sind" (Helsper 2008, 63)[1].

Die Kultur der eigenen Schule erfassen

Unumstritten ist, dass die Schulkultur schwer fassbar ist und dennoch typisch für die jeweilige Einzelschule. Sie ist gerade von innen heraus schwer zu beschreiben, obwohl man mittendrin das Gefühl hat, sie verstanden zu haben und sie jeden Tag zu leben. Beginnt man mit der Analyse, kann es sein, dass man sich wie in einem Irrgarten von vielerlei verschiedenen Einzelstrukturen umgeben fühlt, die irgendwie zueinander passen und miteinander verbunden sind, hinter denen aber das Gesamtkunstwerk noch nicht sichtbar und schon gar nicht beschreibbar wird. Um die Schulkultur der eigenen Schule zu verstehen, die man jeden Tag unter hohem Arbeitsdruck lebt, ist es notwendig, sich dem Kunstwerk zunächst von einer Seite aus zu stellen. Diesem Ansatzpunkt konnten sich die Teilnehmer*innen der Workshops mithilfe der Kolleg*innen aus den anderen Schulen annähern. Die Vorstellung der eigenen Schule war eine große Herausforderung. Durch Nachfragen wurden Zusammenhänge und evtl. implizit verfolgte Ziele klar. Die Annäherung an die eigene Schulkultur geschah zudem durch Vergleich von Zielrichtungen und Handlungsweisen: „Ach, so macht ihr das! Dieses Ziel verfolgt ihr damit." Hilfreich, aber manchmal auch herausfordernd war, welchen schulkulturellen Kern die Teilnehmenden aus den anderen Schulen hinter dem Vorgetragenen entdeckten. Die Konfrontation mit der Außensicht auf die Darstellung der eigenen Schulkultur machte auch nachdenklich. Schließlich wurde zum Ende des Workshops versucht, gemeinsam den Arbeitstitel des Buchtextes für jede teilnehmende Schule zu formulieren, der das Wesentliche der Schulkultur der Schule spiegeln sollte.

Zur Gliederung des Bandes

Erst als alle Texte fertiggestellt waren, haben wir als Herausgebende uns Gedanken darüber gemacht, wie der Band gegliedert werden könnte. Das war nicht einfach, weil Schulkulturen gerade vielfältige Aspekte vereinen. Wir haben uns schließlich für folgende Ordnung des Bandes entschieden:
- Mutige Schulentwicklung
- Wertschätzende Beziehung
- Strukturierte Vielfalt
- Kooperation und Vernetzung
- Lernen für nachhaltige Entwicklung

---

1) Helsper, Werner (2008): Schulkulturen – die Schule als symbolische Sinnordnung. In: Z.f. Päd 54. Jg. H. 1, 63–80. Online verfügbar: www.pedocs.de/volltexte/2011/4336/pdf/ ZfPaed_2008_1_Helsper_Schulkulturen_Sinnordnung_D_A.pdf

Jedem Stichwort haben wir in etwa gleich viele Beiträge zugeordnet, wohl-wissend, dass alle Schulen etwas zu den so entstandenen fünf Überschriften zu sagen hätten.

Vorstellung der Beiträge

Mutige Schulentwicklung

Grundlegend für „mutige Schulentwicklung" ist, dass Lehrerinnen und Leh-rer (wieder) Lernende sind. Und das lässt sich strukturiert und engagiert mit dem Konzept der „Professionellen Lern-Gemeinschaften (PLG)" angehen. Drei Schulleiter*innen aus Baden-Württemberg haben sich mithilfe einer externen Moderation dieses Konzept zu eigen gemacht und erst einmal für ihre Leitungsaufgaben erprobt. Mittlerweile konnten sie auch ihre Kollegien für das Gelernte begeistern. Was diese Art zu arbeiten bedeutet und wie damit Schule entwickelt werden kann, stellen Susanne Nagel-Jung, Johannes Schu-bert und Dörthe Sickau vor. Der Beitrag präsentiert ein Beispiel, wie sich neue Ordnungen und neue Sinnstrukturen allmählich entwickeln.

Eine Schule für alle Kinder und jungen Menschen, vom Vorschulalter bis zum Abitur, das ist die von 1999 bis 2003 aufgebaute (staatliche) Reform-schule Winterhude in Hamburg. Das Lernen der Schüler*innen auf ihren eigenen Wegen in jahrgangsübergreifenden Lerngruppen zu ermöglichen, ist die Grundlage der Kultur dieser Schule. Nach dem Motto „Trau dich ran, fang einfach an" befindet sich nicht nur das individuelle Lernen jedes Kindes immer auf dem Weg, der nie gerade verläuft, sondern auch die Schule als Gesamtes. Schulische Räume, Mitbestimmung, die Übergänge, Projekte, Her-ausforderungen und das Lernen mit digitalen Medien werden in dem Text des sechsköpfigen Autor*innenteams dabei in den Blick genommen.

Cornelia Münch, Karolin Noll und Marcel Gelesz beschreiben den 15 Jahre währenden Weg von der Grundschule zur 12-jährigen Gemeinschaftsschule Otto Lilienthal in Erfurt (Thüringen). Er gelang, weil es die Schulleitung immer wieder verstanden hat, sich äußeren Hürden entgegenzustellen und Chancen aufzugreifen. Das Ziel war es, ein Unterrichtssystem zu entwickeln, welches die individuelle Lernentwicklung jedes Schulkindes und gleichzei-tig eine Stärkung der sozialen Gemeinschaft in den Mittelpunkt stellt. Große Bedeutung hat die Arbeit in Teams. Ein Team unterrichtet zwei jahrgangsge-mischte Klassen in einem gemeinsamen Lernhaus. Jedes Team hat viele Frei-heiten zur Gestaltung seiner Arbeit, deren Qualität durch Mindeststandards definiert ist.

„Schule ohne Pädagreul und Didadogmen – Jürgen Reichens Idee als Anlass, neu zu denken" heißt der Titel des Beitrags von Carmen Pauli und Katrin Quosdorf von der 59. Grundschule Jürgen Reichen in Dresden (Sachsen). Der spannende Text führt in das alltägliche Leben an der Schule ein, das seit 30

Jahren vor allem die Kinder gestalten. Klare Strukturen eröffnen den Kindern einen optimalen Gestaltungsspielraum. So kann moderne Reformpädagogik aussehen, die Lernprozesse ermöglicht, bei denen der Funke neuer Erkenntnisse überspringt. Im Text wird deutlich, dass der gesellschaftliche Wandel auch diese Schule immer wieder herausfordert.

Ein sechsköpfiges Autor*innenteam der Brüder-Grimm-Schule, einer inklusiv arbeitenden Ganztagsgrundschule in Ingelheim (Rheinland-Pfalz) stellt konzeptionelle Bausteine der Schulkultur entlang eines Märchens der Brüder Grimm vor. Damit wesentliche strukturelle Elemente entstehen konnten, war ein Wandel grundlegender pädagogischer Überzeugungen und des pädagogischen Handelns erforderlich: weg von der Defizitorientierung hin zur Kompetenzorientierung und Abkehr vom Einzelkämpfertum hin zu leistungsfähigen Teamstrukturen. Durch Partizipation und Kooperation gelingt die gemeinsame Verantwortung für die Bildung der Kinder.

Eine Schule macht sich auf den Weg, beginnt nach dem Ende der Teilung Deutschlands mutig, sich zu öffnen, das Kind in den Mittelpunkt zu stellen. Jahrgangsübergreifendes Lernen, Lernwerkstätten und Inklusion – damals noch Integration, sind zentrale Elemente der Unterrichts- und Schulkultur der Grundschule Brück (Brandenburg). Die Schule wird Modellschule, Hospitationsschule und ein Vorbild für andere Schulen. Kerstin Schindler beschreibt in ihrem Beitrag die Herausforderungen, denen sie an der Grundschule Brück als neue Schulleiterin begegnet, und wie sie diese aufgegriffen hat.

Wertschätzende Beziehung

„Jedes Kind möchte das Erlebnis haben, etwas gut machen zu können." So steht es im Leitbild der jahrgangsübergreifend arbeitenden Grundschule Am Ordensgut, Saarbrücken (Saarland). Doris Burkhardt und Volker Geis beschreiben, wie eine wertschätzende Beziehung zwischen Kindern und Erwachsenen aussehen kann. Durch eine weitreichende Beteiligung der Kinder am Schulleben und die ernsthafte Übertragung verantwortungsvoller Aufgaben entwickelt sich eine vertrauensvolle Kooperation. Der Beitrag zeigt, wie ein Lösungsvorschlag der Kinder – konsequent umgesetzt – langfristig zum Erfolg führen kann. Der sprachlich sehr ansprechende Beitrag erzählt eingebettet in die Beschreibung des pädagogischen Konzepts der Schule, wie die Arbeit des „Kinderhausmeisters" aussieht.

Antje Braunreuther und Claudia Tröbitz vom Evangelischen Schulzentrum Muldental in Sachsen beschreiben, wie durch Teilhabe eine wertschätzende Beziehungsgestaltung aller an der Schule Beteiligten die schulische Kultur prägen kann. Dafür packen sie einen ganzen Koffer an helfenden Impulsen, damit ihre jahrgangsübergreifend arbeitende Schule ein Wohlfühlort und Entwicklungsraum für ALLE wird und bleibt.

Im Jahr 2007 wird Frank Wagner neuer Schulleiter der Gebrüder-Grimm-Schule in Hamm (NRW). Eine kleine, engagierte Gruppe findet sich im Kollegium. Auf einem „Weg der kleinen Schritte" beginnt das Team die Schule zu verändern. Als diese aufgrund sinkender Schüler*innenzahlen geschlossen werden soll, zeigt sich Widerstand im Kollegium, gemeinsam entwickelt es Ideen, um der drohenden Schulschließung entgegenzuwirken. Immer mehr kristallisieren sich im Rahmen des Schulentwicklungsprozesses drei Leitmotive heraus: Lachen – Leisten – Lesen. 2019 erhält die Schule den Deutschen Schulpreis.

In der Freien Schule Elbe-Havel-Land im sachsen-anhaltinischen Dorf Kamern, die erst 2018 ihren Betrieb aufgenommen hat, bildet die demokratische Beteiligung der Kinder die Basis der Schulkultur. Kinder erhalten das gleiche Stimmrecht wie die Lehrenden in allen wichtigen Belangen bis hinein in die Gestaltung des jahrgangsübergreifenden Unterrichts und der Lernumgebung sowie des Zusammenlebens in der Schule. Zurzeit steht die Beteiligung der Eltern an der Weiterentwicklung der Schule auf der Agenda. Eindrucksvoll berichtet Barbara Hallmann vom schwierigen Gründungsweg und von der Entwicklung der jungen Schule.

„Wurzeln geben – Vielfalt leben" stellt das Motto der im Jahr 2020 mit dem Deutschen Schulpreis ausgezeichneten jahrgangsgemischt arbeitenden Otfried-Preußler-Grundschule in Hannover (Niedersachsen) dar. Kerngedanken des Leitbilds der Schule sind Vertrauen und Wertschätzung, Gesunderhaltung, Demokratie und Mitbestimmung. Alexandra Vanin-Andresen erläutert die Herausforderung, den Ansprüchen einer bildungsnahen, an den Prinzipien einer Leistungsgesellschaft orientierten Elternschaft gerecht zu werden und gleichzeitig eine an den Bedürfnissen der Kinder orientierte, individualisierte Gestaltung der Lernumgebung zu entwickeln und aufrechtzuerhalten.

Strukturierte Vielfalt

An der „Relli" entwickelte sich in den vergangenen Jahren eine Schulkultur der Vielfalt in allen Bereichen. Als die sechsjährige Grundschule Rellinger Straße in Hamburg geschlossen werden sollte, entstand im Kollegium eine positive Dynamik, die der jahrgangsgemischt arbeitenden Schule zum Erfolg verholfen hat. Ein solcher Prozess gelingt, wenn gleichzeitig eine gute Ordnung entsteht, durch die die Gesamtstruktur greifbar bleibt. Das zeigt sich auch beim ausgewählten Ausschnitt: Der Künstler und Ausstellungsmacher Andreas Neuffer und die Pädagoginnen Conni Kastel und Petra Stumpf beschreiben in ihrem Beitrag, wie mit der Kunst eine Brücke zur aktiven Sprachförderung an ihrer Schule gebaut wird. Die Schule wurde 2012 mit dem Deutschen Schulpreis ausgezeichnet.

Wie können Inklusion und damit einhergehend Individualisierung gelingen? Dieser Frage gehen Maxi Brautmeier-Ulrich, Melanie de Gooijer und

Raphaela Ruthmann von der Grundschule Sande in Paderborn (NRW) nach. Ein Instrument sind dabei die individuellen Lernplaner. Gemeinsam erstellt das Kollegium Arbeitspläne, die zu erreichende Kompetenzen ausweisen und durch differenzierte Aufgabenstellungen ein individualisiertes Arbeiten auch in der jahrgangsgemischten Schuleingangsphase zulassen. Die Corona-Pandemie veranlasste das Kollegium, Lernen mit digitalen Medien in den Unterrichtsplaner einzubinden.

Andrea Keyser, Schulleiterin der Grundschule Steinbergkirche (Schleswig-Holstein), einer Schule mit jahrgangsgemischter Schuleingangsphase, blickt auf über 30 Jahre Erfahrung als Grundschullehrerin und viele Jahre Erfahrung als Moderatorin für inklusive Schulentwicklungsprozesse zurück, wenn sie feststellt, dass die grundsätzliche Einstellung zur Arbeit mit Schüler*innen eine wesentliche Voraussetzung für gute Schulentwicklung ist. Die Einstellung alleine reicht nicht aus. Welche Strukturen geschaffen werden können, um gelebte Inklusion zu etablieren, stellt Andrea Keyser am Beispiel ihrer Schule vor.

Den Zusammenhang zwischen Lernen und Leisten stellt Gaby Huber, Lehrerin an der Grundschule Schuttertal (Baden-Württemberg) in den Mittelpunkt ihres Beitrags. Anhand der 4B-Förderspirale (Beobachten, Beschreiben, Begleiten, Bewerten) zeigt sie u. a., wie verschiedene Instrumente hilfreich aufeinander abgestimmt eingesetzt werden können, um die Förderung jedes Kindes bestmöglich zu unterstützen. Die mit jahrgangsübergreifenden Klassen in kleinen, familiären Schulhäusern arbeitende Grundschule Schuttertal ist Preisträgerin des Deutschen Schulpreises 2020.

Der Schulentwicklungsprozess der Hermann-Brommer-Schule in Merdingen (Baden-Württemberg) begann im Jahr 2003 im Rahmen des Modellversuchs „Schulanfang auf neuen Wegen" mit jahrgangsübergreifendem Unterricht in Klasse 1 und 2. Im Schuljahr 2012/13 wurde das jahrgangsübergreifende Lernen auf die Klassen 3 und 4 erweitert. Einen wesentlichen Beitrag zum Gelingen leisten visualisierte Kompetenzraster, „Könnernachweise", eine anschauliche Darstellung der Bildungsplaninhalte durch Lernwiesen, Lernleitern und Lernbäume als Struktur für Kinder, Eltern und Lernbegleiter*innen. Alexandra Mangold und Johanna Rosner stellen in ihrem Beitrag vor, wie hohe pädagogische Freiheit und eine klare Struktur gewinnbringend zusammenpassen.

Kooperation und Vernetzung

Matthias Dautel und Simone Hentschel-Gärtner von der jahrgangsgemischt arbeitenden Grundschule Schimmeldewog, Wald-Michelbach (Hessen) zeigen, wie eine kleine, am Hang gelegene Dorfschule eine Schule im Ort wird. Für die Vernetzung und die Akzeptanz in der Gemeinde spielte und spielt die Theater-AG eine wichtige Rolle.

In Ihrem Beitrag „Ich zeige, was ich kann. Die Fähigkeiten der Kinder in den Mittelpunkt stellen" beschreibt Gunda Ruge-Strudthoff, wie mit außerschulischen Expert*innen Fähigkeiten und Talente von Kindern entdeckt und gefördert werden. Innerhalb des Kollegiums der jahrgangsübergreifend und stark projektorientiert arbeitenden Grundschule Borchshöhe (Bremen) werden im Team Unterrichtsprinzipien und Lernumgebungen entwickelt, die darauf ausgerichtet sind, Interessen und Fähigkeiten bei den Kindern zu entdecken und die Stärken zu fördern. Die Schule war 2017 Preisträgerin des Deutschen Schulpreises.

„Kooperation auf Augenhöhe", so lässt sich das Projekt der jahrgangsübergreifenden Nürtingen-Grundschule in Berlin Kreuzberg (Berlin) mit ihrem Kooperationspartner Kotti e.V. kennzeichnen. Boris Gukelberger (Bereichsleiter Bildung & Jugendhilfe) und Markus Schega (Schulleiter der Grundschule) schildern in ihrem Beitrag, wie es durch die Zusammenarbeit verschiedener Professionen, einem gemeinsamen Ziel und der Bündelung unterschiedlicher Ressourcen gelingen kann, auch für Kinder mit herausforderndem Verhalten Rahmen- und Lernbedingungen zu gestalten, innerhalb derer sie Anerkennung durch die Einbindung in die Gemeinschaft erfahren.

Das sechsköpfige Autorinnenteam Grundschule Stein bei Nürnberg (Bayern) beschreibt, wie die heute jahrgangsübergreifend arbeitende Schule ihren Entwicklungsprozess gestaltet hat. Entwickelt wurde ein dynamischer äußerer Rahmen für das selbstständige Lernen der Kinder. Vorgestellt werden u. a. die Unterrichtsgestaltung mit Kompetenzrastern und die Leistungsrückmeldung mit Lernentwicklungsgesprächen, demokratische Prozesse in der Schule, die Arbeit in multiprofessionellen Teams und die Einbettung der Entwicklung in eine lebendige Kooperation mit dem Schulumfeld. Deutlich wird, dass die Umsetzung eines lebendigen Austausch- und Abstimmungsprozesses bedarf.

Lernen für nachhaltige Entwicklung

Beate Hunfeld und Lenka Hertel, Hans-Quick-Schule Bickenbach (Hessen), stellen vor, wie die Schule über die intensive Auseinandersetzung mit den Kinderrechten eine demokratische Schulkultur entwickelt hat. Die Schule arbeitet nach den Prinzipien einer zertifizierten „gesundheitsfördernden" Schule sowie einer Kinderrechteschule im Netzwerk der „Modellschulen für Kinderrechte und Demokratie Hessen" in Kooperation mit MAKISTA (Macht Kinder stark für Demokratie e.V.).

Das siebenköpfige Autorinnenteam der Grundschule Bubenreuth (Bayern) beschreibt drei Profilbausteine ihrer jahrgangsgemischt arbeitenden Schulkultur: Natur, Kultur und Demokratie. Ausgestattet mit viel Anschauungsmaterial bietet der Beitrag lebendige Anregungen.

Eva-Maria Osterhues-Bruns und Georg Schillmöller beschreiben den langen Weg, auf dem die heute jahrgangsübergreifend arbeitende Grundschule

16

Nordholz (Niedersachsen) sich entwickelt hat. Eine Krise als Katalysator war Ausgangspunkt der Schulentwicklung. Durch die PCB-Belastung des alten Schulgebäudes und den folgenden Schulneubau musste sich das Kollegium sowohl mit dem räumlichen Neubau als auch der inhaltlich-pädagogischen Neuausrichtung der Schule auseinandersetzen. Nachhaltigkeit stand seitdem als zentrales Merkmal der Schule im Mittelpunkt. Eine ökologische Bauweise der Schule ging einher mit Konzepten, die sich an nachhaltigem Lernen orientierten: Musik erleben in der Gemeinschaft, Bewegte Schule oder Praktisches und Forschendes Lernen sind Elemente, die die Schule bis heute prägen.

Michael Bauernschuster, Martina Frühmorgen, Corinna Krieg und Laura Schneidewind stellen vor, wie sich die Grundschule Baierbrunn (Bayern) von der Umweltschule zur nachhaltigen Schule entwickelt hat. Die Schule mit einer jahrgangsgemischten, flexiblen Schuleingangsphase engagiert sich stark für Umweltbewusstsein und Nachhaltigkeit. So gibt es eine Schulgarten-AG, einen Schulacker, ein Insektenhotel und eine Reptilienburg. Das Klassenzimmer im Grünen bietet die Möglichkeit, an Ort und Stelle Beobachtungen zu notieren und auszuwerten.

Umweltbildung spielt seit langer Zeit eine große Rolle an der Schule am Wingster Wald in Wingst (Niedersachsen), einer zweizügigen Grundschule mit jahrgangsgemischter Eingangsstufe. Das Umwelt-Profil wurde im Laufe der Zeit um den Schwerpunkt des Globalen Lernens erweitert. Verschiedene Projekte verstetigten sich im Schulalltag, auch ein naturnaher Schulhof bietet zahlreiche Möglichkeiten des nachhaltigen Lernens an. In ihrem Artikel stellt Sabine Cordes das internationale Projekt „Mera, deine, nuestro Future – unser gemeinsamer Kompass für die Welt von morgen" vor.

Dass Schulentwicklung auch durch institutionelle Vorhaben angestoßen werden kann, zeigt der Beitrag der Grundschule Mestlin. Als KNEIPP-Schule machte sich das Kollegium auf den Weg, gesundheitsfördernde Elemente im Sinne der Health Literacy in den Schulalltag zu integrieren. Auf der Basis dieses ganzheitlichen KNEIPP-Ansatzes entwickelt die Schule heute im Rahmen eines Schulversuches das inklusive, jahrgangsübergreifende Lernen. Steffen Petzak beschreibt in seinem Beitrag die Rahmenbedingungen und Unterstützungssysteme, die das Land Mecklenburg-Vorpommern zur Umsetzung beiträgt.

Danksagungen

Wir danken allen beteiligten Autorinnen und Autoren, dass sie mit ihrem Beitrag den Leserinnen und Lesern einen so umfangreichen und ehrlichen Einblick in die Entwicklung ihrer Schulkultur geben. Trotz Pandemie und ständigen Veränderungen des Unterrichtsablaufs sind sie über einen langen Zeitraum dabeigeblieben und haben ihren Beitrag mehrmals weiterentwickelt.

Edgar Bohn, Bundesvorsitzender des Grundschulverbands e.V., danken wir für die Organisation des Workshops für die baden-württembergischen, rheinland-pfälzischen, saarländischen und hessischen Schulen in der Öko-station Freiburg. Steffi Jünemann, Leiterin des Studienseminars Erfurt und Vorsitzende der Landesgruppe Thüringen des Grundschulverbands e.V., danken wir für die Organisation des Workshops in Erfurt, an dem die Schulen aus Bayern, Thüringen und Sachsen teilgenommen haben. Stefan Kauder, Vorsitzender der Landesgruppe Hamburg und Schulleiter der Grundschule Appelhoff, danken wir für die Organisation des Workshops in Hamburg, an dem Schulen aus Nordrhein-Westfalen, Berlin, Hamburg und Niedersachsen teilgenommen haben.

Schließlich danken wir allen, die an der Erstellung des Gesamttextes mitge-arbeitet haben, insbesondere Dr. Heinz Metzen für die abschließende Korrek-tur des gesamten Buches, Gabriele Klenk für die Betreuung als Vorstandsmit-glied des Grundschulverbands, der Geschäftsstelle des Grundschulverbands insbesondere für organisatorische Arbeiten im Hintergrund und dem Team von novuprint für die Arbeit an Text und Layout.

Ursula Carle, Stefan Kauder, Eva-Maria Osterhues-Bruns

Mutige
Schulentwicklung

Susanne Nagel-Jung, Johannes Schubert & Dörthe Sickau

Thaddäus-Rinderle-Schule, Staufen i. Br., Adolf-Reichwein-Bildungshaus, Freiburg i. Br., und Reinhold-Schneider-Schule, Freiburg i. Br. (Baden-Württemberg)

Wenn Lehrerinnen und Lehrer (wieder) Lernende sind

Professionelle Lerngemeinschaften (PLG) eröffnen neue Wege des systematischen Austauschs

Lernen bedeutet lebenslanges Erforschen, Hinterfragen und Weiterentwickeln. Die Lehrkraft von heute ist nicht nur Wissensvermittelnde, sondern auch Begleitende, Fragende und Mitentwickelnde der Schulgemeinschaft.

Was passiert, wenn Lehrerinnen und Lehrer sich selber als systematisch Lernende verstehen und den eigenen Ansprüchen folgend von Kolleginnen und Kollegen Wissensleistungen, Begleitung und Fragen erfahren, das erproben Lehrkräfte und Schulleitungen des Adolf-Reichwein-Bildungshauses und der Reinhold-Schneider-Schule in Freiburg sowie der Thaddäus-Rinderle-Schule in Staufen seit 2016.

Das Besondere daran: Die Lehrenden lernen und lehren zugleich. Miteinander, durcheinander und füreinander und zugleich systematisch in Professionellen Lerngemeinschaften.

Systematischer, offener Austausch

Was einfach klingt, ist für viele Lehrerinnen und Lehrer im Alltag eine echte Innovation. Austausch findet in vielen Schulen innerhalb des Kollegiums nebenbei statt. Man fragt sich, berät sich, tauscht Informationen aus. Dies erfolgt punktuell und wird von Lehrkraft zu Lehrkraft individuell gehandhabt.

Geplanter, und durch die Beauftragung zum Besuch von Veranstaltungen oder zum Austausch mit Kolleginnen und Kollegen im Ansatz auch systematischer, erfolgen Wissenstransfer und Zusammenarbeit im Rahmen punktueller Fortbildungen oder privater Kontakte auch über die Schulgrenzen hinaus.

Bis hierin kann Austausch also individuell und punktuell gelingen, ist aber auch immer vom Engagement Einzelner und vom individuellen Einbringen in die Schulgemeinschaft abhängig.

Der bewusste Aufbau von Professionellen Lerngemeinschaften (PLGs), englisch professional learning community (PLC), verfolgt demgegenüber eine Systematisierung von Austausch und Weiterentwicklung: raus aus der eigenen Lernumgebung, je nach Konzept sogar raus aus der eigenen Schule, Rahmenbedingungen vergessen, Hierarchien ausblenden. Und neu: Nicht nur Wissen wird geteilt, sondern auch Schwächen werden reflektiert und mit den Erkenntnissen wird weitergearbeitet.

Timperley et al. (2007) beschreiben dazu zwei weitere wichtige Faktoren für die Wirksamkeit dieses Formats der Lehrerfortbildung, die auch dem PLG-Konzept der drei Schulen zugrunde liegen:

- Die Fortbildungen sind dialogisch angelegt und beinhalten die Möglichkeit, neue Verständnisse zu entwickeln und ggf. problematische Überzeugungen zu verändern.
- Die Wirkungen des Handelns der Schulleitungen bzw. Lehrkräfte bezogen auf die Schulentwicklung bzw. das Lernen der Schülerinnen und Schüler werden kontinuierlich reflektiert und erörtert.

Ziel ist damit das kontinuierliche individuelle Lernen und der fachliche Austausch mit langfristiger Wirkung. Darüber steht das übergreifende Ziel: die Verbesserung von Qualität und Entwicklung von Lehrpersönlichkeit, Unterricht und Schulgemeinschaft. Bei PLG handelt es sich also um eine bewusst langfristig angelegte Form des Austauschs, eine Implementierung von Über-den-Tellerrand-Schauen, von Try and Error, von Ausprobieren und lösungsorientiertem Standardisieren – für die Gruppe, für die Schule, für die Kolleginnen und Kollegen an der Schule, für den eigenen Unterricht und somit natürlich auch für die Schülerinnen und Schüler. Auch der Vergleich mit agilen Methoden in innovativen Unternehmen zeigt, dass PLGs den Anforderungen an flache Hierarchien gerecht werden sowie der Beschleunigung und dem Professionalisieren von Prozessen dienen können.

Die drei Grundschulen aus dem Freiburger Raum schlossen sich Schritt für Schritt auf verschiedenen Ebenen zusammen, um ihre Professionellen Lerngemeinschaften zu installieren:

Zuerst bauten die drei Schulleitungen, bestehend jeweils aus Schulleiterin bzw. Schulleiter und Konrektorin bzw. Konrektor, ihre PLG auf. Die Initiative ging dabei von Susanne Nagel-Jung, Schulleiterin der Reinhold-Schneider-Schule, aus, die das Thema PLG als Inhalt eines Erasmus-Projekts unter Steuerung der PH Weingarten entdeckte. „Ich habe schon an vielen Erasmus-Projekten teilgenommen und den Austausch mit anderen Schulen als wertvoll erlebt", berichtet Susanne Nagel-Jung. Neben dem Aufbau des schulübergreifenden, regionalen Zusammenschlusses bot die länderübergreifende Vernetzung mit Schulpartnern anderer Nationen eine zusätzliche Bereicherung mit neuen Perspektiven und Impulsen.

Unter Anleitung von Prof. Dr. Katja Kansteiner, Professorin an der PH Weingarten, wurde das sechsköpfige Team gemeinsam mit Lehrkräften aus

Schweden, Norwegen, Zypern, Spanien und Malta mit dem Konzept vertraut gemacht und bei den ersten Schritten begleitet.

Unterstützung fanden die Teilnehmerinnen und Teilnehmer beim Innovationsfonds der Bildungsregion Freiburg. Hier konnten sowohl finanzielle Ressourcen abgerufen als auch fachlicher Support bei der schulübergreifenden Schulentwicklung geleistet werden.

Vor Ort bauten die Teilnehmerinnen und Teilnehmer dann ihre eigenen Netzwerke auf und suchten nach experimentierfreudigen Gleichgesinnten, die sich einer schulübergreifenden Kooperation und dem Aufbau schuleigener PLGs gegenüber aufgeschlossen zeigten. Somit wuchs die Idee der PLGs von außen nach innen in die einzelnen Schulen hinein.

Beim Aufbau der PLGs auf den verschiedenen Ebenen zeigte sich schnell, dass die Ähnlichkeit der drei Schulen beispielsweise bei Schulgröße, Ausrichtung als Ganztagsschule, Einbindung der Sozialarbeit, Angeboten und der Grundhaltung der Schulleitungen zum offenen Teilen von Problemstellungen, Herausforderungen und Vorzeigeprojekten den Austausch erleichterten. „Wir wissen genau, wovon der Kollege oder die Kollegin spricht, und können so auf einem professionellen Niveau und auf Augenhöhe mit- und füreinander analysieren und Wissen teilen", so Dörthe Sickau, Rektorin der Staufener Thaddäus-Rinderle-Schule.

Gemeinsam statt einsam / Kollaboration

Wichtig: Es handelt sich bei den Professionellen Lerngemeinschaften nicht um ein nettes Kaffeekränzchen mit persönlichen Themen, sondern um einen systematischen Austausch. Dieser wird mit agilen Prinzipien gestaltet und stellt so auch manche berufliche Tradition infrage. So dürfen in den PLGs Hierarchien keine Rolle spielen, ebenso wenig wie die Frage nach Urheber- und Nutzungsrechten von Ideen und Lernmaterialien. Damit wird aufgelöst, was vielerorts Realität ist: Jede Lehrkraft hat ihr System und erarbeitet sich ihren Stoff auf ihre Weise und mit ihren Ressourcen. So fallen u. a. Unterrichtsmaterialien individuell aus. An sich kein Problem, aber wieso wird die Arbeit doppelt gemacht? Wieso profitiert die Kollegin oder der Kollege nicht von bereits erfolgtem Fleiß und eingebrachter Mühe und kann so die eigenen Ressourcen anderweitig einsetzen und damit wiederum anderen Kolleginnen und Kollegen Zeit und Aufwand sparen? Denkt man in Kreisläufen (und scheut den Vergleich mit Open Source nicht), profitieren letztlich alle Beteiligten.

Die eigenen Errungenschaften zu teilen funktioniert jedoch nur, wenn sich alle Beteiligten bewusst auf diesen Prozess einlassen. Nur wer bereit ist zu teilen, wird Teilhabender. Und nur wenn die Spielregeln miteinander festgelegt und deren Anwendung thematisiert werden, wird die Einbahnstraße zur Cloud.

Externe Moderation

Als hilfreich für den Weg der drei Schulen erwies sich die Anwesenheit und Begleitung durch eine externe Moderation, die nicht in den Alltag einer der PLG-Teilnehmerschulen involviert ist. So konnten sich alle Beteiligten ganz auf ihre Rolle und Anliegen innerhalb der PLG konzentrieren.

Die Schulleitungs-PLG hatte großes Glück, mit Marie-Luise Furlan eine kompetente und sachlich distanzierte externe Begleitung gefunden zu haben. Selbst erfahrene Lehrerin einer anderen Schule, überzeugt vom Konzept der PLG und moderationskompetent, begleitete Marie-Luise Furlan die Schulleitungen bei ihren PLG-Treffen und sorgte dort für die zielorientierte Durchführung. Dabei sei eine der größten Herausforderungen gewesen, die Schulleitungen immer wieder aus ihrem bewegten Alltag hin zu einem fachlich-wertvollen Austausch zu führen, so Marie-Luise Furlan. Die Zufriedenheit der Teilnehmerinnen und Teilnehmer mit den Ergebnissen zeigte ziemlich schnell, dass das Format der PLG bei allen Beteiligten einen Nerv getroffen hatte und Ergebnisse schnell und kollaborativ erarbeitet werden konnten.

Die externe Moderatorin sorgte insbesondere dafür, dass die Struktur der Sitzungen zielorientiert verfolgt, aber flexibel angepasst wurde. So konnte der Zeitrahmen von zwei Stunden meist produktiv ausgeschöpft werden.

Inhaltlich gestalteten die Schulleitungen die Themen der Treffen selbst und übernahmen damit direkt die aktive Rolle, die eine der Voraussetzungen für das Gelingen ist (Frank 2011, 19). Auf der Agenda standen dabei an erster Stelle Themen wie Führung, Gestaltung von Konferenzen, Förderung kooperativer Strukturen im Kollegium, Schulkultur sowie Unterrichtsbesuche und -entwicklung.

Abb. 1: Ablauf eines Treffens

23

Multiprofessionelle PLGs

In der zweiten Phase der schulübergreifenden PLGs wurden Rektorinnen und Rektor, Teamleitungen des Ganztagsbetriebs sowie Schulsozialarbeiterinnen im neuen Format zusammengebracht. In drei jährlichen Treffen, die rotierend an einer der teilnehmenden Schulen stattfanden, konnten die verschiedenen Konzepte von Ganztag und Schulsozialarbeit gegenseitig eingesehen, erlebt und hinterfragt werden.

Lehrkräfte-PLG

In der dritten Phase wurde eine PLG mit dem Thema „Mathematik-Unterricht" mit jeweils zwei Lehrerinnen der drei Schulen zusammengestellt. Auch bei diesen sechs jährlichen Treffen ging es um das gemeinsame Weiterentwickeln von Unterricht und damit insgesamt um die stete Verbesserung der Schulentwicklung. Denn lebenslanges Lernen bedeutet auch für die Lehrenden, sich selbst sowie Materialien und Methoden zu hinterfragen, auszuprobieren und konstant fortzuentwickeln.

Als Erfolgsfaktor galt den Teilnehmerinnen und Teilnehmern dabei stets, einen eigenen Weg zur Themenfindung und -bearbeitung zu finden. So gibt es auch hier keine kopierbare Blaupause, sondern vielmehr „Gelingensfaktoren", die vor allem in der Offenheit und Bereitschaft der Teilnehmenden bestehen. Michaela Wichmann, Mathematiklehrerin am Adolf-Reichwein-Bildungshaus, sieht als Gelingensfaktor, dass die Kolleginnen und Kollegen bereit sind, auf der Sachebene zu hören und zu sprechen. Bei zwei Hospitationen wurde sowohl für die Lehrkraft, die den Unterricht hielt, als auch für die Beobachtenden deutlich, dass der Fokus nicht auf den Lehrenden, sondern auf die Schüler zu richten ist. „Das war ein ganz anderer Blick als sonst", berichtet Wichmann. Bei der Einzelbeobachtung von Schülerinnen und Schülern fielen auf einmal Muster auf: Wann stieg, wann sank die Konzentration bei Einzelnen – aber auch der gesamten Klasse? Welche Momente und Methoden des Unterrichts führten zu Lernerfolgen? Bei welchen nahm die Aufmerksamkeit der Schüler subjektiv betrachtet ab? Was sich anfangs wie eine Art Lehrprobe anfühlte, wurde schnell zur Gesamtschau auf das „System Klasse". „Über allem steht der Anspruch, guten Unterricht zu machen und gemeinsam daran zu arbeiten, dass die Lernerfolge und damit auch die Erfolge der Lehrenden einen Lerneffekt für alle Teilnehmer haben", so Wichmann. Oft sei es ja auch so, dass man nach dem Studium den eigenen Unterricht nicht mehr evaluiere und systematisch reflektiere. PLGs böten daher einen Rahmen zur systematischen Beobachtung und zum konkurrenzlosen Weiterentwickeln auf der Sachebene – auch mit ganz persönlichem Mehrwert.

Noch basiert die Teilnahme an einer PLG auf Freiwilligkeit für einen kleinen Kreis, aufgrund der durchweg positiven Rückmeldungen soll die Kapazität jedoch schrittweise erhöht werden, sodass jeder Lehrkraft die Teilnahme an einer PLG angeboten werden kann. Ist dies der Fall, können die Rückmeldungen aus den einzelnen PLGs auch wieder genutzt werden, um die anderen PLGs weiterzuentwickeln.

Methoden und Wirksamkeit

Den Sitzungen der Lehrkräfte-PLG liegt das Konzept der „Lesson-Study" zugrunde, wie sie in vielen anderen Ländern bereits fester Bestandteil der Unterrichtsentwicklung sind: Zu Beginn jeden Vormittags besuchen die Teilnehmerinnen und Teilnehmer den Unterricht eines PLG-Teilnehmenden. Bewusst werden hier nicht der Unterricht oder die Lehrkraft beurteilt, sondern die Wirkung des Unterrichts auf die Schülerinnen und Schüler reflektiert. Aus diesem gemeinsamen Rück- und Ausblick werden dann neue Erkenntnisse für die Wahl von Methoden und Materialien gewonnen (zur Lesson Study Methodik siehe Dudley 2015 sowie Knoblauch / Rieger 2016).

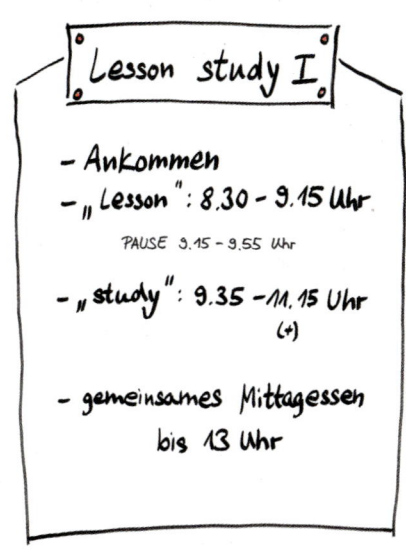

Abb. 2: Lesson-Study I

Das Lernen in der „Peergroup" ersetzt für die lernenden Lehrenden ganz bewusst einen externen Input, wie er oft durch punktuelle Schulungen vermittelt wird: Die fachliche Expertise der kollaborierenden Teilnehmerinnen und Teilnehmer sowie deren pädagogische Erfahrung bereichern nicht nur die Arbeitsweise und Weiterentwicklung der besuchten Lehrkraft, sondern, durch den fachlichen und systematischen Austausch, auch den Erfahrungsschatz der anderen Teilnehmerinnen und Teilnehmer innerhalb der PLG. PLGs wirken also dreifach:

- individuell als selbst mitgestaltete Personalentwicklungsmaßnahme, bei der die Deprivatisierung von Wissen und Methode selbstverständlich wird
- kooperativ im Sinne der persönlichen und qualitativen Verbesserung der Lehrenden-Gemeinschaft und nicht zuletzt

- konzeptionell als Fortentwicklung der einzelnen Schule, der Entwicklung von Schulen untereinander und darüber hinaus der beruflichen Praxis bzw. des Bildungssystems insgesamt.

Damit geht die Schulentwicklung einen wichtigen Schritt in Richtung der späteren Arbeitsrealität der Schülerinnen und Schüler: weg vom individuellen Laufwerk mit gehorteten Informationen, hin zum lösungs- und erfolgsorientierten Arbeiten durch Kollaboration der Akteure.

Erfolgsfaktoren und Agilität

Grundvoraussetzung für den Einstieg in Professionelle Lerngemeinschaften ist laut Johannes Schubert, Schulleiter der Adolf-Reichwein-Schule in Freiburg, dass sich die Beteiligten ihrer dreifach wirksamen Rolle bewusst sind und ein konkurrenzloser, offener Austausch auf allen drei Ebenen das gemeinsame Ziel ist. Dabei zeichnen weitere Erfolgsfaktoren das Gelingen aus:
- Offenheit der Teilnehmenden im geschützten Rahmen
- Regelmäßigkeit der Treffen
- Verbindlichkeit bei der Bearbeitung der vereinbarten Aufgaben
- Dokumentation des Erarbeiteten und Einrichtung von Zugängen zu diesem Wissen

Kein neu erfundenes Rad

PLGs sind jedoch mitnichten eine neue Erfindung. Seit den 1990er-Jahren gab es insbesondere im angelsächsischen Raum sogenannte entwicklungsorientierte Lehrendenkooperationen (Kansteiner 2019, 4). Anfang des neuen Jahrtausends standen die Qualitätsanforderungen im Fokus, gefolgt von der aktuellen Bündelung und Systematisierung. Ein Wesenselement ist dabei auch die „konzeptionelle Verschiedenheit der PLGs" (Kansteiner 2019, insb. Absatz 2 und 4).

Schulleiter Johannes Schubert bestätigt: „Jede einzelne PLG muss ihren eigenen Weg finden." Dabei habe sich gezeigt, dass Ausprobieren und Reflektieren besonders wichtig sind, um den eigenen Weg zu finden, der der Gruppe und den Zielen entspricht. So kann das Format der PLGs auch als Maßnahme der Personalentwicklung im Spannungsfeld von „alter und neuer Steuerung" (Kansteiner/Stamann 2015, 22) gesehen werden.

Auch die Systematik ist nicht neu und lässt sich in vielen Bereichen mit dem PDCA (PlanDoCheckAct)-Zirkel übereinanderlegen, der insbesondere im Projektmanagement Anwendung findet und mit dem sich Prozesse als wiederkehrender Kreislauf darstellen lassen. Das Ziel dabei lautet: Analysieren, um stetig zu verbessern.

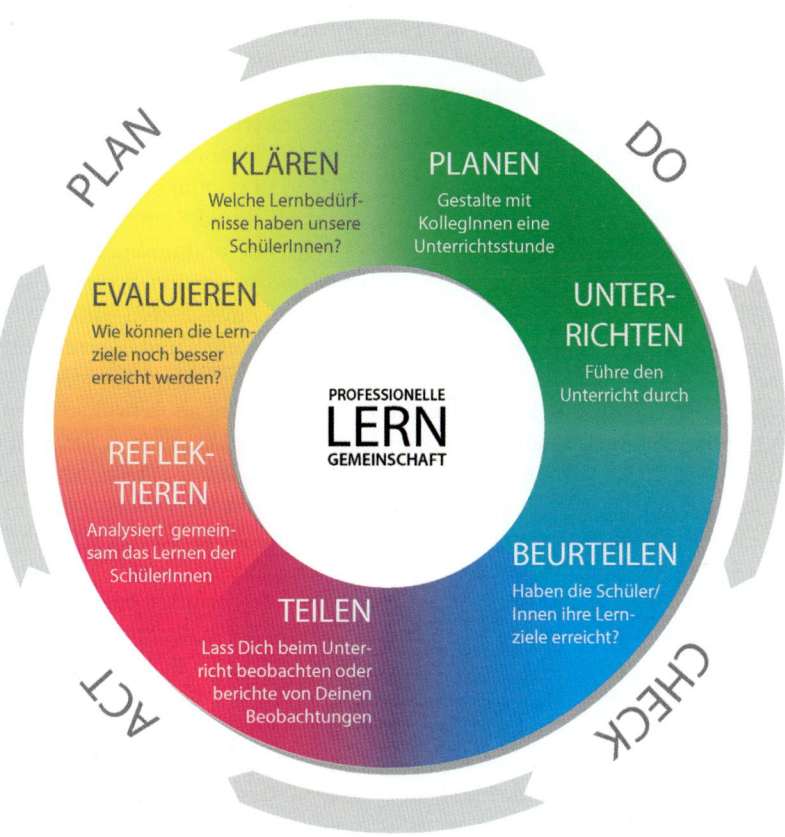

Abb. 3: Der PLG-Kreislauf

Nach der Implementierung der PLGs auf den verschiedenen Ebenen sind sich alle Beteiligten einig, dass sich das neue Format bewährt hat. Das zeigt sich auch darin, dass während der pandemiebedingten Einschränkung von Präsenzveranstaltungen der Lehrerfortbildung der Austausch weiterhin besteht. Die digitalen Wege via Videokonferenz sind kurz und die Fortführung der Professionellen Lerngemeinschaften ist von der Schulleitungs-PLG bis zur Mathe-PLG auf allen Ebenen fest vereinbart. Dennoch lebt die Qualität der PLGs von der direkten Begegnung der Teilnehmerinnen und Teilnehmer – nicht nur beim gegenseitigen Besuch des Unterrichts, sondern insbesondere bei Analyse und Austausch des Beobachteten und Gelernten.

Das Fazit der drei Schulleitungen im fünften Jahr der unterschiedlichen PLGs fällt einheitlich positiv aus. „PLGs sind ein starkes Format, um neue Wege auszuprobieren", so Susanne Nagel-Jung. Auch für Johannes Schubert gilt es, die Erfolge der PLGs in möglichst vielen Bereichen zu etablieren, denn „wir erleben bei den Beteiligten den Mut zum konkurrenzlosen Austausch und zu einem Miteinander, das uns alle an der Schule weiterbringt".

Dörthe Sickau betont die Synergieeffekte: „Die Herausforderungen unserer Schulen ähneln sich. Endlich gibt es mit den PLGs nun eine Vernetzung von Personen und Systemen mit gleichen Aufgaben und Kompetenzen. Das bringt uns als Rektorinnen, Rektoren und Lehrende und unsere Schülerinnen und Schüler im System Schule stringent und professionell voran." Das Wichtigste aus Ihrer Sicht: „Wir sparen uns viele Umwege, weil wir das Rad nicht neu erfinden, sondern Erfahrung und Wissen teilen und unsere Arbeit dadurch spürbar wirksamer wird."

Daher sehen die drei Schulleitungen PLGs auch nicht als freiwillige Extraaufgabe im Schulalltag an. Vielmehr solle Schulentwicklung zum verbindlichen Standard werden: in der Lehrerausbildung, als Teil der Stellenbeschreibung, im Lehrauftrag und ganz praktisch integriert im Schulalltag.

Ein Blick nach Schweden zeigt: Dort hat Unterrichtsentwicklung einen hohen Stellenwert und ist in Form von PLGs fester Bestandteil der Arbeitszeit der Lehrkräfte. Es sollte ein Ziel sein, auch in Deutschland in allen Bundesländern PLG im Deputat zu verankern und schulseitig in der Stundenplangestaltung zu berücksichtigen. Eine solche Absicherung der Schul- und Unterrichtsentwicklung könnte auch bildungspolitisch für Aufwind sorgen: „Der Erfolg von Schulentwicklung darf nicht vom Engagement einzelner Lehrkräfte und Schulleitungen abhängen", sind die drei Schulleitungen überzeugt. Die PLGs der unterschiedlichen Ebenen zeigten, dass Schulentwicklung eine Aufgabe für alle Ebenen sei und nicht top-down organisiert werden kann. Mit der Verpflichtung zum steten Reflektieren, gegenseitigen Analysieren und dem gemeinsamen Blick auf die Weiterentwicklung der Qualität könnte Routine geschaffen werden und damit Qualität zu einer relevanten, planbaren und steigerbaren Größe werden. Mikrokosmos, Zurückziehen ins eigene Kämmerchen sowie Horten von Erfahrung und Wissen weichen dann Teilhabe, Austausch und Kollaboration.

Diese Erkenntnis zeigt sich mittlerweile auch in anderen Projekten in Deutschland: So stellen die Begleiter des Schulentwicklungsprojekts Karg Campus Schule im Rahmen der Begabtenförderung in Bayern fest, dass „die traditionelle Perspektive auf Professionalisierungsprozesse als individuelle Entwicklungsaufgabe […] um die Perspektive des gemeinsamen Lernens ergänzt und erweitert werden muss und Schulleitung in diese Entwicklungsprozesse einzubinden ist" (Maier-Röseler / Maulbetsch / Weigand 2020, 150).

Neue Formen in Erprobung

Aufgrund der positiven Rückmeldung entschloss sich das Schulleitungs-Team des Adolf-Reichwein-Bildungshauses, nach schwedischem Vorbild eine schulinterne PLG zu initialisieren. An diesem Beispiel kann dargestellt werden, welche Schritte notwendig sind, um fünf bis sechs Lehrkräfte einer Schule in diesem Format miteinander in einen regelmäßigen Austausch zu bringen (siehe Abb. 4).

Steps	Aufgaben	Beispiele	Hinweise
Schritt 1	Thema definieren — PLG-Gruppe zusammenstellen	Einführung eines neuen Mathelehrwerks — Lehrkräfte Mathematik aus Jg./Kl. 1	Beide Aufgaben parallel initiieren & vorbereiten — Freiwilligkeit? Ansprache Teilnehmer? Einbettung in bspw. Schulentwicklung?
Schritt 2	Zeitrahmen festlegen — Moderation suchen — Briefing zu Methodik, Erwartung & Ziel	Für 2 Schuljahre, alle 6 Wochen, dienstags 9-12 Uhr — Moderation von intern oder extern definieren	Regelmäßige Termine innerhalb(!) der Unterrichtszeit — Die Moderation muss zur Gruppe passen
Schritt 3	Vertretungs- bzw. Freistellungsoptionen für PLG-Mitglieder erarbeiten — Raumsuche & Ausstattung	Gute Erfahrungen mit Aushilfslehrkräften, Praktikanten oder Krankheitsvertretung — Moderationskoffer & Kamera	Gezielte Doppelbesetzungen während der definierten Termine — Dokumentation ist unerlässlich
Start der Professionellen Lern-Gemeinschaft			

Abb. 4: Aufbau einer neuen PLG

Die nächsten Schritte

Nach der erfolgreichen Implementierung geht es an allen drei Schulen und im regionalen Zusammenschluss um die routinierte Integration in den Schulalltag. Hierzu arbeitet die Schulleitungs-PLG aktuell an der Planung der Kapazitäten. Denn klar ist: PLGs brauchen neben der Offenheit der Beteiligten vor allem Zeit und Raum. Ausfallender Unterricht muss durch Vertretungslehrkräfte aufgefangen werden. Bewährt hat sich hierfür an den teilnehmenden Schulen auch die Unterstützung durch ehemalige Lehrkräfte. Mit Blick in die Zukunft setzen die Teilnehmenden auf allen Ebenen auf sich abzeichnende Synergieeffekte: Durch Kollaboration, den Austausch von Wissen, Materialien und Beobachtungen werden Ressourcen frei, die Potenzial für das gemeinsame Ziel bieten, den Unterricht stetig zu verbessern.

Einig sind sich dabei alle drei Schulleitungen: Für die langfristige Planung und Erfolgssicherung des bisher Erreichten müssen auf allen Ebenen bewusst Ressourcen geschaffen werden – innerhalb der Lehrkräfte-PLGs in den Schulen, bei den Multiprofessionellen PLGs und bei den Schulleitungs-PLGs.

Literatur

Dudley, P. (2015): Lesson Study: ein Handbuch. Deutsche Übersetzung von „Lesson Study: a handbook" (Dudley, 2014). Übersetzung und Redigierung von Erwin-Maria Gierlinger und Thomas Wagner. London: Lesson Study UK. https://lessonstudy.co.uk/lesson-study-a-handbook/, Download am 23.09.2021.

Kansteiner, K. (2019): Gelingende Lehrer*innenkooperation in Professionellen Lerngemeinschaften. Dokumentation zum Vortrag am Vernetzungstreffen in Stuttgart am 15.02.2019 https://km-bw.de/site/pbs-bw-new/get/documents/ KULTUS.Dachmandant/KULTUS/ Dienststellen/ls-bw/Service/Bosch_Projekt/ Dokumentation%20Beitrag%20Kansteiner%20080819.pdf, Download am 01.12.2020.

Kansteiner, K. / Stamann, C. (2015): Personalentwicklung – Erwartungen, Realitäten, Bedarfe und Entwicklungspotential. In: Kansteiner, K. / Stamann, C. (Hrsg.): Personalentwicklung in der Schule zwischen Fremdsteuerung und Selbstbestimmung. Bad Heilbrunn: Klinkhardt, 9–12.

Knoblauch, R. / Rieger, R. (2015): Lesson Study – eine Form kooperativer und evidenzbasierter Unterrichtsentwicklung. Praxisbeispiele zur Unterrichtsentwicklung. Unter Mitarbeit von Ilona Hirth, Grafik Design, Karlsruhe. Hrsg. v. Ministerium für Kultus, Jugend und Sport Baden-Württemberg. Stuttgart: Ministerium für Kultus, Jugend und Sport Baden-Württemberg. www.schule-bw.de/themen-und-impulse/oes/download/ OES_Praxisbeispiel_Lesson-Study_2016-04-18.pdf, Download am 23.09.2021.

Maier-Röseler, M. / Maulbetsch, C. / Weigand, G. (2020): „Einer alleine kann das gar nicht leisten" – kollegiale Professionalisierungsprozesse und die Rolle der Schulleitung. In: Huber, S. G. (Hrsg.): Jahrbuch Schulleitung 2020. Köln: Wolters Kluwer, 141–155.

Timperley, H. / Wilson, A. / Barrar, H. / Fung, I. (2007): Teacher Professional Learning and Development. Best Evidence Synthesis Iteration [BES]. New Zealand Ministry of Education.

Hinweise, Links und Informationen finden Sie auch auf unserer PLG-Seite unter www.ars-fr.de/plg.html.

Webseiten der Schulen

https://adolf-reichwein-bildungshaus.de

https://reinhold-schneider-schule.de

www.trs-staufen.de

Andrea Karlsberg, Beate Rupp-Uhlig, Hendrik Weber,
Jan Dombrowski, Malte Cunis & Michael Pehle
Reformschule Winterhude, Hamburg

„Trau dich ran, fang einfach an!"

Zur Schulkultur an der Winterhuder Reformschule

„Trau dich ran, fang einfach an!", so beginnt ein Lied[1], das unser Schulchor *StimmenWI*Rbel* zu jeder größeren Veranstaltung anstimmt. Die Kinder und alle Menschen der Winterhuder Reformschule (WI*R) kennen es – es gehört zur Kultur unserer Schule.

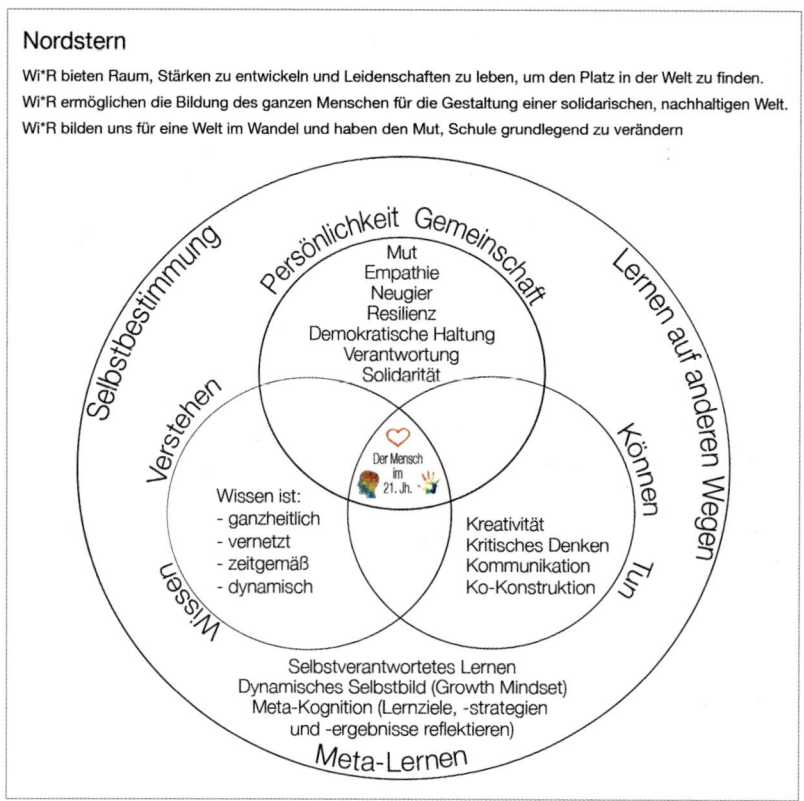

Nordstern

Wi*R bieten Raum, Stärken zu entwickeln und Leidenschaften zu leben, um den Platz in der Welt zu finden.

Wi*R ermöglichen die Bildung des ganzen Menschen für die Gestaltung einer solidarischen, nachhaltigen Welt.

Wi*R bilden uns für eine Welt im Wandel und haben den Mut, Schule grundlegend zu verändern

Abb. 1: Bildungsmodell

---

1) Das Lied stammt von Hella Heizmann und Albrecht Gralle (1990).

Dies hätte auch der Leitspruch der Menschen sein können, die ab 1999 das Reformschulkonzept der WI*R entwickelten und 2003 realisierten. Ihr Ziel war es, Kindern und Jugendlichen in Hamburg eine Schule zu bieten, in der sie auf eigenen Wegen lernen und sich bilden können. Heute ist die WI*R mit ihren 18 Jahren „volljährig". Immer auf dem Weg zu sein, wie bei jungen Menschen, die sich unbedingt weiterentwickeln wollen, ist auch eine Grundfeste unseres Handelns. So haben wir 2019 aufbauend auf unserem alten Leitbild unser Bildungsmodell entworfen, das die Überzeugungen des Reformschulkonzeptes in unsere Zeit übersetzt und weiterführt, den *Nordstern*.

Wenn wir über Schulkulturen nachdenken, bezogen auf unsere WI*R, ergeben sich viele Facetten: Da sind die Haltung und unser Menschenbild, die Strukturen, die wir bewusst geschaffen haben, wie auch die Inhalte, von denen wir uns erhoffen, dass sie mit dazu beitragen, dass wir als Schule Gemeinschaft fördern, erleben und wachsen sehen.

Dass wir als Reformschule als fundamentales Element die Jahrgangsmischung von Stufe 0 bis 10 und auch in der Oberstufe in einzelnen Fächern eingeführt haben, basiert auf der Überzeugung, dass Menschen mit ganz unterschiedlichen Sozialisationen, Vorerfahrungen und Möglichkeiten in unsere Schule kommen. Dass die Kinder mit Schulbeginn an alldem ansetzen und darauf aufbauen können, ganz individuell, erleben wir als stimmig und fruchtbar.

Partizipation – Mitbestimmung

„Demokratisches Handeln – im Sinne von Teilhabe an Entscheidungen und das Ermöglichen von Selbstbestimmung, auch wenn andere betroffen sind – ist eine Zieldimension auch für andere gesellschaftliche Entscheidungszusammenhänge", sagt Karlheinz Burk (2003, 22).

Wenn man sich etwas traut, etwas anfängt, erfährt man am Ende, dass das eigene Tun Wirkung für sich und andere entfaltet und sich durch Engagement Dinge verändern lassen. Diese Erfahrung zu machen, ist aus unserer Sicht die wesentliche Motivation für demokratisches Handeln im 21. Jahrhundert. Und diese Erfahrung versuchen wir, durch unsere partizipative Schulkultur möglichst vielen Schüler*innen der WI*R zu ermöglichen. Demokratische Mitsprache, Mitbestimmung, Mitgestaltung und Verantwortungsübernahme – Partizipation war nie so wichtig wie heute und bereichert unser Schulleben.

Partizipation an der WI*R bedeutet für die Schüler*innen, dass viele partizipative Elemente, wie die Wahl von Lerngruppensprecher*innen, die Teilnahme und Leitung der Kinderkonferenzen, die Wahl des Schulsprecher*innen-Teams und die einer Vertretung der Primarstufe, Monats- und Stufenfeiern, Streitschlichter*innen, das Mitreden, Mitdenken, Mitmachen, Mitplanen und Mitentscheiden, zum Alltag gehören.

Partizipation an der WI*R bedeutet für die Schüler*innen, dass sie an der Gestaltung der Lernprozesse beteiligt sind, dass sie Verantwortung für ihr Lernen übernehmen müssen und dürfen, dass sie ihr Lernen in die Hand nehmen, selbstständig und selbsttätig.

Abb. 2: Arbeitsplan   Abb. 3: Seekarten

Partizipation an der WI*R bedeutet für die Schüler*innen, die Kolleg*innen, die Eltern, an den schulischen Entwicklungsprozessen beteiligt zu sein, in schulischen Gremien zu Themen der Schulentwicklung mitzuarbeiten, Räume und Außenanlagen zu gestalten, den gemeinsamen, freundlichen Umgang miteinander zu pflegen.

Ein Beispiel: „Lust auf Zukunft" heißt der Schulentwicklungsprozess, den wir als Schule zum Schuljahr 2019/20 gemeinsam begonnen haben. Dazu haben wir uns an einem ganzen Schultag als gesamte Schulgemeinschaft entscheidende Fragen gestellt und diskutiert: Was mag ich an meiner Schule? Was zeichnet meine Schule aus, was ist das Besondere an meiner Schule? Was soll sich auf keinen Fall ändern? Wie wollen wir lernen? Daraus ist nach vielen weiteren Tagen der Nordstern entstanden, das Bildungsmodell der WI*R, auf das wir uns geeinigt haben. Es ist seitdem maßgeblich in unserem Schulleben.

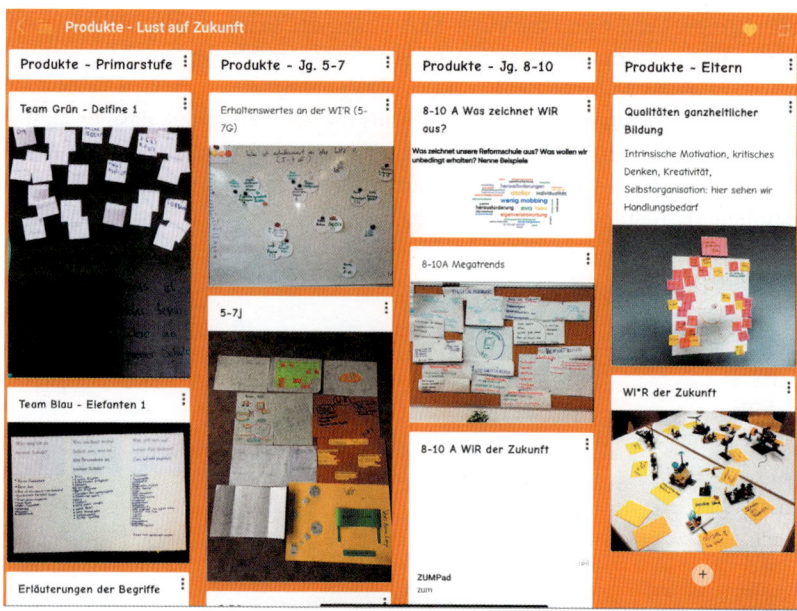

Abb. 4: Padlet

Ein Beispiel: Schüler*innen nehmen ihr Lernen selbst in die Hand und wir Pädagog*innen bieten ihnen dabei ein großes Maß an Individualisierung. Wir unterstützen die Schüler*innen dabei, selbst zu erkennen, auf welchem Lern- und Entwicklungsstand sie sich befinden, und vereinbaren mit ihnen ihre nächsten Lernschritte. Eng verzahnte Instrumente der Lernreflexion ermöglichen es den Schüler*innen, ihren Lernprozess selbstständig zu strukturieren, zu planen und zu reflektieren. Dazu

Abb. 5: Lust auf Zukunft

gehören der Arbeitsplan im Logbuch, die 14-tägigen Arbeitsplangespräche, die halbjährlichen Bilanz- und Zielgespräche, die Schatzkisten mit der Sammlung der für die Schüler*innen wertvollen Dinge und zum Schluss das Zeugnis, das die Lernentwicklung dokumentiert. Diese Instrumente sind im Konzept der WI*R verankert und finden sich in allen Stufen wieder.

Abb. 6: Bilanz- und Zielgespräch

Ein Beispiel: Für den Neubau unserer Schule (2020) planen die Schüler*innen mit uns gemeinsam die Raumgestaltung unserer Schule und damit ihre eigenen Lernräume. Um sich auf diesen Prozess einzustimmen, reist eine Gruppe von Schüler*innen gemeinsam mit zwei Kolleg*innen nach Köln, hospitiert an der Heliosschule und kehrt mit vielen Ideen und Impulsen nach Hamburg zurück. Zu Hause angekommen, berichten sie uns – Kindern wie Erwachsenen – davon, die Ideen fließen in die weitere Planung ein und finden sich heute in den gestalteten Räumen wieder.

Die WI*R ist ein Ort, an dem sich Schüler*innen in Demokratie üben und an Entscheidungen mitwirken, Partizipation gehört zu unserer Schulkultur.

Räume

„Ich finde unsere grüne Fläche richtig schön. Toll finde ich, dass wir uns aussuchen können, wo wir lernen möchten. Ich kann mit Kindern aus anderen Lerngruppen zusammenarbeiten. Gut finde ich auch, dass wir einen Bauraum, einen Ruheraum, einen Werkraum und einen Spieleraum haben", sagen Lotte und David.

Traditionelle Schulräume sind gebaut und eingerichtet für traditionellen Unterricht. Zentraler Ort ist die Tafel, vor ihr die Lehrperson. Die Kinder sind möglichst gleich – gleich alt, gleich groß und mit gleichen Interessen. Alle machen zur selben Zeit dasselbe. Deswegen brauchen auch alle einen Einheitsplatz: den Einheitsstuhl, den Einheitstisch und die Einheitsblickrichtung zur Tafel. Das war schon immer so.

Wenn aber Vielfalt, Unterschiedlichkeit und Gleichzeitigkeit als Teil der Schulkultur gelebt werden, findet das Lernen ganz anders statt. Und dann ist ein solcher Raum nicht mehr sinnvoll. Arbeiten die Kinder an unterschiedlichsten Dingen und mit unterschiedlichsten Materialien, ist es nur konsequent, wenn auch die Lernumgebung höchst vielfältig ist. Kuchen backen, Holz raspeln, ein Sechseck konstruieren, eine Geschichte schreiben, lesen, am Computer recherchieren, all diese Tätigkeiten brauchen ganz unterschiedliche Arbeitsplätze: Lesen geht an einem gemütlichen Ort, auf dem Sofa oder in der Lesehöhle, sicher besser als auf einem Stuhl. Für das Bearbeiten von Holz braucht es eine Werkbank in Stehhöhe, für das Backen oder Kochen eine Küchenzeile. Gerade kleinere Kinder lieben auch die Arbeit auf dem Boden, auf einem Teppich oder Kissen. Andere genießen hohe Sitzpositionen auf dem Barhocker, am Stehtisch oder auf der Fensterbank. Es braucht Orte für Einzelarbeit zum Zurückziehen, Orte zum gemeinsamen Arbeiten in unterschiedlichen Gruppengrößen und Orte zum Treffen und Austauschen. Von dieser Vielfalt an Arbeitsformen, Tätigkeiten und Situationen, von der Vielfalt der Kinder, von ihren unterschiedlichen Körpergrößen bis zu ihren unterschiedlichen Vorlieben haben wir uns leiten lassen, als wir für unseren Neubau unsere Lernflächen entworfen haben.

Sprachliches Leitbild war für uns auch David Thornburgs „Lagerfeuer" (Thornburg 2014), an dem sich die Gruppe trifft und austauscht. Unsere runden Teppiche bilden das ab. Daneben gibt es die Höhle, in die man sich zum Arbeiten zurückzieht. Neben unterschiedlichen Arbeitsplätzen im Raum braucht es auch Rückzugsorte in den Nebenräumen. Den Berggipfel, auf den man sich stellt, wenn man etwas zu präsentieren hat, und den Brunnen, an dem man Menschen trifft, die neue Ideen und Anregungen für die eigene Arbeit haben. Dieser Brunnen ist im Prinzip überall außerhalb der eigenen Gruppe.

In einer solchen Lernumgebung passieren innerhalb einer Lerngruppe unendlich viele Dinge gleichzeitig und es wird klar, dass man hier als Lehrer*in alleine an Grenzen stößt. Und so haben wir die Situation von Anfang an im Team gedacht und ohne Wände zwischen den Lerngruppenbereichen geplant. Das Ergebnis ist unsere große Lernfläche als Lernlandschaft mit kleineren Nebenräumen zum Zurückziehen. Auf der Lernfläche sind immer mehrere Erwachsene gleichzeitig da, mit ihren Stärken, Interessen und Begabungen – und unabhängig von der Umsetzbarkeit unseres Ideals der durchgehenden Doppelbesetzung in jeder Lerngruppe. Für die Kinder gibt es so mehr Möglichkeiten, Beratung und Anleitung zu finden. Die anregenden Ideen der anderen sind immer in Sichtweite.

Projekte / Individualisierung

„Ich will nichts lernen, lernen ist doof. Ich will was machen. Ein Parkhaus bauen. Aber nicht aus Pappe, sondern aus Holz!", sagt Karl.

Karl drückt aus, was viele Kinder von Herzen gerne wollen: sich mit ihren eigenen Interessen beschäftigen und sich mit ihren eigenen Themen auseinandersetzen. Sie wollen ihrer natürlichen kindlichen Neugier folgen. Diese Neugier ernst zu nehmen ist Teil unserer Schulkultur und wir versuchen, ihr mit Lernangeboten in Projekten gerecht zu werden. Der Prozess dabei ist immer gleich: Die Schüler*innen suchen sich ein Thema, stellen Forscher-Fragen, suchen nach Antworten und schreiben oder zeichnen diese auf oder erstellen, bauen ein Lernprodukt. An diesen Prozess gewöhnen sich die Schüler*innen bei uns von Anfang an. Wir muten das jedem Kind zu, das zu uns kommt. Wir trauen es ihm zu.

Zu Beginn ihrer Schulzeit wollen die meisten Schüler*innen „über Tiere forschen": Pferde, Meerschweinchen, Koalas, Wildschweine, Haie. Und nicht nur bei Karl (s. o.) manifestieren sich ihre Interessen oft in dem Wunsch nach praktischem Tun. Dazu äußern sie mal vage, mal präzise Ideen und bauen Vogelhäuschen, einen Dinosaurier oder das elektrische Geschicklichkeitsspiel „Heißer Draht". Bei uns wird immer viel gebaut, gesägt, geschnitten, geklebt. Die Holzwerkstatt ist ein fester Ort des Projektunterrichts. Später werden die Themen komplexer, z. B. „Der Ausbruch des Vesuvs 79 n. Chr." oder „Der Freibrief von Kaiser Barbarossa – der größte Fake in Hamburgs Geschichte".

Am Ende einer jeden Projektarbeit steht die Präsentation. Lernprodukte aller Art stehen hier nebeneinander, Gebautes, handgeschriebene Lernplakate, Collagen, Präsentationen mit PowerPoint oder Sway, selbst erstellte Videos.

Die Präsentation kann vor einigen wenigen Menschen, vor der ganzen Lerngruppe oder sogar vor der ganzen Schulöffentlichkeit stattfinden (z. B. bei Monatsfeiern oder dem Tag der Offenen Tür). Seit ein paar Jahren gibt es bei uns außerdem den Tag des Projekts, an dem alle Schüler*innen der Schule aufgerufen sind, die wichtigsten Ergebnisse ihrer Projektarbeiten allen zu zeigen. Es gibt Ausstellungen und Live-Präsentationen. Im Schuljahr 2020/21 fand der Tag des Projekts unter dem Namen WI*Rnale zum ersten Mal online statt.

Die meisten Projekte werden bei uns in Kleingruppen organisiert, manche Projekte finden im Lerngruppenverband statt, Einzelprojekte sind eher selten. So beugen wir einerseits vor, dass sich Schüler*innen nicht zu stark in ihrem Lernprozess isolieren. Andererseits fördern wir damit systematisch die notwendigen sozialen Kompetenzen der Kommunikation und der Ko-Konstruktion.

Unabhängig von der Gruppengröße wird vielfach darauf hingewiesen, dass Kinder erst über die notwendigen Sozial- und Methodenkompetenzen verfügen müssen, damit individualisiertes Lernen gelingen kann. Wir verlagern die Aneignung dieser Kompetenzen in die alltägliche, praktische Arbeit, in das Tun der Schüler*innen, indem wir ihre Lernprozesse begleiten und reflektieren. Und durch die Altersmischung haben die jüngeren Kinder auch innerhalb ihrer eigenen Gruppe Vorbilder, bei denen sie abgucken, von denen sie lernen können und die ihrerseits jederzeit Unterstützung leisten.

Die Schüler*innen gehen beim Lernen eigene Wege. Sie gehen unterschiedliche Wege. Sie gehen unterschiedlich schnell. Sie bearbeiten unterschiedliche Aufgaben. Sie erwerben Kompetenzen anhand unterschiedlicher Inhalte. Uns ist wichtig, dass sie lernen, sich selbst passende Aufgaben zu suchen. Nicht zu schwer, weil das zur Überforderung führt, und nicht zu leicht, weil es dann langweilig wird. Die Kinder spüren sehr genau, ob sie stolz auf ihre Leistungen sein können oder ob sie ihre Zeit „verdaddelt" haben. Damit sie lernen, welche Aufgaben sie wann und auf welche Art und Weise bearbeiten können, bedarf es der dauernden Auseinandersetzung mit anderen Kindern und Jugendlichen und mit uns Erwachsenen. Dafür stehen wir zur Verfügung.

Die Schüler*innen zu ermutigen, ihre Themen zu finden und ihre Fragen zu stellen, sie zu ermutigen, nach Antworten zu suchen, sie zu ermutigen, sich den Lernprozess immer wieder zuzutrauen und einfach anzufangen, mit den anderen oder für sich allein, sie zu ermutigen, sich hohe Ziele zu stecken und bewusst mit Erfolg und Scheitern umzugehen, das ist Ziel unserer Arbeit, Teil unserer Schulkultur.

Herausforderungen

„Hallo Herr Dombrowski, wir Siebener aus dem roten Team planen gerade eine eigene Herausforderung, bei der wir mit dem Fahrrad durch jedes Bundesland fahren. Ich wollte Sie einmal fragen, wie viele Kilometer Sie in den letzten Jahren pro Tag gefahren sind. Vielleicht haben Sie ja auch noch ein paar andere Tipps für uns. Ich würde mich riesig über eine Rückmeldung von Ihnen freuen, VG", schreibt Jette.

Diese Nachricht ploppte irgendwann am späten Nachmittag auf meinem Computer auf; ich rief gleich per Video-Call an. Mit Jette hatte ich in der Primarstufe nur wenig zu tun. Sie war weder in meiner Lerngruppe, nicht einmal in unserem Team. Ich erinnere mich nur daran, dass sie als Vorschulkind einmal kurz nach Pausenende vor einer verschlossenen Tür stand und als ich vorbeiging sagte: „Ich weiß gar nicht, wo ich hin muss, könnt Ihr mir mal die Tür aufschließen?" Sieben Jahre später erläutert Jette mir nun die Pläne der selbstgegründeten Herausforderungsgruppe ziemlich unbefangen und selbstbewusst. Ihre Gruppe möchte in den ersten drei Wochen nach den Sommerferien mit dem Fahrrad ca. 1500 km durch Deutschland fahren und dabei jedes Bundesland besuchen, Gesamtbudget: 300 EUR pro Kind. Jette zeigte mir über den geteilten Bildschirm eine Karte mit der geplanten Route. Ich steuerte zahlreiche Tipps und Anregungen bei. Wir verblieben so, dass ich im weiteren Verlauf der Vorbereitung gern einmal zu einem Treffen der Herausforderungsgruppe dazustoßen könnte, für weitere Unterstützung und Beratung.

Alle Schüler*innen der Stufe 8–10 nehmen nach den Sommerferien eine solche dreiwöchige Herausforderung an: Sie wandern über die Alpen oder auf dem Jakobsweg, sie machen eine Radtour, sie versuchen im norwegischen Fjell zu überleben, renaturieren einen Bach, helfen in sozialen Einrichtungen, arbeiten in der ökologischen Landwirtschaft oder meditieren in einem Kloster – kurz: Sie alle verlassen ihre Komfortzone. Die Jugendlichen in diesem Alter brauchen Bewährungsproben, Erlebnisse, Abenteuer. Sie wollen sich emanzipieren von ihren Erziehungsberechtigten, selbst Verantwortung übernehmen. Sie wollen zeigen, „was sie draufhaben", und das gemeinsam mit Gleichaltrigen. Sie wollen sich trauen, einfach anfangen. Insofern findet sich das Credo unserer Schulkultur in den Herausforderungen besonders deutlich wieder, geht es hier doch um nichts anderes als um das Heranwagen, das Ausprobieren, das Testen von Grenzen und darum, über sich hinauszuwachsen.

Jettes Gruppe hatte es dabei zunächst besonders schwer. Ihre Klasse ist Teil des neu gegründeten roten Teams und „passt" organisatorisch noch nicht in die bestehende Jahrgangs- und Abteilungsstruktur, sodass zunächst nicht klar war, welche Herausforderungen für sie überhaupt zur Wahl stehen würden. Doch statt zu jammern und zu nörgeln – oder sich in andere Teams zersplittern zu lassen –, nehmen die Schüler*innen ihr Glück in die eigene Hand und gestalten die Sache so, wie sie es sich wünschen.

Und mit ihrem Anliegen werden sie von allen Seiten ermutigt und unterstützt, sie kennen die Kommunikationsstruktur und können auf ein etabliertes Netzwerk zurückgreifen, bestehend aus Schüler*innen höherer Jahrgänge, Lehrer*innen, Herausforderungskoordinator und eben von allen Menschen, die sich mit Herausforderungen auskennen. Am Ende der Planung werden sie sich sogar eine Lehrkraft zur Begleitung suchen müssen – und sie werden jemanden finden! Es ist nicht das erste Mal, dass es so läuft.

Übergänge

„Ich liebe diese Schule und die Art, wie wir hier lernen. Für mich war immer ganz klar – ich will auf dieser Schule bleiben und weiterlernen. Ich freue mich schon auf die Dinge, die neu sein werden: Außentermine, Praktikum, später die Herausforderungen. Klar, am liebsten wäre ich noch länger in meiner Gruppe geblieben, aber ich komme euch besuchen. Und eigentlich finde ich es auch gut, dass nach dem Sommer etwas Neues kommt", sagt Anna.

Übergänge werden in der Schule oft als Phasen der Unsicherheiten und der Befürchtungen wahrgenommen. Wir bringen die Schüler*innen in jahrgangsübergreifenden Lerngruppen statt in Jahrgangsklassen zusammen. Außerdem bietet unsere stufenübergreifende Schulkultur viel Stabilität. Denn erlernte Strategien und erfahrene Stärken ermöglichen einen positiven Blick auf kommende Veränderungen und Neues.

„Ihr schafft das!", „Trau dich ran!", „Ihr könnt stolz auf euch sein!", „Heraus aus dem Nest", „Into the wild", „Alpenüberquerung" steht auf den Plakaten, die die Kinder bemalen. Dabei entspinnen sich Unterhaltungen: „Das wähl ich mal – 3 Wochen Norwegen, das find ich richtig gut." Kinder der Primarstufe im Alter von 5 bis 10 Jahren bereiten sich auf die Willkommensfeier für die

Schüler*innen der Stufe 8–10 vor. Es ist die Rückkehr von den Herausforderungen, die hier gefeiert wird. Kurz nach Schuljahresbeginn waren „die Großen" alle auf ganz unterschiedlichen Wegen unterwegs. Seit einigen Jahren gibt es bei uns das Prinzip der Patenschaft: Lerngruppen aus den jüngeren Jahrgängen begleiten jeweils eine Herausforderungsgruppe. Sie begleiten sie bei der Planung und halten engen Kontakt während der Herausforderung. Sie geben den Jugendlichen z.B. Glücksbringer mit auf den Weg. NEU: Bei ihrer Rückkehr gibt es ein großes Fest. Dadurch erhalten schon die Kleinsten an der Schule eine Idee von Herausforderungen. Viele wissen schon Ende Jg. 4, welche davon sie einmal machen möchten, und für so manche*n sind die Herausforderungen ein wesentliches Motiv, die Schullaufbahn nach Jg. 4 bei uns in der SEK I fortzusetzen.

Nach einer Begrüßung durch die Abteilungsleitung durchlaufen also an diesem Tag die Herausgeforderten ein Spalier auf dem Schulhof und die jüngeren Schüler*innen der Stufen 0–4 und 5–7 feiern sie, applaudieren und bekunden ihre Bewunderung. Dass sich daraus über Jahre hinweg ein Ritual entwickelte, trägt dazu bei, dass die Jugendlichen sich selbst sehen, wie sie vor Jahren auch Teil des Spaliers waren. Wir Lehrer*innen und Erzieher*innen sehen in den stolzen Jugendlichen vertraute Gesichter und freuen uns mit ihnen. Die jüngeren Schüler*innen entwickeln Visionen, wo es für sie hingehen kann, wie sich das anfühlt mit dem Großwerden. Wir erleben Gemeinschaft, die uns stärkt. Irgendwann am Nachmittag dieses besonderen Tages werden die Patengruppen der unteren Stufen ihre Herausforderungsgruppe treffen. Drei Wochen hatten sie regelmäßig ihre Berichte gelesen und die Fotos betrachtet, hatten sich über Grüße gefreut und selbst Briefe oder sogar Päckchen verschickt. Jetzt werden die Kinder die Jugendlichen interviewen: „Was war für dich die größte Herausforderung?", „Womit hättest du nicht gerechnet?" „Woran wirst du dich erinnern?"

All das trägt dazu bei, dass auch jüngere Schüler*innen ganz klar antworten könnten, wenn sie zu den Herausforderungen auf unserer Schule befragt würden. Es trägt mit zu ihrer Schulidentität bei.

Diese Identität wird regelmäßig in der Begleitung von Schulbesucher*innen an unserem wöchentlichen Hospitationstag gestärkt. Von einer kleinen Schüler*innengruppe am Morgen begrüßt und abgeholt, beginnt erst einmal ein Rundgang über das ganze Schulgelände – bevor sie dann in ihre Lerngruppe gehen.

Wir wollen, auch über die Jahrgangsmischung der einzelnen Stufen hinaus, alle Stufen miteinander in Kontakt bringen. Beim Tag des Projektes, bei Sport- und Musikfesten oder Ausbildungsprogrammen. Oberstufenschüler*innen präsentieren ihr Projekt zu Nachhaltigkeit und staunen über die Nachfragen der Primarstufenkinder. Bei Chorauftritten erleben wir die große Breite der Altersmischung als wohltuend und natürlich. Große übernehmen zuverlässig Verantwortung, Kleinere richten sich nach ihnen.

Die Jahrgangsmischung an unserer Schule bedeutet für uns Kolleg*innen: in jedem Jahr Einschulungsfeiern und das Kennenlernen neuer Kinder, Willkommensfeiern in der Stufe 5–7 und Abschlussprüfungen mit anschließenden Abschlussfeiern in 8–10. Diese Übergangsrituale haben für die Kinder innerhalb ihrer Stufe Bedeutung und führen uns allen vor Augen, wie wandelbar das Leben ist. Kindern verdeutlicht dies ihren eigenen Rollenwechsel.

In Gesprächen mit Kindern wird deutlich, dass sie die Struktur unserer Schule verstehen und sie ihnen Sicherheit gibt: Vor dem Sommer kommen die Kinder, die bei uns einen Schulplatz bekommen haben, in ihre zukünftige Lerngruppe. Die Vierer sind in dieser Zeit unter sich, fühlen sich groß und spüren die anstehende Veränderung. Die Lerngruppe selbst ist in dieser kurzen Zeit dann erstmals so, wie sie sich im kommenden Schuljahr zusammensetzen wird. Wir Erwachsenen staunen immer wieder über die Metamorphose, die uns schon lang bekannte Kinder durchlaufen: Schüchterne Kinder fassen sich ein Herz und erheben ihre Stimme, denn neben ihnen sitzt ein noch viel schüchterneres Besucherkind. Fürsorglich zeigen sie Materialien, Räume, erklären Abläufe. Wenn dann nach dem Sommer die Einschulung kommt, ist bei den Neuen die Aufregung verblasst, denn es ist ein Wiedersehen mit Räumen und Menschen.

Und die Vierer? Aufgeregt freuen sie sich im Herbst, wenn die Schnuppertage in der nächsten Stufe anstehen und sie – meist von vertrauten Gesichtern ehemaliger Primarstufenkinder – abgeholt werden. Ganz aufgekratzt kommen sie dann zurück zu uns: „Das war toll. Cool. Ich hatte es mir viel schwieriger vorgestellt. Die waren nett. Ich freue mich schon. Am liebsten würde ich gleich dort bleiben." Und das setzt sich in den weiteren Stufen fort.

Digitalität

„Wir sollen in Corona nichts gelernt haben? Ich weiß jetzt viel mehr über den Computer", „Ich finde toll, was wir alles gelernt haben. Kamera an, Mikrofon an und aus, die Hand heben in Videokonferenzen", „Ich habe schon einen digitalen Kreis geleitet", „Zum Glück gibt es die Technik. So können wir weiter in Kontakt sein – auch in Corona", „Worauf ich stolz bin? Dass ich gelernt habe, zu programmieren und einen Film zu drehen", sagen Emelie, Finny, Tryphena, Mika und Henry.

Bei allen Diskussionen um den Einsatz digitaler Medien im Unterricht haben wir uns bewusst gegen ein sogenanntes „Medienkonzept" entschieden. Medien sind immanent, sie sind überall, sie sind ganz automatisch Teil des Lernens, da sie die Welt der Schüler*innen darstellen. Daher muss man digitale Medien auch nicht besonders für den Unterricht berücksichtigen, man muss anfangen sie zu benutzen: „Trau dich ran, fang einfach an!"

Das haben wir uns selbst zu Beginn des Schuljahres 2019/20 gesagt und mit Infoveranstaltungen begonnen, um eine 1:1-Ausstattung ab Jahrgang 5 aufzubauen. Dann kam Corona und die ersten Schulschließungen im März 2020 stießen uns ins kalte Wasser: Innerhalb von zwei Wochen waren 98 % der Schüler*innen der Stufen 5–13 sowie alle Kolleg*innen auf unserer digitalen Kommunikationsplattform angemeldet – alle Lerngruppen der Primarstufe hatten über Padlets digital Kontakt. Doch nach einigen Wochen entstand auch in der Primarstufe der Wunsch nach mehr und wir begannen auch dort mit der Einführung der Kommunikationsplattform. In der Primarstufe verfügt derzeit jede Lerngruppe über 5 Tablets, weitere Tablets sowie Laptops sollen hinzukommen. Die Tafel ist überall durch Großbildschirme ersetzt, die, verbunden mit einem Tablet, im Wechselunterricht die Kinder zu Hause mit den Kindern in der Schule zusammenbringen, hybride Lernsituationen. Darüber sehen wir uns morgens den Tagesplan an, und die Kinder können an den täglichen digitalen Angeboten teilnehmen. All das geschieht mittlerweile ganz selbstverständlich, der Kompetenzzuwachs bei den Schüler*innen – und auch bei uns Lehrer*innen – auf diesem Gebiet ging sehr schnell und ist sehr groß, die Hemmschwelle im Umgang mit den noch vor Kurzem unbekannten Medien fast verschwunden. Unsere reformpädagogische Schulkultur versteht sich blendend mit einer Kultur der Digitalität. Der Einsatz der Geräte schafft eine neue Augenhöhe zwischen Schüler*innen und Lehrer*innen, die sich in gemeinsamem Lernen ausdrückt, gemeinsamem Weiterentwickeln, gemeinsamem Arbeiten. Und unsere Schüler*innen entdecken Dinge, die ihnen keine Lehrkraft je gezeigt hat, da sie selbst den Lehrer*innen unbekannt sind, und dies verstärkt eine Voraussetzung unserer Arbeit als Lehrer*innen an der WI*R: Ich bin bereit, selbst wieder intensiv Lernende(r) zu sein, und traue mich, Fragen zu stellen. Die neue Technik schafft neue Möglichkeiten, die nichts mehr mit dem zu tun haben, was vorher möglich war. Wir sind mal wieder auf dem Weg!

Versuch eines Schlusswortes

Die WI*R im Hinblick auf ihre Schulkultur skizzieren und erklären zu wollen lässt uns, die wir an ihr arbeiten, immer mit dem Gefühl zurück, etwas unerwähnt gelassen zu haben. Vieles von dem, was die WI*R ausmacht, ist für uns so selbstverständlich geworden, dass wir manchmal den Blick von außen schätzen, der all das sieht und würdigt. Wir haben unsere Räume gestaltet, damit Kinder und auch wir Erwachsenen gerne darin leben und arbeiten, haben Elemente eingeführt, die Kinder in hohem Maße beteiligen, arbeiten jahrgangsgemischt, in Projekten und in der Stufe 8–10, aber auch schon vorher, in Projekten, die Kinder und Jugendliche herausfordern. In den letzten Monaten haben wir, der besonderen Situation geschuldet, die Chancen der Digitalität genutzt und auch auf diesem Gebiet große Schritte gewagt und viel

Abb. 8: Plakat zur Schulkultur

gelernt. In allem hilft uns die Haltung, dass Fehler uns weiterbringen und wir so auch Begonnenes kritisch begleiten und gegebenenfalls verändern.

Die oben intensiv beschriebenen Elemente eint der rote Faden: „Trau dich ran!" Geh es an, wag etwas, zögere nicht zu lange, versuche es und gib dem Ganzen eine Chance. Wir konnten erleben, dass wir auf diesem Weg Schule in einem Tempo verändert, entwickelt und gestaltet haben, wie es nur so möglich ist.

Literatur

Burk, K.-H. (2003): Demokratielernen in der Grundschule – Fragezeichen. In: Burk, K.-H. / Speck-Hamdan, A. / Wedekind, H. (Hrsg.): Kinder beteiligen – Demokratie lernen?, 14–24. (Beiträge zur Reform der Grundschule, Bd. 116). 22. Frankfurt/M.: Grundschulverband.

Heizmann, H. / Gralle, A. (1990): Trau dich ran. Asslar: Gerth Medien Musikverlag.

Thornburg, D. (2014): From the Campfire to the Holodeck. Creating Engaging and Powerful 21st Century Learning Environments. San Francisco: Jossey-Bass.

Webseite der Schule

www.sts-winterhude.de

Cornelia Münch, Karolin Noll & Marcel Gelesz
Gemeinschaftsschule Otto Lilienthal, Erfurt (Thüringen)

Schritte in eine neue Lernkultur

Von der Grundschule zur Gemeinschaftsschule

Abb. 1: Die Gemeinschaftsschule Otto Lilienthal in Erfurt

Ein Blick zurück

Wir sind eine aufbauende Gemeinschaftsschule im Norden der Stadt Erfurt. Bei uns lernen momentan 413 Schüler*innen aus vielen verschiedenen Ländern in altersgemischten Lernhäusern der Klassenstufen 1 bis 4 sowie der Klassenstufen 5 bis 7. Diese werden begleitet durch ein multiprofessionelles Team aus 54 Pädagog*innen. Unsere Schule liegt im Stadtteil Rieth. Das Umfeld ist geprägt durch eine hohe Bevölkerungsdichte sowie durch eine starke Heterogenität.

Seit 2006 erfolgt eine kontinuierliche Schulentwicklung unter der Prämisse eines schülerzentrierten und individualisierten Lernens. Dabei sind entsprechend der besonderen Bedürfnisse des Sozialraumes reformpädagogische Elemente mit eigenen Strukturen und Inhalten kombiniert worden. So gelingt es, im Sinne einer inklusiven Entwicklung auf die Vielfalt der Schülerschaft einzugehen, einen optimalen Kompetenzerwerb zu ermöglichen sowie schulischen und sozialen Brüchen entgegenzuwirken. Die Evaluationsergebnisse der letzten Jahre zeigen eine breite Akzeptanz des Schulkonzeptes innerhalb des Stadtteiles und darüber hinaus.

Damals fanden wir Schüler*innen mit unterschiedlichsten Voraussetzungen und Bedürfnissen in traditionellen altershomogenen Klassen vor. Durch einen Generations- und Paradigmenwechsel im Pädagog*innenteam veränderte sich der Blick auf das Kind sowie die Rolle des Lehrenden. Das Ziel lag darin, ein Unterrichtssystem zu entwickeln, welches die individuelle Lernentwicklung des Schülers und gleichzeitig eine Stärkung der sozialen Gemeinschaft in den Mittelpunkt stellt. Wir bildeten altersgemischte Gruppen in der Schuleingangsphase sowie der Klassenstufe 3–4. Um einen systematischen Aufbau der Lernstrukturen und -inhalte zu ermöglichen, erfolgte die Bildung von Pädagogen*innenteams in den Doppeljahrgangsstufen. Diese planten Entwicklungsprozesse gemeinsam und etablierten erste Lernlandschaften. Die gemeinsame Teamarbeit wurde schon früh als effektives und effizientes Instrument der Planung und des Austauschs wahrgenommen. Auf diese Weise entstanden vielfältige Synergien, die die Schulentwicklung beschleunigten und stark beeinflussten.

Sehr schnell bemerkten wir Stolpersteine, die der Wechsel von der Schuleingangsphase in die Doppeljahrgangsstufe 3–4 in den Lernbiografien unserer Schüler*innen erzeugte. Die Kinder verloren ihre Bezugspersonen, mussten ihr soziales Umfeld aufgeben und sich in eine neue Gruppe eingewöhnen. Besonders für Schüler*innen im gemeinsamen Unterricht war das ein schwerwiegender und langwieriger Prozess. Auch den Kolleg*innen fiel das Loslassen schwer. So suchten wir weiter nach Veränderungen, immer im Bestreben, unseren Kindern eine soziale Heimat zu geben. Wir begaben uns auf die Suche nach anderen Unterrichtskonzepten, einem veränderten Ganztag sowie Möglichkeiten, die Kinder entsprechend ihres individuellen Lernstandes, ohne Einsortierung in Altersklassen, zu begleiten. Aus vielen Mosaiksteinen formte sich das Bild unserer Lernhäuser. Um die Vorbereitung effektiv zu gestalten, wurde jeder Kollege, jede Kollegin in Planungsgruppen einbezogen. Diese tagten monatlich zu den Themen Organisation, inhaltliche Umsetzung sowie Struktur des Ganztages. Die Findungsphase war nicht immer leicht und wurde von vielen Diskussionen im Kollegium begleitet. Nach einem Jahr Vorbereitungszeit waren wir bereit, unsere Idee in die Wirklichkeit umzusetzen. Unser Ergebnis war ein Modell, das zum einen verbindliche Mindeststandards zur Sicherung der Qualität beinhaltete, zum anderen aber den Lernhausteams Freiheiten zur individuellen Ausgestaltung gab.

Durch die Struktur in den altersgemischten Lernhäusern haben die Kinder die Möglichkeit, entsprechend ihres Entwicklungsstandes und unter Berücksichtigung der Bildungsstandards zu arbeiten. Dabei nutzen sie die vielfältigen Kompetenzen ihrer Mitschüler*innen. Auf diese Weise wird neben dem Erwerb von Kenntnissen auch ein soziales Lernen ermöglicht. Die Kinder übernehmen füreinander Verantwortung und erleben Unterstützung sowie Fürsorge. Gegenseitige Hilfe und Respekt werden so zu selbstverständlichen Werten, denn die Schüler*innen lernen voneinander und miteinander. Durch klare Abläufe, wiederkehrende Methoden sowie einheitliche Regeln ermöglichen wir ein ruhiges und intensives Arbeiten. Das Lerntagebuch ist der tägliche Begleiter eines jeden Schulkindes. Darin dokumentiert es seine Fortschritte und legt gemeinsam mit den Pädagog*innen die nächsten Lernziele fest. So wird die tägliche Arbeit der Kinder für sie selbst und ihre Eltern transparent. Ein Lernhaus wird durch miteinander verbundene Räume gebildet. Hier arbeiten und leben 42 Kinder unter Nutzung vorbereiteter Lernlandschaften am Vor- und Nachmittag. Somit beachten wir die stark heterogenen Voraussetzungen der Kinder im Einzugsgebiet. Jede Lerngruppe verfügt über vielfältige Lernmaterialien, die in Regalsystemen strukturiert sind, um den Ansprüchen der Schüler*innen der Klassenstufen 1 bis 4 gerecht zu werden. Diese Lernumgebung unterstützt die Kinder bei einer kreativen und selbstständigen Arbeitsweise entsprechend ihrer individuellen Lernziele. In Einzel- und Kreisgesprächen erfolgt eine Reflexion der bearbeiteten Inhalte sowie der Vorgehensweise. Daraus ergeben sich die nächsten Lernschritte. Außerdem findet an jedem Unterrichtstag ein Gesprächskreis statt, der entsprechend einer vorgegebenen Struktur von einem Kind moderiert wird. Hier wird Raum geboten, um beispielsweise Komplimente und Kritik zu äußern, Fragen zu stellen, Lernschwerpunkte zu besprechen und Feste zu feiern. Auf diese Weise wird die Fähigkeit der Kinder geschult, anderen zuzuhören, die eigene Meinung zu äußern, Konflikte konstruktiv zu lösen und Gespräche zu leiten. Um Ruhe und Kontinuität im Schulalltag zu gewinnen und mehr echte Lernzeit zu generieren, ist der 45-Minuten-Takt aufgehoben und der Tag in Blöcken organisiert. Somit schaffen wir mehr Raum für offene und vernetzende Lernformen, selbstständiges sowie handlungs- und projektorientiertes Lernen.

Abb. 2: Arbeit in einem Lernhaus der Lernstufe 1 (Jahrgänge 1 bis 4)

Unsere Vision einer Gemeinschaftsschule

Die Statistik der letzten vier Jahre hat einen stetigen Anstieg des Übertritts unserer Schüler*innen auf Gemeinschaftsschulen gezeigt. Es besteht ein zunehmender Elternwunsch nach der Fortführung unseres reformpädagogischen Konzeptes bis Klassenstufe 12. Zugleich unterstützt die Stadt Erfurt den

Aufbau Thüringer Gemeinschaftsschulen in ihrem Anliegen der inklusiven Entwicklung sowie der Schaffung von Schulplätzen angesichts steigender Schülerzahlen. Unser Vorhaben ist es gewesen, am vorhandenen Schulstandort eine Gemeinschaftsschule zu installieren, die sich aus der Otto-Lilienthal-Grundschule heraus entwickelt und deren reformpädagogische Grundsätze weiterführt. Dabei stellen wir uns einen sukzessiven Aufbau der Sekundarstufe vor, der mehr Kindern und Eltern im Sozialraum Zugang zum bewährten reformpädagogischen Schulmodell ermöglicht. Die Erfahrungen der Grundschüler*innen im selbstgesteuerten Lernen werden somit genutzt, um das vorhandene System in den weiterführenden Klassenstufen zu installieren. Der schrittweise Aufbau gibt uns die Zeit, das Pädagog*innenteam so zu ergänzen, dass eine zielgerichtete, systematische und qualitätssichernde Schulentwicklung umgesetzt werden kann.

Schuljahr	Gymna-sium	Regel-schule	Gemein-schafts-schule	IGS	Privat-schulen
2014/2015	19,1	57,1	14,3	9,5	0
2015/2016	29,5	38,7	22,6	4,6	4,6
2016/2017	31,1	35,6	24,4	6,7	2,2
2017/2018	13,7	25,5	51	7,8	2

Abb. 3: Übertrittsquoten zu den Schuljahren 2014/2015 bis 2017/2018 in %

Mit der beschriebenen Motivation hat die Schulkonferenz der Otto-Lilienthal-Grundschule entsprechend des § 38 Abs. 4 Thüringer Schulgesetz (ThürSchulG) am 20.03.2017 die Umwandlung in eine Thüringer Gemeinschaftsschule durch Schulartänderung beim zuständigen Schulträger, der Stadt Erfurt, beantragt. Da eine hohe Identifikation mit dem Schulnamen „Otto Lilienthal" besteht, soll die zukünftige Thüringer Gemeinschaftsschule diesen weiterhin tragen.

Natürlich gab es auf unserem Weg von der Idee bis zur Umsetzung einer Gemeinschaftsschule vielfältige Stolpersteine. Zum damaligen Zeitpunkt war unser Konzept des Aufbaus einer weiterführenden Schule aus einer Grundschule heraus einzigartig für die Stadt Erfurt. Darum galt es, viel Überzeugungsarbeit bei den Entscheidungsträgern der Stadt, des Schulamtes sowie des Ministeriums zu leisten. Im Vorfeld bestand die wichtigste Aufgabe darin, eine Entscheidung im Pädagog*innenteam herbeizuführen. Auf der einen Seite stand der Elternwunsch zum Verbleib der Kinder an der Schule und somit der Etablierung der Sekundarstufe unter Fortführung des Konzeptes. Andererseits bestanden große Ängste der Kolleg*innen, eingespielte Wege zu verlassen, in deren Aufbau sie viel Zeit und Arbeit investiert hatten. Außerdem standen zahlreiche Fragen im Raum:

- In welcher Altersmischung sollen sich die zukünftigen Lernhäuser zusammensetzen?
  - Klassenstufen 1–3, 4–6, 7–9 und 10–12
  - Klassenstufen 1–4; 5–6, 7–8, 9–10 und 11–12
- Bleibt die Teamarbeit erhalten?
- Wie sollen die Übergänge gestaltet werden?
- Wie gestaltet sich die Raumsituation?
- Verändern sich bestehende Arbeitsbereiche?
- Kommen noch mehr Arbeitsaufgaben auf uns zu?
- Bleibt der Charakter unserer Schule erhalten?

Nachdem ausgiebig über die wichtigsten Fragen diskutiert wurde, gab es die Zustimmung vom Pädagog*innenteam für die Umsetzung. Besonders erfreulich war es, dass die überwiegende Mehrheit für den Aufbau stimmte. In einer einjährigen Arbeitsphase folgte die gemeinsame Erstellung eines Konzeptes unter Einbeziehung aller Kolleg*innen und Elternsprecher*innen. Eine Arbeitsgruppe aus Vertretern der Pädagog*innen, Eltern und den Ämtern begleitete den Prozess der Umwandlung in eine Gemeinschaftsschule.

Im Dezember 2017 bekamen wir die pädagogische Vorabwürdigung des Ministeriums zu unserem pädagogischen Konzept, um eine Gemeinschaftsschule mit den Klassenstufen 1–12 zu errichten. Die erste Hürde war genommen. Der schwierigere Teil stand uns allerdings noch bevor. Es galt, die Fraktionen des Stadtrates zu überzeugen. Im März 2018 beschloss die Stadt die Schulartänderung der staatlichen Grundschule 5 Otto Lilienthal in eine dreizügige Gemeinschaftsschule der Klassenstufen 1–10. Damit hatten wir die notwendige Zustimmung, um im nächsten Jahr zu beginnen.

Die Umsetzung

Im Schuljahr 2018/2019 haben wir die Umsetzung unseres außergewöhnlichen Vorhabens gestartet. Die ersten Schüler*innen unseres Primarbereiches sind an unserer Schule geblieben und in die Klassenstufe 5 gewechselt. Seit dem zweiten Jahr der Gemeinschaftsschule leben wir auch im Sekundarbereich die Altersmischung. Unser Pädagog*innenteam sowie die Schülerschaft erweitern sich stetig. Nach und nach übertragen wir unsere pädagogischen Leitgedanken auf die Arbeit in der Sekundarstufe. Die Grundlage hierfür stellt stets das Schulkonzept dar. Als Handlungs- und Orientierungshilfe für jedes Teammitglied haben wir gemeinsam Mindeststandards erarbeitet. Uns ist es wichtig, dass die neuen Kolleg*innen in die Umsetzung unseres Konzeptes einbezogen werden und unsere theoretischen Ideen mit Leben erfüllen.

Die Ausgestaltung und die konsequente Weiterführung der pädagogischen Bausteine stellen uns vor immer neue Herausforderungen. Die Schwierigkeit besteht darin, Pädagog*innen für den Sekundarbereich zu finden, die unsere Visionen teilen und Schritte in eine neue Lernkultur wagen. Zudem brauchen wir Zeit und Energie, um uns als stetig wachsendes Team neu zu finden. Dazu benötigen wir einen kontinuierlichen Austausch und die Bereitschaft, aufeinander zuzugehen. Um allen gerecht zu werden, haben wir bestehende und geschätzte Strukturen überdenken müssen. Der Tagesablauf ist auf die unterschiedlichen Bedürfnisse der Primar- und Sekundarstufe abgestimmt worden. Dabei bedarf es vielfältiger Nachbesserungen und Kompromisse der einzelnen Professionen. Zudem haben wir uns leider von den gemeinsamen Teamsitzungen verabschieden müssen, da das Team inzwischen auf über 50 Personen angewachsen ist. Es hat sich eine neue Konferenzstruktur etabliert, die mehr Freiraum für Diskussionen in kleineren Expert*innenteams im Sinne einer erfolgreichen Schulentwicklung bietet. Jedes Teammitglied ist Teil einer Aktivitätengruppe, die Entwicklungsschwerpunkte innerhalb eines Jahres bearbeitet. Um den Austausch im gesamten Kollegium zu ermöglichen, finden mehrfach jährlich gemeinsame Fortbildungen sowie Beratungen statt. Zur Optimierung der Zusammenarbeit der verschiedenen Lernstufen sowie zur Gestaltung der Übergänge werden regelmäßige Absprachen der Kolleg*innen sowie gemeinsame Aktivitäten der Lernhäuser innerhalb der Ebenen durchgeführt.

Erste statistische Erhebungen zeigen, dass das Konzept von der Elternschaft immer besser angenommen wird. Wir freuen uns über den Vertrauensvorschuss im Wohnumfeld und zunehmend darüber hinaus.

Schuljahr	Übertritt in den Sekundarbereich der Gemeinschaftsschule
2018/2019	57,14 %
2019/2020	75,00 %
2020/2021	75,00 %
2021/2022	83,93 %

Abb. 4: Übertritt in den Sekundarbereich der Gemeinschaftsschule Otto Lilienthal

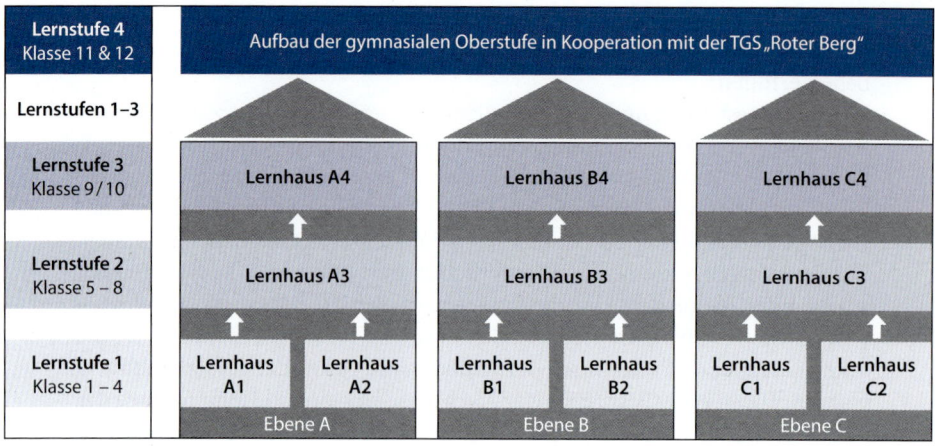

Lernstufe 4 Klasse 11 & 12	Aufbau der gymnasialen Oberstufe in Kooperation mit der TGS „Roter Berg"		
Lernstufen 1–3			
Lernstufe 3 Klasse 9/10	Lernhaus A4	Lernhaus B4	Lernhaus C4
Lernstufe 2 Klasse 5 – 8	Lernhaus A3	Lernhaus B3	Lernhaus C3
Lernstufe 1 Klasse 1 – 4	Lernhaus A1 · Lernhaus A2	Lernhaus B1 · Lernhaus B2	Lernhaus C1 · Lernhaus C2
	Ebene A	Ebene B	Ebene C

Abb. 5: Aufbau der Gemeinschaftsschule Otto Lilienthal

Blick nach vorn

Die ersten Schritte in eine neue Lernkultur haben wir getan, sind uns aber im Klaren, dass weitere interessante Herausforderungen zur Umsetzung unseres Schulkonzeptes auf uns zukommen werden. Wir sind der Überzeugung, dass Schulentwicklung eine starke Vision benötigt, welche durch ein richtungsweisendes Konzept untermauert wird. Mit viel Durchhaltevermögen, Mut zur Veränderung sowie ständigem Dialog gelingt das gemeinsame Vorhaben.

Literatur

Thüringer Ministerium für Bildung, Jugend und Sport (Hrsg.): Thüringer Schulgesetz ab 1. August 2021. ThürSchulG, vom 05.05.2021 (GVBl. S. 215). https://bildung. thueringen.de/fileadmin/schule/schulwesen/schulrecht/Thueringer_Schulgesetz_ab_01_08_2021.pdf, Download am 26.09.2021.

Webseite der Schule

https://gemeinschaftsschule-otto-lilienthal.de

Carmen Pauli & Katrin Quosdorf

59. Grundschule Jürgen Reichen, Dresden (Sachsen)

Jürgen Reichens Ideen als Anlass, neu zu denken – Schule ohne Pädagräuel und Didadogmen

> *Die Kinder sind allein im Klassenraum. Gustav, verhaltensoriginell und herausfordernd, hat ein Feuerzeug mit, gefunden zu Hause im Tischkasten. Nun ergreift er die Gelegenheit zum Experiment: Papier ins Waschbecken – immerhin, diese Vorsichtsmaßnahme ergreift er – anzünden. Im Waschbecken brennt ein Feuer, durchaus beachtlich. Der Klassenlehrer, Jürgen Reichen, betritt den Raum. Schnell löscht er das Feuer, noch ist es beherrschbar. Dann wendet er sich Gustav zu, denn dass dieser der „Schuldige" ist, stellen die anderen Kinder sofort klar. Ob er denn nicht wisse, wie gefährlich das Anzünden eines offenen Feuers in Innenräumen ist. Ob ihm denn nicht klar sei, dass es dafür Feuerstellen gebe. Und warum er sein Feuer nicht dort anzünde, wo es für ihn kontrollierbar sei – nämlich drüben, auf der Wiese, nicht weit von der Schule. Gustav zieht von dannen und macht draußen ein neues Feuer. Niemand will mitkommen. So sitzt er allein am Feuer, von sehr weit weg aus dem Fenster beobachtet von Jürgen Reichen. Schnell wird Gustav dort allein langweilig. Er löscht das Feuer und kehrt zurück ins Klassenzimmer.*

An diese Geschichte erinnern sich alle diejenigen unserer Kolleginnen, die Jürgen Reichen noch persönlich gekannt haben. Er erlebte die Situation in seiner Zeit als Lehrer, noch in der Schweiz. Sie illustriert für uns auf besonders eindrückliche Weise die fast unbeschreibliche Art und Weise seines Umgangs mit den Kindern. Jürgen Reichen stellte sie und ihr Lernen stets in den Mittelpunkt seiner pädagogisch-didaktischen Überlegungen. Er war ein großer Kinderfreund, den ein Berufsleben lang die Frage umtrieb, wie Schule sein muss, damit die Kinder in den Genuss wirklich allseitiger Bildung kommen. Der „mündige, aufrichtige und reflektierte Bürger" war eines seiner großen Ziele, die Unterricht erreichen müsse. Weil wir ihn grundlegend verstanden und seine Auffassungen teilten, gaben wir unserer Schule nach seinem zu frühen Tod seinen Namen. Dieser Name ist kein „Etikett", sondern uns Erinnerung und auch Mahnung, unseren Unterricht und unser eigenes pädagogisches Handeln immer wieder zu prüfen, zu hinterfragen und weiterzuentwickeln.

Von außen sieht unsere Schule aus wie viele andere in Dresden auch: ein klassisches Schulgebäude in Form eines „Doppel-H" aus den 1970er-Jahren mit großen Fensterfronten zu beiden Seiten, Flachdach, drei Etagen und zwei begrünten Innenhöfen. Auch im Inneren ist die räumliche Aufteilung noch so wie zu Zeiten der Erbauung. Aber schon beim Betreten der Schule wird

Besuchern klar: Hier ist die Zeit keineswegs stehen geblieben und eingestaubt sind allenfalls die Tische und Stühle im Möbellager.

Ankommen

Jeden Morgen ab etwa 7.45 Uhr füllen sich die bis dahin stillen Gänge nach und nach mit Leben. Etwa 380 Kinder freuen sich auf ihren Schultag, darauf, Freunde zu treffen, mit ihnen spielen und gemeinsam lernen zu können. Sobald sie in ihrem Klassenzimmer sind, beginnen manche Kinder voller Tatendrang mit dem Arbeiten. An einem Tisch am Fenster sitzt Johannes und legt ein Muster mit dem Cubumino[1]. Maximilian neben ihm hat sich gerade eine Aufgabe genommen, bei der er Rechenaufgaben notieren soll, die 1000 ergeben. Elsa möchte heute ihr Forscherthema abschließen und klärt gerade letzte Fragen mit der Klassenlehrerin. An einem der Tische auf dem Flur wartet Magdalena schon ganz gespannt darauf, wann ihre beste Freundin denn nun endlich kommt. Sie möchte gern mit ihr die angefangene Geschichte weiterschreiben – aber natürlich erst, nachdem die neuesten Neuigkeiten vom Vortag ausgetauscht wurden. Zwei Kinder melden sich in Richtung Kunstzimmer ab, denn ihre Bilder sollen heute unbedingt fertig werden. Jannik, zurzeit Kreisleiter, erinnert sie, halb 9 pünktlich zum Kreis zurück zu sein. Hilda hingegen hat noch gar keine Zeit gefunden, sich um ihre Lernsachen zu kümmern. Ihre Patin Eva steht weinend im Flur. Selbstverständlich, dass sie erst einmal zu ihr geht, sie tröstet und versucht zu helfen. Überall im Haus herrscht reges Treiben und während der Schultag um 8 Uhr offiziell beginnt, sind manche Kinder noch damit beschäftigt, sich den Schlaf aus den Augen zu reiben und erst einmal anzukommen.

Der Morgenkreis

Bis zum Morgenkreis, der meist gegen 8.30 Uhr stattfindet, ist bei vielen Kindern schon eine Menge passiert. In vielen Köpfen hat der eigene Plan für den Tag Gestalt angenommen. Aufgaben wurden ausgewählt und es wurden Absprachen getroffen, wann man mit wem an welcher Aufgabe arbeiten möchte. Mit dem Morgenkreis startet der gemeinsame Tag. Es wird häufig gesungen, gegebenenfalls ein Geburtstag gefeiert und kurz über bemerkenswerte – schöne, lustige, traurige – Ereignisse berichtet. Der größere Teil dieses Kreises dient jedoch der Planung des Tages. Jedes Kind stellt kurz vor, woran es am jeweiligen Tag arbeiten möchte, was es neu beginnt oder fortführt. Die Lehrerin (oder in höheren Klassen der Kreisleiter) notiert dies im Klassen-

---

1) Der Cubumino ist ein Würfelmosaik mit 17 statt 6 verschiedenen Motiven, sodass es zehntausende Kombinationsmöglichkeiten zum Legen anspruchsvoller Muster gibt.

buch, in dem jedes Kind für jeden Tag eine eigene Spalte hat. Alle Kreisteilnehmer können Rückfragen stellen oder unentschiedenen Kindern Tipps geben. Auch die Lehrerin stellt Arbeiten, die am betreffenden Tag für alle stattfinden, innerhalb dieses Kreises vor. Ein Blick hinter die während des Kreises geschlossenen Klassenzimmertüren zeigt, was heute alles so passiert ...

Arbeitszeit

In der Klasse 3c steht heute das große „Schokoladentestessen" auf dem Plan. Alle Kinder sind schrecklich aufgeregt. Unter der Beobachtung von vielen neugierigen Augenpaaren wird der Testtisch aufgebaut. Manch einem läuft schon das Wasser im Mund zusammen. Gleich soll der Geschmackssinn auf die Probe gestellt werden. Wer findet wohl heraus, wie die einzelnen Schokoladentafeln zusammengesetzt sind? Worin steckt die meiste Kakaomasse, worin die wenigste? Welche Tafel besteht zum Großteil aus Zucker? Warum schmilzt das eine Stück schneller als das andere? Schokolade essen im Dienste der Wissenschaft – welch ein Genuss!

Das gegenüberliegende Klassenzimmer bleibt am heutigen Tag leer. Obwohl es nicht sehr warm ist und gerade leicht regnet, ist die Patenklasse 1c bereits mit Rucksack und Bollerwagen unterwegs zu ihrem Stammplatz mitten in der Dresdner Heide. Für sie findet heute – wie für alle 1. Klassen an einem Tag der Woche – der Waldtag statt, Unterricht draußen in der Natur. Es wird am „Waldsofa" gefrühstückt und auch der Morgenkreis wird unter freiem Himmel abgehalten. Im Anschluss daran ziehen die Kinder mit Becherlupen los und suchen unter Blättern und Baumrinden nach Insekten. Glücklicherweise haben die Regenwolken sich inzwischen verzogen. Nun können die Skizzenhefte aus dem Rucksack geholt und die kleinen Tierchen abgezeichnet werden. Und Zeit zum Spielen bleibt auf jeden Fall auch noch.

Im Obergeschoss, bei den Kindern der Klasse 4a, wird gerade eifrig diskutiert. Die Lehrerin hat eine ganz schön knifflige Aufgabe mitgebracht: „Wie viele Kühe bräuchte man, um deine Stadt eine Woche lang mit Milch zu versorgen?" In einer Gruppe überlegen die Kinder gerade, wie viel Milch eine Kuh überhaupt gibt. Sofort springt Elli auf und recherchiert am Computer. Eine andere Gruppe kann sich nicht einigen, wie viel Milch eine Person pro Woche benötigt. Sie beschließen, eine Umfrage in der Schule durchzuführen. Und auf der Treppe offenbart ein Mädchen einem Jungen gerade, dass es ihretwegen gar keine Kühe bräuchte. Sie findet Milch ziemlich eklig und mag viel lieber Haferdrink.

Die Kinder der Klasse 2a sind mit „Birne" aus dem Kinderbuch von Günter Herburger auf der Reise in unendliche Weiten. Joseph testet gerade sein handwerkliches Wissen und versucht die Werkzeuge in der Fühlkiste zu erraten, während Martha und Janne an der großen Rakete basteln, die demnächst die Klassenzimmerdecke verschönern soll. Und weil selbst im Rahmen von Werkstätten immer Platz für die eigenen Ideen der Kinder ist, macht sich Jonathan gerade schlau zu unserem Sonnensystem. Er möchte ein kleines Forscherbuch zu diesem Thema erstellen und sucht eifrig in Sachbüchern nach Informationen.

An einem besonderen Projekt arbeiten derzeit die Kinder der Klasse 4d. Seit einigen Wochen beschäftigen sie sich mit der Werkstatt „Zur Entwicklungsgeschichte der Saurier: Die Faszination einer längst vergessenen Tier- und Pflanzenwelt". Gleich zu Beginn der Unterrichtseinheit hat Mathilde im Morgenkreis von ihrem Besuch im Berliner Naturkunde-Museum während der letzten Sommerferien berichtet und mit ihren Ausführungen die Kinder neugierig gemacht. Es stand die Überlegung im Raum, ob nicht die Klasse gemeinsam nach Berlin fahren kann. Erstaunlich, welche Energie Kinder entwickeln und welche Ausdauer und Beharrlichkeit sie an den Tag legen können, wenn sie für eine Sache „brennen". Gerade ist die Planungsgruppe in einer ruhigen Ecke damit beschäftigt, Zugverbindungen zu suchen, Fahrtkosten aufzustellen und einen Elternbrief zu ihrem Vorhaben zu schreiben. (Anmerkung: Der Ausflug fand tatsächlich statt und war ein eindrückliches Erlebnis für alle.)

Das Klassenzimmer der 2b ist dieser Tage ein Museum. Überall hängen Reproduktionen von Bildern des Künstlers Franz Marc. Andächtig gehen die Kinder durch den Raum und betrachten seine Bilder. Zuvor haben sie von ihrer Lehrerin einen Auftrag bekommen: Sie sollen sich ein Bild aussuchen, das ihnen besonders gut gefällt, und anschließend eine Geschichte dazu schreiben. Für welches Bild sie sich entschieden haben, soll geheim bleiben. Das sollen die anderen Kinder anhand der Geschichte später erraten.

In den Räumen der 1a und 3a sowie dem Flur davor herrscht geschäftige Arbeits(un)ruhe. Große und Kleine arbeiten miteinander im Patenprojekt „Geschichten erzählen". Heute Morgen war es besonders spannend, denn jedes Patenpärchen zog aus zwei geheimnisvollen Kisten je einen Gegenstand und eine Figur. Hannah und Ida halten eine Feder und einen kleinen Plastikfrosch in ihren Händen und während Nick und Karla schon Ideen austauschen, überlegen die beiden noch, was sie damit wohl anstellen könnten.

Jürgen Reichen beschreibt Kinder als „von sich aus lernfähig und lernbereit". Sie brauchen „für ihre Selbstaktivität ein Maximum an Spielraum ..." (Reichen 2007, 5 ff.), den wir ihnen geben, auch bei Inhalten, die wir Lehrerinnen selbst in die Klassen tragen. „Horizonterweiterung" galt Jürgen Reichen als weiterer bedeutsamer Schwerpunkt und ist uns wichtiger Auftrag. Nicht alle „Wunder dieser Welt" entdecken die Kinder von selbst. Wir erzählen von ihnen, kommen ins Gespräch, tragen zusammen, was jeder schon weiß, ja, geraten durchaus ins Schwärmen und oft gelingt es, die Kinder zu begeistern. Doch wenn die Kinder zu diesen neuen Horizonten aufbrechen, die wir ihnen eröffnen, können und sollen sie eigene Pfade beschreiten.

Jürgen Reichen machte oft die Bedeutung einer Lehrerin klar, „… die selber lernfähig geblieben ist, die bereit ist, mit und von den Kindern zu lernen und die mit dieser lernoffenen Haltung das ‚Wir'-Gefühl in der Klasse nachhaltig beeinflusst" (ebd.).

Frühstückspause

Halb 10 kehrt zum ersten Mal Ruhe im Schulhaus ein: Es ist Frühstückspause. Während die Kinder nachsehen, was heute Leckeres in ihren Brotbüchsen steckt, warten sie schon gespannt darauf, dass die Lehrerin das Buch zur Hand nimmt, um endlich mit dem Vorlesen zu beginnen. Von Anfang an spielt das Lesen in unserer Schule eine zentrale Rolle. Unsere tägliche Vorlesezeit während des Frühstücks reiht sich ein in unsere Anstrengungen, die Kinder zum Lesen zu bringen. Jede Lehrerin liest ihrer Klasse Ganzschriften vor, von Anfang bis Ende, wodurch die Kinder Autoren und Bücher kennenlernen, die sie selbst möglicherweise nicht gewählt hätten. Sie diskutieren beim Essen über die handelnden Figuren oder alternative Entwicklungen und greifen im besten Fall – und nicht selten – direkt im Anschluss zum zweiten Band oder zu anderen Werken des Autors.

Nach einer reichlichen Viertelstunde hält es aber dann doch nicht mehr alle auf ihren Stühlen. In den Ärger darüber, dass die Vorlesezeit gerade an der spannendsten Stelle zu Ende ist, mischt sich die Freude auf die große Pause. Dank unseres großen Außengeländes finden alle Kinder einen Platz zum Spielen, können sich auch mal „verkrümeln" und ganz für sich sein. Neben mehreren Schulhöfen, bestückt mit Spielgeräten und diversen Sitz- und Liegemöglichkeiten, können die Kinder während der Pausen auch ein großes Waldstück und den darin befindlichen Sportplatz nutzen. Um dorthin zu kommen, müssen sie nicht einmal die Straße überqueren. Sie gehen einfach aus dem Schultor hinaus und stehen schon in der Dresdner Heide – ein Luxus, den wir alle sehr zu schätzen wissen und daher besonders genießen.

Lesezeit

Nach der halbstündigen Pause wird es in unserem Schulhaus still, denn es ist für alle Klassen Lesezeit. Auf den Fluren, in der Bibliothek, im Klassenzimmer unter den Tischen oder in kleinen Leseecken – überall vertiefen sich Kinder in ihren Büchern und gehen auf fantastische Reisen mit den Abenteuerhelden und -heldinnen ihrer Geschichten. Es herrscht eine Atmosphäre wie im Lesesaal einer riesigen Bibliothek. All unsere Klassen verfügen über eigene umfangreiche Sammlungen ausgewählter Kinder- und Jugendbelletristik, aus der jeder frei auswählen kann. In den meisten Klassenzimmern stehen Hunderte verschiedene Titel bereit. Die Lesezeit, eine reichliche halbe

Stunde jeden Tag, ist für die meisten Kinder beliebte Kür und Lieblingszeit und dennoch – sie ist auch Pflicht. Denn nicht für jeden ist Lesen von Anfang an vergnüglich. Manche würden nie beginnen, sich auf die Anstrengung einzulassen, wenn wir sie nicht ein bisschen „schubsen" würden. Zum kompetenten Leser wird man nur durch Lesen.

Abb. 1: Lesezeit

Tagesabschluss

Der Mittagskreis, der in allen Klassen zum Abschluss des Tages stattfindet, dient Kindern und Lehrerinnen als Ort der Präsentation und Reflexion. Dort wird die Schokoladenprobe ausgewertet und diskutiert. Die unterschiedlichen Lösungen zur benötigten Anzahl von Milchkühen für eine Stadt wie Dresden werden neben denen weiterer Fermiaufgaben[2] präsentiert und auf ihre Plausibilität überprüft. Die ersten Geschichten zu den Bildern von Franz Marc werden vorgelesen und gemeinsam besprochen. Die Planungsgruppe der 4d verteilt die kopierten Elternbriefe mit ihrem Anliegen der Berlinfahrt. „Chefs" und „Chefinnen" der Werkstattaufgaben zu „Birne im Weltraum" berichten von der Arbeit des Tages. Und im fast 60 Kinder starken Mittagskreis der Klassen 1a und 3a werden die ersten Geschichten als Tisch- und Schattentheater präsentiert und beklatscht. Die Lehrerin macht derweil Notizen, fragt zum Fortgang der Arbeit, gibt Tipps für die Weiterarbeit am nächsten Tag.

Gemeinschaft

Unsere Tage mit ihrer gleichbleibenden Struktur sollen den Kindern Halt und Orientierung geben und ihnen einen verlässlichen Rahmen für ihre Entfaltung bieten. Natürlich gibt es daneben Ausnahmen im Stundenplan, manche für bestimmte Jahrgänge, einige sogar für die ganze Schule.

---

2) Fermiaufgaben, benannt nach dem italienischen Kernphysiker und Nobelpreisträger Enrico Fermi, sind auf die Realität bezogene offene Sachaufgaben. Sie fördern Kompetenzen wie das Erforschen, das Überschlagen, das Arbeiten mit großen Zahlen, das Umrechnen von Größen, das Nutzen von Alltagswissen, das Argumentieren, das Kommunizieren, die Selbstständigkeit und das Anwenden heuristischer Strategien. Sie fordern heraus, sie regen das Weiterdenken an und öffnen den Blick für Mathematik in der Welt (Def. nach KIRA, Deutsches Zentrum für Lehrerbildung Mathematik).

Das Schulschaufenster

Das Schulschaufenster ist eine Art „Bummel" durch das momentane Lerngeschehen in den einzelnen Klassen. Wie der Name schon nahelegt, gewährt es den Betrachtern punktuelle Einblicke in das, was dort gerade passiert oder vor Kurzem beendet wurde. Es findet in regelmäßigen Abständen mehrmals im Schuljahr statt. Alle Kinder und Lehrerinnen sowie viele Erzieherinnen der Schule treffen sich für 60 Minuten in der Turnhalle.

Abb. 2: Vollversammlung in der Turnhalle

Für die Vorbereitung ist stets eine unserer 4. Klassen verantwortlich. Die Kinder planen und führen als Moderatoren durch das Programm. Auf der Bühne und mit Mikrofon präsentieren die Klassen dann die Arbeitsergebnisse der letzten Wochen: Vorträge über Sachthemen, Vorstellung von Lieblingsbüchern, Plakaten, Geschichten, Liedern, Experimenten und anderes mehr. Damit auf der großen Bühne vor so vielen Zuschauern auch alles klappt, wird an den Tagen vorher mehr oder weniger intensiv geübt und der Beitrag schon einmal im Klassenkreis geprobt. Während die Jüngeren bei der Vorbereitung noch die Hilfe der Klassenlehrerin benötigen, überlegen sich in den höheren Klassen die Kinder oft allein, was sie beim Schulschaufenster vorstellen möchten, und bereiten dies selbstständig vor. Angstfrei stehen schon die Erstklässler auf der Bühne und berichten, was sie Neues entdeckt oder gelernt haben. Die schönsten Momente für uns Lehrerinnen sind jedoch oft die, in denen Kinder, die sonst zu den eher schüchternen und zurückhaltenden im Klassenverband gehören, mutig zum Mikrofon greifen und etwas erzählen, wenn sie Dinge wagen, die sie sich vor einiger Zeit noch nicht zugetraut hätten, schlicht: wenn sie über sich hinauswachsen.

Abb. 3: Das Schulschaufenster

Was für uns schon selbstverständlich erscheint, empfinden Gäste und auch Eltern oft als eine Art Offenbarung, zeigt sich doch an solcher Stelle, was unsere Kinder zu leisten alles imstande sind. Als beeindruckend wird neben der hohen Qualität der Beiträge oft auch die Vielfalt der Themen und die Selbstständigkeit der Kinder empfunden.

Die Ganztagsangebote

Im Verlaufe eines Schuljahres können die Kinder aus einem umfangreichen Programm an Ganztagsangeboten wählen. Sie können sich dabei von ihren Interessen und Neigungen leiten lassen, aber auch Unbekanntes ausprobieren und Neues entdecken. Diese Neigungskurse finden für alle Klassen dienstags im 2. Block statt. Durchgeführt werden sowohl die Kurse als auch die Angebote von uns Lehrerinnen, von den Erzieherinnen unseres Hortteams und von Externen. Dabei gibt es zum einen Kurse, die 8 Wochen lang durchgängig besucht werden, z. B. Schach für Anfänger, Filzen, das Nähen mit der Nähmaschine, Speed-Stacking, Junge Sanitäter, das Filmstudio, Papierkunst oder Buchbinden. Ergänzt werden diese achtwöchigen Kurse durch jahrgangsspezifische Projekte, die das ganze Schuljahr über einmal wöchentlich stattfinden, z. B. die Rhythmusprojekte in den Klassenstufen 3 und 4, unser Theater- und Orchesterprojekt sowie die Kurse im Inlineskaten und Eislaufen.

Darüber hinaus gibt es eine Vielzahl offener Angebote. Diese können von den Kindern nach eigenem Wunsch an einem oder mehreren Terminen besucht werden. Auch im Rahmen der offenen Angebote können die Kinder ihren vielfältigen Neigungen nachgehen, jede Menge ausprobieren und so herausfinden, was ihnen besonderen Spaß bereitet oder was ihnen liegt. Beispiele hierfür sind die offene Kunstwerkstatt, die Holzwerkstatt, der Schulhofgarten, das Drucken in der Druckwerkstatt, Kochen und Backen, Waldabenteuer oder Schach für Fortgeschrittene. Auch diese offenen Angebote wechseln nach 8 Wochen.

Parallel zu den Kursen und offenen Angeboten können die Kinder diesen Block auch als Arbeitszeit nutzen. Sie können sich intensiver mit einem bestimmten Thema auseinandersetzen oder in kleineren Gruppen arbeiten. Außerdem kann individuell auf Kinder mit speziellem Förderbedarf eingegangen werden. Durch die enge gemeinsame Arbeit zwischen Lehrerinnen- und Hortteam können wir auf genügend Personal für diese Vielfalt zurückgreifen.

Ergänzt wird all das seit einigen Jahren von der schulinternen Kinder-Uni. In diesem Rahmen gibt es Vorlesungen, Seminare oder Exkursionen für die Kinder, die in erster Linie von Eltern angeboten werden. Interessierte schreiben sich ein und besuchen an dem jeweiligen Tag die Kinder-Uni. Themen, die bereits angeboten wurden, waren unter anderem: „Meteoriten" – eine Vorlesung für Kinder, „Handys und Tablets und wozu brauchen Computer eigentlich Chips?", „Pups – und schon entstehen Wärme und Licht" oder „Wie funktioniert eigentlich ein Computer – Das EVA-Prinzip".

Die Kinderstadt

So wie die Kinder täglich vor neuen Herausforderungen stehen, an und mit denen sie wachsen, suchen auch wir als Lehrerkollegium uns immer wieder herausfordernde Aufgaben, bei denen wir unsere Grenzen neu ausloten, die uns als Team stärker machen und noch enger zusammenrücken lassen.

Im Schuljahr 2017/2018 keimte erstmals der Gedanke auf, ein Projekt zu planen, in dem die Kinder (fast) ganz allein aus dem Schulhaus, dem Schulhof und dem angrenzenden Wald eine eigene „Kinderstadt" bauen. Dies erschien nicht wenigen Kolleginnen ein zu kühner Gedanke zu sein. Wird das etwas? Lernen die Kinder dabei Wichtiges, Nützliches? Bekommen sie das hin, allein, wenn sie einmal Hilfe zum Erstellen der Planungsstrukturen erhalten haben? „Verplempern" sie nicht die kostbare Zeit? Und was ist mit denen, die sich dann verstecken und vor allem „drücken"?

Jürgen Reichen spricht von „pädagogischem Optimismus, der voraussetzt, dass Selbstentwicklungskraft und Selbstlernfähigkeiten der Kinder so groß sind, dass didaktische Führung sehr oft unnötig ist, dass Kinder im Prinzip sehr viel mehr verstehen und leisten können, als ihnen die Schule oft zutraut …" (Reichen 2007, 5 ff.). Ganz in diesem Sinne haben wir es trotzdem gemacht und sind, als das Projekt lief, aus dem Staunen nicht mehr herausgekommen. Die Kinder haben tatsächlich eine eigene Stadt gebaut und diese „City Action" genannt. Die Klassenzimmer wurden umfunktioniert in einen Zirkus mit einer Manege mit echtem Stroh, einen Zoo mit lebenden Tieren, einen Schönheits- und Kosmetiksalon (Termine wurden über die hauseigene Post vergeben), ein Café und eine Milchshakebar, ein Kino mit Leinwand und Popcornmaschine, eine Geisterbahn im Keller, eine stadteigene Zeitungsredaktion (die Zeitung erschien täglich und wurde immer umfangreicher) und ein Krankenhaus.

Draußen gab es einen Bauernhof, einen Dschungel mit echter Seilbahn (darunter verlief leider die Bundesstraße und die Polizei der Stadt hatte alle Hände voll zu tun, die Straße regelmäßig für den Verkehr zu sperren). Es gab ein Bergwerk, eine Kirche mit Gottesdiensten, einen Pferdehof, eine Parkeisenbahn und vieles anderes mehr. Täglich fanden Stadtversammlungen statt, alles von den Kindern organisiert und geleitet. Kurzum, es war ein voller Erfolg und ein großartiges Gefühl zu sehen, wie es die Kinder (damals 430 an der

Abb. 4: Auch Bergarbeiter
müssen mal frühstücken

Abb. 5: Bei den Steinmetzen
entsteht ein Taufbecken für die Kirche

Zahl!) aus eigener Kraft schafften, ein funktionierendes, vernetztes Ganzes zu erfinden, zu gestalten und zu bauen. Zu unserer Freude über das gelungene Projekt gesellte sich der Stolz auf unsere Kinder und auch ein bisschen der auf unsere Arbeit – ohne Erwachsene, die so etwas zulassen und tragen und die die Kinder in der täglichen Arbeit zu so viel Selbstständigkeit befähigen, einfach, indem sie ihnen etwas zutrauen, wäre so etwas nicht möglich gewesen. Beflügelt von den damaligen Erlebnissen war uns alsbald klar: Dieses Projekt verlangt Wiederholung, damit auch die zukünftigen Kinder unserer Schule diese Erfahrungen machen und diese Erlebnisse haben dürfen. Alle zwei Jahre freuen wir uns nun auf diese besondere Zeit mit den Kindern.

Ausblick

Trotz all der positiven Erfahrungen und der vielen Errungenschaften der letzten Jahre sind wir manchmal unsicher, zweifeln, suchen neue Wege. Die Kinder und deren Lebenswelt heutzutage empfinden wir als Herausforderung und durchaus hin und wieder als Zumutung. Es ist nicht immer einfach, die Kinder für Dinge zu begeistern und sie zur Auseinandersetzung damit zu motivieren, deren Nutzen, Sinn und Zauber für uns Erwachsene ganz klar auf der Hand liegen. Das gelingt uns nicht immer, manches muss verworfen werden, weil der Funke nicht überspringt, kein echtes Lernen stattfindet. Aber ohne den Mut, Dinge zu ändern, ohne das Eingeständnis, dass man als „gestandene" Lehrerin durchaus noch lernen kann – auch von den Kindern –, und ohne den Willen, sich selbst und seine Arbeit immer wieder zu hinterfragen, kann man Schule nicht verändern. So gesehen sind wir auch nach 30 Jahren, die unsere Grundschule nun schon auf diese Weise arbeitet, immer noch auf dem Weg. Es bleibt also spannend.

Literatur
KIRA Deutsches Zentrum für Lehrerbildung Mathematik (o. J.): Größen und Messen. Fermi-Aufgaben. Unter Mitarbeit von Christoph Selter. Technische Universität Dortmund, Fakultät für Mathematik. Dortmund. https://kira.dzlm.de/node/240, Download am 26.09.2021.
Reichen, J. (2007): Was ist „Lesen durch Schreiben"? – Textsammlung ab 1981. https://lesen-durch-schreiben.org/download/lds_00.pdf, Download am 20.09.2021.

Abbildungen
Abb. 1: Katrin Quosdorf
Abb. 2–5: Steffi Klier

Webseite der Schule

www.59-grundschule-dresden.de

Marja Ertel, Christina Grom, Klaus Großmann, Tina Hartwig, Patricia Kies & Lars Strömel

Brüder-Grimm-Schule, Ingelheim am Rhein (Rheinland-Pfalz)

„Du hast eine gute Stimme, und wenn wir mitsammen musizieren, wird es gar herrlich klingen"

(Die Bremer Stadtmusikanten, Brüder Grimm)

Die Brüder-Grimm-Schule (im Folgenden „BGS") ist eine inklusive Ganztagsgrundschule in einem sozialen Brennpunkt von Ingelheim am Rhein in Rheinland-Pfalz. Im Schuljahr 2020/21 wird die Schule von 210 Kindern in 11 Klassen besucht, davon 35 Kinder mit einem offiziellen sonderpädagogischen Gutachten.

Für ihre pädagogische Arbeit wurde die BGS in der Vergangenheit mehrfach ausgezeichnet (u. a. Jakob-Muth-Preis 2014, Nominierung zum Deutschen Schulpreis 2016) und sie ist eine häufig angefragte und durch verschiedenste pädagogische Einrichtungen besuchte Schule (Hospitationsschule RLP seit 2015).

In den letzten 17 Jahren hat sich an der BGS eine Schulkultur entwickelt, welche das Individuum in den Blick nimmt, den gesellschaftlichen Wandel in Technik, Wirtschaft und Sozialstrukturen berücksichtigt und mit eigenen, sich

Abb. 1: Schullogo

stets weiterentwickelnden Konzepten die Rahmenbedingungen für ein gelingendes Lernen und Leben aller an Schule Beteiligten schafft.

In diesem Artikel möchten wir den Weg von einer eher traditionell geprägten Schule zu einer sich selbst evaluierenden und entwickelnden Team-Schule skizzieren und dem Lesenden dabei wichtige Eckpunkte unserer Konzepte näherbringen.

„Auf dem Weg nach Bremen" – Wie alles anfing

Ein Rückblick: Im Jahr 2001 wurde die BGS eine Schwerpunktschule[1] mit zwei Integrationsklassen. Die Entscheidung, eine integrative Schule zu werden, wurde gegen den Willen der Mehrheit des Kollegiums und der Eltern-

---

1)   Eine rheinland-pfälzische Variante der integrativen bzw. inklusiven Schule – siehe: https://inklusion.bildung-rp.de/infos-in-leichter-sprache/schwerpunkt-schulen.html

schaft seitens der damaligen Schulleitung und der Schulbehörde getroffen. Daraus resultierend führte die Integration an der BGS ein Inseldasein, begleitet von vielen Ressentiments und Ängsten. Das Kollegium war in Kleingruppen zersplittert, Unterricht fand überwiegend lehrerzentriert und gleichschrittig statt. Kinder mit immer unterschiedlicheren Voraussetzungen und Verhaltensweisen ließen den Schulalltag zur Belastung werden. Manch einer war froh, um 13.00 Uhr die Schule verlassen zu können. Wie an vielen Schulen stand der Lehrplan im Mittelpunkt des Arbeitens, pädagogisch herausfordernde Kinder mit Verhaltensauffälligkeiten, Teilleistungsschwächen oder Beeinträchtigungen führten zu Überforderungen und zur Wirkungslosigkeit des gewohnten Lehrerdaseins. Unterschiedlichste Ängste entstanden. Gleichzeitig fühlten sich immer mehr Schülerinnen und Schüler in der Rahmensetzung unwohl, reagierten wiederum mit aggressivem oder den Unterricht störendem Verhalten: Ein Teufelskreis!

In den wichtigen ersten zwei Jahren als Schwerpunktschule wurde die BGS nur kommissarisch geleitet. Erst mit einer Neubesetzung der Schulleiterstelle sowie veränderten Vorgaben seitens der Landesregierung (Ablösung der Lehrpläne durch Rahmenpläne, Verankerung von Differenzierung in den rechtlichen Grundlagen) setzte sich in einem Prozess langsam die Erkenntnis durch, dass man den Problemen und Anforderungen nicht durch Selektion gerecht werden kann, sondern sich etwas in der Struktur und dem Selbstverständnis von Schule ändern muss.

„Wohin soll die Reise gehen?" – Bestandsaufnahme und Reiseziel festlegen

An erster Stelle stand eine Bestandsaufnahme der Einstellungen und Meinungen jeder einzelnen Lehrerperson durch eine anonyme Fragebogenaktion, in der sowohl Fragen zur Zufriedenheit in Kollegium und Unterricht als auch zum Interesse an pädagogischen Themen und Kooperationen gestellt wurden.

Ausgehend von den Ergebnissen dieser und einer weiteren Befragung, waren die ersten Jahre geprägt von einer Neuausrichtung der Schule und vielfältigen Diskussionen pädagogischer Ideen.

Vorgegeben wurde zunächst die Prämisse, dass die BGS als Schwerpunktschule den Auftrag hat, *alle* Schülerinnen und Schüler zu fördern und dass kein Kind abgelehnt oder ausgesondert werden könne. Dies bedeutete in einem ersten Schritt die Förderung der Akzeptanz der Vielfalt und die Bereitschaft, sich damit auseinanderzusetzen! Von Anfang an war klar: Eigeninitiative war gefragt. Vorgefertigte Lösungen oder Rezepte, um scheinbar Vorgaben zu erfüllen, waren keine zufriedenstellenden Optionen.

In den folgenden Jahren stand ein Paradigmenwechsel in zwei grundlegenden Bereichen an:

1. Abkehr von der Defizitorientierung hin zur Kompetenzorientierung
2. Abkehr vom Einzelkämpfertum hin zu Teamstrukturen

Im Folgenden wechseln wir nun den Blick und erläutern die Schulkultur der BGS durch die Beschreibung der verschiedenen Konzepte und Bestandteile, welche sie bis heute auszeichnet.

Die „gute Stimme" jedes Einzelnen – Kompetenzen erkennen und wertschätzen[2]

Seit 2004 beschäftigt sich die BGS verstärkt mit der Individualisierung des Unterrichts und der differenzierten Leistungsbeurteilung. So wurde beschlossen, die differenzierte Leistungsbeurteilung zu begünstigen, die klassenbezogenen Arbeiten zu reduzieren und vermehrt individuelle Leistungsnachweise zu berücksichtigen sowie die Lernentwicklung der Kinder stärker in den Blick zu nehmen. Die Unterrichtspraxis wurde weiterentwickelt und methodisch den pädagogischen Zielen angepasst.

Kompetenzraster

In den Jahren 2005 bis 2008 entwickelte das Kollegium der Brüder-Grimm-Schule systematisch und gemeinsam schuleigene Kompetenzraster für die Fächer Deutsch, Mathematik und Sachunterricht.[3] Erwartungshorizonte, Lernfortschritte und Maßnahmen werden in den intern entwickelten 10-Stufen-Rastern dokumentiert und evaluiert. Die Entwicklung jedes einzelnen Kindes wird so über vier Jahre hinweg dokumentiert. Die Raster sind an den KMK-Bildungsstandards und am Rahmenplan Grundschule des Landes Rheinland-Pfalz orientiert und die Kompetenzformulierungen werden stets positiv formuliert, z. B. „Max kann geübte Wörter auch in freien Texten richtig schreiben." Ziel ist es, mit einem ganzheitlichen Blick die individuellen Kompetenzen und Möglichkeiten jedes einzelnen Kindes zu erkennen und diese durch gezielte Begleitung, Forderung und Förderung soweit wie möglich auszuschöpfen. Dabei sollen die Kinder befähigt werden, selbstbewusst und selbstständig ihr Lernen in die Hand zu nehmen.

---

2) Zu den verschiedenen Aspekten findet man auf unserer Webseite www.bgs-ingelheim.de weitere Informationen, Filme und Beiträge.
3) Tatsächlich haben diese den Weg nach Bremen gefunden: Das Land Bremen hat unsere Kompetenzraster als Grundlage ihrer kompetenzorientierten Leistungsrückmeldungen (KompoLei) übernommen und setzt diese flächendeckend in allen 100 Grundschulen des Landes verpflichtend ein.

Mit wertschätzenden, an Kompetenzen orientierten und befähigenden Rückmeldungen in Form von dokumentierten Schüler-Eltern-Lehrergesprächen, die ab der ersten Klasse jeweils im Halbjahr erfolgen, werden die Lernfortschritte transparent gemacht. Im Gespräch werden Stärken gemeinsam beleuchtet und zwei neue Entwicklungsziele festgelegt. Ein gutes Miteinander, eine fundierte Beratung und die notwendige Transparenz sind wichtige Ziele unserer Arbeit.

Noten sind als Leistungsrückmeldung an der BGS in den Hintergrund gerückt. Das 3. Schuljahr ist nach einem gemeinsamen Beschluss völlig notenfrei gestellt. Der individuelle Zuwachs an Kompetenzen, Fähigkeiten und Fertigkeiten wird stärker gewichtet als der reine Wissenserwerb. Unabdingbar verbunden mit der Erlangung der in den Kompetenzrastern verankerten Kompetenzen ist die Schaffung von offenen Lernarrangements innerhalb fester Regeln und Rituale. Die Kompetenzraster werden in regelmäßigen Abständen evaluiert und den aktuellen Gegebenheiten angepasst.

Atelierarbeit

Parallel und passend zu den Kompetenzrastern wurde mit der Atelierarbeit eine spezielle Form des selbstbestimmten kompetenzorientierten Arbeitens entwickelt, welches die Chance bietet, Kinder in ihren Möglichkeiten wahr-, in ihren Interessen und Vorstellungen ernst zu nehmen und ihnen somit Verantwortung für ihren eigenen Lernprozess zu übertragen. Die Schülerinnen und Schüler sollen hierbei die Möglichkeit bekommen, sich neue Kenntnisse zu einem übergeordneten Thema (z. B. Wasser, Ritter etc.) in Eigenverantwortung zu erarbeiten. Dazu ist es notwendig, sie durch ein Lernarrangement anzuregen und über ihre speziellen Interessen, Ausführungen und ihr individuelles Lerntempo selbst entscheiden zu lassen. Die Klassenräume der BGS sind so organisiert, dass sich den Kindern ein Lernarrangement eröffnet, welches sich in vier Ateliers, ein Sach-, Sprach-, Mathe- und Künstleratelier, aufteilt. In diesen haben sie die Möglichkeit, an Sachthemen interessengeleitet, lernbereichsübergreifend, handlungsorientiert und eigenverantwortlich zu arbeiten.

In jedem Atelier stehen den Lernenden Karten mit vielen unterschiedlichen Arbeitsaufträgen zur Verfügung. Die Kinder wählen innerhalb des aufgesuchten Ateliers Aufgaben aus, die ihren Neigungen entsprechen. Außerdem entscheiden sie sich, ob sie in Gruppen- oder Partnerarbeit ihre Aufgabe erledigen möchten. Es darf aber auch in Einzelarbeit gearbeitet werden. Die Aufgaben sind so gewählt, dass sie die Anforderungen der Bildungsstandards abdecken und somit auch den schuleigenen Kompetenzrastern entsprechen. Gleichzeitig sind sie allgemein formuliert, sodass sie für alle Sachthemen gültig sind.[4]

---

4)　Weitere Informationen zu Aufträgen findet man auf www.atelierarbeit.de

Abb. 2 a und b:
Ateliertage –
Von der selbst ge-
wählten Aufgabe
zur Abschluss-
präsentation

Zu jedem Atelier müssen den Kindern Lernmaterialien zugänglich sein. Im Sprachatelier finden sie zum Thema eine kleine Klassenbibliothek. Die Lehrperson und die Kinder bringen geeignete Literatur mit und haben Zugang zu digitalen Medien.

Im Matheatelier wird, der jeweiligen Sachsituation entsprechend, gemessen, gewogen, werden Daten erhoben und in Tabellen festgehalten. Die Kinder werden dazu angeregt, zu zählen, zu rechnen, zu konstruieren und zu bauen. Alle Aktivitäten werden in das Sachthema eingebunden.

Arbeitsstände, Ergebnisse und wie man diese erreicht hat, werden von den Kindern im Kreis präsentiert. Diese Reflexionsphase ist sehr wichtig, da sie Anerkennung, Wertschätzung und Kritikfähigkeit vermittelt und fördert. Durch die eingeübten Präsentationsformen (Lob – Frage – Tipp) wird zusätzlich die Kommunikations- und Reflexionsfähigkeit geschult. Die Lehrperson steht den Kindern als Lernbegleitung und Beratung zur Seite. Es geht stets darum, das Kind und seine Fähigkeiten in den Mittelpunkt zu stellen, es zu stärken und zu fordern, um die Entwicklung einer selbstständigen sowie verantwortungsvollen Persönlichkeit zu unterstützen.

Zweimal jährlich gibt es an der BGS auch zwei- bzw. dreitägige klassen- und jahrgangsübergreifende Ateliertage. Das Thema der übergreifenden Tage wird vorher in einem demokratischen selbstgesteuerten Prozess von allen Schülerinnen und Schülern gemeinsam gewählt.

Lernstraßen

In den vergangenen Jahren hat sich in den Bereichen Deutsch und Mathematik die Arbeit mit „Lernstraßen" entwickelt. In diesen werden Inhalte in individuelle kleine Lernportionen eingeteilt, zu denen das passende Unterrichtsmaterial bereitgestellt wird. Dabei wird angestrebt, zu jeder Lernportion die Möglichkeit des handlungsorientierten Lernens einzubinden (z. B. Montessori-Material, selbsterstelltes Material). Nach jeder Lernportion schreiben die Kinder einen kleinen Test, der zur informativen und individuellen Rückmeldung dient, um mit dem Kind zu besprechen, ob es in die nächste Lernportion weitergehen kann oder noch weiter trainieren sollte. In den Lernstraßen wird differenziert nach Zeit, Umfang, Material und den individuellen Kompetenzen. Ergänzt werden die Lernstraßen durch eher teamorientierte Arbeitsformen wie Schreib- oder Mathekonferenzen, gemeinsame Besprechungen, Präsentationen und die Atelierarbeit. In den verschiedenen Klassen werden die Lernstraßen – je nach Klassenteam – in freien Lernzeiten, Wochen-und Tagesplänen bearbeitet. Da wir aber stets unsere Arbeit für und mit dem Kind hinterfragen, befinden wir uns auch mit den Lernstraßen immer wieder in einer Entwicklung und optimieren diese hinsichtlich der Bedürfnisse der jeweiligen Lerngruppe.

Jugend forscht, MINT[5] und Digitalisierung

Seit vielen Jahren legt die BGS auch besonderes Augenmerk auf die Förderung der Schülerinnen und Schüler in den Bereichen Mathematik, Naturwissenschaft und Technik. Messbare Ergebnisse dieser Bemühungen sind unter anderem die wiederholte Auszeichnung als MINT-Schule und viele Platzierungen bei dem Schülerwettbewerb von Jugend forscht. In Schulversammlungen oder auf der „Bunten Bühne"[6] werden Forschungsergebnisse, die meist in Teamarbeit entstanden sind, vorgestellt und wertgeschätzt.

---

5) Mathematik, Informatik, Naturwissenschaft und Technik
6) Siehe auch Abschnitt „‚Wird es gar herrlich klingen' – Inklusion, Teamarbeit und Partizipation"

Der Einsatz von digitalen Medien nimmt in der Lernlandschaft unserer Schule einen immer größeren Raum ein. Kompetenzorientiertes Arbeiten mit Neuen Medien im Rahmen des individualisierten Lernens an der BGS bedeutet unter anderem auch deren Einsatz als Arbeitsmittel und zum Nachteilsausgleich im individualisierten Unterricht, fernab von strukturierten, für alle gleich aufgebauten Lehrgängen. Wir arbeiten vornehmlich mit iPads und in den Klassen installierten Fernsehern mit angeschlossenen Apple TVs [7].

Die Kinder nutzen die iPads für Recherchen, Präsentationen, Dokumentationen von Bewegungsabläufen im Sportunterricht, Reportagen, im Kunst- und Musikunterricht als Arbeitsmittel und Musikinstrument, als Arbeits- und Hilfsmittel für Kinder mit verschiedensten Beeinträchtigungen (Sehen, Hören …) u. v. a. m. Einen zentralen Computerraum oder das gleichschrittige Arbeiten mit dem PC bzw. iPad von allen Schülerinnen und Schülern an einem Lerngegenstand sucht man daher an der BGS vergeblich. Die iPads stehen jederzeit zur Verfügung und werden dann von den Kindern benutzt, wenn es für die jeweilige Aufgabe Sinn macht (Recherche, Präsentation …).

An der BGS finden außerdem in Kooperation mit der Stadt, der Schulsozialarbeit und der Universität Mainz einmal jährlich die Mini-Medientage für die 3. Klassen und deren Eltern statt. Bestandteil dieser Tage ist die Auseinandersetzung mit eigenem Medienverhalten, den Möglichkeiten und Gefahren von sozialen Netzwerken sowie Sinn und Zweck von Jugendschutzempfehlungen, beispielsweise für Spiele.

Für das erste Quartal 2021 ist außerdem in Kooperation mit dem Schulträger der Stadt Ingelheim eine flächendeckende Ausstattung aller Schulkinder und Lehrpersonen mit iPads inklusive Stift geplant. Dann wäre das iPad personalisiert und könnte z. B. auch als zusätzliches Arbeitsmaterial zu Hause genutzt werden. Eine soziale Benachteiligung durch ungleichen Zugang zu digitalen Medien fällt damit weg.

Ausbauen werden wir auch erste Erfahrungen mit der Programmierung durch den Einsatz von Bee-Bots und der digitalen Abbildung von Realität durch Osmo-Erweiterungen. Wir sehen hier eine sinnvolle und motivierende Ergänzung der Aufgabenkultur. Erste Einblicke in die Struktur von digitalen Prozessen werden vermittelt und begreifbar gemacht.

„Wenn wir mitsammen musizieren …" – Teamarbeit als Schlüssel

Da vom Beginn der Entwicklung bis zu der heutigen Schulkultur an der BGS die Akzeptanz der Vielfalt der Kinder zunächst im Vordergrund stand, wurde man sich schnell auch bewusst, dass man im Kollegium genauso über unter-

---

7)   Gerät zur drahtlosen Spiegelung des Bildschirmes eines beliebigen Apple-Gerätes (iPad, iPhone)

schiedlichste Persönlichkeiten mit unterschiedlichen Kompetenzen verfügt. Das Schaffen von Teamstrukturen auf allen Ebenen, um sich gegenseitig zu unterstützen, Belastungsgrenzen sowie Ängste wahrzunehmen und weitestgehend aufzufangen, war daher von Beginn an besonders wichtig. Erst durch das Ermöglichen, Zumuten, Erleben und Erproben von neuen Unterrichtsmodellen und intensiver Teamarbeit konnte bei den Einzelnen eine positive Haltung bezüglich der Inklusion an Regelschulen entstehen und eventuell vorhandene Ängste abgebaut werden.

Ziel war es einerseits, jedem die Chance zu geben, sich in seinem Tempo und ausgehend von seiner eigenen Haltung zu entwickeln, andererseits aber auch, an dem eingeschlagenen Weg festzuhalten. Dieser Weg kann im Kollegium gemeinsam gestaltet werden, kann aber auch zur einvernehmlichen Trennung führen, wenn die persönlichen Ziele zu stark differieren. Vereinzelt haben Lehrkräfte die BGS in den letzten 17 Jahren aus persönlichen Gründen, oder weil sie sich mit der Teamarbeit und unseren Konzepten nicht dauerhaft identifizieren konnten, verlassen. Andererseits gibt es auch viele Kolleginnen und Kollegen, die sich bewusst an unsere Schule versetzen ließen und teilweise vier bis fünf Jahre ohne Festanstellung ausharrten, bis sie eine Planstelle bekamen, da sie sich durchweg mit den Konzepten identifizieren und vor allem die kollegiale und unterstützende Atmosphäre sowie den speziellen multiprofessionellen Blick auf die Kinder schätzen gelernt haben.

Ohne das Fundament der Schaffung von Teamstrukturen und einer gemeinsamen Verständigung über die einzuschlagende Richtung wären alle weiteren Maßnahmen der Schulentwicklung zum Scheitern verurteilt gewesen.

Teamstrukturen

Vielfalt heißt an der BGS auch die Vielfalt im Kollegium anzuerkennen und als Chance zu nutzen. Deshalb wird in allen Klassen in multiprofessionellen Teams aus Grundschul- und Förderlehrkräften, Pädagogischen Fachkräften und wenn vorhanden auch Integrationsfachkräften gearbeitet. Hierbei sind alle gleichermaßen für alle Kinder verantwortlich. Das Arbeiten im Team steht an erster Stelle. Ohne den Teamgedanken sind die vielen vernetzten Aufgaben und Pflichten des Kollegiums nicht zu meistern. Jeder Pädagoge, jede Pädagogin im Klassenteam trägt die gleiche Verantwortung für jedes einzelne Kind der Lerngruppe. Die Klassenteams bereiten gemeinsam Unterricht vor und besprechen Probleme sowie Vorhaben oder Projekte. Einmal wöchentlich trifft sich das Stufenteam. Zu diesem Team gehören alle, die in einer Klassenstufe unterrichten (auch Fachlehrkräfte). Aufgabe des Stufenteams ist es, klassen- und jahrgangsübergreifenden Unterricht nachhaltig zu planen, Barrieren abzubauen sowie Fallbesprechungen vorzunehmen und zu dokumentieren. Um eine hohe Verbindlichkeit für alle Beteiligten zu gewährleisten, ist die Teamstunde im Stundenplan fest verankert. Ebenso werden Klassenteamstunden nach Möglichkeit bei der Stundenplangestaltung berücksichtigt. Das Arbeiten im Team und das Nutzen der unterschiedlichen Kompetenzen der Mitarbeiterinnen und Mitarbeiter sind uns besonders wichtig. Im Jahr 2011 ist daher ein gemeinsames Schulkonzept entstanden und einstimmig verabschiedet worden, in welchem die Zuständigkeiten, die Gestaltung des Unterrichts, die Teamarbeit und der Umgang mit Heterogenität und Leistung verbindlich festgeschrieben wurden.

Partizipation und Verantwortung

Für eine gute Gemeinschaft und eine gute Teamarbeit ist es uns wichtig, dass jede(r) im Team ein Recht auf Mitgestaltung und Mitbestimmung gleichermaßen spürt und dieses wahrnimmt, denn nur so kann man von den verschiedensten Begabungen profitieren, sich entlasten und den eigenen Horizont erweitern. Durch enge verbindliche Absprachen wächst der multiprofessionelle Blick für und auf das Kind. Diese Analyse und das entsprechende Handeln zum Wohl des Kindes stellen den Kern unserer Arbeit dar.

Für unsere Arbeit ist die Verantwortungsübernahme ein zentraler Wert. Gemeinsam tragen alle Beteiligten die Verantwortung für das gelingende Leben und Lernen an unserer Schule. An erster Stelle steht daher immer die Frage „Warum machen wir diese Arbeit?" und „Was brauchen Schülerinnen, Schüler und Lehrkräfte, um sich bestmöglich zu entwickeln?".

Die Lebensrealität der Kinder und Eltern im Blick, wurde die BGS seit 2011 als Ganztagsschule mit zeitlich flankierender Betreuenden Grundschule ausgebaut. Wir können daher unter einem Dach an fünf Tagen ein Angebot zwischen 7.15 Uhr bis 17.30 Uhr (freitags bis 16.00 Uhr) gewährleisten sowie zusätzliche Angebote wie den offenen Anfang, Logo- und Ergotherapie während der Ganztagsschulzeiten u. a. m. anbieten.

Außerdem konnten wir beim Schulträger in Kooperation mit den anderen Grundschulen und der Elternschaft eine volle Schulsozialarbeitsstelle an unserer Schule durchsetzen, welche uns nun schon seit einigen Jahren kompetent in vielen Belangen der Schulgemeinschaft (Kooperation mit Eltern, Jugendamt etc., Klassentraining für starken Zusammenhalt …) unterstützt und wichtiger Bestandteil unseres Teams ist. Partizipation ist für uns kein Selbstzweck, um sich zu profilieren oder ein Programm zu erfüllen, sondern ein wichtiger Schritt auf dem Weg zur selbstbestimmten Verantwortungsübernahme. Die Lehrkräfte unserer Schule sollten dabei authentische Vorbilder sein:

- Wenn wir möchten, dass Kinder Verantwortung übernehmen, müssen dazu auch Lehrkräfte in der Lage sein.
- Wenn wir erwarten, dass Schülerinnen und Schüler Teamarbeit lernen, müssen wir dies auf allen Ebenen vorleben und selbst teamfähig sein.

- Wenn wir Kinder zur Demokratiefähigkeit erziehen möchten, müssen auch unsere Entscheidungen nicht autoritär, sondern demokratisch getroffen werden.

Durch verschiedenste Formen von Partizipation und Zusammenarbeit sind in den letzten Jahren viele unterschiedliche Projekte auf die Beine gestellt worden, die wir im letzten Teil des vorliegenden Artikels näher beschreiben möchten.

„Wird es gar herrlich klingen" – Inklusion, Teamarbeit und Partizipation

Inklusion bedeutet für sämtliche Beschäftigte unserer Schule, alle Kinder als individuell verschieden und einzigartig anzunehmen und diese bestmöglich im Rahmen ihrer Möglichkeiten zu unterstützen, zu fördern und zu fordern. Dies geschieht unabhängig von einem diagnostizierten Förderbedarf. Die Wertschätzung und Förderung aller Kinder mit ihren unterschiedlichsten Begabungen sichert einen respektvollen Umgang miteinander und bereitet den Weg, die Unterschiedlichkeit der Menschen als Chance zu erkennen und zu nutzen. Inklusion gelingt zunehmend mit den erarbeiteten sich ergänzenden Unterrichtskonzepten und mit den Kompetenzrastern, die individuelles Arbeiten und den Auftrag des Rahmenplans verbinden.

Die BGS versteht sich als eine offene und lernende Schule, in der alle zum Gelingen beitragen und so Zukunft gestalten. Die Übernahme von Verantwortung über den klassischen Bildungsauftrag von Schule hinaus kennzeichnet die BGS ganz besonders.

Unser Ansatz ist es, die kommunale Verantwortung für Schulentwicklung und Schulqualität mit verschiedenen Netzwerkpartnern ernst zu nehmen und die Schule als Stadtteilschule mit einer Vielzahl an niederschwelligen Betreuungs-, Beratungs- sowie Forder- und Förderangeboten unter einem Dach stetig weiterzuentwickeln.

Das gelingt nur gemeinsam mit den Schülerinnen und Schülern. Sie partizipieren in unserer Schule immer mehr und selbstverständlicher an der Ausgestaltung des Schullebens und der Inhalte. Inzwischen fordern sie dies auch selbstbewusst ein. Einen Rahmen hierzu bietet der wöchentlich stattfindende Klassenrat innerhalb der Klassen sowie der ca. alle zwei Monate stattfindende Schülerrat, in welchem Schülervertretungen aus allen Klassen gemeinsam mit der Schulleitung und der Schulsozialarbeiterin Verbesserungsvorschläge rund um das Schulleben evaluieren und beraten. So konnten schon viele verschiedene Projekte und Anregungen umgesetzt werden. Hierzu zählen unter anderem ein Projekt zur Schulhofumgestaltung genauso wie regelmäßig stattfindende bzw. fest installierte Projekte wie die Schülerstreitschlichter, die selbstverwaltete Buch- und Spielausleihe, die Organisation der Fastnachts-

Abb. 3: Verantwortung mit- und füreinander übernehmen (Zirkusprojekt 2019)

feiern, das große Zirkusprojekt alle vier Jahre, die Wahl der Themen für die schulübergreifenden Ateliertage und der Tauschraum[8].

Viele Ergebnisse und Kompetenzen der Schülerinnen und Schüler verdienen eine besondere Form der Wertschätzung, weshalb alle drei Monate eine Präsentationszeit für die gesamte Schülerschaft in der Turnhalle stattfindet. Diese Zeit haben die Kinder „Bunte Bühne" genannt. Nach und nach haben auch hier die Kinder immer mehr Verantwortung übernommen, sodass sie mittlerweile die Beiträge, die sie einreichen, nach eigenem Geschmack zu einem bunten Programm zusammenstellen und dieses selbstständig vor der gesamten Schülerschaft moderieren. Für alle Beteiligten ist dies jedes Mal ein Beweis für die unterschiedlichsten Begabungen und Kompetenzen *aller*, welche in einer wertschätzenden und unterstützenden Atmosphäre ihren Raum finden.

„Bremen" – der Weg ist das Ziel

Wie die Bremer Stadtmusikanten nie in Bremen angekommen sind, so ist die Brüder-Grimm-Schule nie am Ziel, aber hat sich ihr Quartier als Lern- und Lebensort stetig ausgebaut.

---

8) Möglichkeit, Sammelkarten an einem festen Tag der Woche im Raum der Schulsozialarbeiterin fair zu tauschen.

Dennoch arbeiten wir als Stadtmusikanten weiter an neuen Kompositionen.[9] Manche werden nach mehrmaligem Üben verworfen, manchmal ist ein schräger Ton dabei, aber immer wieder haben wir Spaß am Musizieren und werden damit nicht aufhören, solange es so viele verschiedene Töne, Akkorde und neue Musikinstrumente in einer sich stetig weiterentwickelnden Gesellschaft zu entdecken gibt.

Was hat uns auf diesem Weg geholfen? In erster Linie die Besinnung auf uns selbst als Team, *unsere* Aufgabe und *unsere* Ziele. Wir konnten nur *unseren* Weg gehen, abgestimmt auf die Bedarfe *unserer* Schulgemeinschaft und unter Einsatz *unserer* Ressourcen. Notwendig waren dabei immer wieder Fixpunkte mit verbindlichen Vereinbarungen für alle sowie das mit den Jahren gewachsene Vertrauen in die eigenen Kompetenzen im Team.

Durststrecken, schwierige Konstellationen und Stolpersteine gibt es auch auf unserem Weg immer wieder. Deshalb gilt es auch weiterhin, den Stillstand zu vermeiden und immer in Bewegung zu bleiben. Auch wenn einem der Weg manchmal zu holprig und schwierig erscheint: Wenn man an das gesetzte Ziel kommen möchte, hilft es bisweilen, nicht zu lange zu zaudern, sondern den ersten Schritt zu gehen und Vertrauen in die eigenen Fähigkeiten zu haben.

Literatur

Kultusministerkonferenz (KMK) (2005): Beschlüsse der Kultusministerkonferenz, Bildungsstandards im Fach Deutsch für den Primarbereich, Beschluss vom 15.10.2004. München: Wolters Kluwer. www.kmk.org/fileadmin/Dateien/veroeffentlichungen_beschluesse/2004/2004_10_15-Bildungsstandards-Deutsch-Primar.pdf, Download am 01.10.2021.

Kultusministerkonferenz (KMK) (2005): Beschlüsse der Kultusministerkonferenz, Bildungsstandards im Fach Mathematik für den Primarbereich, Beschluss vom 15.10.2004. München: Wolters Kluwer. www.kmk.org/fileadmin/Dateien/veroeffentlichungen_beschluesse/2004/2004_10_15-Bildungsstandards-Mathe-Primar.pdf, Download am 01.10.2021.

Ministerium für Bildung, Wissenschaft, Weiterbildung und Kultur (2014): Rahmenplan Grundschule. https://grundschule.bildung-rp.de/rechts-grundlagen/rahmenplan.html, aufgerufen am 01.10.2021.

Webseite der Schule

www.bgs-ingelheim.de

---

9) Vorgefertigte Musikstücke (Rezepte) sind gut zum Üben, aber passen nicht immer zum eigenen Instrumentarium, den vorhandenen musikalischen Kompetenzen und dem Musikgeschmack aller Beteiligten.

Kerstin Schindler

Grundschule Brück, Brück (Brandenburg)

Weiter, immer weiter …?!

Stellen Sie sich eine überschaubare Grundschule in öffentlicher Trägerschaft im ländlichen brandenburgischen Raum vor, in der Pädagoginnen und Pädagogen vor etwa 30 Jahren in engagierter Arbeit begonnen haben Strukturen zu schaffen, die erfolgreiches Lernen von der 1. bis zur 6. Klasse ermöglichen. Sie haben in den Jahren nach der politischen Wende damals so richtungweisende Konzepte wie jahrgangsübergreifendes Lernen, die Integration von Kindern mit sonderpädagogischem Förderbedarf oder die Einrichtung ganztagsschulischer Angebote vorangetrieben und gelebt.

Mit den Veränderungen der Rahmenbedingungen gingen Veränderungen der Unterrichtskultur einher. Den Unterricht zu öffnen, differenzierte Lernangebote zu unterbreiten, Kindern Eigenständigkeit zuzugestehen und auf ihr Können zu vertrauen, Materialangebote zu machen, den Raum als Einladung zum Lernen zu gestalten … all das wurde nach und nach zum schulischen Alltag.

Und weil das alles in den 1990er- und den frühen 2000er-Jahren auf dem Gebiet der ehemaligen DDR noch keine Selbstverständlichkeit war, wurden Schule und Kollegium schnell beispielgebende Vorreiter für andere Schulen.

Seitdem hat ein Großteil der „Aufbauhelfer*innen" die Schule in den wohlverdienten Ruhestand verlassen. Die Schulleitung hat sich verändert, neue Kolleginnen und Kollegen sind hinzugekommen, die Blickwinkel der Eltern sind andere geworden und stetig neue Herausforderungen brauchen auch weiterhin Strukturen, die das ermöglichen, worauf es doch eigentlich ankommt: dass Kinder lernen können.

Die Frage, die uns „Nachrücker*innen" auf Leitungsebene seitdem begleitet ist, wie es uns immer wieder gelingen kann, die seitdem so erfolgreiche Schulkultur aufrechtzuerhalten, an aktuelle Herausforderungen anzupassen und zudem weiterzuentwickeln.

Noch waren wir nicht aufgefordert, dieser Frage schriftlich nachzugehen – hier folgt der Versuch.

Wie wir zu dem geworden sind:
Prägende Entwicklungsetappen unserer Schule

Für uns ist es selbstverständlich, aber viele, die neu zu uns kommen und nicht bleiben können, sehnen sich zurück, denn unsere Schule liegt direkt am Waldrand, an einem kleinen Bach; Rodelberg und Naturbad sind so nah, dass man hören kann, wenn die Kinder dort aktiv sind. Gemeinsam mit der angrenzenden Oberschule und einer Kindertagesstätte teilen wir uns den „Bildungscampus Brück".

Ungefähr 50 km südlich von Potsdam und Berlin gelegen, verzeichnen wir in den letzten Jahren kontinuierlich steigende Schüler*innenzahlen. Aktuell beschulen wir etwas mehr als 300 Kinder. Mit dem kommenden Schuljahr übergibt uns die Gemeinde, die Träger der Einrichtungen auf dem Campus ist, einen multifunktionalen Erweiterungsbau. Unsere Grundschule wird der größte Nutznießer sein. Alle fünf jahrgangsgemischten FLEX-Klassen 1–2 werden dort einziehen. Die Klassen 3–6, die wir zweizügig führen, verbleiben in dem Gebäude, das seit 1991 als Grundschule dient.

Obwohl der gemeinsame Unterricht von behinderten und nicht behinderten Kindern im Rahmen der Integration von Anfang an im neuen Brandenburgischen Schulgesetz verankert wurde, war die Umsetzung absolut keine

Prägende Entwicklungsetappen unserer Schule

1993
Eröffnung der Lernwerkstatt als regionales und überregionales **Fortbildungszentrum** für Lehrerinnen und Lehrer

2001
Einführung der **FLEX** [Teilnahme Modellversuch]

Alle Kinder der Jahrgangsstufen 1|2 besuchen eine FLEX-Klasse

2004
Arbeit als **Verlässliche Halbtagsgrundschule** [VHG]

Schule und Integrative Tagesbetreuungsangebote (ITBA) arbeiten als Partner

2005
Grundschule Brück wird **Konsultationsstandort** für andere Schulen im Primarbereich als Instrument zur Ganztagsschulentwicklung

2007
Teilnahme am Projekt **prima(r)forscher.** Naturwissenschaftliches Lernen im Grundschulnetzwerk

1993
Integration von Kindern mit sonderpädagogischem Förderbedarf Einrichtung der ersten **Integrationsklasse**

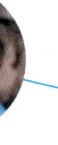

Alle Kolleg*innen arbeiten in den Jahrgangsteams:1/2, 3/4 und 5/6

Gemeinsame wöchentliche Beratungen aller verantwortlichen Pädagog*innen

Einführung des Blockunterrichts

2007
Gründung der Schülerfirma **Junge Imker**

Abb. 1: Übersicht Entwicklungsetappen

Selbstverständlichkeit. An der Grundschule Brück jedoch übernahmen die Lehrkräfte beginnend mit dem Jahr 1993 auch in diesem Bereich die Verantwortung für das Lernen aller Kinder. Und wir alle wissen, dass auch das eine Veränderung der Schul- und Unterrichtskultur nach sich zieht, ja nach sich ziehen muss.

Um diese Entwicklung zu ermöglichen und zu stützen, wurde eine Lernwerkstatt errichtet, in der hauseigene, aber auch schulübergreifende Fortbildungen durchgeführt wurden. Im Mittelpunkt stand hier ein veränderter Unterricht, wobei dies natürlich nicht zu trennen ist von einer veränderten Haltung gegenüber Schule, Unterricht und Kindern insgesamt. Diese Haltung prägt uns bis heute.

Die Einrichtung der jahrgangsgemischten FLEX-Klassen, die in Brandenburg ab dem Jahr 2001 vorangetrieben wurde, war eine folgerichtige Kon-

2019
Einführung des fächerübergreifenden Unterrichts **GeWi**
In den Jahrgangsstufen 5/6

2010
Teilnahme am Pilotprojekt **Auf dem Weg zur inklusiven Schule** des Staatlichen Schulamtes Brandenburg

2012
Pilotschule Inklusion des Landes Brandenburg

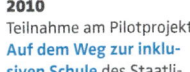

2010
Einführung des Faches **Naturwissenschaften**

2011
Mitarbeit im **Projekt SINUS** – Stärkung des mathematisch-naturwissenschaftlichen Lernens in Grundschulen

2014
Einführung des Faches **Ästhetik**
in den Klassenstufen 3/4

2015
Schule für **Gemeinsames Lernen**

sequenz dieser vorherigen Entwicklung. Seitdem arbeiten wir damit sehr erfolgreich und keine Lehrkraft unserer Schule kann sich eine Rückkehr zu separaten 1. und 2. Klassen vorstellen.

Eine weitere die Schulkultur verändernde Wirkung ging von beiden Entwicklungen – vom gemeinsamen Unterricht sowie von der Jahrgangsmischung – aus: der Notwendigkeit, im Team zu arbeiten. Wie wir bestens wissen, sind Lehrer*innen zum Einzelkampf ausgebildet, brennen für ihr Fach und ihre Jahrgangsstufe(n). Dass der Blick über das Naheliegende hinaus nicht nur bereichernd, sondern auch entlastend sein kann, war ein Lernprozess.

Im Jahr 2004 wurde die bislang letzte einschneidende strukturelle Änderung vollzogen: der Übergang in die Ganztagsschule, die bei uns in Form der Verlässlichen HalbtagsGrundschule (VHG) umgesetzt wird. Die Einführung des durchgängigen Blockunterrichts, die konzeptionelle Verankerung der Teamarbeit und vor allem die Einbindung dessen, was andernorts als *Hort* bezeichnet wird, haben hier ihren Ursprung. *Hort* heißt bei uns ITBA = Integrierte TagesBetreuungsAngebote, wobei integriert meint, dass Lehrkräfte und Erzieher*innen auf der Grundlage eines gemeinsamen Schulprogramms EIN Kollegium bilden. Träger der ITBA ist die Gemeinde. Damit konnten wir eine Trennung von *Hort* und Schule überwinden und eine konsequente Integration beider Bereiche ermöglichen.

Neben den genannten Entwicklungen prägten noch zahlreiche weitere unseren Weg bis heute. Wenn wir uns jedoch fragen, welche sinnhaft strukturierten „… *Wertvorstellungen, Verhaltensnormen, Grundannahmen und Denk- und Handlungsweisen*" (Schönig 2002, 818) unsere Schulkultur bis heute mitbestimmen, so sind es:

- die Haltung gegenüber Kindern, Schule und Unterricht
- die Struktur gebenden Abläufe unter dem Dach der Verlässlichen Halbtagsgrundschule
- das Arbeiten im Team

Was das konkret bedeutet und welche Auswirkungen sich im Schulalltag, aber auch im konzeptionellen Gesamtgefüge daraus für uns ergeben, soll nun detaillierter betrachtet werden.

Was uns immer noch ausmacht: Das Frühere im Heutigen

Haltung macht Verhalten: Unser Wertesystem

Nicht nur aus der pädagogischen Fachliteratur, sondern aus unserer gesamten pädagogischen Erfahrung heraus wissen wir, dass ein Kind nur dann gut lernen kann, wenn es ihm gut geht, wenn es auf Erwachsene trifft, die eine angstfreie, anregende und gemeinschaftsstiftende Lernumgebung vorzubereiten willens und in der Lage sind. Wenn im schulischen Leitbild deshalb von Anfang an von Freude und Zuversicht, von Interessen und Fähigkeiten oder von Akzeptanz und Ästhetik die Rede war, so meinen wir damit noch immer, dass sich alle zu schaffenden Rahmenbedingungen daran ausrichten sollten.

Ob wir mit einem Kind einfach nur reden, ob wir an individuelle Bedürfnisse angepassten Unterricht planen, den Klassenraum gestalten, ein Elterngespräch führen, aktuelle oder weitreichende Entscheidungen treffen: die wohlwollende und akzeptierende, gleichzeitig aber auch strukturierte und konsequente pädagogische Haltung muss ihren Ausdruck im Verhalten eines jeden einzelnen Erwachsenen finden – egal ob im Unterricht, in den Pausen, im Ganztag oder am Nachmittag in der ITBA.

Diese Erwartung stellen wir nach wie vor an das gesamte Personal unserer Schule. Natürlich läuft vieles von dem beiläufig und unbewusst ab. Hin und wieder nehmen wir das aber auch gezielt in den Fokus, zum Beispiel dann, wenn das Schulprogramm aktuellen Erfordernissen angepasst werden muss, wenn neue Themen konzeptionell verankert werden müssen, wenn Kolleginnen oder Kollegen hinzukommen, wenn es Schwierigkeiten im Team gibt oder wenn neue Professionen das Schulische vor Ort ergänzen.

Dann reflektieren und kommunizieren wir im kollegialen Austausch pädagogische Haltungen auch direkt, beziehen uns dabei auf „alte" Standards ebenso, wie wir neue Erwartungen an uns selbst formulieren. Das können zeitraubende, mühsame, zähe, mitunter auch schmerzhafte Prozesse sein. Für das längerfristige Wohl aller sind sie jedoch unausweichlich.

Strukturen ergeben Laufrichtungen: Unsere Arbeitsstruktur

Ein Phänomen, das Pädagoginnen und Pädagogen immer wieder beschreiben, ist das Gefühl, dass viele Dinge gleichzeitig passieren, und es will wirklich gelernt sein, dann nicht den Überblick zu verlieren. Ansonsten ist der Weg nicht weit, auch die Kinder zu verlieren. Spätestens dann weiß man den Wert einer strukturierten Routine zu schätzen.

Obwohl natürlich Schule selbst mit ihren Abfolgen bereits strukturgebend ist, hat die Einführung der Ganztagsschule unsere Abläufe maßgeblich verändert und einen enormen Qualitätsschub erbracht. Das beginnt mit der Gliederung des Tages durch die Frühbetreuung ab 6 Uhr, den folgenden Blockunterricht mit langen dazwischenliegenden Pausenbändern bis hin zur Nachmittagsgestaltung bis 17 Uhr. Die Lehrkräfte und Erzieher*innen reihen sich in diese Abläufe entweder nacheinander oder auch gemeinsam arbeitend ein.

Aus der Zeit des Aufbruchs in die Ganztagsschule stammen weitere äußere Strukturierungshilfen, wie z. B. die Aufgliederung des Schuljahres mit den entsprechenden Aufgaben, Höhepunkten und wiederkehrenden Terminen in einen Schuljahresarbeitsplan, klare Festlegungen zur Nachmittagsstruktur für die offenen Angebote der ITBA sowie unsere nachfolgend beschriebene Kommunikationsstruktur.

Weil sich das alles als sehr sinnvoll erwiesen hat, haben wir es bis heute nicht grundlegend verändert. Veränderungen finden dann statt, wenn Dinge neu gedacht werden müssen. Die grundlegende Struktur bleibt jedoch, denn die Vorteile wie Sicherheit, Berechenbarkeit oder auch Verlässlichkeit sind deutlich. Ein weiterer Vorteil, den wir auf Leitungsebene sehen, ist der, dass neu hinzukommende Kolleginnen und Kollegen schneller den Weg in unsere Strukturen, Abläufe, ins Kollegium und in unser Wertesystem finden.

Tagesablauf

	Tätigkeit	Verantwortung
06:00 - 07:00 Uhr	Frühbetreuung	Erzieher*innen
07:00 - 07:30 Uhr	Offener Frühbeginn (FLEX-Klassen)	Lehrkräfte
07:30 - 09:00 Uhr	1. Unterrichtsblock	Lehrkräfte
09:00 - 09:35 Uhr	Gemeinsame Frühstückspause Bewegung und Spiel im Freien	Lehrkräfte
09:35 - 11:05 Uhr	2. Unterrichtsblock	Lehrkräfte
11:05 - 11:55 Uhr	Mittagessen | Mittagsband	Lehrkräfte Erzieher*innen
11:55 - 13:25 Uhr	3. Unterrichtsblock Individuelle Lern- und Spielzeit (FLEX-Klassen)	Lehrkräfte Erzieher*innen
13:35 - 15:05 Uhr	AGs Neigungsunterricht 5|6 (epochal) Individuelle Lernaufgaben 5|6	Lehrkräfte Erzieher*innen Kooperationspartner*innen
15:15 - 17:00 Uhr	Spätbetreuung	Erzieher*innen

Abb. 2: Tagesablauf an der GS Brück

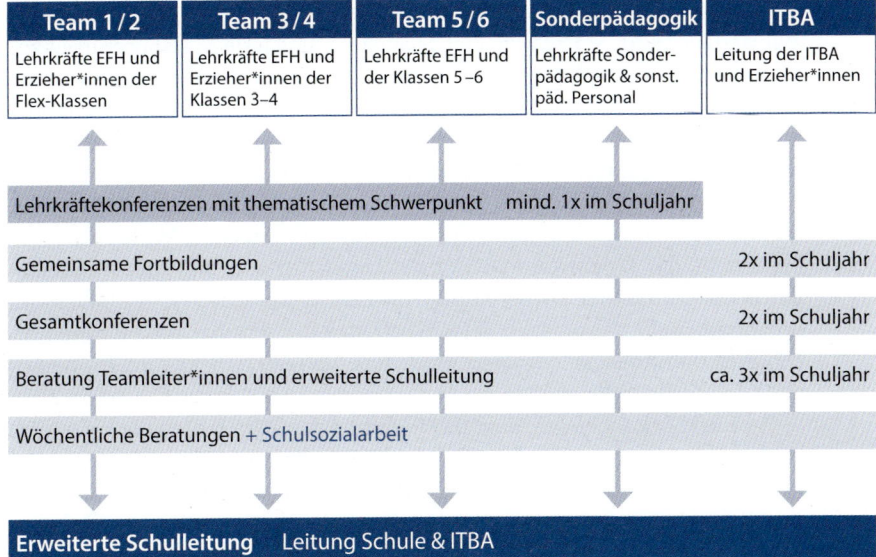

Team 1/2	Team 3/4	Team 5/6	Sonderpädagogik	ITBA
Lehrkräfte EFH und Erzieher*innen der Flex-Klassen	Lehrkräfte EFH und Erzieher*innen der Klassen 3–4	Lehrkräfte EFH und der Klassen 5–6	Lehrkräfte Sonderpädagogik & sonst. päd. Personal	Leitung der ITBA und Erzieher*innen

Lehrkräftekonferenzen mit thematischem Schwerpunkt mind. 1x im Schuljahr

Gemeinsame Fortbildungen 2x im Schuljahr

Gesamtkonferenzen 2x im Schuljahr

Beratung Teamleiter*innen und erweiterte Schulleitung ca. 3x im Schuljahr

Wöchentliche Beratungen + Schulsozialarbeit

Erweiterte Schulleitung Leitung Schule & ITBA

Abb. 3: Kommunikationsstruktur

Teamarbeit bringt Arbeitszufriedenheit: Unsere Kommunikationsstruktur

Zur absolut hilfreichen Routine ist außerdem der Weg geworden, über den wir miteinander am häufigsten kommunizieren: die festgelegten Teams.

Jede Lehrkraft, Erzieher*in, sonstiges pädagogisches Personal und Einzelfallhelfer*in (EFH) gehört einem Team an, je nachdem, in welchen Jahrgängen sie/er überwiegend eingesetzt ist. Dieses Team trifft sich unter Führung einer Teamleitung einmal pro Woche in einer Mittagspause. Hier werden alle wesentlichen Informationen ausgetauscht, pädagogische Inhalte diskutiert, Vorhaben gemeinsam organisiert, Aufgaben geteilt, Entscheidungen getroffen. Da auch immer ein Mitglied der Schulleitung dabei ist, werden Informationen aus der Leitungsrunde in das Team und zurück aus dem Team in die Leitung getragen.

Dieses Modell funktioniert so gut, dass es in den zurückliegenden Jahren nur ergänzt wurde durch ein „Team Sonderpädagogik", die Aufnahme der Schulsozialarbeiterin in die Leitungsrunde sowie fest terminierte Gesamtkonferenzen und Fortbildungen aller Kolleginnen und Kollegen der Schule.

Im Abstand von einigen Jahren entsteht berechtigterweise die Diskussion, ob die Teamsitzungen zugunsten der Mittagspause aufgegeben werden sollten, denn diese kosten wirklich Zeit und verursachen zwischen zwei Unterrichtsblöcken auch Stress. Allerdings ist der Gewinn höher als der Stress, der aufkäme, hätten wir die Teams nicht. Denn dann müssten viele Dinge einzeln geklärt werden. Eine Pro-und-Kontra-Diskussion führt jedenfalls regelmäßig zu eben diesem Ergebnis.

Teamarbeit bringt Arbeitszufriedenheit: Kooperation

Wie an jeder anderen Schule, gibt es auch bei uns feste Vereinbarungen zur Kooperation, wie Fachkonferenzen oder Arbeitsgruppen. Unabhängig davon haben sich aber nicht zuletzt aufgrund der sich verändernden Unterrichtskultur zahlreiche informelle „pädagogische Zusammenschlüsse" formiert, die sich themenorientiert oder aus aktuellen Anlässen zusammenfinden.

Im Einzelnen sind wir als Schulleitung dort gar nicht immer involviert, wissen aber, dass es hier zum Beispiel um das gemeinsame Vorbereiten von Unterricht, das Teilen von Material, das Unterstützen beim Zurechtfinden in der Schul-Cloud, die Vorbereitung von Elterngesprächen oder einfach um organisatorische Absprachen geht. Wir freuen uns darüber, dass unsere Kolleginnen und Kollegen engagiert mitdenken und das Arbeiten im Team auch als individuelle Entlastung nutzen.

Im Rückblick sehen wir, dass sich in den letzten zehn Jahren die anfänglich stärkere Vereinzelung der festgelegten Teams, die noch sehr nebeneinander agiert haben, zugunsten eines übergreifenden Denkens verschoben hat. So ist dem Team 5–6 nicht mehr fremd, was das Team 1–2 leistet und umgekehrt. Und das Team 3–4 vermag in beide Richtungen zu denken.

Was uns außerdem wichtig ist:
Der verlässliche Alltag und der stetige Blick nach vorn

Die Rolle der Schulleitung

Was für Kinder gilt, ist für Erwachsene nicht weniger wichtig: Nur wer sich mit dem Kollegium und den Arbeitsbedingungen wohlfühlt, bringt sich engagiert ein, kann das eigene Potenzial ausschöpfen, ist für eine persönliche Weiterentwicklung offen.

In dem Wissen darum, dass Engagement und Veränderung dann wahrscheinlicher sind, wenn eine positive und akzeptierende Einstellung erlebt werden kann, muss zuallererst die Schulleitung Verlässlichkeit, Transparenz, Teilhabe und Teamarbeit vorleben.

Kooperation im Leitungsteam wird dadurch räumlich unterstützt, dass unsere Büros – verbunden durch das Sekretariat – nebeneinanderliegen, wobei sich beide Leitungen jeweils ein Büro teilen und sich an Schreibtischen gegenübersitzen. Die Zusammenarbeit erfolgt trotz verschiedener Professionen grundsätzlich auf Augenhöhe und alle Grundsatzentscheidungen, aber auch die Kleinigkeiten des Alltags, werden in gegenseitiger Absprache bewältigt. Diese Form des Miteinanders auf Führungsebene macht vieles einfacher und ist natürlich auch für uns entlastend.

Mit Verlässlichkeit und Transparenz meinen wir zudem einen planvoll organisierten Schulalltag, zuverlässige und wiederkehrende Termine, sinnstiftende Zusammenkünfte, eine stetig unterstützende Ansprechbarkeit der

Leitung sowie die bereits angesprochenen Gestaltungsspielräume. In diesem Zusammenhang geht es uns vor allem darum, dass die Kolleginnen und Kollegen neben dem, was von ihnen als Lehrkraft oder Erzieher*in erwartet wird, auch sich selbst als Persönlichkeit einbringen dürfen und sollen. Auch geht es darum, ihre besonderen Stärken und Interessen ganz absichtsvoll zu nutzen, um neue gesellschaftliche Herausforderungen, die sich auf die Schule auswirken, stemmen zu können. Das bedeutet, dass wir uns ein Mitdenken wünschen, dem Ideenreichtum vertrauen und die Umsetzung mitgestaltend und/oder beratend begleiten.

Wir kommunizieren unseren Kolleginnen und Kollegen gegenüber immer wieder, dass bei uns im Bereich der Planung des Unterrichtseinsatzes nie alle Wünsche wahr werden – aber wichtig ist uns schon, dass es die meisten sind. Dazu gehört der „Wunschzettel" für den Unterrichtseinsatz ebenso wie eine Anpassung des Stundenplans bzw. Einsatzplans der Erzieher*innen an persönliche Besonderheiten im Rahmen des Möglichen. Mitunter planen die Kolleg*innen nach vorherigen Absprachen zu inhaltlichen Schwerpunkten ihren Einsatz auch selbst. Das ist gerade für den Bereich der sonderpädagogischen Förderung sinnvoll, da die Kolleg*innen selbst am besten wissen, an welcher Stelle sie ihre Expertise am gewinnbringendsten unterbringen können.

Im Bereich der Personalentwicklung denken wir langfristig. Das beginnt damit, dass wir gute Kontakte zu Ausbildungseinrichtungen pflegen und Auszubildenden sowie Studierenden jederzeit bereitwillig die Möglichkeit eröffnen, Praktika zu absolvieren. Das Kollegium nimmt alle Praktikant*innen regelmäßig so wohlwollend und unterstützend auf, dass sie gern wiederkommen. Und genau das ist unser Ziel: sie z. B. im Praxissemester oder sogar im Referendariat wieder begrüßen zu können. Sollte dann, wenn sie ihre Ausbildung als Erzieher*in oder als Lehrkraft beendet haben, bei uns Bedarf entstehen, können wir uns für ihre Einstellung starkmachen.

Bei Neueinstellungen erwarten wir von den Bewerber*innen, dass sie im Rahmen unserer Schulkultur zu arbeiten bereit sind, wobei die Akzeptanz von Heterogenität sowie die Fähigkeit zur Arbeit im Team die unabdingbaren Voraussetzungen sind.

Wenn möglich, organisieren wir im Vorfeld gern einen Hospitationstag. Das gibt uns, aber auch den Interessierten die Gelegenheit zu schauen, ob die eigenen und die schulischen pädagogischen Grundüberzeugungen an diesem Ort zusammenpassen. Dass das stimmig ist, ist wichtig, da hier viel Zeit verbracht und viel Kraft gebraucht wird.

Neues wagen müssen und wollen

Nicht immer ist man bei neuen Herausforderungen mit dem Verweis auf bewährte Strukturen auf der richtigen Seite. Manches muss einfach neu gedacht und gemacht werden. Und manches will man auch einfach neu machen, selbst wenn sich das Bewährte als brauchbar erwiesen hat.

So hat es bei uns eine Reihe von Veränderungen gegeben, in die vom gesamten Kollegium sehr viel Energie eingebracht wurde, hier einige Beispiele:

Nach der erfolgreichen Teilnahme am Projekt „prima(r)forscher" haben wir bereits im Jahr 2010 das Fach Naturwissenschaften eingeführt. Dazu mussten in Eigenregie, da es noch keine Vorgaben von Landesseite gab, die Fächer Biologie und Physik zusammengeführt und ein schulinterner Rahmenlehrplan für die Doppeljahrgangsstufe 5–6 geschrieben werden.

Durch die Vernetzung mit anderen Schulen bei den „prima(r)forschern" haben wir für die Jahrgangsstufen 5–6 zur Arbeit mit einem Themenportfolio gefunden. Im Rahmen der Neigungsdifferenzierung sind die Schüler*innen hier aufgefordert, nach klar vorgegebenen Aufgaben und Kriterien ein Thema ihrer Wahl zu bearbeiten. Dafür haben sie ein halbes Jahr lang einmal in der Woche einen Unterrichtsblock Zeit. Am Ende entscheiden sie sich, ob sie ihr Ergebnis in einer Einzelpräsentation vor ausgesuchtem Publikum oder auf einem Präsentationsmarkt einer breiten Öffentlichkeit vorstellen möchten. Für die Kinder ist das eine echte Herausforderung und für uns mit darauf vorbereitenden Thementagen, der Organisation des Ablaufs und den wertschätzenden Präsentationen am Ende auch immer ein großer Aufwand. Was uns unter anderem dabeibleiben lässt, ist der deutliche Qualitätssprung, den die Kinder im Vergleich von Klasse 5 zu Klasse 6 machen.

Die Schulprojektwoche haben wir maßgeblich weiterentwickelt. Jetzt arbeiten alle Kinder zu einem Thema und natürlich sind auch die Erzieher*innen eingebunden. Die Projektgruppen haben ihren Ausgang in den Fragen der Kinder zu diesem Thema und jedes Kind kann sich mit einem Erst- und Zweitwunsch in die Gruppe einwählen, in der es in der Woche arbeiten möchte. Alle Gruppen sind jahrgangsübergreifend mit Kindern aus allen Klassenstufen besetzt. Letzteres führt immer mal wieder zu der Frage, ob das gewinnbringend ist. Manchmal grenzen wir das jahrgangsübergreifende Arbeiten in Abhängigkeit von den altersabhängigen Möglichkeiten, die Aufgaben in der Gruppe bewältigen zu können, ein. Grundsätzlich ist aber das Feedback der Kinder zu dieser Form der Durchführung so überwältigend, dass es den Aufwand lohnt.

Aus der Not des Lehrkräftemangels (insbesondere Musik) haben wir im Jahr 2014 für die Jahrgangsstufen 3 und 4 das Fach Ästhetik, die Zusammenlegung von Kunst und Musik, eingeführt: ein großer Erfolg. Die Kinder und wir lieben es! Hier entstand dann auch die Idee, jährlich ein „Schaufenster der Talente" zu veranstalten. Auch das ist für Kinder und Erwachsene ein echtes Highlight.

Nicht immer waren wir erfolgreich

Vor einigen Jahren hatten wir uns auf den Weg gemacht, die Leistungsrückmeldung durch Zensuren infrage zu stellen. Mit einem enormen Aufwand haben wir ein schulinternes Konzept der Leistungsbewertung erarbeitet, das auch für die Klassenstufen 3 und 4 auf die Zensur verzichtet. Mit höchster Überzeugungsarbeit wurde das Konzept auch für einige wenige Jahre in den Abstimmungen der Elternversammlungen mitgetragen. Doch die Sorge der Eltern, ihren Kindern könnte daraus ein langfristiger und nicht zu korrigierender Nachteil entstehen, wurde so stark, die Diskussionen mit dem Ergebnis pro Zensur so hitzig, dass wir den Druck herausgenommen haben. Nun stellen wir unser Konzept zu Beginn der 3. Klasse zwar vor und benennen klar, dass wir den Verzicht auf Noten sinnvoll finden, leisten aber kein Höchstmaß an Überzeugungsarbeit mehr. Wir bedauern das, die Zusammenarbeit mit den Eltern befriedet es.

Unterschätzt haben wir als Leitung auch die Aufgabe, andere Professionen von Anfang an gewinnbringend zu integrieren. Hier reicht es nicht aus, die Erwartungen an die Haltung zu kommunizieren und auf die bestehenden Arbeits- und Kommunikationsstrukturen zu vertrauen. Konkret ist es uns mit der Gruppe der Schulhelfer*innen so ergangen. Nachdem wir jahrelang zwei bis drei Unterstützer*innen hatten, waren es aufgrund eines Modellversuchs nun sechs. Dadurch entstand ein neues Team im Kollegium mit eigener Dynamik. Zu spät haben wir dafür Sorge getragen, diese für die Planung mit in den Fokus zu nehmen. Unterschätzt haben wir die Spannung, die entsteht, wenn andere Arbeitgeber mit im Spiel sind. Nach einer glatten Bauchlandung haben wir hier Strukturen entworfen, die das zukünftig verhindern sollen: Einsatz einer planenden Koordinatorin aus dem Lehrer*innenkollegium, „Wunschzettel" für den Einsatz, regelmäßige Teamsitzungen sowie Kontakte der Schulleitung mit dem Träger. Nun läuft es besser. Wir konstatieren aber, dass es eine Aufgabe bleibt, die es so vorher nicht gab und die wir dauerhaft im Auge haben müssen.

Unterm Strich: Bewährtes nutzen, Neues riskieren

Diesen Beitrag zu schreiben, führte uns zu einer aufreibenden, zuweilen erhellenden, auf jeden Fall interessanten Beschäftigung mit uns selbst. Wann wird man schon gezwungen zu überlegen, ob das, was man da täglich aus voller Überzeugung treibt, den Wert einer Kultur hat und dann hoffentlich auch noch erfolgreich ist? Ob das mit dem Erfolg letztlich so ist, mögen andere entscheiden.

Uns brachte es zu der Erkenntnis, dass auch Strukturen und Abläufe, die funktionieren, von Zeit zu Zeit hinterfragt werden sollten. Bleiben sie auch vor dem Hintergrund neuer Herausforderungen sinnstiftend, bilden sie eine

sichernde Basis für alles das, was die Gesellschaft für die Schule an überra-
schenden Aufgaben bereithält. Wir sehen, dass uns das Bewährte geholfen
hat, solche Überraschungen zu überstehen, Kontinuität zu wahren und Neues
zu etablieren. Dadurch ist unsere Schulkultur das geworden, was sie jetzt ist:
ein gewachsenes Wertesystem, das Bewährtes nutzt und deshalb gut Neues
riskieren kann.

Wir denken, dass diese Verbindung die Arbeitszufriedenheit begüns-
tigt und trotz großer gesellschaftlicher Erwartungen an die Schule zu einer
Qualität der Schulkultur führt, die das ermöglicht, worauf es doch eigentlich
ankommt: dass Kinder lernen können.

Literatur

Feige, C- (Hrsg.) (2011): Wie gute naturwissenschaftliche Bildung an Grundschulen
  gelingt. Ergebnisse und Erfahrungen aus Prima(r)forscher. Eine Kooperation der
  Deutschen Telekom Stiftung und der Deutschen Kinder- und Jugendstiftung.
  Unter Mitarbeit von Konrad Hünerfeld, Senem Kaya, Andreas Knoke, Frauke
  Langhorst, Stefanie Thate. Berlin: Deutsche Kinder- und Jugendstiftung.
  www.telekom-stiftung.de/sites/default/files/files/media/publications/broschuere_
  primarforscher_web.pdf, Download am 27.09.2021.
Schönig, W. (2002): Organisationskultur der Schule als Schlüsselkonzept der Schul-
  entwicklung. In: Zeitschrift für Pädagogik 48, H. 6, 815–834.

Webseite der Schule

 http://grundschule.campus-brueck.de

Wertschätzende Beziehung

Doris Burkhardt & Volker Geis

Grundschule Am Ordensgut, Saarbrücken (Saarland)

Was macht eigentlich ein Kinderhausmeister?

„Jedes Kind möchte das Erlebnis haben, etwas gut machen zu können."

(Leitbild der Grundschule Am Ordensgut)

> *Es ist 7 Uhr. Wie jeden Morgen betritt Kinderhausmeister John mit einem fröhlichen und lauten „Guten Morgen" das Lehrerzimmer. Sein erster Gang führt zu dem Haken hinter der Eingangstür, an dem seine neonfarbene Dienstweste hängt. Nachdem er sie sich übergestreift und seinen Dienstschlüssel vom Schlüsselbrett genommen hat, begibt er sich auf seinen Rundgang durch die Schule. Seine erste Aufgabe ist es, die Türen aller Lerngruppen aufzusperren und das Licht einzuschalten, denn die Kinder der Grundschule Am Ordensgut dürfen sich ab 7 Uhr morgens in ihren Lerngruppenräumen still beschäftigen, bis dann der eigentliche Unterricht um 8 Uhr mit der offenen Arbeit beginnt …*

Die Grundschule Am Ordensgut befindet sich in der Moltkestraße in Saarbrücken, einem sozialen Brennpunkt im Stadtteil Alt-Saarbrücken. Viele Kinder leben in benachteiligten Familiensituationen. 75 % der Kinder sind von Kinderarmut betroffen. Sie kommen zusammen mit Kindern aus anderen Teilen des Einzugsgebiets der Schule, sodass eine bunte Mischung unterschiedlicher Herkunft, Sprache, Hautfarbe, Kultur und Religion das Bild der Schulgemeinschaft prägt. Seit über 30 Jahren gehört auch die Inklusion zum Selbstverständnis unserer Schulkultur. Davon profitieren alle Schüler*innen, weil sie es als selbstverständlich erfahren, dass sie als Mensch mit unterschiedlichen individuellen Eigenschaften und Eigenarten respektiert werden. Umgekehrt lernen sie auch, andere in ihrer Würde und mit all ihren Besonderheiten zu achten. So entsteht bei uns ein kleiner Kosmos als Abbild unserer heutigen Gesellschaft.

Wir wollen den Kindern mit unserem pädagogischen Konzept nicht nur das notwendige Basiswissen mit auf den Weg geben, sondern auch gesellschaftlich elementare Werte vermitteln. Durch weitreichende Partizipation am Schulleben sollen sie zu demokratischem Handeln befähigt und selbstbewusste, selbstständige und interessierte Menschen werden. Wir wollen den Grundstein legen für die Entwicklung von Schlüsselqualifikationen wie Kommunikationsfähigkeit, Flexibilität, Kreativität, Teamfähigkeit, Durchsetzungsvermögen, Gewissenhaftigkeit, Zielorientiertheit und Verantwortungsbewusstsein.

Besonders im Fokus steht der wertschätzende Umgang mit jedem einzelnen Kind unserer Schule, der in zahlreichen Formen unserer pädagogischen Arbeit zum Tragen kommt.

Mittlerweile ist es 7.10 Uhr geworden. Ausgerüstet mit seiner Taschenlampe begibt sich Kinderhausmeister John gemeinsam mit dem Schulhausmeister auf Inspektionsgang über das Außengelände der Schule. Es wird kontrolliert, ob es (über Nacht) eventuell Beschädigungen oder Verunreinigungen gegeben hat, die eine Gefahr für die Kinder darstellen könnten. Gemeinsam mit dem Schulhausmeister werden diese mit dem passenden Handwerkszeug beseitigt, sodass die bald eintreffenden Kinder sorglos spielen können. Auch die kleinen Mülleimer auf dem Schulhof werden geleert. Anschließend holt sich John aus dem Lehrerzimmer die kleinen Verkehrspylonen und stellt sie auf dem Bürgersteig vor der Schule auf, um zu verhindern, dass der Schulweg unserer Kinder von parkenden Autos zugestellt wird (Abb. 1). Dennoch kommt es bisweilen vor, dass bereits vor dem Aufstellen der Pylonen der Schulweg als Parkplatz genutzt wird. In diesem Fall notiert sich der Kinderhausmeister das Kennzeichen der falsch parkenden Fahrzeuge und übergibt diese Information der Schulleitung.

Abb. 1: Der Kinderhausmeister sichert den Schulweg

Diese Maßnahme, die entscheidend zur Gefahrenverhütung beiträgt, ist ein Ergebnis aus den Beratungen der Klassensprecherkonferenz (im Folgenden KSK genannt). Nachdem es den Verantwortlichen der Schule nur eingeschränkt gelungen war, in Verhandlungen mit der Stadt zu zielführenden Lösungen zu kommen, erwies sich die Idee der Kinder als die effektivste und wird daher seit einigen Jahren erfolgreich praktiziert.

Wertschätzung durch die Teilnahme an demokratischen Entscheidungsprozessen

Innerhalb jeder Lerngruppe werden zu Beginn jedes Schuljahres ein/e Klassensprecher*in und eine Vertretung gewählt. Mittels in der Klasse aushängender Wahlplakate, auf denen einzelne Kandidaten*innen darstellen, was sie für das Amt des Klassensprechers qualifiziert, wird es den Mitschüler*innen ermöglicht, eine individuelle Wahlentscheidung zu treffen. Die Klassensprecher*innen aller Lerngruppen bilden die KSK der Schule, die sich einmal pro Woche im Lehrerzimmer zusammenfindet, um über Belange, die die gesamte Schule betreffen, zu beraten. In der ersten konstituierenden Sitzung der KSK wird in geheimer Wahl ein/e Moderator*in gewählt, der/die die Sitzungen leitet. Unterstützt wird die KSK durch die Teilnahme einer Kollegin und unseres Schulhausmeisters.

In der KSK bringen die Klassensprecher*innen Vorschläge ein, die in den Klassenratssitzungen erarbeitet wurden. Darauf basierend trifft die KSK autark Entscheidungen. Die Ergebnisse der Konferenzen werden protokolliert und sowohl der Schulleiterin mitgeteilt als auch durch die Klassensprecher*innen in die Klassenratssitzungen getragen. Auf diese Art und Weise werden die Kinder maßgeblich in gesamtschulische Entscheidungsprozesse einbezogen.

7.45 Uhr: Kinderhausmeister John betritt das Lehrerzimmer, um sich den Schlüssel für den Briefkasten vom Schlüsselbrett zu holen. Mit diesem begibt er sich zum Briefkasten im Untergeschoss, um ihn zu entleeren und die entnommene Post ins Sekretariat zu bringen. In das dort allmorgendlich stattfindende Gespräch zwischen der Sekretärin und dem Hausmeister wird John mit einbezogen. Hier erfährt er unter anderem, welche weiteren Aufgaben das Tagesgeschehen für ihn mit sich bringen wird und zu welchem Zeitpunkt diese erledigt werden sollen (z. B. Schneeräumung, Blätter fegen usw.).

Als der KSK übergeordnete Entscheidungsinstanz fungiert unser Schülerparlament, an dem alle Kinder unserer Schule teilnehmen. Zweimal pro Jahr versammeln sich alle Kinder in der Aula, um gemeinsam mit der KSK, die das Parlament leitet und moderiert, über besonders drängende bzw. schwerwiegende Probleme und aktuelle Themen zu beraten. Im Vorfeld der Sitzung des Parlaments werden durch die KSK organisatorische Vorbereitungen getroffen:

- Einrichtung der Aula inkl. der Mikrofonanlage und des Beamers zu Präsentationszwecken
- Vorbereitung von Podium und Rednerpult
- Zuweisung der Funktionen im Podium (z. B. Moderator*in, Zeitwächter*in, Protokollführer*in, Mikrofonträger*innen)
- Erstellung von Zeit- und Themenplänen in Absprache mit der Schulleitung und dem Hausmeister

Durch das Schülerparlament wurde beispielsweise die langjährige Problematik der Verunreinigung der Toilettenanlagen, welche durch unterschiedliche Maßnahmen seitens des Kollegiums nicht behoben werden konnte, gelöst. Die Verantwortung für die Einhaltung der Hygieneregeln auf den Toiletten übernahmen die Kinder in Eigenregie mittels des vom Schülerparlament ersonnenen Toilettenchefsystems, für das sich viele freiwillige Helfer fanden. Ein weiterer Erfolg konnte zuletzt durch eine vom Schülerparlament entwickelte Idee erzielt werden, indem eine schriftliche Eingabe an den Oberbürgermeister von Saarbrücken die Aufstellung des lang erwarteten Großspielgerätes auf dem Schulhofgelände forcierte. Themen und Beschlüsse der KSK und des Schülerparlaments werden darüber hinaus regelmäßig in den Dienstbesprechungen erörtert und fest in die Entscheidungsprozesse des Kollegiums mit eingebunden. Als Beispiele können hier genannt werden: Die Anschaffung von Spielen für die „Spielerei", einer Tischtennisplatte oder eines Lesesofas für die Schulbücherei, Verbesserung der Verkehrssituation, Entwicklung eines Schulmaskottchens (Ordi), Einführung neuer Regeln zum gemeinsamen Schulleben, Mitwirkung bei schulischen Veranstaltungen, z. B. Verkauf von Ordi-Keksen, Spielsachen-Tauschbörse u. Ä.

Besondere Würdigung erfährt die Arbeit der Klassensprecher durch die regelmäßige Teilnahme des Moderators/der Moderatorin der KSK an den Sitzungen der Elternsprecherkonferenz, die alle zwei Monate stattfinden. Zu bestimmten Anlässen, wie z. B. der Beschreibung der aktuellen Arbeit der KSK und deren Arbeitsergebnissen, der Beantragung von Fördergeldern für bestimmte Projekte oder der Schulfestplanung, nimmt eine Delegation der KSK auch an der Gesamtkonferenz teil.

Durch die Mitwirkung und Teilnahme an den beschriebenen Entscheidungsgremien werden unseren Kindern die Funktionsweise und Notwendigkeit politisch-demokratischer Strukturen transparent gemacht. Durch die Erfahrung, auf die Schule betreffende Entscheidungen Einfluss nehmen zu können, wird in der gesamten Schülerschaft eine weitaus höhere Akzeptanz der beschlossenen Maßnahmen erreicht, als dies der Fall wäre, wenn Entscheidungen ausschließlich von der Schulleitung und den Lehrkräften getroffen würden.

Das Anbahnen demokratischen Denkens und Handelns wird durch die Beteiligung an den beschriebenen politisch-demokratischen Entscheidungsprozessen, wie sie auch im weiteren Lebensverlauf der Kinder eine wichtige Rolle spielen werden, grundgelegt.

> *7.55 Uhr: Über den Lautsprecher der Schule ertönt das Motiv Peters aus „Peter und der Wolf". Während alle Kinder, die sich noch nicht im Schulhaus befinden, dieses nun betreten, verlässt Kinderhausmeister John es wiederum, um die sich noch auf dem Bürgersteig vor der Schule befindlichen Pylonen einzusammeln und zurück ins Lehrerzimmer zu bringen. Danach entledigt sich John seiner Dienstweste und hängt sie zurück an den Haken hinter der Eingangstür des Lehrerzimmers, bevor er sich nun ebenfalls zu seiner Lerngruppe begibt.*

Wertschätzung durch die Übernahme von Ämtern und Diensten

Durch die Übernahme von verantwortungsvollen Ämtern wird den Kindern vermittelt, dass nicht nur das Personal der Schule für einen funktionierenden Schulalltag verantwortlich zeichnet, sondern dass auch die Kinder selbst im Rahmen der Schülerpartizipation zu dessen Gelingen maßgeblich beitragen und ihn entscheidend mitgestalten können. Vor allem das Amt des Kinderhausmeisters genießt an unserer Schule einen hohen Stellenwert. Die Erfahrung hat gezeigt, dass für dieses Amt besonders diejenigen Kinder gewonnen werden können, die sich im Vorfeld eher durch negatives Verhalten Aufmerksamkeit zu verschaffen suchten. Sowohl das positive Ansehen, welches der Kinderhausmeister in Ausübung seines Amtes erfährt, als auch der ihm von seinen Mitschülern*innen entgegengebrachte Respekt bewirken stets überraschend positive Verhaltensänderungen.

Neben dem Amt des Kinderhausmeisters gibt es an unserer Schule viele weitere Möglichkeiten, sich durch die Übernahme von Diensten am Schulleben zu beteiligen.

Unser Schlüsselkind ist dafür zuständig, täglich kurz vor Ende der Hofpause alle Lerngruppenräume aufzuschließen. In eigener Verantwortung holt sich das Schlüsselkind bei einer Aufsichtsperson rechtzeitig den Schlüssel und begibt sich anschließend selbstständig damit ins Schulgebäude, um seiner Aufgabe nachzukommen. Dieses Amt wurde ins Leben gerufen, weil alle Kinder das Schulgebäude nach dem Pausenzeichen ohne vorheriges Aufstellen und ohne Abholung durch Lehrkräfte betreten.

Unsere Blumenkinder gießen einmal in der Woche in Begleitung einer Eingliederungshelferin alle Pflanzen im Schulhaus. Im Sommer kümmern sie sich darüber hinaus um die Pflege der Grünanlagen auf dem Schulhof. Hierbei fallen neben dem Gießen auch weitere landschaftsgärtnerische Tätigkeiten, wie beispielsweise das Bepflanzen und Säubern der Blumenbeete, an.

Meist wird dieses Amt mit großer Freude von Kindern übernommen, die sich in der Bewältigung ihres Schulalltags aufgrund individueller Beeinträchtigungen besonders schwertun. Die Ausübung dieser lebenspraktischen Tätigkeiten stellt zum einen ein Gegengewicht zu den kognitiven Lernphasen des Unterrichtsmorgens dar, zum anderen erfahren die Kinder hierdurch eine Aufwertung ihrer Persönlichkeit und eine damit verbundene Stärkung ihrer Selbstwahrnehmung. Da die Arbeit der Blumenkinder der ganzen Schulgemeinschaft zugutekommt, wird sie regelmäßig im Plenum, z. B. bei den Wochenanfangs- und -abschlusskreisen, an denen alle Kinder und Lehrkräfte der Schule teilnehmen, gewürdigt.

Des Weiteren gibt es feste Klassendienste, die neben der Unterstützung organisatorischer Abläufe ebenfalls eine Würdigung der Kinder durch die Übernahme verantwortungsvoller Aufgaben innerhalb der Lerngruppe darstellen. Folgende Möglichkeiten der Partizipation stehen den Kindern zur Verfügung:

- Tafeldienst
- Computerdienst
- Ordnungsdienst
- Mülldienst
- Datumsdienst
- Tagesplandienst

Ein Amt mit besonderer Verantwortung stellt das Amt des Klassensprechers/ der Klassensprecherin dar. Wie bereits oben beschrieben, vertreten diese zum einen die Interessen ihrer Lerngruppe nach außen hin (KSK, s. o.), und übernehmen zum anderen wichtige Aufgabenbereiche innerhalb ihrer Lerngemeinschaft. Um sich in der Rolle des Klassensprechers oder der Klassensprecherin entwickeln zu können, werden diese frühestens halbjährlich neu gewählt.

Unsere Müllteufel sammeln nach der großen Pause, ausgerüstet mit Eimer und Müllzange, liegen gebliebene Müllreste auf, die zum Großteil aufgrund der Nutzung des Schulgeländes durch Privatpersonen verursacht werden. Anschließend entsorgen sie die aufgesammelten Abfälle in die dafür bereitstehenden Behältnisse. In diesem Zusammenhang anfallende organisatorische Abläufe (bspw. das Verteilen und Einsammeln der Eimer und Zangen und die Zuteilung der Sammelzonen) werden von den Kindern autark geregelt.

10.25 Uhr, Beginn der großen Pause: Kinderhausmeister John macht sich auf den Weg zum Schulhof. Unterwegs nimmt er wahr, dass einige große Pappkartons von einer Lieferung am Vortag vor dem Lehrerzimmer stehen geblieben waren. Nach kurzer Rücksprache mit unserem Hausmeister trägt John die Kartons zum Papiercontainer, wo er sie zerreißt und entsorgt. Nach getaner Arbeit begibt er sich zum gemeinsamen Spiel mit seinen Freunden.

Auch die Schulbücherei wird von unseren Büchereikindern eigenverantwortlich geführt. Darin finden die Kinder unserer Schule ein vielfältiges Angebot aus dem Bereich der Kinder- und Sachliteratur, die unter anderem auch zur Informationsrecherche für Referate genutzt wird. Die Schulbücherei öffnet einmal pro Woche während der großen Pause. Sie wird durch eine eigenständige Lautsprecherdurchsage des Büchereiteams angekündigt. Dieses besteht aus jeweils vier Kindern verschiedener Jahrgänge, deren Aufgabenbereiche an die Abläufe öffentlicher Bibliotheken angelehnt sind. Hierzu gehören die systematische Neuaufnahme und Einordnung von Büchern in die Regale, die Betreuung des Ausleihsystems, die Überwachung der Aufenthaltsregeln, die Akquise neuer Bücher und die Auswahl geeigneten Mobiliars. Zur Unterstützung des Büchereiteams steht eine Lehrkraft als Ansprechpartner*in zur Verfügung. Zur Mitarbeit in der Schulbücherei können sich interessierte Kinder gegen Ende des Schuljahres rechtzeitig beim Büchereiteam bewerben, welches geeignete Kinder auswählt und in die oben beschriebenen Abläufe einarbeitet.

Ebenso in Eigenverantwortung geleitet wird unsere Spielerei, ein Angebot für diejenigen Kinder, die in der großen Pause eine Rückzugsmöglichkeit brauchen. Entstanden ist sie aus dem Bedürfnis mancher Kinder heraus, sich in der Pausenzeit ruhig zu beschäftigen. Die KSK wurde damit beauftragt, hierfür ein alternatives Pausenkonzept zu entwickeln. In Absprache mit dem Personal der Nachmittagsbetreuung konnte zweimal pro Woche ein Raum zur Verfügung gestellt werden, in dem sich jeweils ein Kind aus jeder Lerngruppe zum gemeinsamen Spielen einfinden darf. Dafür geeignete Spiele wurden auf Vorschlag der KSK über den Förderverein angeschafft, mit Aufklebern versehen und in einem speziell für die Spielerei vorgesehenen Regal zur Verfügung gestellt. Jeweils zwei Kinder der KSK sind autark für das Auf- und Zuschließen des Spielereiraums sowie für die Überwachung der Einhaltung der zuvor erarbeiteten Verhaltensregeln zuständig. Diese Form der Pausengestaltung findet großen Anklang und tut den teilnehmenden Kindern gut. Auch die Einrichtung der Spielerei zeigt, dass die aktive Beteiligung unserer Kinder an der Gestaltung des gemeinsamen Schullebens nicht nur eine Form der Wertschätzung und des Vertrauens darstellt, sondern dass aus den Reihen der Kinder wertvolle Ideen entstehen, die den Schulalltag effektiv bereichern und an die speziellen Interessen unserer Kinder anknüpfen.

Zurzeit arbeitet unsere Schule an der Einrichtung eines so genannten Forscherlabors, in dem die Kinder in Zukunft die Möglichkeit erhalten sollen, naturwissenschaftlich zu arbeiten. Aktuell findet die Ausbildung von Kindern zu Laborleitern statt, die andere dann eigenverantwortlich beim Forschen und Experimentieren unterstützen.

Die zahlreichen Partizipationsmöglichkeiten, die unsere Schule den Kindern anbietet, stellen einen entscheidenden Faktor zur Persönlichkeitsentwicklung dar. Es ist von großer Bedeutung im Leben eines Kindes, authentische Wertschätzung zu erfahren. Eine Begegnung mit den Kindern auf Augenhöhe, im Sinne der Übertragung von Aufgabenbereichen, die einen wichtigen Beitrag zu einer funktionierenden Schulgemeinschaft im Alltag darstellen und die normalerweise von Erwachsenen ausgeübt werden, vermittelt den Kindern, dass sie in hohem Maße ernst genommen werden. Dies führt wiederum dazu, dass die Kinder selbst ein hohes Eigeninteresse an der Mitgestaltung des Schullebens entwickeln und hierdurch unsere Schulkultur maßgeblich mitgestalten.

Hospitationstag. John empfängt die Hospitanten am Schülereingang und stellt sich ihnen als Kinderhausmeister vor. Er geleitet sie in die Aula, die er zuvor gemeinsam mit dem Hausmeister der Schule bestuhlt hat. Nachdem sich alle Gäste dort eingefunden haben, begibt sich John ins Rektorat, um die Schulleiterin darüber zu informieren.

Wertschätzung durch Möglichkeiten der Darstellung

Die Grundschule Am Ordensgut bietet ihren Kindern regelmäßig zahlreiche Möglichkeiten, sich auf unterschiedliche Art und Weise zu präsentieren. So können die Ergebnisse individueller Aktivitäten mit der gesamten Schulgemeinschaft bzw. der Öffentlichkeit geteilt werden.

Zweimal im Jahr erscheint der Schülerknaller, eine von Kindern, Lehrkräften und Eltern gemeinsam gestaltete Schülerzeitung.

Als Schule mit einem in Deutschland einzigartigen Musikprojekt „Die Kleinen Streicher" haben unsere Kinder mehrmals im Jahr die Gelegenheit, sich musikalisch zu präsentieren. Alle Kinder der Schule erlernen vom ersten Schuljahr an entweder Geige oder Cello – ein Kooperationsprojekt mit der Musikschule der Stadt Saarbrücken. Aus der jahrgangshomogenen Unterrichtung erwächst in jedem Jahr ein Konzert für Eltern und Freunde der Schule, in welchem die Kinder die bisher erlernten musikalischen Fähigkeiten mit großer Freude darbieten.

Darüber hinaus können diejenigen Kinder, die zusätzlich im privaten Bereich ein weiteres Instrument erlernen, ein Musikstück ihrer Wahl bei den alljährlich stattfindenden Schulkonzerten einem großen Publikum vortragen. Auch die schuleigene Rockband nutzt dieses Forum, um die bisher einstudierten Songs (teilweise sogar in Kooperation mit unseren Streicherkindern) aufzuführen.

Zu Anlässen wie beispielsweise dem Schulfest, bei der Eröffnung von Konzerten, Begrüßungs- und Verabschiedungsfeiern sowie anderen öffentlichen Ereignissen sprechen an unserer Schule oftmals nicht nur Lehrkräfte und Eltern. Auch hier wird ein Teil der Verantwortung in die Hände unserer Kinder gelegt, die als souveräne und selbstbewusste Redner*innen auftreten.

Auf unserer Homepage stellen die Lehrkräfte nicht nur Aktivitäten ihrer Lerngruppe dar. Häufig werden hier auch besondere Leistungen einzelner Kinder gewürdigt.

Montags und freitags trifft sich die gesamte Schulgemeinschaft im Plenum. In diesen von uns so genannten Singkreisen, mit denen wir die Schulwoche musikalisch gemeinsam eröffnen und abschließen, besteht für die Kinder ebenfalls die Möglichkeit, besondere Aktivitäten (z. B. einstudierte Gedichte oder Tänze) und Leistungen (z. B. selbst erdachte Spiele) vor allen Kindern der Schule zu präsentieren.

Pädagogischer Tag. Unser Kinderhausmeister ist heute das einzige Kind in der Schule. John hilft auf Anfrage dem Hausmeister beim Befüllen eines Containers mit ausrangiertem Mobiliar, welches im Zuge einer Aufräumaktion aussortiert wurde. Zur Belohnung für die freiwillige Unterstützung erhält John von unserem Hausmeister eine lang ersehnte Holzpalette, die er stolz nach Hause schleppt, um diese für den Bau eines Baumhauses zu verwenden.

Individuelle Wertschätzung

Eine tragende Säule des Umgangs unserer Lehrkräfte mit den Kindern besteht in einer wertschätzenden Grundhaltung, die in allen Bereichen unseres pädagogischen Handelns eine wichtige Rolle spielt. Es ist von entscheidender Bedeutung, den Kindern zu vermitteln, dass sie in allen Anliegen, mögen sie erst noch so unbedeutend scheinen, ernst genommen werden, und ihnen darüber hinaus das Gefühl zu geben, wichtig und angenommen zu sein. Besonderen Niederschlag findet diese Form der Wertschätzung in der Konfliktbewältigung. Ein bloßer Einsatz negativer pädagogischer Maßnahmen wirkt oft kontraproduktiv und löst Konflikte nie dauerhaft. Vielmehr zahlt es sich aus, Zeit in Gespräche zu investieren und gemeinsam mit den Kindern Wege aus bestehenden Konflikten zu finden. Dadurch stellen sich nach unserer Erfahrung folgende positive Effekte ein: Die Kinder erleben sich nicht als „Bösewichte", sondern erfahren immer wieder durch regelmäßige helfende Unterstützung, wie sie ihr Verhalten dauerhaft ändern können. Durch die reflektive Auseinandersetzung werden auch das Selbstwertgefühl und Selbstbewusstsein der Kinder nachhaltig gestärkt.

Neben der Konfliktlösung kommt diese Form der Wertschätzung insbesondere durch häufig stattfindende Lerngespräche zum Tragen. Die Kinder werfen in intensivem Austausch mit ihren Lerngruppenleitern einen selbsteinschätzenden Blick auf den eigenen Lernfortschritt, vor allem jedoch auf die eigene Persönlichkeitsentwicklung. Diese spielt ebenfalls eine äußerst bedeutende Rolle in den bereits oben erwähnten Singkreisen, im Rahmen derer Kinder durch die Auszeichnung besonders kreativer Ideen oder herausragender Leistungen vor der gesamten Schulgemeinschaft durch Überreichen des schuleigenen Maskottchens „Ordi" gewürdigt werden.

Schlussplädoyer

Was hat uns vor vielen Jahren bewegt, Schule neu zu denken, neue Wege zu gehen? Eine gute Schule für alle zu sein, wird nur dann möglich, wenn Kinder sich nicht mehr an das System Schule anpassen, sondern sich Schule umgekehrt auf das sich ständig im Wandel befindende Kindsein einstellt.

KINDERHAUSMEISTER GESUCHT

Mein Name ist John Mühlen und ich bin Kinderhausmeister. Ich bin jetzt schon seit vier Jahren der Kinderhausmeister. Weil ich schon vier Jahre in der Grundschule bin, werde ich in eine andere Schule gehen. Deshalb brauche ich einen Nachfolger für nach den Sommerferien.

Aufgaben	Darauf muss man achten:	Aufgaben, wenn Herr Marx fehlt
- Hütchen an die Straße stellen - Falschparker kontrollieren und Bescheid sagen - Klassen aufsperren - Rundgang über den Schulhof - Spielgeräte kontrollieren - Post aus dem Briefkasten holen - Aufträge von Herrn Marx	- Man muss in die Klassen gucken, ob etwas kaputt ist. - Der Job ist nicht nur für 2 Wochen. - Man muss auf den Hausmeister hören. - Man muss schon um 7 Uhr da sein.	- Alle Aufgaben muss man allein machen und Frau Burkhardt Bescheid sagen.

Name: _____   Lerngruppe: _____

Warum möchtest du den Job machen?
_____

_____

Warum denkst du, dass du gut dafür bist?
_____

_____

Abb. 2: Werbung um Nachfolge

Dazu war es notwendig, gewohnte Wege zu verlassen, mit Mut und Ausdauer tiefgreifende Änderungen herbeizuführen, selbst Bewährtes aufzubrechen und gänzlich neu zu implementieren. Der wichtigste Schritt bestand in diesem Zusammenhang in der Einführung der Jahrgangsmischung 1–4, die ein Alleinstellungsmerkmal innerhalb der saarländischen Regelschulen darstellt. So ist es aus unserer Sicht gelungen, als Schule nicht nur Lernort, sondern auch ein Stück weit Heimat zu sein. Die Kinder dürfen erfahren, nicht nur Schulkind, sondern in erster Linie Mensch zu sein, der mit Respekt und Würde in all seiner Einmaligkeit angenommen wird. Vor allem jedoch bilden wir eine Lebensgemeinschaft, innerhalb derer in jedem Kind das Gefühl wachsen kann, ein wichtiger und wertvoller Teil dieser Gemeinschaft zu sein.

Ausblick: Wer wird der nächste Kinderhausmeister?

Natürlich geht auch die Amtszeit des Kinderhausmeisters irgendwann einmal zu Ende, und ein neuer muss gefunden werden…

John begibt sich mit seinen selbst verfassten Flyern durch alle Lerngruppen, um für einen Nachfolger zu werben (Abb. 2). Immer wenn ein Kind die Hand hebt, um Interesse zu bekunden, erhält es von John einen dieser Flyer, auf dem die Kriterien für das Amt zu lesen sind.

John hat heute einen wichtigen Termin im Rektorat! Er sitzt gemeinsam mit der Schulleiterin, dem Hausmeister und dem potenziellen Bewerber am

Abb. 3: Bewerbungsgespräch

runden Tisch. „Ich möchte Verantwortung für die Schule übernehmen!", ent-
gegnet Luca auf Johns Frage, warum er sich auf das Amt des Kinderhaus-
meisters beworben hat. Die Schulleiterin und der Hausmeister stellen nach
einem Blick auf die schriftliche Bewerbung weitere Fragen. Schnell wird deut-
lich, dass es sich bei Luca um einen geeigneten Kandidaten handelt, der sich
schon darauf freut, nach den Sommerferien der neue Kinderhausmeister der
Grundschule Am Ordensgut zu sein.

Webseite der Schule

 www.grundschule-am-ordensgut.de

Antje Braunreuther & Claudia Tröbitz

Evangelisches Schulzentrum Muldental, Grimma (Sachsen)

Beziehung zulassen, sich einlassen, gestalten

Beziehungsgestaltung als Fundament für Schulentwicklung

Pädagogische Arbeit ist immer geprägt von Beziehung. Daher ist die positive Beziehungsgestaltung zentrales Moment eines modernen und vor allem professionellen Berufsbildes. Unverzichtbar ist dabei eine persönliche Komponente, welche „Wahrgenommen-Werden, soziale Unterstützung, Wertschätzung und Erfahrung von Gemeinschaft" (Bauer 2019a, 37) ermöglicht und so grundlegend zum Wohlfühlen beiträgt, Kooperationsbereitschaft fördert und zum Lernen motiviert. Unpersönlichkeit hingegen demotiviert und erzeugt Stress.

Beziehungsgestaltung umfasst immer zwei Seiten einer Medaille: Einerseits die verstehende Zuwendung, andererseits die pädagogische Führung (vgl. Bauer 2019b, 144 f.). Als Erwachsener ist man stärker, größer und erfahrener als Kinder und Jugendliche – und das darf man, in zugewandter Art und auf Augenhöhe, deutlich machen. Kinder in der Entwicklung ihrer Selbstständigkeit zu unterstützen, heißt, ihnen einen verlässlichen Rahmen zu geben, in

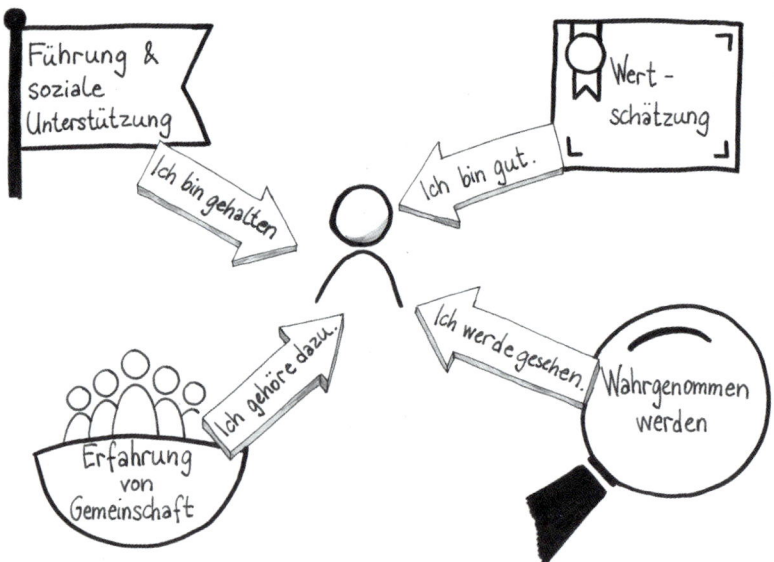

Abb. 1: Perspektiven gelingender Beziehungsgestaltung (Zeichnung: Claudia Tröbitz)

welchem sie sich ausprobieren und entfalten können. Dieses Zusammenspiel von Freiräumen und festen, verlässlichen Rahmenbedingungen unterliegt dem ständigen Wandel und ist ein andauernder Aushandlungsprozess aller Beteiligten. Alle Beteiligten, das sind nicht nur die Kinder und das pädagogische Personal, sondern auch die Eltern, zuweilen das technische Personal – kurzum: alle Personen, welche das Schulzentrum mitgestalten. Ziel sollte es sein, dass sich alle Beteiligten als Teil des gesamtschulischen Beziehungsgeflechts angenommen fühlen.

Teilhabe aller als Indikator gelingender Beziehungsgestaltung

Schulische Beziehungsgestaltung ist fokussiert auf die Beziehungsstrukturen des Kindes. Dies umfasst das gesamte soziale Umfeld des einzelnen Kindes mit allen positiven und negativen Aspekten.

In einem Kollegium finden sich unterschiedliche Menschen mit ihren eigenen Lebenserfahrungen, privaten Hintergründen, individuellen Stärken, aber auch Schwächen. In welchem Maß Einzelne in ihrem Wesen akzeptiert werden, Unterstützung und Vertrauen erfahren und personelle Ressourcen genutzt werden, ist ein Indikator für die Qualität der Beziehungsarbeit.

Die Beziehungspflege der Kinder untereinander ist einer der wichtigsten pädagogischen Aufträge. Kinder brauchen Orte und Zeiten, an denen sie sich austauschen können, ihre Probleme zur Sprache bringen und Rechte einfordern können. Dies können zum Beispiel ein wöchentlicher Klassenrat sein ebenso wie spontane situationsbedingte Gesprächsanlässe. Konflikte entstehen ständig und bedürfen der Bearbeitung im akuten Geschehen. Dafür muss ausreichend Zeit zur Verfügung stehen und im Bedarfsfall Unterstützung durch einen Erwachsenen möglich sein.

Eine gelungene Elternarbeit setzt Erreichbarkeit, gegenseitige Wertschätzung und Offenheit voraus. Eltern sind Experten für ihr familiäres System und ihre Kinder. Der gemeinsame Austausch über das Kind, unvoreingenommenes Interesse und ausreichend Gesprächszeit sind basal für eine nachhaltige Beziehungsarbeit. Die Pädagogen treten in einen echten Dialog, beraten, fragen nach und sind ehrlich interessiert an einer gemeinsamen Erziehungsarbeit.

Eltern brauchen Gelegenheiten, um sich mit der Schule zu identifizieren und untereinander Kontakte zu knüpfen. Dies können beispielsweise Elterncafés, Feste, Arbeitseinsätze, Elternabende, Elternstammtische, Beteiligung an Projekttagen sein.

Darüber hinaus prägen zahlreiche weitere Kontakte das schulische Leben. Pädagogische Mitarbeiter*innen, Sozialarbeiter*innen, Praktikant*innen, Hospitierende, Freiwillige, Verwaltungsmitarbeiter*innen sowie externe

Förderkräfte sind unerlässlich für das Funktionieren des Gesamtsystems Schule. Es ist von zentraler Bedeutung, ihren Beitrag wahrzunehmen, dafür Wertschätzung entgegenzubringen, Unterstützung anzubieten oder sie einfach nur willkommen zu heißen.

Welche Chancen die aktive Beziehungsgestaltung bietet

„Vertrauen leben – Verantwortung lernen" steht als Motto über dem Konzept der Grundschule im Evangelischen Schulzentrum Muldental. Gelingende Beziehungen benötigen Vertrauen und gegenseitige Wertschätzung. Eine qualitativ hochwertige Beziehungsgestaltung ist Menschenrecht (vgl. Prengel 2019b, 15 ff.), denn sie sichert Chancengerechtigkeit und beeinflusst den Bildungserfolg direkt. Das Vorbild der Erwachsenen prägt dabei grundlegend das Verhältnis der Schülerinnen und Schüler untereinander. Neben einer guten Zusammenarbeit der Pädagog*innen im Team bildet auch die Kooperation mit den Eltern eine tragende Säule der Beziehungsgestaltung.

Es ist der Prämisse zu folgen, dass eine ausreichend positive Ausgestaltung genügt. Es geht nicht um Perfektion, sondern darum, ‚so wenig wie möglich falsch zu machen' (vgl. Prengel 2019a, 75).

Pädagogische Beziehungsverhältnisse bilden oftmals die Grundlage für erfolgreiche Bildungsprozesse und stellen einen bedeutenden Interaktionsrahmen dar. Das Aufbauen, Gestalten und Verstehen von zwischenmenschlichen Beziehungen ist somit zentraler Bestandteil pädagogischer Praxis.

Gute Beziehungen aller an Schule Beteiligten sind der Motor für die Schulentwicklung. Das Vertrauen der Eltern in die Arbeit und die Professionalität der Pädagog*innen eröffnet Möglichkeiten, Schulkonzepte zu reformieren, und sichert die Unterstützung bei der Umsetzung von Veränderungen.

Als wir begannen an diesem Artikel zu arbeiten, haben wir die Eltern selbst dazu befragt, wie sie den Kontakt zwischen Pädagogen und Eltern aus Ihrer Sicht beschreiben würden. Spontan haben wir dann folgende Fragen per E-Mail und Messenger-Dienst versandt.

1. *Fühlt ihr euch dem Schulzentrum zugehörig? Woran macht ihr das fest?*
2. *Fühlt ihr euch als Person angenommen? Wann besonders (nicht)?*
3. *Wodurch gewinnt ihr Vertrauen?*
4. *Erlebt Ihr Gesprächsbereitschaft?*
5. *Was ist euch im Kontakt wichtig?*

Nicht nur die Vielzahl der Rückmeldungen hat uns nachfolgend überrascht, sondern auch die ausgesprochen schnelle und positive Resonanz.

Einige Beispiele:

Fühlt ihr euch dem Schulzentrum zugehörig? Woran macht ihr das fest?

Ich fühle mich dem Schulzentrum zugehörig, da ich das ganze Schulzentrum als eine Einheit sehe ... ohne Kinder, ohne Lehrer, ohne Organisatoren, ohne Hausmeister, ohne Hortner/innen, ohne Essenanbieter, ohne Putzfeen, ohne Eltern und bestimmt noch einige mehr ... gäbe es das Ganze gar nicht.

Fühlt ihr euch als Person angenommen? Wann besonders (nicht)?

Ja, alle Fragen werden ernst genommen und sehr umfassend beantwortet. Es gibt kein plumpes Ja oder Nein. Es ist ein herzlicher Kontakt.

Ja. Wenn ich merke, dass andere gerne mit mir reden.

Wir als Eltern fühlen uns gehört und ernst genommen. Wir haben das Gefühl, bei Gesprächen einen Austausch auf Augenhöhe zu erleben, wobei jeder als Experte auf seinem Gebiet respektiert wird. Wir waren jedes Mal dankbar für solche bereichernden Elterngespräche.

Wodurch gewinnt ihr Vertrauen?

Vertrauen habe ich gewonnen durch das, was die Kinder erzählen. Meine Tochter hat in der ersten Woche berichtet, „endlich stört mich keiner beim Spielen". Da freut man sich, dass die Wünsche des Kindes respektiert werden, sind sie auch noch so klein.

Durch Miteinbezogen-Werden in Entwicklungen und durch Informationen.

Erlebt ihr Gesprächsbereitschaft?

Ja. Ich finde, egal in welcher Lage auch immer ... Es ist immer wieder schön, auch als Eltern wahrgenommen zu werden, und wenn Gesprächsbedarf erforderlich ist, dieser auch umgesetzt wird. Egal ob in digitaler oder persönlicher Form.

Jede meiner Fragen wurde prompt beantwortet, vor allem beim Abholen an der Tür und bei Gesprächen mit den Erziehern. Auch wurden alle Fragen bezüglich der Entwicklungsschritte gut erklärt.

Was ist euch im Kontakt wichtig?

Ein ehrliches Feedback und auch ein bisschen Zuspruch „Dein Kind ist jetzt schon groß, das kann es jetzt" brauchen die Mamas manchmal.

Augenhöhe, Vertrauen, Leichtigkeit.

Abb. 2: Auszüge aus der Elternbefragung

Die gleiche Wertschätzung, welche uns die Eltern zeigen, bringen wir auch den Arbeiten der Kinder entgegen. Die Wirkung dieses Umgangs ist bei allen gleich: Er motiviert, stärkt das Selbstkonzept und fordert zu höheren Leistungen heraus.

Im wertschätzenden Umgang miteinander lernen die Kinder die Grundlagen der Demokratie. Einander zuhören, die eigene Meinung vertreten und gleichzeitig andere Ansichten akzeptieren sind für das soziale Lernen unabdingbar.

Eine historisch gewachsene Schulkultur

Mit dem Wunsch, Schule anders zu gestalten und für ihre Kinder einen Lernort zu schaffen, an dem sie sich wohlfühlen, gründete sich ein Elternverein, welcher 1999 zunächst eine evangelische Grundschule eröffnete. Da für die Genehmigung und spätere Anerkennung als Schule in freier Trägerschaft ein Alleinstellungsmerkmal bzw. eine deutliche konzeptionelle Abgrenzung zu den öffentlichen Schulen notwendig war, wurden gelebte christliche Werte wie ein respektvoller Umgang mit anderen Menschen, Toleranz, Mitgefühl und gegenseitige Unterstützungsbereitschaft, Kooperation statt Konkurrenz und die Achtung ökologischer Ressourcen sowie die Verbindung zum evangelischen Glauben konzeptbestimmend.

Anfänglich wurde die konzeptionelle Weiterentwicklung maßgeblich von den im Trägerverein organisierten Eltern bestimmt. Im Laufe der Zeit und vor allem mit dem Wachsen der Schule (2006 Eröffnung der Oberschule und 2010 des Gymnasiums) wurde es zunehmend wichtiger, pädagogische Entscheidungen zu professionalisieren und von individuellen Elternwünschen

---

Im Rahmen des ersten Elternabends findet jedes Schuljahr die Wahl der Elternsprecher statt. Um den Prozess zu beschleunigen und die Eltern stärker in die Pflicht zu nehmen, verlassen wir als Pädagogen dafür den Raum. Dieses Vorgehen geht jedoch weit über die ursprüngliche Intention hinaus:
- Den Eltern wird der Gruppenraum überlassen.
- Die Eltern organisieren die Wahl selbstständig.
- Die Eltern sind wirklich frei in ihrer Wahl – ohne Einflussnahme durch die Lehrerin.
- Die Eltern können sich ungestört besprechen.

Auf diese Art wird den Eltern Vertrauen entgegengebracht, ihnen aktiv die Verantwortung übergeben und der persönliche Austausch untereinander gefördert. Meist ist im Anschluss die Atmosphäre herzlicher, offener und gelöster.

unabhängig zu gestalten. Die Übernahme der Verantwortung für pädagogisches Handeln durch Schulleitung, Lehr- und Erziehungskräfte wurde vor allem von den Gründungseltern als sehr schmerzhafter Prozess wahrgenommen und es dauerte einige Zeit, bis dadurch entstandene Brüche und Verletzungen überwunden und geheilt werden konnten. Indem die Eltern in Entwicklungsprozesse eingebunden und mit ihren Fragen, Wünschen und Bedenken gehört wurden, konnte nach und nach eine vertrauensvolle Basis geschaffen werden.

Vor diesem Hintergrund hat die Elternarbeit eine historisch gewachsene Tradition und ist nach wie vor zentraler Bestandteil des Evangelischen Schulzentrums Muldental.

Beispiele aus einem nicht ganz alltäglichen Alltag

In vielfältigen alltäglichen Situationen ist die schuleigene Beziehungskultur zu beobachten. Dies äußert sich in zunächst unscheinbaren nebensächlichen Gewohnheiten, wie beispielsweise der Anrede mit „du" und Vornamen, und setzt sich fort in einer offenen und ehrlichen – von Außenstehenden als sehr direkt empfundenen – Kommunikation.

Offenheit und Vertrauen unter den Erwachsenen

Im Kollegium erfahren alle Beteiligten die benötigte Unterstützung. Es ist normal, um Hilfe zu bitten, eigene Grenzen zu thematisieren, Verständnis zu zeigen, Rat einzuholen und Ideen auszutauschen. In den wöchentlichen Teamsitzungen werden folglich nicht nur organisatorische Absprachen getroffen, sondern auch pädagogische Themen diskutiert, Fallbesprechungen durchgeführt sowie die gemeinsame Unterrichtsplanung besprochen (vgl. Tänzer 2013, 165 ff.).

Bereits in den ersten Elternabenden wird klar kommuniziert, dass Diversität auch im Kollegium als bereichernd empfunden wird und der Unterricht sich in den jeweiligen Gruppen unterscheiden kann. Zudem wird den Eltern bewusst gemacht, dass auch Lehrende nur Menschen sind und nicht vor Fehlern gefeit. Stattdessen wird um einen offenen Dialog gebeten. Eltern sind eingeladen, als Experten und Vertreter für ihre Kinder zu sprechen und gemeinsam nach Lösungen zu suchen. Diesen Punkt halten wir für zentral, denn so wird die Last genommen, als pädagogisches Personal einem Perfektionsanspruch genügen zu müssen. Des Weiteren merken Eltern, dass auch sie als Menschen wahrgenommen werden und es wird eine erhöhte Gesprächsoffenheit geschaffen. Es entsteht ein echter Austausch und destruktives Kräftemessen wird vermieden. Eine intensive und fruchtbare Elternarbeit ist auch immer ein Gewinn für das Kind.

Ritualisierte Abläufe fördern gelingende Kommunikation

In der freien Lernzeit ist der Planungskreis zentrales Element. Zu Beginn sprechen die Kinder ihre Vorhaben ab und verabreden sich zur gemeinsamen Arbeit, zu Lernspielen, bitten gegenseitig um Unterstützung und treffen Absprachen zur Materialnutzung, zu Lernort und -zeit. Die Intention dieser Methode geht über die Organisation der Lernzeit hinaus und zielt auf das Initiieren von sozialen Lernformen und die Erfahrung von Gemeinschaft und Solidarität. Insbesondere Kinder mit speziellen Bedürfnissen werden so leichter in ihrer Altersgruppe angebunden und finden Anschluss unter Gleichaltrigen, statt sich auf die Zuwendung und Förderung durch Erwachsene zu fixieren.

Die Präsentation der Lernergebnisse vor der Lerngruppe ist eine alltägliche Situation. Die Kinder lernen, sich begründete Rückmeldung zu geben, und schätzen sich gegenseitig ein. Sie beziehen dabei selbstverständlich und intuitiv die Lernentwicklung des Kindes ein und setzen diese ins Verhältnis zum Lernergebnis. Auch die Art der Rückmeldung: „3 Dinge, die gut waren, und 1 Tipp", zeigt, wie wertschätzende Kommunikation etabliert werden kann. Durch die Jahrgangsmischung übernehmen die Kinder diese ritualisierte Feedback-Kultur intuitiv und durch Nachahmung. Dadurch verfestigen sich geschaffene Strukturen, ohne explizit neu erarbeitet werden zu müssen.

Der wöchentliche Klassenrat bietet bereits den Jüngsten die Möglichkeit, eigene Probleme anzusprechen, Lösungen auszuhandeln und Erfahrungen mit demokratischen Prozessen zu machen. Sie lernen durch Beobachtung und Nachahmung und bringen sich zunehmend aktiv in die Gestaltung ein. Ritualisierte Abläufe ermöglichen frühzeitig die Teilhabe und Verantwortungsübernahme. Unterschiedliche Ämter machen die Kinder mit den einzelnen Aspekten des Plenums vertraut und binden sie aktiv ein.

Der Klassenrat sowie der übergeordnete Schülerrat bekommen echte Entscheidungs- und Mitbestimmungsrechte übertragen. Die Kinder bestimmen über die Verwendung eines eigenen Budgets, über Regeln und suchen nach Konfliktlösungen. Bei Bedarf wird vom Erwachsenen sensibel eingegriffen und unterstützt. Beispielsweise bei der Klärung von Zuständigkeiten, dem weiteren Vorgehen oder dem Einbringen zusätzlicher Optionen. Besonders wichtig ist das Unterbinden von Situationen, welche einzelne Kinder beschämen.

Umgang mit alltäglichen Konflikten der Kinder

Wo Menschen zusammenarbeiten und lernen, entstehen Konflikte. Um diese zu bearbeiten, nehmen sich alle Beteiligten – Erwachsene und Kinder – ausreichend Zeit. Es ist häufig zu beobachten, dass der Klärung und Aufarbeitung von offenen Konfliktsituationen und der Erarbeitung von Lösungen auch Unterrichtszeit „geopfert" wird. Wenn sich Kinder oder Erwachsene verspäten, ist „Wir mussten noch etwas klären!" eine allgemein akzeptierte Begründung. Basis für die aktive Konfliktbearbeitung bilden Vertrauen, Augenhöhe und Leichtigkeit. Dies sollen die folgenden Beispiele illustrieren:

„Leon ärgert mich."

„Was macht er denn?"

„Er hört nicht auf, mich zu fangen."

„Hast Du Stopp gesagt?"

„Ja."

„Hat er darauf gehört?"

„Nein."

„Schick ihn bitte zu mir."

Die Pädagog*innen reagieren nur, wenn die Kinder ihre Möglichkeiten bereits ausgeschöpft haben. Der Aufforderung, zu den Erwachsenen zu kommen, folgen die Kinder in der Regel. Es lohnt sich nicht, sich dem klärenden Gespräch zu entziehen, da dies sonst einfach nur zu einem anderen Zeitpunkt (zeitnah) stattfindet und sich der Konflikt verschärft.

„Anne hat Emil die Mütze weggenommen."

„Was sagt denn Emil dazu?"

„Der lacht."

…

Bevor die Erwachsenen eingreifen, versichern sie sich, ob tatsächlich ein Konflikt vorliegt.

„Lukas hat mir die Zunge herausgestreckt."

„Das ist ja gemein!"

„Ja." – Das Kind geht zufrieden spielen.

Manchmal suchen gerade junge Schulkinder lediglich Bestätigung, dass das Verhalten des anderen Kindes nicht in Ordnung war. Ein echter Konflikt, der gelöst werden muss, liegt nicht vor.

Ziel ist immer, die Kinder in ihrer Unabhängigkeit zu fördern, zur Selbstständigkeit zu ermutigen und Verantwortungsübernahme zu entwickeln.

Mit Stolpersteinen und Grenzen umgehen

In Beziehung treten erfordert auch immer, seine eigenen Grenzen zu (er)kennen und zu kommunizieren. Die Mitarbeit der Eltern ist ausdrücklich erwünscht und die Unterstützung bei außerschulischen Lernangeboten wird als bereichernd empfunden. Ein Eingreifen in die schulische pädagogische Arbeit hingegen wird strikt abgelehnt und begründet unterbunden. Eltern sind die Expert*innen für ihre Kinder und Lehrende Expert*innen für Unterricht.

Da die Kinder die Erwachsenen an der Schule duzen, sprechen auch viele Eltern die Pädagoginnen und Pädagogen fraglos mit dem Vornamen an. Dies schafft fast automatisch eine freundschaftliche Nähe, doch gerade bei problematischen Elterngesprächen bedarf es einer professionellen Distanz. Dies in Einklang zu bringen ist nicht immer leicht und ein ständiger Aushandlungsprozess.

Doch auch die Lehrenden können sich zu übergriffigem Verhalten verleiten lassen. Im Kollegium erarbeitete Hilfestellungen stellen immer nur Vorschläge dar, welche den Eltern unterbreitet werden können. Es erfordert eine ehrliche Diskussion und offene Rückmeldekultur im Team, um ein „Überhelfen" von pädagogischen Maßnahmen zu verhindern und so in eine konstruktive Zusammenarbeit mit den Eltern zu treten.

Die Befürchtung, die Beziehung zwischen Eltern und Lehrkräften zu stören, kann dazu führen, dass sich die Pädagog*innen scheuen, Schwierigkeiten im Lernprozess oder Sozialverhalten anzusprechen oder abzutun. Auch wenn es schwierig sein kann und man selbst betroffen reagiert, ist die klare Konfrontation wichtig, um Vertrauen zu erhalten.

Die Gefahr des seelischen, körperlichen und sexuellen Missbrauchs ist überall gegeben, wo ein Machtgefälle herrscht. Dies ist kein Argument gegen die pädagogische Beziehungsgestaltung, sehr wohl aber eines für den sensiblen Umgang mit den Grenzen aller Beteiligten und für die Schaffung und Einhaltung wichtiger Rahmenbedingungen. Dazu gehört u. a. die Aufklärung der Kinder über ihre Rechte. Sie dürfen „Nein!" sagen, sie dürfen über ihren Körper bestimmen, sie werden ermuntert, ihre Rechte einzufordern und über Möglichkeiten aufgeklärt, sie durchzusetzen.

Die Maxime, die Kinder in wichtige Entscheidungen einzubeziehen, kann sie überfordern. Nicht immer ist es ihnen möglich, die Tragweite einschätzen zu können. Sie können ihre Wünsche meist klar äußern, es ist jedoch die Verantwortung der Erwachsenen, die Bedürfnisse des Kindes zu berücksichtigen und deren Befriedigung sicherzustellen. Dies betrifft u. a. wichtige Entscheidungen, wie beispielsweise die Wiederholung einer Klassenstufe oder auch die Entscheidung über einen Stammgruppenwechsel. Auch wenn das Kind in den Prozess mit einbezogen wird, so wird ihm letztendlich die Entscheidung nicht „überantwortet", sondern sie wird von den Erwachsenen getroffen. Dem Kind werden die Gründe anschließend erklärt und gesagt: „Das haben wir Erwachsenen so entschieden!"

Das Duzen der Erwachsenen darf nicht verwechselt werden mit Respektlosigkeit. Ein respektvoller Umgang ist immer ein gegenseitiges Wechselspiel. Letztendlich ist er unabhängig davon, ob man sich mit Vor- oder Nachnamen anspricht. Es kann passieren, dass Kinder Erwachsene mit einem Kosenamen ansprechen. Dies sollte unterbunden werden – auch die Anrede der Kinder mit Kosenamen ist zu vermeiden.

Die Kommunikation auf Augenhöhe meint in erster Linie das Wahrnehmen des Gegenübers und dessen Wertschätzung. Es geht dabei nicht darum, sich auf die emotionale Ebene der Kinder zu begeben und beispielsweise an „Nein! – Doch!"-Spielchen teilzunehmen. Dazu gehört auch, Kritik der Kinder nicht zwangsweise persönlich zu nehmen. Ein „Mir ist langweilig!" oder „Nicht schon wieder!" kann hingenommen werden und muss nicht als grundlegende Missbilligung des Unterrichts verstanden werden. Stattdessen könnten die Kinder darauf hingewiesen werden, dass ihre Äußerungen unangebracht sind. Eine Extraportion Humor und Leichtigkeit sowie das Vertrauen in die eigene Fachkompetenz erleichtern diesen Prozess ungemein.

Fazit

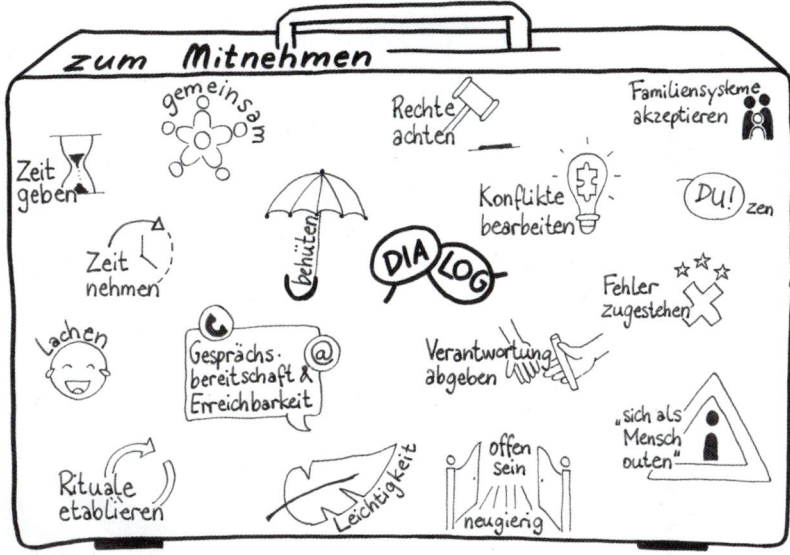

Abb. 3: Impulse zur aktiven Beziehungsgestaltung (Zeichnung: Claudia Tröbitz)

Schulentwicklung gelingt in Abhängigkeit von allen Beteiligten. ERGO: Schule ist immer im Wandel mit den Menschen, die sie gestalten. Es gibt keine Schablone. Ähnlich wie beim Spiel „Ich packe meinen Koffer und nehme mit …", gilt es, sich individuelle Strategien zu erarbeiten, sich zu merken und beizubehalten, was funktioniert, oder zu ändern, was nicht passt. Auf der Basis gegenseitigen Vertrauens, Respekts und der Anerkennung der Leistungen eines jeden Beteiligten wird Schule zum Lebensraum, Wohlfühlort und Entwicklungsraum für alle!

Literatur

Anders, F. (2019): Das Lehrer-Schüler-Verhältnis als Erfolgsfaktor. https://deutsches-schulportal.de/bildungswesen/bildungsstudien-das-lehrer-schueler-verhaeltnis-als-erfolgsfaktor/, aufgerufen am 18.10.2021.

Bauer, J. (2019a): Einfühlung, Zuwendung und pädagogische Führung: Die Bedeutung der Beziehung für Lehren und Lernen. In: Herrmann, U. (Hrsg.): Pädagogische Beziehungen: Grundlagen – Praxisformen – Wirkungen. Weinheim Basel: Beltz Juventa, 35–41.

Bauer, J. (2019b): Erziehung zu gelingender Selbststeuerung. In: Herrmann, U. (Hrsg.): Pädagogische Beziehungen: Grundlagen – Praxisformen – Wirkungen. Weinheim Basel: Beltz Juventa, 141–146.

Prengel, A. (2019a): Pädagogische Beziehungen im Lichte der Kinderrechte. In: Herrmann, U. (Hrsg.): Pädagogische Beziehungen: Grundlagen – Praxisformen – Wirkungen. Weinheim Basel: Beltz Juventa, 73–81.

Prengel, A. (2019b): Pädagogische Beziehungen zwischen Anerkennung, Verletzung und Ambivalenz. Opladen, Berlin und Toronto, Verlag Barbara Budrich.

Tänzer, S. (2013): Sachunterricht planen – Zusammenarbeit im Team. In: Gläser, E. / Schönknecht, G. (Hrsg.): Sachunterricht in der Grundschule entwickeln – gestalten – reflektieren, Beiträge zur Reform der Grundschule, Band 136, Frankfurt am Main, Grundschulverband, 155–170.

Webseite der Schule

www.eva-schulze-mtl.de

Frank Wagner

Gebrüder-Grimm-Schule, Hamm (Nordrhein-Westfalen)

„Zitronen zu Limonade – oder: wie man einen Schulpreis gewinnt"

Zitronen zu Limonade

Abgewirtschaftet – in allen Bereichen. So hätte mein Vater, Geschäftsführer eines mittelständischen Betriebs, wohl die städtische Grundschule genannt, die ich, Frank Wagner, mittlerweile 49 Jahre alt, im Frühling des Jahres 2007 in Hamm als frischgebackener Schulleiter übernahm. Viel zu kleine Räumlichkeiten, ein sozial schwieriges Einzugsgebiet, zerstrittene, bereits seit Jahren führungslose Kolleginnen und Kollegen oder auch mangelnde Finanzkraft bildeten die ersten, recht deprimierenden Eindrücke. Und als Folge dieser umfassenden Problemlagen entwickelten sich die Schülerzahlen schon seit einigen Jahren in einer Abwärtsspirale. Lediglich das vierte Schuljahr war 2007 gerade noch dreizügig. Der Ruf der Schule war zwischenzeitlich so schlecht geworden, dass sogar die Zweizügigkeit in große Gefahr geriet, was zum damaligen Zeitpunkt politisch als Hinweis für die Schließung einer Schule gewertet wurde.

Die Gebrüder-Grimm-Schule ist eine kleine, zweizügige, offene Ganztagsgrundschule der Stadt Hamm. Sie liegt zentral im ehemaligen Bergarbeiter-Stadtteil Bockum-Hövel und wird zurzeit von ca. 230 Schülerinnen und Schülern besucht. Der Anteil der Schülerinnen und Schüler mit Zuwanderungsgeschichte liegt bei ungefähr 60 %, ca. 15 % der Schülerinnen und Schüler haben einen nachgewiesenen sonderpädagogischen Förderbedarf. Ungefähr 40 Mitarbeiterinnen und Mitarbeiter sind an der Schule beschäftigt, darunter 15 Lehrerinnen und Lehrer der Primarstufe sowie eine Sonderpädagogin. Im Jahr 2019 gewann die Schule den Hauptpreis des deutschen Schulpreises.

Nach einigen Monaten des Ankommens und Beobachtens der Sachlage bat ich den zuständigen Schulaufsichtsbeamten der Stadt Hamm um ein Gespräch. Irgendwer muss in dieser Lage doch helfen können, war meine Intention. Um personelle oder finanzielle Unterstützung bat ich jedoch erfolglos. Trotzdem beschloss ich, den Kampf um die sterbende Schule aufzunehmen. Ergebnis des Gesprächs war nämlich die Erkenntnis, dass Probleme ebenso als sportliche Herausforderungen wahrgenommen werden können. Das berührte mich. Es war für mich als ausgesprochenem Fußballfan plötzlich wie Wasser auf die Mühle. Das Zitat von Virginia E. Wolff „Wenn dir das Leben eine Zitrone gibt

– mach Limonade draus" sollte im Verlauf der folgenden Jahre zum fröhlichen, übergeordneten Leitsatz der Schulentwicklungsarbeit werden.

Es gelang mir, den Blick auf die vorhandenen schulischen Ressourcen zu lenken. Ressource in personeller Hinsicht war zu Anfang beispielsweise eine kleine gemischte Gruppe von Schulmitarbeitern und Schulmitarbeiterinnen. Zu ihr gehörten der Hausmeister, eine Lehrerin, die Teamleitung der Offenen Ganztagsschule und ich als Schulleiter. Ein hoffnungslos klein erscheinendes Team – aber wir durften schon bald das Zitat von Margaret Mead in eigener Sache lernen: „Zweifle nie daran, dass eine kleine Gruppe engagierter Menschen die Welt verändern kann – tatsächlich ist dies die einzige Art und Weise, in der die Welt jemals verändert wurde" (Schulte 2015, 80).

Am Anfang waren es nur kleine Schritte der Erneuerung. Die Einführung der monatlich regelmäßig stattfindenden Schulversammlungen „Treffpunkt Grimm" zum Beispiel. Ich erinnere mich noch sehr gut an die Skepsis vieler Kolleginnen und Kollegen: „Die Kinder werden nie ruhig sitzen bleiben …" oder „Das wird im Chaos enden …". Aber es funktionierte und neben gemeinsamem Gesang wurden Geschichten vorgelesen und bald auch schon die ersten Unterrichtsergebnisse präsentiert.

Aber nicht alles entwickelte sich positiv. Die Schülerzahlen zeigten weiterhin steil nach unten. Im Jahre 2010 erhielt ich überraschend einen Brief der Stadtverwaltung, einen Irrläufer, eigentlich für das Stadtamt 40 gedacht. Es wurde über die anstehende Schließung der Schule und die anschließende Raumnutzung als Stadtteilbüro informiert. Das war natürlich ein Schlag, den es erst einmal zu verdauen galt. Für viele Kolleginnen und Kollegen, die teilweise schon seit Gründung der Schule im Jahr 1976 an der Schule tätig waren, sollte es sich jedoch als nachhaltig wirksame Information erweisen. Es ging ein Ruck durch das Team. Plötzlich waren noch einige Kolleginnen und Kollegen mehr der Meinung, etwas tun zu müssen und vor allem auch zu wollen. Sie baten zum Beispiel darum, die seit Längerem geplante Arbeitsgruppe für den Übergang der Kita zur Grundschule zu starten. So entstand das Projekt „Fit mit Grimm" zur Gestaltung von Übergangskompetenzen, zur Förderung schriftsprachlicher und mathematischer Vorläuferfähigkeiten, für die frühzeitige Entwicklung von Erziehungs- und Bildungspartnerschaften sowie für einen Kompetenzaustausch zwischen Kindertageseinrichtung und Grundschule.

Das Leitmotiv: Lachen – Leisten – Lesen

Nach einiger Zeit wurden drei Schlagworte als Leitbegriffe unserer Vorstellungen pädagogischen Handelns sowie als Strukturelement für die Weiterentwicklung der Gebrüder-Grimm-Schule definiert. Das Lachen als Voraussetzung für das Lernen, die Leistung als zentraler Mittelpunkt für uns als Bildungsinstitution und das Lesen als zentrales Element des Lernens.

Lachen – wir fördern die emotionale Intelligenz

„Ihrer Aufgabe als Lernort kann die Grundschule nur gerecht werden, wenn sie den Kindern Geborgenheit und Lebensfreude vermittelt. Sie hat eine Pflicht zur umfassenden Sorge für das physische sowie psychische Wohlbefinden der Kinder. Dies bezieht sich auf die Qualität der Raumgestaltung, die Zeitstrukturen, die Qualität der Unterrichtsangebote ebenso wie auf die Haltung, mit der die Schule und ihre Mitarbeiterinnen und Mitarbeiter den Kindern begegnen, aber auch auf Hilfen in besonderen Notlagen. Als Raum zum Wachsen soll sie Ort vielfältiger Bewährung sein, wo Kindern Vertrauen entgegengebracht und Verantwortung gegeben wird, um ihnen Bewährung und Leistung, Befriedigung über Gelerntes und Getanes zu ermöglichen" (Bartnitzky 2005, 11).

Der wichtigste Baustein der beginnenden Schulentwicklung lag zu Anfang in der Entwicklung eines gemeinsamen, wirksamen Sozialkonzeptes, um die täglichen, recht chaotischen emotional-sozialen Vorkommnisse in den Griff zu bekommen. Viele Kinder wuchsen in sozial schwachen, nicht mehr intakten Familienstrukturen auf. Das Bildungsniveau war niedrig. Nahezu täglich brachten viele Kinder teilweise hoch belastende Erfahrungen mit in den Schulalltag.

Mit der Zeit begannen wir uns darüber zu unterhalten, dass wir eigentlich keine Leistungen von Kindern fordern bzw. erwarten konnten, bei denen der Kopf nicht frei war, um überhaupt irgendetwas lernen zu können. Das Schulklima musste also dringend dahingehend verändert werden, eine möglichst fröhliche und unbeschwerte Atmosphäre zu generieren. Alle Schülerinnen und Schüler sollten durch Schule nach Möglichkeit nicht noch zusätzlich belastet werden. Wir fragten uns: „Wie soll ein Kind den Hartz-IV-Kreislauf durchbrechen können, wenn ihm nicht nur zu Hause, sondern auch in der Schule gespiegelt wird, dass es eigentlich nicht viel kann?" „Und wie soll eine Kinderseele lernen können, wenn sie durch Streit oder Angst belastet ist?"

Ein einfaches, aber wirksames Element hierfür wurde beispielsweise unser sogenannter Morgentanz. Im Rahmen eines offenen Anfangs haben alle Schülerinnen und Schüler im pädagogischen Zentrum die Gelegenheit, sich zu moderner Musik zu bewegen, zu tanzen, der Musik zu lauschen oder einfach nur mit Freunden zu quatschen und anzukommen. Im Laufe der Zeit begannen die Schülerinnen und Schüler immer selbstständiger, sich um die Liedauswahl sowie die Bedienung der Soundanlage zu kümmern. Interessanterweise nahmen gleichzeitig Beschädigungen und unsachgemäße Handhabung proportional zur gewährten Selbstverantwortung durch die Schülerinnen und Schüler ab. Mittlerweile steht eine viele Tausend Euro teure Musikanlage jederzeit zugänglich mitten im pädagogischen Zentrum und muss nicht beaufsichtigt oder weggeschlossen werden. Wir sind eine Tanzschule geworden, jede Regenpause findet mit Tanz in der Aula statt, die schwierigsten Choreografien werden synchron von Dutzenden Kindern einstudiert und die besten Ergebnisse regelmäßig im Treffpunkt Grimm unter tosendem Applaus vorgeführt.

Ganz besonders bedeutsam für unsere Schülerinnen und Schüler sind unsere sogenannten Lobbriefe. In diesen Briefen greifen wir konkrete Geschehnisse auf, durch die einfache, alltägliche Verhaltensweisen oder auch besondere Talente des Kindes sichtbar werden. Es kann beispielsweise das Aufheben heruntergefallener Jacken im Flur, das geschickte Zusammenbauen von Werkbänken oder das zielorientierte Verfassen und Überarbeiten einer Geschichte sein. Ganz bewusst gibt es hier keine Kriterien und die Kinder sind immer wieder überrascht, für welche Dinge sie gelobt werden. Da wir Erwachsenen viele bedeutsame „Kleinigkeiten" gar nicht mitbekommen, haben die Mitglieder des Schülerparlamentes regelmäßig die Aufgabe, Inhalte für Lobbriefe zu sammeln und zu verfassen. Diese Vorschläge werden dann an die Lehrenden weitergereicht und in vielen Fällen übernommen. Einige der Lobbriefe werden per Post nach Hause geschickt, auch um Eltern zu überraschen. Besonders spannend ist allerdings das Überreichen der Briefe im Treffpunkt Grimm. In feierlicher Atmosphäre warten die Kinder gespannt darauf, ob sie es sind, die einen Lobbrief erhalten. Gleichzeitig versuchen sie während des Vorlesens herauszufinden, wer bzw. wessen Verhalten im Brief beschrieben wird. Nach Möglichkeit werden auch Eltern, deren Kinder einen Lobbrief erhalten, in den Treffpunkt eingeladen und dürfen live erfahren, welch einzigartiges Kind sie haben.

Alle hier nicht weiter darstellbaren Entwicklungen zur Förderung des „Lachens" bzw. der emotionalen Intelligenz haben ein eindeutiges Ziel: die Leistungsfähigkeit unserer Schülerinnen und Schüler zu steigern. Es geht nicht um eine Kuschelpädagogik, sondern um die Voraussetzung für gelingendes Lernen und Leisten.

Leisten – wir fördern die akademische Intelligenz

„Kinder leisten viel und Vieles, ihre ganze Entwicklung ist eine Folge von Leistungen, die sie sich selbst erarbeiten. Wir wollen dieses Bildungsinteresse der Kinder stärken, sie befähigen, ihre Leistungen und Ziele selbst in die Hand zu nehmen, und sie zunehmend positiv herausfordern. Dabei wollen wir die Leistungen der Kinder wahrnehmen, ihre Leistungen würdigen und die Kinder individuell fördern sowie ihnen immer wieder neue Lernwege eröffnen. Wir sehen Bildung allerdings nicht als Leistungssport und möchten Verlierer im Wettkampf des Lernens vermeiden. Anstrengung und Freude am Lernen schließen sich nicht aus, sondern bedingen sich wechselseitig" (Hecker 2009, 213).

Als öffentliche Bildungseinrichtung stellen das Lernen und das Leisten unseren Kernauftrag dar. Alle Schulentwicklung an der Gebrüder-Grimm-Schule muss sich daran messen lassen, ob sie zu einer Leistungssteigerung der Schülerinnen und Schüler führt. Das innerschulische Entwicklungsziel haben wir deshalb wie folgt formuliert: „Kinder sollen lachend Leistung lieben lernen". Wir möchten damit betonen, dass Kinder motiviert werden sollen, Leistung zu zeigen und eine aktive Rolle in ihrem Lernprozess zu übernehmen. Der häufig zitierte Ausspruch fasst es treffend zusammen: „Ich kann, weil ich will, was ich muss."

Bestrebt, Schülerinnen und Schüler in ihrer Mitbestimmung und Mitverantwortung zu unterstützen, stellte sich uns die Frage, was ein Kind benötigt, um Verantwortung für sein Lernen übernehmen zu können bzw. wie wir echte, umfassende Transparenz über das Lernen erzeugen können.

Die Richtlinien und Lehrpläne des Landes NRW geben Schulen „klare Orientierungen […] und beschreiben jene grundlegenden Kompetenzen, die Schülerinnen und Schüler in der Grundschule erwerben sollen" (MSW 2008, 11). Diese Lehrpläne sind allerdings für die Kinderhand ungeeignet. Deshalb haben wir Kinderlehrpläne entwickelt. Bei der schulinternen Erstellung spielten vier Aspekte eine entscheidende Rolle:

- Kompetenzorientierung
- Reduzierung auf wesentlichste Inhalte
- jahrgangsübergreifend
  (Jahrgang 1–2 bzw. 3–4)
- Formulierung in Kindersprache
  (Ich-Form)

Abb. Kinderlehrpläne

Kinderlehrpläne bilden die Basis für sämtliches Lehren und Lernen an der Gebrüder-Grimm-Schule. Auf ihrer Grundlage werden Förderpläne formuliert, Zeugnisse erstellt, Beratungsangebote wie Schülersprechtage durchgeführt, Ziele in den Klassenräten gesetzt, Kurse und Projekte im Rahmen eines Epochenunterrichtes durchgeführt oder die Lerninseln des Lern-Kaleidoskops (offene Lernlandschaft mit Lernmöglichkeiten im Rahmen von Design Thinking) gestaltet.

Lesen – wir fördern das zentrale Element des Lernens

„Das Lesen stellt in unseren Augen zwar die wichtigste, aber auch nur eine von verschiedenen Methoden des Lernens dar, die wir den Kindern im Verlauf der Grundschulzeit vermitteln. Unser Wunsch ist, dass alle Kinder als starke Leser und mit einem Repertoire an Lernmethoden an den weiterführenden Schulen leistungsstark, selbstständig und sicher weiterlernen können" (entnommen der Homepage der Gebrüder-Grimm-Schule, 2021). Entstanden aus einer ersten Profilbildungsmaßnahme zur sogenannten Leseschule, fasst dieser Bereich mittlerweile das Erlernen des Lernens zusammen und bereitet konzeptionell auf Bildung im digitalen Zeitalter des 21. Jahrhunderts vor.

Unsere Vision vom Lernen im 21. Jahrhundert: Von „Digitalem Lernen", Basiskompetenzen und Zukunftsskills

Bereits lange vor der Corona-Krise wurde uns als Schulteam deutlich, dass das Leben und Lernen im 21. Jahrhundert vermutlich großen Veränderungsprozessen unterliegen wird. Außerdem sehen wir uns mittlerweile in großer Verantwortung, unsere Schülerinnen und Schüler auf dieses Leben und Lernen in einer „digitalen Welt" jetzt vorzubereiten. „Schule muss einen Wandel gestalten, weg von einer Welt, in der traditionelles Wissen rasch an Wert verliert, hin zu einer Welt, in der die Bedeutung von fundierten Kompetenzen zunimmt, aufbauend auf einer Verbindung von traditionellem und modernem Wissen zusammen mit Skills, Charaktereigenschaften und aufbauend auf selbstgesteuertem Lernen" (Schleicher 2017, 4).

Kreativität ist unserer Meinung nach eine der wichtigsten Kompetenzen sowohl für das Leben und Arbeiten im 21. Jahrhundert als auch für das anstehende Lösen globaler Probleme. Kreativität ist ein Baustein der sogenannten 21st Century Skills. „Für eine IBM-Studie wurden 2010 mehr als 15.000 CEOs aus 60 Ländern und 33 Branchen befragt. Sie benannten Kreativität als wichtigste Eigenschaft für Leadership, um den Herausforderungen der zunehmenden Komplexität und Unsicherheiten in der Welt zu begegnen" (Fadel 2017, 129). Deshalb soll an dieser Stelle Kreativität beispielhaft ein wenig näher beleuchtet werden.

Kreativität an Schule? Zeit für Kreativität? Am Rande, in bestimmten Unterrichtsreihen, in Kunst oder Musik gab es sie an unserer Schule – vielleicht. Der Druck, sämtliches Fachwissen lehrplangemäß in begrenzten Zeitstrukturen und unter Einbezug von Schulbuchinhalten den Schüler*innen zu vermitteln, führte bei uns fast zur Katastrophe. Der Erwerb von Kompetenzen spielte lediglich eine Nebenrolle. Uns wurde mit der Zeit schmerzlich bewusst, dass die Schülerinnen und Schüler zu immer weniger Leistungen imstande waren. „Die Kinder lernen nichts mehr – sie haben alles wieder vergessen" war ein oft genannter, verzweifelter Ausruf im Lehrerzimmer. Auf der anderen Seite sahen wir eine sich rasant entwickelnde, „digitale Welt", in der plötzlich unbegrenztes Wissen jederzeit über das Internet abrufbar bereitsteht.

Diese Entwicklungen galt es zusammenzuführen. Gibt es einen Weg, unter Einbezug digitaler Ressourcen z. B. Kreativität Raum in Schule zu verschaffen? Wie kann das Verhältnis von fachlicher Wissensvermittlung in Bezug auch auf kreatives Lernen an Schule in ein anderes Verhältnis gesetzt werden?

Nach vielfältigem, jahrelangem Ausprobieren verschiedener Ansätze zeigte sich, dass kreatives Lernen einerseits und das Trainieren und Automatisieren von Basiskompetenzen andererseits die wesentlichsten Voraussetzungen für das motivierte Lernen der Schülerinnen und Schüler der Gebrüder-Grimm-Schule darstellte. Hier wurde echte Leistungsbereitschaft geweckt.

Ausgangspunkt des Lernens stellten verschiedene kreative, herausfordernde Fragestellungen im Rahmen von Projektarbeit dar. Hier schlagen die Lernenden individuelle Themen vor und können diese im Rahmen von verschiedenen Epochen und der schuleigenen offenen Lernlandschaft (Lernkaleidoskop) bearbeiten. Für uns besteht ein enger Zusammenhang zwischen der intensiven, kreativen Auseinandersetzung mit einem Projektthema und den (digitalen) Automatisierungsprozessen der Basiskompetenzen. Wir hoffen, dass durch Begeisterung für ein Projektthema intrinsische Motivation für das Trainieren und Automatisieren entsteht nach dem Beispiel: „Ich möchte zum Thema Pferde forschen, kann aber nicht gut lesen und dafür muss ich viel lesen können. Deswegen gehe ich demnächst in den Lesekurs" (Schülerin Jhg. 2).

Folgendes Zitat beschreibt es treffend: „[…] zentral für den Abbau von Bildungsbenachteiligung [ist] dabei insbesondere die Sicherung von kognitiven Basiskompetenzen und fachlichen Mindeststandards, da diese eine zentrale Voraussetzung für die Anschlussfähigkeit aller weiteren Lernprozesse bilden. Das bedeutet nicht, schulische Bildung auf Basiskompetenzen oder bestimmte Kernfächer zu begrenzen, wohl aber, dass es im Rahmen einer Förderstrategie gezielter Maßnahmen bedarf, die auf spezifische Bereiche innerhalb des kompetenzorientierten Fachunterrichts fokussieren" (Jungkamp u. a. 2021, 27).

Basiskompetenzen stellen bei uns die Sammlung der wichtigsten, absolut unverzichtbaren Lerninhalte bzw. Lernmethoden dar, die alle Schülerinnen und Schüler für ihre weitere Schullaufbahn und das Leben erlernen müssen. Wir erwarten, dass alle Schülerinnen und Schüler diese Basiskompetenzen sicher beherrschen und selbst Kinder mit Teilhabeeinschränkungen eine – wie wir es humorvoll nennen – „Überlebensfähigkeit" entwickeln. Basiskompetenzen könnten z. B. lauten:

Mathematik	• Zahlzerlegung • Stellenwertsystem • Addition & Subtraktion	• Einmaleins • Schriftliche Rechenverfahren • Größen (Geld, Längen, Uhrzeit)
Deutsch	• Rechtschreibung • Lesen • Handschrift	• Abschreiben • Mündliche Erzählkompetenz
Lernen	• Recherche • Heftführung • Nutzen digitaler Tools für das Lernen	• Emotionale Stärke • Selbstständiges Lernen – alleine oder im Team

Tab. Basiskompetenzen

Digitale Medien können mittlerweile sehr gut für das Training von Basis-kompetenzen eingesetzt werden. Zahlreiche Apps oder auch webbasierte Dienste sind bereits entwickelt worden oder stehen in Kürze zur Verfügung. Wenn passgenaue Basiskompetenzen modulartig zunehmend digital bereit-gestellt werden, können diese im Rahmen von verschiedenartigen Drehtür-modellen erlernt und bei Bedarf ohne großen Aufwand wiederholt werden. Außerdem ermöglichen sie das gemeinsame Lernen unterschiedlichster Schü-lergruppen, unabhängig von Alter, Jahrgang, Leistungsstand und vom Unter-richt im Klassenverband – sie alle arbeiten selbstständig an dem jeweiligen für ihr Weiterkommen relevantem Modul, das sie sich als nächstes Lernziel gesetzt haben.

Wenn alle am Lernen Beteiligten über eine digitale Plattform jeweils daten-schutzkonformen Zugriff auf die dem Kind zugewiesenen Lernmodule haben und Eltern wie auch Kind hierüber persönliches Feedback zum Lernstand bekommen, wird die individuelle Förderung erheblich erleichtert – sie erfolgt dann passgenau und aufeinander abgestimmt. Auch im Bereich der Eltern-bildung können diese Module die Grundlage dafür legen, Eltern zu helfen, ihr Kind beim Lernen bestmöglich zu unterstützen.

Abschluss

Für uns völlig unerwartet wurden wir im Juni 2019 von der Robert-Bosch-Stiftung nach Berlin zur Preisverleihung des deutschen Schulpreises eingela-den. Eine kleine Delegation aus Lehrerinnen, Mitarbeiterinnen, Eltern sowie selbstverständlich Schülerinnen bzw. Schülern nahm dort im Rahmen eines Festaktes den mit 100.000 Euro dotierten Hauptpreis entgegen, während zu Hause an der Schule die Aula vom Gejubel der Schülerinnen und Schüler erbebte.

Im Anschluss wurden wir von Hospitationsanfragen, Vortragsanfragen und Seminarangeboten förmlich überrannt. Über ein Jahr lang kam die Schulentwicklung fast zum Erliegen, weil sämtliche Mitarbeiterinnen und Mitarbeiter atemlos damit beschäftigt waren, allen öffentlichen Anfragen gerecht zu werden. Übrigens hatten wir uns das – ehrlich gesagt – genau so gewünscht. Nicht das gewonnene Geld war unser Antrieb, sondern die Hoff-nung auf eine Stimme, um anderen Schulen Mut machen zu können, dass auch mit wenigen und einfachsten Mitteln Schule erfolgreich und wirksam weiterentwickelt werden kann.

Und dann kam die Corona-Krise. Von jetzt auf gleich brachen viele Ter-minanfragen weg, wir mussten uns wie alle anderen Schulen auch um die ungewohnte Versorgung der Schülerinnen und Schüler im Rahmen des Dis-tanzunterrichtes kümmern. Zunächst durch regelmäßige Telefonate, später auch unter Einbezug verschiedenster digitaler Elemente wie Lernplattformen,

Messengerdienste oder Videokonferenztools. Und da passierte es wieder: Schulentwicklung brach sich ihren Weg frei. Ein digitaler Schub, der schon lange für unsere Schule angedacht war. Endlich war wieder Zeit dafür vorhanden, was das Team der Gebrüder-Grimm-Schule mittlerweile so sehr liebt. Nämlich aus der riesigen Zitrone der Pandemie möglichst viel Zitronenlimonade herzustellen.

Literatur

Bartnitzky, H. (2005): Bildungsansprüche von Grundschulkindern. Standards zeitgemäßer Grundschularbeit. Heft 2. Unter Mitarbeit von Erika Brinkmann, Hans Brügelmann, Karlheinz Burk, Marlies Hergarten, Lilli Roffmann, Joachim Kahlert et al. In: Bartnitzky, H. / Brügelmann, H. / Hecker, H. / Schönknecht, G. (Hrsg.): Pädagogische Leistungskultur. Materialien für Klasse 1 und 2. 5 Hefte plus Material-CD. Frankfurt am Main: Grundschulverband – Arbeitskreis Grundschule (Beiträge zur Reform der Grundschule, 119).

Fadel, Ch. / Bialik, M. / Trilling, B. (2017): Die vier Dimensionen der Bildung: Was Schülerinnen und Schüler im 21. Jahrhundert lernen müssen. Hamburg: Verlag ZLL 21 e.V.

Hecker, U. (2009): Leistung und Beurteilung. In: Bartnitzky, H. / Brügelmann, H. / Hecker, U. / Heinzel, F. / Schönknecht, G. (Hrsg.): Kursbuch Grundschule. Reihe: Beiträge zur Reform der Grundschule. 127/128. Frankfurt a.M.: Grundschulverband, 213–257.

Jungkamp, B. / Maaz, K. / Pfafferott, M. / Stichler, M. (2021): Lehren aus der Pandemie: Gleiche Chancen für alle Kinder und Jugendlichen sichern. Stellungnahme der Expert_innenkommission der Friedrich-Ebert-Stiftung. Bonn: FES. http://library.fes.de/pdf-files/a-p-b/17249.pdf, Download am 05.03.2021.

Ministerium für Schule und Weiterbildung des Landes Nordrhein-Westfalen (MSW) (Hrsg.) (2008): Richtlinien und Lehrpläne für die Grundschule in Nordrhein-Westfalen. Deutsch, Sachunterricht, Mathematik, Englisch, Musik, Kunst, Sport, Evangelische Religionslehre, Katholische Religionslehre. Frechen: Ritterbach (Schule in NRW, Bd. 2012). www.schulentwicklung.nrw.de/lehrplaene/upload/klp_gs/LP_GS_2008.pdf, Download am 29.09.2021.

Schleicher, A. (2017): Vorwort – Warum es so wichtig ist, das WAS in der Bildung neu zu denken. In: Fadel, Ch. / Bialik, M. / Trilling, B.: Die vier Dimensionen der Bildung: Was Schülerinnen und Schüler im 21. Jahrhundert lernen müssen, 1–5, Hamburg: Verlag ZLL 21 e.V.

Schulte, T. (2015): Leistung und Leichtigkeit. Das wahre Potenzial von Organisationen. Wiesbaden: Springer Gabler.

Wolff, V.E. (2006): Wenn dir das Leben eine Zitrone gibt, mach Limonade draus. Aus dem Amerikan. von Brigitte Jakobeit. Ungekürzte Ausg., 5. Aufl. München: Deutscher Taschenbuch-Verlag (dtv Reihe Hanser, 62090).

Webseite der Schule

www.gebr-grimm.schulnetz.hamm.de

Barbara Hallmann

Freie Schule Elbe-Havel-Land, Kamern (Sachsen-Anhalt)

Mitbestimmen und mitbestimmen lassen

Dass jeder eine Meinung haben und sie auch einbringen darf, gehört an der Freien Schule Elbe-Havel-Land im sachsen-anhaltinischen Dorf Kamern mittlerweile ganz selbstverständlich zum Alltag. Für manche Lehrerin, manchen Lehrer, aber auch für manchen Schüler und manche Schülerin bedeutet es trotzdem hin und wieder eine Herausforderung – unter anderem, weil die neu gegründete Schule eine Art „demokratische Insel" in der Region ist.

„Was? Lerngruppenräte sind total selten?" Die Achtjährige kann nicht fassen, was sie da im Radio gehört hat: Dass Schülerinnen und Schüler in der Schule mitbestimmen, wie man zusammenlebt, wie Regeln umgesetzt werden und wer wie lernen kann, das soll nicht die Regel sein, sondern die Ausnahme? Die Zweitklässerin der Freien Schule Elbe-Havel-Land in Kamern, im äußersten Nord-Osten von Sachsen-Anhalt, hat vom ersten Moment an Demokratie als Teil des Schulalltags erlebt. Und zwar nicht – wie noch ihre Eltern und Großeltern – in der Theorie, sondern im Alltag praktisch gelebt. In ihrer Grundschule dürfen die Schülerinnen und Schüler in den Freiarbeitsstunden selbst auswählen, in welchem Bereich sie sich gerade weiterentwickeln wollen, dürfen die Abfolge ihrer Pflichtaufgaben auf dem Wochenplan selbst bestimmen, dürfen bei der Gestaltung des Schulhauses und des Schulgeländes gleichberechtigt mitreden, diskutieren Probleme gemeinsam im Lerngruppenrat aus und können auch über das Schulessen mitentscheiden.

Abb. 1: Bauprojekt Außengelände

Die Region, in der diese Schule liegt, darf in Sachen „Demokratie" durchaus als „in Entwicklung" gelten. Weitab von den Metropolen und selbst weitab von der eigenen Kreisstadt gelegen, ist Demokratie hier etwas, das im Alltag vielfach theoretisch bleibt und lediglich anlässlich von Wahlen zum praktisch gelebten Prinzip wird – und dann auch nur von wenigen umgesetzt wird: Selbst bei Kommunalwahlen liegt die Beteiligung in Sachsen-Anhalt seit 1994 selten bei mehr als 50 Prozent (Deutschländer 2019). Die Eltern heutiger Grundschüler absolvierten ihre Schulausbildung noch teilweise in der DDR oder in einer bezüglich der Demokratiebildung unsicheren Zeit kurz nach der Wiedervereinigung. Die meisten von ihnen dürften als Kinder und Jugendliche zumeist eher selten in Kontakt mit praktischer Demokratie und Mitbestimmung gekommen sein. Das wirkt sich auch in den Sichtweisen auf Mitbestimmung aus – und womöglich auf den Willen, sich überhaupt einbringen zu wollen. Dazu passt, dass laut der Leipziger Autoritarismus-Studie der Ruf nach autoritärer Staatlichkeit in den neuen Bundesländern wesentlich lauter ist als in den alten Bundesländern (Decker u. a. 2020). Mit unserem Beitrag möchten wir zeigen, wie Demokratie in der Grundschule zum Funktionsprinzip werden kann, sodass Schülerinnen und Schüler das Prinzip als unverzichtbar verinnerlichen – und so wachsam werden, für ihre Zeit des Lernens in weiterführenden Schulen und für das gesellschaftliche Leben gleichermaßen.

Schulgründung

Den Unterrichtsbetrieb nahm die Freie Schule Elbe-Havel-Land im Sommer 2018 mit einer Lerngruppe von 14 Schülerinnen und Schülern auf, nach Jahre währendem Antragsmarathon bis hin zur Klage auf Zulassung vor dem Landesverwaltungsgericht, bei dem man schließlich in erster Instanz recht bekam. Nur wenige Wochen später – kurz vor Beginn der Sommerferien – folgte die Genehmigung vom Landesschulamt für den Betrieb zum neuen Schuljahr. Das Gebäude – ein dreigeschossiger DDR-Typenbau, der bis 2005 die Schule der Gemeinde Kamern beherbergte – hatte der Schulgründungsverein bereits 2011 erworben. Mithilfe von Ehrenamtlichen wurde schon zu dieser Zeit auf dem Gelände ein Garten angelegt, der heute als Schulgarten und Lehrbauernhof dient. Nach dem verheerenden Elbhochwasser mit Deichbruch 2013 konnte das Kellergeschoss umgebaut werden, heute dient es dank Abgrabungen als partielles Souterrain und beherbergt zwei Klassenräume, eine Druck- und eine Holzwerkstatt, eine Küche sowie Nebenräume. Im Sommer 2021 folgt der Ausbau bzw. die Sanierung eines weiteren Geschosses. Das dritte Geschoss soll im Zuge der Schulentwicklung in einigen Jahren folgen.

Beim Start dabei waren Kinder der 1. bis 3. Klasse, deren Eltern zumeist schon über Jahre im Schulgründungsverein aktiv waren und die sehnsüchtig auf die Eröffnung der neuen Schule gewartet hatten. Im ersten Schul-

Abb. 2: Außengestaltung

jahr unterrichtete eine bereits pensionierte Lehrerin aus den Niederlanden mit weitreichenden Erfahrungen im „Unterricht auf Augenhöhe" sowie eine pädagogische Mitarbeiterin, dazu ein Grundschullehrer, der Sachunterricht und das Fach Gestalten unterrichtet, sowie eine diplomierte Biologin; sie begleitete die wöchentliche Waldexkursion und wertete mit den Kindern die Ergebnisse der Streifzüge aus. Die Gründerinnen hatten dabei stets im Fokus, eine Schule schaffen zu wollen, in der „Mitbestimmung lernen" genauso zum Alltag gehört wie lesen, schreiben und rechnen. Es ging auch darum, ein kontinuierliches Demokratie-Erleben anzubieten – im Kontrast zu vielerlei befristeten und von der öffentlichen Hand geförderten Demokratie-Projekten, die jeweils nur wenige Kinder für eine begrenzte Dauer erreichen und es so nicht ermöglichen, Mitbestimmung als selbstverständliche Alltagskultur zu erleben. Schulleiterin Katharina Bensch, die nach ihrer Elternzeit ab 2019 aktiv in den Lehrbetrieb einstieg, begründete die Notwendigkeit einer solchen Schule gegenüber dem Kultusminister von Sachsen-Anhalt damals als eine unausweichliche Pflicht: „Ich bin überzeugt, dass eine solche Schule der Keim für Demokratie und Frieden ist. Da sie mit sich zufriedene und glückliche Menschen hervorbringt, die ihre eigene Freiheit kennen und selbstbewusst gestalten können und dabei auch die Andersartigkeit und Freiheit anderer Menschen gelernt haben zu achten."

Nach der Öffnung der Schule setzten die Pädagoginnen und Pädagogen das Prinzip der Mitbestimmung vom ersten Tag an in drei Feldern in die Praxis um: Sie setzten auf ein gleichberechtigtes Stimmrecht von Kindern und Lehrenden in Bezug auf die jeweilige individuelle Lernerfahrung, auf die Gestaltung der Lernumgebung für alle und auf die Form des Zusammenlebens in der Schule. Ein viertes Feld wird seit dem Schuljahr 2020/21 schrittweise ergänzt; es handelt sich um die Beteiligung der Eltern an der Weiterentwicklung der Schule.

Lernen – das kann jeder selbst am besten: Den eigenen Weg bestimmen

Um die Vorgaben des Lehrplans von Sachsen-Anhalt mit möglichst großer Selbstbestimmung – wie es die Reformpädagogik beispielsweise nach Maria Montessori mit dem bekannten Satz „Hilf mir, es selbst zu tun" fordert – in Einklang zu bringen (Montessori 2001), erstellen die beiden Pädagoginnen für jedes Kind einen individuellen Wochenplan. Er enthält Aufgaben aus allen Kompetenzbereichen und kann von den Kindern im eigenen Rhythmus bearbeitet werden. Doch die Freie Schule Elbe-Havel-Land geht im Sinne der Mitbestimmung einen Schritt weiter: Am Ende der Woche besprechen die Pädagoginnen mit jedem Kind seinen Lernfortschritt im individuellen Gespräch. Dabei schätzt das Kind sich nicht nur selbst ein, sondern kann auch Wünsche für die nächste Woche äußern: Womit möchte es sich gern beschäftigen? Was interessiert es besonders? Welche Aufgaben möchte es vielleicht nicht machen? (Jürgens 2004, 90). Die Kinder erhalten damit die Möglichkeit, stark über ihre Aufgabenstruktur mitzubestimmen. Für die Pädagogen und Pädagoginnen bedeutet dies ein Dilemma, wenn die Kinder zeitweise weniger motiviert sind, wie Schulleiterin Katharina Bensch betont: „Wir haben als Freie Schule dennoch immer den Lehrplan im Blick und wo das Kind zu dieser Zeit stehen sollte und müssen stets von Neuem abwägen." Manchmal müsse man dem Kind plötzlich doch stärkere Vorgaben machen. „Wir fragen uns dann immer, ob das dann noch Selbstbestimmung genannt werden kann. Solche Situationen stellen unser grundsätzliches Vertrauen in die ureigene Entwicklungsarbeit jedes einzelnen Kindes auf eine harte Geduldsprobe."

Ein weiteres Dilemma ergibt sich für die Pädagoginnen und Pädagogen, wenn die Kinder nicht mit der geschenkten Freiheit umgehen können, sich ihre Woche selbst zu strukturieren. Vor allem im ersten Jahr der Schule sei dies für das Team problematisch gewesen, weil einige Kinder aus der zweiten Klasse der staatlichen Regelschule in die dritte Klasse der neu gegründeten Alternativschule gewechselt seien: „Sie kannten nur das Prinzip, dass der Lehrer allen die gleichen Aufgaben vorgibt. Sich selbst wahrnehmen und strukturieren, mussten sie erst lernen." Allgemein lässt sich beobachten, dass die Kultur der vorgegebenen Beschäftigungen auch in den Kindergärten der Region eher dominierend ist und in der Regelschule so fortgesetzt wird.

Ermöglicht wird das wichtige Prinzip der Selbstbestimmung an der Freien Schule aber auch durch die Tatsache, dass die gleiche Pädagogin mindestens die Hauptfächer Deutsch, Mathematik und Sachunterricht verantwortet. Dazu kommen teilweise weitere Fächer, wie im Fall der Schulleiterin: Sie lehrt zusätzlich Musik. So unterrichtet jeder Pädagoge und jede Pädagogin fächer- und jahrgangsübergreifend in den einzelnen Lerngruppen. (Herzig/Lange 2006, 41 ff.). Lediglich für besondere Aufgaben wie Englisch, Kunst, Sport, Religion und einzelne Werkstätten kommen teils andere Pädagogen oder Pädagoginnen hinzu. So können die Kinder, abseits vom starren Rahmen der 45-Minuten-Unterrichtsstunden, wie sie in der Regelschule nach wie vor üblich sind, ihre Lernwoche freier gestalten und sind nicht an fixe Raster gebunden. Dabei können sie vielfach nicht nur über das „Wann" einer Aufgabe selbst entscheiden, sondern auch über das „Wo". Denn obwohl die Freie Schule Elbe-Havel-Land nur über zwei Lerngruppenräume verfügt, gibt es doch mehrere Nebenräume, die ebenfalls für Aufgaben genutzt werden können; es ist auch möglich, im Ruheraum, auf einem Teppich im Flur oder in der Druckwerkstatt die Wochenplanaufgaben sowie die Freiarbeit im 1. Block zu erledigen. In den warmen

Abb. 3: Bau der Kaninchenställe

Monaten dürfen die Schüler und Schülerinnen ihre Aufgaben auch im Freien absolvieren und nutzen diese Möglichkeit auch. Eine besondere Form der fächer- und themenübergreifenden Arbeit, die von den Kindern durch vielfältige Wahlmöglichkeiten selbst strukturiert werden kann, bilden die Werkstätten (Herzig / Lange 2006, 53 f.). Jeweils in Abschnitten von vier Wochen kann jede und jeder wählen, in welcher Werkstatt er oder sie aktiv werden möchte und sich handlungsorientiert mit Lerninhalten auseinandersetzt: Beim Kochen und Backen, beim Filzen, bei der Arbeit in Holz- oder Druckwerkstatt, in der Umwelt- oder Textilwerkstatt oder auch beim Yoga. In diesen praktischen Sequenzen lernen die Kinder nicht nur Handwerkliches, sondern wenden auch klassische Fertigkeiten des Grundschulalters an, wie das Abmessen und Umrechnen, das Erfassen und Notieren von Informationen sowie eine sinnvolle Handlungsplanung. Eine weitere Möglichkeit, das Lernthema und damit den Lernort selbst zu bestimmen, ergibt sich aus dem Lehrbauernhof der Schule (Julius u. a. 2014, 53 ff.): Die Kinder machen sich am Schuljahresanfang mit den einzelnen Bauernhoftieren vertraut und dürfen – wenn sie möchten – zwischen Schafen, Kaninchen und Hühnern ein Patentier wählen. Die Kinder kümmern sich im besten Falle an jedem Schultag während der morgendlichen Gleitzeit um die Fütterung, besuchen ihr Tier und beobachten sein Wohlbefinden. Vier-

Abb. 4: Fertige Kaninchenställe

zehntägig treffen sich die Kinder mit gleichem Patentier in einer Kleingruppe von maximal sechs Kindern und beschäftigen sich intensiv mit dem Tier. Dazu gehört nicht nur die Deutung von Verhaltensweisen, sondern auch allgemeines Wissen über das Tier. Vielfach arbeitet die begleitende Pädagogin mit den Kindern auch tiertherapeutisch oder erlebnispädagogisch in Bezug auf das jeweilige Tier. Dazu gehört auch, dass die Kinder in der Holzwerkstatt der Schule für die Tiere Gehege oder Rückzugsorte bauen oder auch gemeinsam Leckerlis für Schafe oder Kaninchen herstellen.

So stimmt es für uns alle:
Mitbestimmen, wie die Lernumgebung aussieht

Im Rahmen von Projekten gibt es auch immer wieder Gelegenheit, dass Schülerinnen und Schüler gemeinsam mit den Pädagoginnen und Pädagogen ihre Lernumgebung gestalten. Da die Schule erst im Schuljahr 2018/19 öffnete, sind viele Bereiche noch flexibel – so beispielsweise der angeschlossene Lehrbauernhof, den es von Anfang an gab, oder der Schulhof. Für ersteren entwickelten und zeichneten die Kinder beispielsweise gemeinsam verschiedene Vorschläge für ein Kaninchengehege. Die Varianten wurden – auch im Sinne des Tierwohls – diskutiert und verbessert, die endgültige Variante wurde ebenfalls von den Kindern gebaut. Beim Anlegen der eigenen Beete im Schulgarten können die Kinder über Form und Nutzung ihres Beetes bestimmen – anlegen kann man zum Beispiel ein Herzbeet, ein Hoch- oder Flachbeet, ein Kraterbeet oder eine Kräuterspirale, ein Blumen- oder Futterbeet. Auch dürfen sie wählen, mit wem gemeinsam sie ihre Schulgarten-Fläche bewirtschaften wollen.

Ebenso wurden auch schon mehrere Kinderwünsche und -vorschläge in Bezug auf den Schulhof im Rahmen der finanziellen und organisatorischen Möglichkeiten der Schule umgesetzt – oder die finanziellen und organisatorischen Voraussetzungen geschaffen, um diese Vorschläge umzusetzen. So wurde zum Beispiel mit den Kindern über das Ob und Wo eines Badmintonfeldes auf dem Schulhof gesprochen. Weiterhin können die Kinder auch beim Menü für das Mittagessen mitbestimmen – auch dank der Nähe zum Essensversorger, einem Restaurant aus dem Ort. Sie können Wünsche äußern, die dann innerhalb der nächsten Wochen umgesetzt werden. Dennoch geben Regeln den allgemeinen Rahmen für das Essen vor. Konkret heißt das: Jeder soll von allem kosten, und an drei Tagen pro Woche lässt eine Zusammenstellung verschiedener Komponenten als Bowl dazu auch viel Auswahl, wovon man schlussendlich satt werden möchte. An einem weiteren Tag gibt es – soweit möglich – ein Wunschessen, das von den einzelnen Kindern auf einer Liste für den Koch notiert werden kann.

Der Lerngruppenrat als Mittel zur Verantwortung: Das Zusammenleben gemeinsam gestalten

An den Freitagen treffen sich die Kinder jeder Lerngruppe jeweils, um aus dem Schulalltag zurückzutreten, die vergangene Woche Revue passieren zu lassen und eventuell entstandene Probleme der Gemeinschaft zu lösen (Jürgens 2004, 109). Beim Lerngruppenrat konzentriert sich für 45 Minuten die Gruppe als demokratisch organisierte Gemeinschaft. Jeweils ein Moderator aus der Reihe der Schülerinnen und Schüler strukturiert das Gespräch, ein Protokollant dokumentiert das Gesagte. Schulleiterin Katharina Bensch setzt dafür am Schuljahresanfang vor allem ältere Kinder ein, die mit dem Lerngruppenrat schon mehr Erfahrung haben, unterstützt aber dennoch, wenn notwendig: „Wir bringen die Kinder damit auch in die Rolle, etwas sagen zu müssen oder zu wollen, obgleich anfangs niemand zuhört. Das spricht ihnen Verantwortung zu." Auf andere Art bedeutsam wird dieses Sich-Gehör-Verschaffen, wenn ein Kind Moderator ist, das sich aufgrund einer gesundheitlichen Einschränkung oder Entwicklungsverzögerung in einer speziellen Situation befindet (Haspel 2007, 298): „Auch diese Kinder lernen dann, dass sie die Rolle dessen übernehmen, auf den alle – im positiven Sinne – schauen und der eine wichtige Funktion für die Gruppe hat", berichtet Katharina Bensch. Jeder Moderator und jede Moderatorin leert zuerst die Lerngruppenbox, in

Abb. 5: Lerngruppenrat

die die Kinder wie auch die Erwachsenen über die Woche jeweils ihre Anliegen einwerfen können – im Wissen, sie werden damit im Lerngruppenrat Gehör finden. Darunter sind viele Wünsche für Aktivitäten, aber auch Klagen nach Art von „immer wieder werden meine Sachen versteckt" oder „die Regeln in der Druckwerkstatt werden nicht eingehalten". Die einzelnen Anliegen werden vorgelesen und Meinungen dazu eingeholt – gleichberechtigt von Schülerinnen und Schülern wie auch von Pädagoginnen und Pädagogen, die alle jeweils eine Stimme haben. Am Ende stimmen alle – soweit notwendig – gleichberechtigt über eine Entscheidung ab. „Das zeigt den Kindern, dass sie die gleiche Verantwortung für Entscheidungen tragen wie die Erwachsenen", erläutert die Schulleiterin. „Wir Pädagogen stellen immer wieder fest, dass es schon deshalb Sinn macht, die Kinder in dieser Form in Entscheidungen einzubeziehen, weil sie die selbst entwickelten Regeln leichter akzeptieren und sogar mit über ihre Umsetzung wachen."

Allerdings weiß Katharina Bensch auch um die vorteilhafte Situation an der Freien Schule Elbe-Havel-Land, in der sich die Gruppen dank mehrerer pädagogischer Mitarbeiterinnen und Mitarbeiter befinden, die bei vielen Problemen zwischen den Kindern schon direkt innerhalb der Woche stetig moderierend eingreifen können, ohne dass für alle Zeit vom eigentlichen Unterrichtsgeschehen abgezweigt werden muss. „Wir haben hier wirklich umsichtige Kolleginnen und Kollegen, die viele Probleme des Pausengeschehens direkt lösen, sodass nicht allzu viel bis zum Freitag gärt und dann besprochen werden will." Der Kasten mit den Anliegen für den Lerngruppenrat bleibt von derlei Zwistigkeiten also größtenteils verschont und kann überwiegend für Anliegen in Bezug auf grundsätzliche Regeln, kreative Projektideen und weitere Vorschläge genutzt werden – also als Medium für demokratisches Lernen.

Der zweite Teil des Lerngruppenrats würdigt das Engagement Einzelner: In einen weiteren Kasten, genannt „Schatztruhe", können Kinder und Erwachsene Zettel mit den „Schätzen der Woche" einwerfen. Diese „Schätze" sind vor allem Verhaltensweisen, die besonders positiv aufgefallen sind – wenn ein Kind zum Beispiel einem anderen mit Freude geholfen hat, wenn jemand seine eigenen Wünsche zum Wohle anderer zurückgestellt oder eine gefährliche Situation sofort entschärft hat. Diese „Schätze der Woche" werden ebenfalls laut vorgelesen sowie von allen würdig beklatscht und die Kinder macht es sehr stolz, wenn ihr Verhalten in dieser Form im Lerngruppenrat gewürdigt wird.

Übrigens birgt dieser Punkt der Agenda auch für die Erwachsenen oft Momente der Wertschätzung. An den Rückmeldungen als „Schatz der Woche" zeigt sich: Die Pädagoginnen und Pädagogen werden von den Kindern als Teil der Gruppe gesehen und als Partnerinnen und Partner auf Augenhöhe wahrgenommen. So gab es auch schon mal den Schatz an die pädagogische Mit-

Abb. 6: Schätze der Woche

arbeiterin: „Danke, Lara, dass du für mich den Tisch mit abgewischt hast." Oder an die Praktikantin an ihrem letzten Tag: „Danke, dass du bei uns ein Praktikum gemacht hast! Hoffentlich kommst du bald mal wieder, wir werden dich vermissen." Nicht zuletzt wurde auch die Schulleiterin und -mitgründerin schon als Schatz der Woche bedacht: „Danke, Frau Bensch, dass wir in so eine schöne Schule gehen können."

Jeder macht, was er am besten kann: Die Eltern bringen Talente und Meinungen ein

In einem nächsten Schritt sollen nun auch die Eltern stärker in die Mitbestimmungslandschaft der Schule einbezogen werden. Wird an anderen Regel- oder Alternativschulen ehrenamtliches Engagement von den Eltern in der Form eingefordert, wie die Schule es bestimmt, können Mütter und Väter seit dem Schuljahr 2020/21 selbst entscheiden, in welchem Bereich sie sich gern einbringen möchten und wie sie dieses Engagement konkret gestalten möchten. So hat die Schule eine Kooperationsverantwortliche Pädagogin (die gleichzeitig Elternteil ist) benannt, die ab sofort das Engagement der Eltern für die Schule koordiniert. In der Folge wurden verschiedene Elternteams gebildet, in denen sich die Eltern nach eigenem Interesse zusammenfinden. Themen sind unter anderem Fundraising, Haus- und Gartenarbeiten, Öffentlichkeitsarbeit und Veranstaltungsorganisation. Jedes Elternteil sollte sich für acht Stunden je Schulhalbjahr ehrenamtlich einbringen und kann auswählen, ob es dabei gern etwas machen möchte, das seiner beruflichen Tätigkeit ähnlich ist oder das eher eine Alternative zum Berufsalltag bildet oder das eine persönliche Weiterentwicklung durch Kennenlernen neuer Tätigkeiten fördert.

Schulleiterin Katharina Bensch sieht diese neue Entwicklung – die durch eine Elterninitiative mit angestoßen wurde – als Herausforderung und Chance gleichermaßen: „Wir bemerken bei manchen Eltern noch viel Unsicherheit, wie deutlich sie ihr Engagement selbst bestimmen dürfen, und müssen am Anfang naturgemäß hier noch viel erklären. Mancher ist unsicher, weil er es nicht gewohnt ist, dass ihm so wenig Vorgaben gemacht werden." Andererseits steckt im differenzierten Engagement Außenstehender auch eine große Chance für die kleine Schule: „Die Eltern arbeiten in ganz verschiedenen Berufszweigen, haben viele Kenntnisse, die wir im Pädagogenteam so gar nicht vorhalten können. Wenn sie ihre Fähigkeiten ehrenamtlich einbringen, spart das am Ende auch Geld, professionalisiert aber vieles, das nicht mit dem eigentlichen Unterrichtsbetrieb zu tun hat und deshalb auch nicht das eigentliche Feld von uns Pädagoginnen und Pädagogen ist."

Ein Ausblick: Demokratie-Botschafter in der Regelschule

Die Freie Schule Elbe-Havel-Land ist eine Grundschule und deckt demnach die ersten vier Jahre der obligatorischen Schulzeit in Sachsen-Anhalt ab. Für die Kinder, aber mehr noch für die Eltern stellt sich oft schon vor dem Eintritt in die erste Klasse die Frage zu der Zeit nach der Grundschule. Denn in der Region gibt es keine weiterführenden Alternativschulen. Lediglich ein privates Gymnasium in Tangermünde ermöglicht das Lernen in alternativer Atmosphäre in rund 35 Kilometern Entfernung, eine alternative Sekundarschule liegt im knapp 45 Kilometer entfernten Stendal. Die nächstgelegenen Regelschulen befinden sich in Havelberg, also 12 Kilometer von Kamern; lediglich zu diesem Standort ist die Schulbusverbindung gesichert. Allerdings setzt keine der Schulen im Landkreis bislang demokratische Mitbestimmung der Schülerinnen und Schüler in solch einem hohen Maß und in dieser Bandbreite um.

Wie also werden sich die Kinder ab der fünften Klasse in einem stark durchreglementierten Schulumfeld einfügen? Vor allem für viele – eigentlich an der Schule interessierte – Eltern von Kindergartenkindern scheint dieser Umstand ein großes Hindernis zu sein: „Ich befürchte, dass mein Kind mit den starren Regeln in der Sekundarschule oder am Gymnasium nicht zurechtkommt, weil der Alltag in der Grundschule von Mitbestimmung geprägt war." Diese Sorge ist bei Tagen der offenen Tür von vielen interessierten Eltern zu hören.

Schulleiterin Katharina Bensch ist sich der Herausforderung durchaus bewusst, sieht sie aber optimistisch. Nachdem die ersten Kinder zum Schuljahr 2020/21 auf die staatliche Sekundarschule und das staatliche Gymnasium gewechselt sind, durfte sie in Gesprächen mit Pädagogen und ihren ehemaligen Schülerinnen und Schülern feststellen, dass sie mit der geringen Mitbestimmungsmöglichkeit selbstbewusst umgehen, sich auch ein abgewogenes Argumentieren bei für sie unverständlichen Regeln trauen und damit auch den Pädagogen ihrer neuen Schulen zeigen, dass Mitbestimmung von Schülerinnen und Schülern vor allem dazu führt, dass die Kinder argumentieren und abwägen lernen und ihre Ansichten verständlich äußern können. Dabei hilft auch, dass die Kinder von der ersten Klasse an die Prinzipien der gewaltfreien Kommunikation kindgerecht als „Giraffensprache" einüben. So könnten sie das Prinzip der Mitbestimmung in einer souveränen Art in die anderen Schulen hineintragen, wünscht sich die Schulleiterin. „Ich hoffe, dass ‚unsere‘ Kinder in den Regelschulen auch zu Botschafterinnen und Botschaftern für unser Prinzip des demokratischen Zusammenlebens werden können, einfach weil man in den Regelschulen merkt, wie souverän und gereift diese Kinder nach einiger Zeit den Alltag an einer Schule mitgestalten können, wenn man ihnen Mitbestimmung zutraut.“ In ihrer mehr als zehnjährigen Erfahrung als Grundschulpädagogin hat sie in Sachen Mitbestimmung für sich selbst vieles dazugelernt und gibt ihre wichtigste Erkenntnis heute gern weiter: „Als Erwachsene machen wir uns das Leben selbst leichter und bunter, wenn wir die Kinder mitbestimmen lassen, statt immer nur Regeln vorzugeben.“

Literatur

Decker, O. / Kiess, J. / Schuler, J. / Handke, B. / Pickel, G. / Brähler, E. (2020): Die Leipziger Autoritarismus-Studie 2020: Methoden, Ergebnisse und Langzeitverlauf. In: Decker, O. / Brähler, E. (Hrsg.): Autoritäre Dynamiken. Alte Ressentiments – neue Radikalität. Leipziger Autoritarismus-Studie 2020. Gießen: Psychosozial-Verlag, 27–88. https://www.boell.de/de/2020/11/05/die-leipziger-autoritarismus-studie-2020-methode-ergebnisse-und-langzeitverlauf, Download am 18.10.2021.

Deutschländer, L. (2019): Kommunalwahl 2019: Das sind die 5 wichtigsten Erkenntnisse. www.mdr.de/sachsen-anhalt/landespolitik/analyse-das-bedeuten-die-ergebnisse-der-kommunalwahl-100.html, aufgerufen am 28.09.2021.

Haspel, S. (2007): Die Rechte der Kinder aus der Sichtweise der Montessori-Pädagogik. In: Eckert, E. / Waldschmidt, I. (Hrsg.): Kosmische Erzählungen in der Montessori-Pädagogik. Berlin: LIT Verlag, 296–305.

Herzig, S. / Lange, A. (2006): So funktioniert jahrgangsübergreifendes Lernen. Mülheim an der Ruhr: Verlag an der Ruhr.

Julius, H. / Beetz, A. / Kotrschal, K. / Turner, C.D. / Unväs-Moberg, K. (2014): Bindung zu Tieren. Psychologische und neurobiologische Grundlagen tiergestützter Intervention. Göttingen u. a.: Hogrefe.

Jürgens, E. (2004): Die neue Reformpädagogik und die Bewegung Offener Unterricht. Theorie, Praxis und Forschungslage. Sankt Augustin: Academia.

Montessori, M. (2001): Kinder lernen schöpferisch. Die Grundgedanken für den Erziehungsalltag mit Kleinkindern. Herausgegeben und erläutert von Ingeborg Becker-Textor. 9. Aufl. Freiburg Breisgau: Herder (Herder-Spektrum, 4262).

Webseite der Schule

 https://freie-schule-elbehavelland.de

Alexandra Vanin-Andresen

Otfried-Preußler-Schule, Hannover (Niedersachsen)

Unser Leistungsversprechen

Mutig die Welt von morgen gestalten – Verantwortung übernehmen für sich, die Klasse, die Schule, die Welt

„Wenn du denkst, du bist zu klein, um etwas zu bewirken, hast du nie versucht, mit einem Moskito in deinem Zimmer schlafen zu gehen."

(afrikanische Redensart)

Wie ein Moskito kann jedes Kind Großes in Bewegung bringen. Im Vertrauen auf sich und mit Blick auf gesunderhaltende Strukturen benötigt es eine gute Ausgangsbasis, um seinen Aktions- und Wirkungsradius Stück für Stück erweitern zu können. Am Ende der Grundschulzeit an unserer Schule sollte es jedem Kind möglich sein, mit einem starken Rückgrat Herausforderungen zu meistern und die Gesellschaft mutig mitzugestalten sowie Vielfalt als große Bereicherung anzuerkennen.

Von gestern bis heute

Die Geschichte der Otfried-Preußler-Schule begann vor 50 Jahren am Standort der Meterstraße. 2010 machte sich die 2,5-zügige Grundschule in die integrative Arbeit auf und entstaubte ihr Profil von da an jährlich. In den folgenden 4 Jahren entwickelte sich die Arbeit hin zu einem inklusiven Verständnis und der Leitungswechsel in demselben Jahr bewirkte einen „Frühjahrsputz" für die Schule. Eine Zukunftswerkstatt der Schulgemeinschaft ermittelte das gemeinsame Wertebild und stieß die Tür für eine moderne pädagogische Ausrichtung auf.

Neben dem Ruf nach mehr Männern in der Schule, einem Bälle-Bad auf dem Dach oder einem Wellness-Bereich für Lehrkräfte ergaben sich auch viele zu realisierende Forderungen. Es sollte voll inklusiv im multiprofessionellen Team gearbeitet werden, Zeit- und Fachkanon sowie Jahrgangspflicht aufgebrochen werden. Seit dem Umzug in ein größeres, neues Schulgebäude 2016 werden in der inzwischen 4,5-zügigen Grundschule bald 450 Schüler*innen im teilgebundenen Ganztag beschult.

Mit einem inklusiven Sportverein als Kooperationspartner an der Seite, dem TurnKlubb zu Hannover, sind wir 2016 als „Bewegte Schule" und 2018 als „sportfreundliche Schule" ausgezeichnet worden. Die besonderen Bemühungen, ein gesundes Mittagessen als Grundlage für ganztägiges Lernen am

Abb. 1: Ergebnisse der Zukunftswerkstatt (1)

Abb. 2: Ergebnisse der Zukunftswerkstatt (2)

Vor- und Nachmittag zu unterstützen und umzusetzen, wurden 2017 mit dem ersten Stern der „Schulen auf EssKurs" der Verbraucherzentrale Niedersachsen ausgezeichnet. Verbunden mit dem Selbstverständnis der Demokratieerziehung in unserem Leitbild, sind wir 2016 als erste Grundschule Niedersachsens „Schule ohne Rassismus – Schule mit Courage" geworden[1].

Das besondere inklusive Grundverständnis machte die Schule ab 2017 zur Schwerpunktschule[2] im Bereich inklusiver Beschulung in Hannover und sie wurde 2018 vom Down-Syndrom-Verein Deutschland für die besondere Arbeit mit Kindern mit Down-Syndrom ausgezeichnet. Die Bewerbung zum

---

1) Siehe: www.bewegteschule.de/; www.mk.niedersachsen.de/startseite/schule/ schulerinnen_und_schuler_eltern/schulsport/projekte_aktionen_initiativen/ sportfreundliche_schule/sportfreundliche-schule-154569.html; www.schule-ohne-rassismus.org

2) Durch die Regelung des § 183c Abs. 4 Niedersächsisches Schulgesetz (NSchG) wird den kommunalen Schulträgern die Möglichkeit eröffnet, auch über den 31.07.2018 hinaus mit Genehmigung der Regionalen Landesämter für Schule und Bildung sog. Schwerpunktschulen zu führen, wenn sie einen Plan dazu vorlegen, mit welchen Maßnahmen sie die inklusive Beschulung an den übrigen Schulen ihres jeweiligen Zuständigkeitsbereichs bis zum 31.07.2024 sicherstellen wollen.

Jacob-Muth-Preis 2019 wurde mit einem Platz unter den letzten 7 Bewerber-schulen honoriert.

Es ist jedoch nicht das Ziel unserer Schule, Preise zu sammeln, sondern in einem bildungsnahen und leistungsfordernden Einzugsgebiet Lernen als Weg der Welterkundung zu verstehen und damit auch zu lernen, Verantwortung für die Gesellschaft und den Demokratieerhalt zu übernehmen.

Das sind Wir

Das Ziel der Otfried-Preußler-Schule ist es, unsere Schüler*innen auf die Welt von morgen bestmöglich vorzubereiten – ihnen ein starkes Rückgrat zu geben, die Herausforderungen innerhalb der Gesellschaft zu meistern und kreativ mitzugestalten, bei auftretenden Schwierigkeiten nach sinnvollen Lösungen zu suchen und diese gegeneinander abzuwägen, Vielfalt als große Bereicherung anzuerkennen sowie eine eigene Haltung klar vertreten zu kön-nen. Aus diesem Anspruch heraus ist der Leitgedanke unserer Schule ent-standen: Wurzeln geben – Vielfalt leben, den wir in allen lebenspraktischen und unterrichtlichen Aktivitäten beherzigen. Dieser Leitgedanke stellt neben der Basis gleichzeitig aber auch die größte Herausforderung unserer täglichen Arbeit dar. So ist es unser Hauptziel, den Kindern haltgebende Wurzeln in Form von Vertrauen und Wertschätzung, aber auch der Gesunderhaltung sowie der Demokratie und Mitbestimmung zu geben. Dabei soll die Vielfalt durch ein größtmögliches Maß an individueller Potenzialentfaltung und die Anstrengungsbereitschaft eines jeden in all ihren Facetten aufblühen können.

Um eine solche Individualisierung zu ermöglichen und durchgehend im Alltag zu (er)leben, ist es unabdingbar, die Rhythmisierung der langen, aber auch kürzeren Unterrichtstage umzustellen, um jedem Kind die Möglichkeit zu geben, sich in Inhalte zu vertiefen und den Lerntag durch Arbeitsgemein-schaften oder lange Pausenzeiten auf gesunde Art und Weise unterbrechen zu können. Als teilgebundene Ganztagsschule ist dieses Wechselspiel aus Ruhe, Bewegung, Pause und Anstrengung für uns gut umsetzbar und mit einem engagierten Kooperationspartner an der Seite können diese auch Hand in Hand an die Bedürfnisse der Schüler*innen angepasst werden. Dabei hat sich die noch immer viel diskutierte Inklusion an unserer Schule im Laufe der Jahre nicht nur zu einem festen Bestandteil entwickelt, sondern wird so selbst-verständlich von Kindern und Erwachsenen gelebt, dass sie meist gänzlich zu erwähnen vergessen wird. Hier spielen nicht nur die Offenheit und Akzeptanz gegenüber dem Anderssein eine große Rolle, sondern es wird die Individuali-tät jedes einzelnen Menschen der Otfried-Preußler-Schule als Bereicherung anerkannt und wertgeschätzt. Auch im Bereich der Mitarbeiter*innen bringen so Menschen der unterschiedlichen Professionen ihre Potenziale ins Schulle-ben ein und arbeiten gleichberechtigt als Team zusammen. Diese Multiprofessionalität wird insbesondere im Bereich der vielfältigen Arbeitsgemeinschaften und im Rahmen unserer wöchentlich stattfindenden Projekttage sichtbar.

Unsere Schule befindet sich somit seit einigen Jahren im Aufbruch, kooperiert mit unterschiedlichsten außerschulischen Partnern, bildet sich intern sowie in Kooperation mit anderen Schulen fort und organisiert Vorträge und Workshops für Eltern.

Unsere Challenge

Die sich unserer Schule stellenden Herausforderungen fallen dem Betrachter, wenn er Gebäude und Einzugsgebiet der Otfried-Preußler-Schule sieht, nicht direkt ins Auge.

In einem nach dem neuesten Standardraumkonzept errichteten Gebäude und einem Einzugsgebiet, in welchem die Elternschaft zu einem großen Teil sehr bildungsnah ist, scheinen die Bedingungen für eine gute schulische Arbeit optimal zu sein. Aber neben sehr guten Rahmenbedingungen kristallisieren sich zunehmend gesellschaftliche und erzieherische Herausforderungen in den Elternhäusern heraus, denen wir uns stellen müssen. Wollen wir unserem Anspruch gerecht werden, verstehen wir Schule nicht nur als Ort der Wissensvermittlung, sondern darüber hinaus als Ort, an dem Kinder Kompetenzen erwerben, die sie befähigen, eine demokratische Gesellschaft des 21. Jahrhunderts verantwortungsvoll mitzugestalten. Schwerpunktkompetenzen sind hierbei die Teamfähigkeit, die Diskussionsfähigkeit auf der Basis demokratischer Werte sowie Präsentations- und Innovationsfähigkeit. Kinder können diese Fähigkeiten nur erreichen, wenn Sie das Gefühl haben, mutig sein zu dürfen – und zwar mit dem Selbstverständnis einer guten Fehlerkultur.

Der überwiegende Teil der Eltern unserer Schüler*innen stellt an Schule den Anspruch, ihren Kindern möglichst viele Lerninhalte zu vermitteln. Die Betreuungszeiten sollen lang und qualitativ hochwertig sein, da viele Eltern beruflich stark eingespannt sind. Von ihren Kindern verlangen sie im Umkehrschluss, dass sie gute schulische Leistungen erbringen. Dieser Prozess soll aber am späten Nachmittag bei Abholung umfänglich abgeschlossen sein. Ist dem nicht so, findet die Fehlersuche systemisch bei der Schule oder beim Kind statt. Weniger Wert legen sie unserer Wahrnehmung nach darauf, dass ihre Kinder Verantwortung für ihr Handeln übernehmen. Auch die Notwendigkeit, dass sich die Kinder ihrer individuellen Interessen und Potenziale bewusst werden, sich diesen mutig stellen, sie entfalten und dabei auch Fehler machen dürfen, findet in unserer Elternschaft weniger Akzeptanz. Aus diesem Grund stellt es für uns eine große Herausforderung dar, die Eltern mitzunehmen auf dem Weg, Schule neu und anders zu denken – individuelle Lernwege zuzulassen und zu fördern, Raum zu geben, eigene Fragen zu entwickeln, sich diesen zu stellen und Schule als gemeinschaftsstiftenden Ort im Stadtteil zu erleben.

In den letzten Jahren haben wir intensiv daran gearbeitet, Räume in unserem Schulalltag zu etablieren, die den Kindern die Möglichkeit bieten, die Wurzeln unseres Leitbildes – Vertrauen, Demokratie und Mitbestimmung, Wertschätzung sowie Gesundheit – auszubilden. Durch die gelebte Inklusion, den Klassenrat, die Kinderkonferenz, die Monatsbühne, die individualisierte Lernzeit und das Lernbuch, die aus diesen Wurzeln erwachsen sind, haben die Schüler*innen ein stabiles Fundament erhalten.

Unser übergeordnetes Ziel ist, dass die Schüler*innen ihre Wertschätzung der erlebten Vielfalt in die Gesellschaft tragen.

Auf die Welt von morgen bestmöglich vorzubereiten – die Herausforderungen innerhalb der Gesellschaft zu meistern und kreativ mitzugestalten, nach sinnvollen Lösungen zu suchen und diese gegeneinander abzuwägen, Vielfalt als große Bereicherung anzuerkennen sowie eine eigene Haltung klar vertreten zu können – zeichnet das gesamte Schulteam mit seinem Innovationsgeist und seinem besonderen Engagement aus.

Alles neu macht der Mai
– Schule als lernende Institution in Bewegung –

„Muss denn alles anders als früher sein?", sagen Zweifler –
„Nein, natürlich muss nicht alles anders als früher sein,
aber wir dürfen auch nicht aus Bequemlichkeit Altes bewahren, sondern müssen es auf Sinnhaftigkeit überprüfen. Ist es nicht mehr gut, dann haben wir den Mut, es zu ändern und auszuprobieren!", sagen WIR.

Teilweise nicht aus großer Not heraus, sondern mit einem verantwortungsbewussten Anspruch und mit der Vision von nachhaltiger Schulzeit für alle befinden wir alle uns in einem aktiven Schulentwicklungsprozess. Unser Leitsatz „Wurzeln geben, Vielfalt leben" stellt für uns die Verpflichtung zur Verantwortungsübernahme und zu lebenslanger Entwicklung dar. Dabei möchten wir motivieren, Mut zu haben und z. B. bewertungsfreie Lernräume wie den Frei-Day für Schüler*innen zu schaffen, um Lernmotivation zu Lebensmotivation und Lernräume zu Handlungsräumen werden zu lassen.

Webseite der Schule

https://wordpress.nibis.de/opgs

Strukturierte Vielfalt

Conni Kastel, Andreas Neuffer & Petra Stumpf

Schule Rellinger Straße, Hamburg

Kunst als Brücke zur Sprache

Abb. 1: Kunst vor der Schule

„Nichts kommt von selbst. Und nur wenig ist von Dauer … Besinnt euch auf eure Kraft und darauf, dass jede Zeit eigene Antworten will und man auf der Höhe zu sein hat, wenn Gutes bewirkt werden soll" (Willy Brandt 1992 auf dem Kongress der Sozialistischen Internationale in Berlin, zitiert nach Carsten Brosda, 2020, Seite 7, Die Kunst der Demokratie).

Diese Worte des ehemaligen Bundeskanzlers weisen darauf hin, dass kein gesellschaftlicher oder kultureller Zustand jemals endgültig und abgeschlossen ist. Alle Schulen verändern sich, weil sich das Umfeld, die Schülerschaft und die Anforderungen der Gesellschaft ändern. Die systematische Entwicklung der Einzelschule ist ein bewusster, reflektierter Prozess, der auf die Verbesserung ihrer Qualität abzielt. Eine Schulkultur mit einem klaren Profil ist das Ergebnis von Auseinandersetzungen auf der Basis wissenschaftlicher Erkenntnisse und gemeinsam getroffener vernünftiger Vereinbarungen. Sie zielt darauf, Schule als einen Ort erlebbar zu machen, an dem alle Akteure sich gesehen, respektiert und willkommen fühlen und der sie auffordert, sich zu erkennen und weiter zu entwickeln. Sie ist erlebbar im Schulalltag und zeigt sich in allen Bereichen.

Schule in der Krise und was gut daran ist

Die ersten Schritte einer bewussten Auseinandersetzung im Kollegium mit dem, was eine gute Schule ausmacht, und dem, was dafür getan werden muss, wurden vor mehr als zwanzig Jahren getan. Zu diesem Zeitpunkt war die Schule sehr klein, wurde auch von Eltern aus der Umgebung eher gemieden und sie war immer wieder zur Schließung vorgesehen. Eine kleine Gruppe in dem ohnehin kleinen Kollegium diskutierte über pädagogische und didaktische Grundsätze. Es war die Rede von emanzipatorischem Unterricht, einsichtigem, selbstaktivem und selbstgesteuertem Lernen und der Organisation von Lernbedingungen. Angestoßen wurde die Diskussion vom damaligen Kollegen und Pädagogen Jürgen Reichen, der neben seiner Tätigkeit als Fortbildner am Landesinstitut an der Schule tätig war. Einige seiner Werkstätten wurden nach gemeinsamer Vorbereitung in verschiedenen Klassen durchgeführt. Unvergessen sind die „15 Briefe vom Weihnachtsmann", die alle Klassen der Schule erhielten und die dadurch zum Schulgespräch wurden. Die gemeinsame Erprobung einer neuen Unterrichtsform lieferte den Beweis, dass das Lernen der Kinder einen ganz neuen Schwung bekam.

Damals fassten wir unsere Leitgedanken zusammen:
- Wir wissen: Lernen findet nur statt, wenn das Kind aktiv wird.
- Wir wollen: Kinder für ein eigenständiges lebenslanges Lernen motivieren.
- Wir können: die dafür notwendige positive und anregende Lernatmosphäre bieten.

Diese Leitgedanken sind bis heute der Kern unserer Arbeit und stehen unverändert in unseren Broschüren, auf der Homepage und am Anfang zahlreicher Informationsveranstaltungen. Sie greifen die Eigenaktivität des Lernenden auf, zielen auf erfolgreiche Lernstrategien, eine positive und optimistische Haltung zum Lernen und damit auf eine Stärkung der Persönlichkeitsentwicklung. Der Respekt vor den persönlichen Eigenheiten, Interessen, Vorlieben und Abneigungen, Stärken und Schwächen eines jeden Kindes ist das Fundament zur systematischen Entwicklung eines individualisierten Unterrichts.

Im Jahr 2004 kamen viele Ereignisse für die Schule zusammen, die die künftige Entwicklung entscheidend beeinflussten: Zum Schuljahresbeginn stellte die Schule um von Klassenunterricht auf jahrgangsübergreifendes Lernen, im September wurde sie aufgenommen in den Schulversuch „Selbstverantwortete Schule in Hamburg", im Oktober wurde offiziell die Schließung der Schule bekannt gegeben, im Dezember wurde diese Entscheidung zurückgenommen. Ein bewegtes Jahr, das das Gefühl der Solidarität, den festen Willen zur Weiterentwicklung der Schule und die Erfahrung, dass Anstrengung sich lohnt, hervorbrachte. Es entstand eine Dynamik, die nun nicht mehr aufzuhalten war. Sie erfasste Kollegium, Schülerschaft und Elternschaft und sorgte dafür, dass die Schule ein „Gesicht" entwickelte. Aus einer Idee wurde eine neue Schule mit einem erkennbaren Profil. Den Weg dahin haben wir bereits in Band 131 „Grundschule entwickeln – Gestaltungsspielräume nutzen" aus dem Jahr 2011 aufgezeigt (Kastel / Stumpf 2011)

Kennzeichen der sich bisher entwickelten und sich weiter entwickelnden Schulkultur an der Schule Rellinger Straße:

„Die Selbstständigkeit des Kindes beim Lernen und im sozialen Miteinander hat oberste Priorität. In allen Lerngruppen werden individualisierende Unterrichtsformen praktiziert, die Arbeit mit neuen Medien ist alltäglich. Die Kinder lernen gemeinsam, unterstützen sich gegenseitig und planen ihre Vorhaben. In jeder Lerngruppe steht ihnen dafür ein differenziertes Lernangebot zur Verfügung. Daneben bekommen sie Methoden an die Hand, um ihr Lernen selbstständig zu planen, durchzuführen und zu überprüfen. Wenn Kinder selbstständig werden sollen, dürfen wir ihnen nicht von früh bis spät vorschreiben, was sie tun und zu lassen haben" (Website Schule Rellinger Straße, www.schule-rellinger-strasse.de).

Der positive Blick auf das Kind als eigenständige Persönlichkeit mit Entwicklungspotenzial ist die Grundlage unseres pädagogischen Handelns. Mit der Umsetzung der UN-Behindertenrechtskonvention aus dem Jahr 2008 hat die Schule Rellinger Straße konsequent das inklusive Lernen ausgebaut. Eingebunden in das jahrgangsübergreifende individualisierte Lernen wurden immer mehr Kinder auch mit speziellem Förderbedarf aufgenommen. Sonderpädagogisches Fachpersonal kam vermehrt an die Schule, der Schwerpunkt Inklusion wurde ausgebaut und seit 2018 gehört die Schule Rellinger Straße offiziell zum Kreis der Schwerpunktschulen in Hamburg.

Das Ineinandergreifen von individualisierten Lernformen, konstruktivem Umgang mit Stärken und Schwächen, bewusstem Bekenntnis zur Verschiedenheit und Bedeutsamkeit aller Mitglieder der Schulgemeinschaft erzeugt ein Klima, das Mut macht. Dieses Klima zeigt sich im Schulalltag bei der Konfliktbearbeitung, bei der Zusammenarbeit der Kinder, bei den Rückmeldegesprächen, in der Kinderkonferenz und schließlich auch bei der wissenschaftlichen Erhebung des Selbstkonzeptes der Kinder durch das Institut für Bildungsmonitoring und Qualitätsentwicklung (IfBQ) im Jahr 2019 (Freie und Hansestadt Hamburg 2021).

Die Entwicklung der Schule ist die Entwicklung eines komplexen Systems, die sich nicht nur auf der Grundlage bewusster Planung vollzieht. Am Anfang steht die Idee einer guten Schule. Über den gemeinsamen Austausch und die Entwicklung von Maßnahmen entstehen Konzepte, daraus im besten Fall ein Masterplan. Nur in der Realisierung zeigt sich, ob das Geplante auch greift. Dazu gehören unabdingbar eine kritische Selbstüberprüfung und der fachkundige Blick von außen. „Schulen sind in der Regel überkonzeptioniert und unterrealisiert."[1]

Wir haben als beispielhaften Ausschnitt für die Darstellung unserer Schulkultur den Bereich der Förderung gewählt, der durch den Einsatz künstlerischer und kreativer Mittel geprägt ist. Diese Form setzt konsequent auf die kreative Kraft der Kinder, unabhängig von ihren bisherigen Lernleistungen. Über das Handeln mit Werkzeugen, die Auseinandersetzung mit Ereignissen auch der Alltagswelt, die Beschäftigung mit Kunstwerken, Architektur, Literatur u. v. m. finden quasi beiläufig die Förderung des korrekten und kompetenten Sprachgebrauches und das Erkennen mathematischer Muster statt. Nicht das „Rechtschreibproblem" ist Gegenstand der Förderung, sondern das „Sich-zu-eigen-Machen" des Instruments Sprache.

Ein Besuch in der Holzwerkstatt

An einem Freitagmorgen im Januar sind Petra Stumpf, Schulleiterin der Schule Rellinger Straße, und Andreas Neuffer, Diplomkünstler, Steinmetz, Ausstellungsmacher und Förderlehrer an der Schule, zu einem Gespräch in der Holzwerkstatt der Schule verabredet. Andreas stellt Arbeiten und Projekte vor, die er mit Kindern in den „Intensivwochen" durchführt. Das Konzept der Intensivwochen wurde als ein Bestandteil des integrativen Förderkonzepts entwickelt von Förderlehrkräften und -koordinatorinnen. Kinder, bei denen ein Förderbedarf in den Bereichen Lesen, Schreiben oder Mathematik festgestellt wurde, erhalten über eine Woche mehrere Stunden am Tag in einer kleinen Gruppe Förderung. Damit wird den Kindern die intensive konzentrierte Beschäftigung mit Themen, Aufgaben und Materialien ermöglicht.

Ziele und Rahmenbedingungen dieser Förderung sind:
- *Die Schüler*innen sollen ein Gesamtverständnis von Sprache, Schrift und Mathematik aufbauen. Es sollen Grundlagen geschaffen werden, damit die Schüler*innen im Unterricht an ihren individuellen Themen üben können.*
- *Förderung soll innerhalb einer Woche erfolgen, damit intensiv an einem Thema gearbeitet werden kann.*
- *Die Gruppen sind klein, gleichbleibend und sind aus Schüler*innen der eigenen Lerngruppe zusammengesetzt (Die Kinder müssen sich nicht auf „fremde" Schüler*innen einstellen).*

---

1)   Wilfried Kretschmer, ehemaliger Schulleiter der Robert-Bosch-Gesamtschule, Hildesheim, und Mitglied des Programmteams der Deutschen Schulakademie, das Zitat stammt aus einer Veranstaltung der Werkstattreihe der Deutschen Schulakademie „Raum – Zeit – Schulentwicklung. Wie Schule verändert werden kann" 2015 bis 2017.

- Am Ende steht ein Produkt oder ein Ergebnis, das der Lerngruppe präsentiert werden soll → Vernetzung zwischen Förderung und Unterricht / Wertschätzung
- Alle entstandenen Arbeiten werden in der Lerngruppe vorgestellt und im besten Fall von der gesamten Gruppe aufgegriffen.
- Die Schüler*innen bekommen ggf. Material, das sie im Unterricht weiter bearbeiten können.
- Es finden Absprachen zwischen Lehrkräften und Förderkräften statt, um passende Themen zu bearbeiten oder aufzugreifen.

Dies ist Sprachförderung, bei der durch gezielte Übungen Defizite abgebaut werden sollen. Durch Misserfolge oft schon entmutigt, erleben die Kinder hier, wie freudvoll, schöpferisch und effektiv der Umgang mit Schrift und Sprache sein kann. Bei den Erfolgen dieser Sprachförderung handelt es sich um grundsätzliche Veränderungen: Die Einstellung zum Schreiben und Lesen und zur eigenen Leistungsfähigkeit verändert sich merkbar und langfristig.

Zurück zum Gespräch in der Holzwerkstatt. Andreas erklärt, dass er grundsätzlich keine Unterscheidung und Einteilung nach Förderbedarfen macht. Aus seiner Sicht macht die Isolierung von Sprachförderung, Leseförderung oder Matheförderung keinen Sinn. Es geht bei seinem Förderunterricht viel mehr darum, Zusammenhänge zu entdecken in der Umgebung, im Stadtteil, im Alltag des Kindes. Wo entdecke ich Sprache, Schrift, Mathematik um mich herum?

Beispiele aus der Arbeit in der Intensivwoche

Sprache in der Umgebung entdecken

Bei einem Rundgang durch den Stadtteil lassen sich viele Beispiele finden. So sehe ich im Treppengeländer, auf Gehwegen, an Hauswänden Bilder von versteckten Buchstaben. Ich entdecke Addition und Multiplikation, den Schritt von der Addition zur Multiplikation an Fensterreihen der Häuserfassaden, an Klingelschildern eines Mehrfamilienhauses, an einem Lüftungsgitter. Dabei öffnen sich der Blick und das Gespür für mathematische Lösungen von Phänomenen des Alltags.

Abb. 2: Stößel und Mörser   Abb. 3: Besen   Abb. 4: Stuck

Die Safttüte – meist kein Gegenstand intensiver Betrachtung – enthält eine Menge Informationen und Darstellungsformen: Namen, Eigenschaften, Fachbegriffe, Angaben zum Nährwert. Darüber lässt sich sprechen, nachforschen, nachdenken. Mit dieser Betrachtung werden sprachliche, mathematische Phänomene aufgegriffen. Wie messe ich Flüssigkeiten? Wie viel ist 1 Liter? Wozu brauche ich Dezimalzahlen? Wie beschreibe ich den Geschmack eines Getränks?

Vom Bild zur Sprache

Bildbetrachtung steht oft am Anfang der Sprachförderung. Es sind überwiegend kunsthistorische Gemälde, die keinen erkennbaren Zusammenhang mit der Alltagswelt des Kindes haben. Und doch gibt es meist sofort eine Verbindung zwischen Kind und Bild. Beim Betrachten des Bildes entsteht Sprache durch die Gedanken des Kindes. Bildbetrachtung ereignet sich nicht ohne Sprache. Es muss nicht sofort ausgesprochen werden, was das Bild auslöst. Das Gespräch schließt sich fast immer von allein an und ohne besondere Aufforderung. Hier zeigt sich der Drang des Kindes nach Ausdruck und Kommunikation. Behutsam und mit Zurückhaltung werden bestimmte Aspekte des Bildes herausgearbeitet wie Ästhetik, Stimmung, Emotionen: „Die Frau ist traurig. Warum?" ... Die Kinder stellen einen Bezug zu sich selbst und ihrer Welt her.

Ein weiterer Einstieg ist Musik, wobei die Auswahl der Musik entscheidend ist. Sie muss den Blick nach innen zulassen. Auch hier entstehen zuerst Bilder im Kopf! Genau wie bei der Bildbetrachtung werden im Gespräch Worte gefunden, die dann festgehalten, geordnet, einander zugeordnet und grammatikalisch untersucht werden. Was siehst du? Was passiert dann? Welche Schritte kommen jetzt?

Wie wird an der Sprache gearbeitet?

Der Schattenriss des Kindes auf einem Plakat gibt die Grundlage für die weitere Spracharbeit. Mit der Frage „Wer oder was umgibt dich in deinem Leben?" findet das Kind Wörter, schreibt diese auf, korrigiert sie und erkennt oder lernt, dass es sich um Nomen handelt. Mit der Frage „Wie fühlst du dich bei dem Gedanken an ...?" werden andere Wörter formuliert, notiert und den Nomen zugeordnet. Die hier gefundenen Adjektive werden farblich auf die zugehörigen Nomen abgestimmt, auf dem Plakat angeordnet und schließlich aufgeklebt. So entsteht jeweils ein Gesamtwerk voll Ausdruck und Ästhetik.

Die entstandenen Plakate werden aufgehängt und in der Gruppe betrachtet. Die gefundenen Wörter sind Auslöser für das sich anschließende Gespräch. Gemeinsam werden sie gelesen, vorgelesen und besprochen. Es kommt dabei zu einer Präzisierung und Klärung der Begriffe.

Fragen ohne Antworten

„Mit dummen Fragen fängt jede Revolution an!" (Joseph Beuys) – das Fragen-buch als Gemeinschaftsarbeit

Hier ist der Einstieg eine Geschichte über Fragen von Kindern. Fragen, auf die es keine Antworten gibt. Sie erscheinen manchen als „blöde", sind es aber ganz und gar nicht. Die Frage „Wann ist die Schule aus?" lässt sich sofort beantworten. Aber mit der Frage „Wer hat im ersten Haus gewohnt?" ist es schon schwieriger. Diese Fragen bringen Gespräche in Gang, regen das Denken an und bringen erstaunliche Äußerungen hervor.

 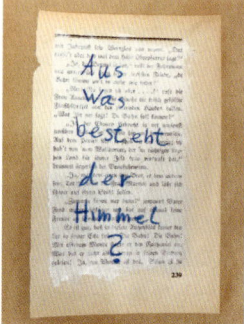 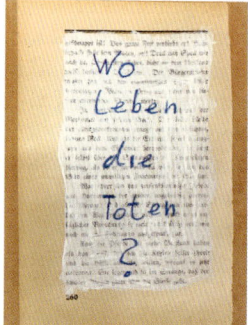

Abb. 5, 6, 7: Fragen

Collagen

Thema der von den Kindern anzufertigenden Collagen sind Traumbilder. Sie zeigen Dinge und Situationen, die in der Realität so nicht passieren können. Die Kinder erhalten Bildmaterial aus Zeitschriften und wählen aus. Dabei werden ihnen ästhetische Kriterien vorgestellt zur Farbzusammenstellung, zu Formen und zur Komposition der Collage. Dann schneiden sie aus, legen, entwerfen, überprüfen, besprechen und ändern wieder. Es wird nicht einfach geklebt, sondern es kommt darauf an, Bezüge zu

Abb. 8: Collage

144

finden und unter den Abbildungen auszuwählen. So entsteht beim Entwerfen der Collage die Geschichte im Kopf. Die Geschichte zur Collage ist eine Traumgeschichte. Sie entwickelt sich allmählich und durch die genaue Auseinandersetzung mit der eigenen Arbeit. Dabei wird der Text entworfen, besprochen, überarbeitet und schließlich in seine endgültige Fassung gebracht. Die Wichtigkeit des fertigen Produkts steht an erster Stelle.

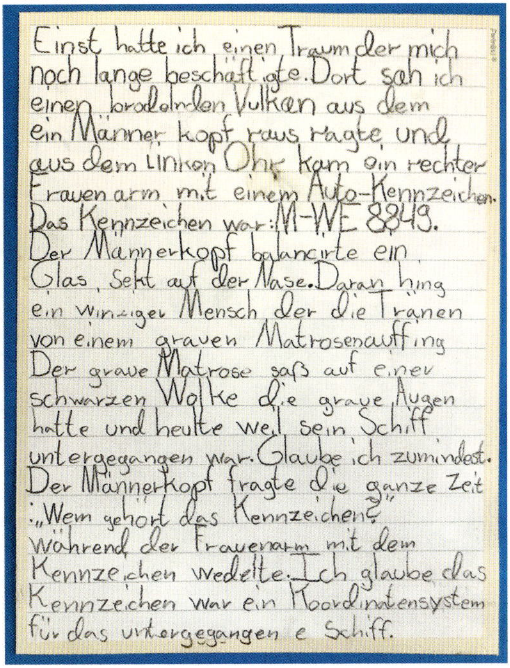

> Einst hatte ich einen Traum der mich noch lange beschäftigte. Dort sah ich einen brodelnden Vulkan aus dem ein Männer kopf raus ragte, und aus dem linken Ohr kam ein rechter Frauen arm mit einem Auto-Kennzeichen. Das Kennzeichen war: M-WE 8849. Der Männerkopf balancirte ein Glas, Sekt auf der Nase. Daran hing ein winziger Mensch der die Tränen von einem grauen Matrosen auffing. Der graue Matrose saß auf einer schwarzen Wolke die graue Augen hatte und heulte weil sein Schiff untergegangen war. Glaube ich zumindest. Der Männerkopf fragte die ganze Zeit: „Wem gehört das Kennzeichen?" Während der Trauerarm mit dem Kennzeichen wedelte. Ich glaube das Kennzeichen war ein Koordinatensystem für das untergegangene Schiff.

Abb. 9: Text zur Collage

Zaubergeschichte

Eine Zaubergeschichte wird gelesen. Anschließend werden Requisiten für Zaubertricks nach schriftlicher Anleitung gebaut und die Zaubertricks vorgeführt. Die Zaubertricks werden mündlich und schriftlich beschrieben und nach der „Auflösung" wird schrittweise eine Anleitung erstellt. Eine szenische Zauberaufführung mit eigenen Zaubergeschichten zu den Tricks wird entworfen. Am Ende kann eine Aufführung vor Publikum erfolgen.

Charlottenburger

Handwerker einiger Zünfte gehen zum Abschluss ihrer Ausbildung und zum Sammeln praktischer Erfahrung auf Wanderschaft. Traditionell knoten sie ihre Besitztümer in ein quadratisches Tuch, den Charlottenburger. Während des Wanderns hängt das Tuch am Wanderstock. Im Förderunterricht wird dieses Tuch und seine Bedeutung vorgestellt. Die Kinder versetzen sich in die Lage eines Wanderburschen und müssen entscheiden, welche Dinge bedeutsam sind für eine längere Zeit. Vieles muss bedacht werden: Was brauche ich zum Leben? Was brauche ich zum Überleben? Was kann ich tragen? Worauf kann ich verzichten? Erschwerend kommt hinzu, dass kein Handy mitgenommen werden darf. Im gemeinsamen Gespräch wird

Abb. 10: Charlottenburger

ausprobiert, hineingelegt, herausgenommen, bis eine Entscheidung gefällt werden kann.

Die Kinder planen mit ihrem Bündel eine Wanderung durch Deutschland. Sie beschreiben ihre Wanderschaft und erzählen von ihren fiktiven Erlebnissen. Am Schluss schreiben sie ihren Reisebericht auf.

Und was bleibt übrig, wenn die Intensivwoche vorbei ist? Das ist schwer messbar, aber Beobachtungen gibt es doch. Auf die Frage „Wie war dein Wochenende?" kommt nicht mehr nur ein einfaches „gut". Einen Moment länger darüber nachdenken, die Erinnerungen hervorholen und es in Sprache umsetzen, das ist beobachtbar.

Vor einigen Monaten erhielt ich von der Mutter einer ehemaligen Schülerin eine E-Mail, in der ihre Tochter die Erinnerungen an diesen Unterricht in Form einer PowerPoint-Präsentation zusammengetragen hat. Spontan sagte sie: „Ich wäre so gerne jetzt noch mal in Andis Unterricht … Ich habe mich entdeckt!"

Was sich darüber hinaus auch ereignet ist, dass die Kinder sich ihres eigenen Zustandes bewusst werden. Sie entwickeln „Selbst"bewusstsein. Durch das Finden von Begriffen der eigenen Erlebniswelt und der Auseinandersetzung damit wird das Kind sich seiner selbst bewusst. Ohne dieses Bewusstsein fehlen uns Verständnis und Einfühlungsvermögen für andere Situationen und Menschen.

Was ich abbilde und benenne, existiert. Es gehört mir, ich habe die Macht über die Abbildung. Das war schon bei der Höhlenmalerei so und das zeigt sich auch heute bei den Graffiti-Sprayern. Ich setze ein Zeichen und belege damit meine Existenz. So ist es auch in der Sprachförderung und daher trägt die Intensivwoche zu einer bewussten Auseinandersetzung mit sich und der Umgebung bei.

Was hat dies für Auswirkungen für das Kind im schulischen Alltag? Die Kinder finden einen neuen Zugang zu Sprache und Literatur und zur eigenen Leistungsfähigkeit. Die Einstellung zum Schreiben verändert sich, die Freude, sich schriftlich mitzuteilen, nimmt zu.

Reparaturwerkstatt

Seit diesem Schuljahr gibt es an unserer Schule eine Reparaturwerkstatt. Wir versuchen, kaputte Dinge aus den Lerngruppen zu reparieren, damit man sich nicht immer neue kaufen muss. Die Lehrer*innen melden Andi die kaputten Sachen. Dann teilen wir uns in Gruppen auf und schauen uns die Gegenstände an und überlegen uns Lösungen, wie man sie reparieren kann. Das besprechen wir mit Andi und arbeiten dann selbstständig an den Sachen. Bisher haben wir Schubladen, Regale, ein Stehpult, Holzspielzeug und vieles mehr wieder reparieren können. Wir lernen den richtigen Umgang mit Werkzeug und helfen der Umwelt, weil wir weniger Müll produzieren. Außerdem führen wir ein Berichtsheft (Text von Samu, Schüler).

Dies ist sicher nicht der schulische Ansatz für den Alltag mit ganzen Klassen. Wir haben uns dennoch entschieden, diesen Weg zu gehen, um gerade Kindern mit Schwierigkeiten beim Zugang zu Sprache Erfolge und Teilhabe zu ermöglichen.

Abb. 11 Reparaturwerkstatt

Literatur

Beauftragter der Bundesregierung für die Belange von Menschen mit Behinderungen (Hrsg.) *(2018):* Die UN-Behindertenrechtskonvention. Übereinkommen der Vereinten Nationen über die Rechte von Menschen mit Behinderung vom 3. Mai 2008. Berlin: Beauftragter. www.behindertenbeauftragter.de/SharedDocs/Downloads/DE/AS/Broschuere_UNKonvention_KK.pdf?__blob=publicationFile&v=4, Download am 29.09.2021.

Brosda, C. (2020): Die Kunst der Demokratie. Die Bedeutung der Kultur für eine offene Gesellschaft. Hamburg: Hoffmann und Campe.

Freie und Hansestadt Hamburg (Hrsg.) (2021): Inklusion. Schwerpunktschulen. Behörde für Schule und Berufsbildung. Stadtportal hamburg.de. Hamburg. www.hamburg.de/inklusion-schule/8006518/schwerpunktschulen/, zuletzt geprüft am 29.09.2021.

Hasel, V. F. (2019): Der tanzende Direktor. Zürich – Berlin: Kein & Aber AG.

Kastel, C. / Stumpf, P. (2011): Schule als lernende Institution – Der Geist macht's. In: de Boer, H. / Peters, S. (Hrsg.): Grundschule entwickeln – Gestaltungsspielräume nutzen. Reihe: Beiträge zur Reform der Grundschule. Bd. 131. Frankfurt am Main: Grundschulverband, 119–134.

Kegler, U. (2018): Lob den Lehrer*innen, Weinheim Basel: Beltz Verlag.

Plessing, G. (2012): Ein filigranes System von kleinen Chefinnen und Chefs – Die Schule Rellinger Straße, Hamburg. In: Schratz, M. / Pant, H. A. / Wischer, B. (Hrsg.): Der Deutsche Schulpreis 2012 – Was für Schulen!, Seelze: Friedrich Verlag, 54–61.

Reichen, J. (1995): Sachunterricht und Sachbegegnung. Grundlagen zur Lehrmittelreihe „Mensch und Umwelt". Zürich: Sabe.

Steuergruppe des SchulLabors „Inklusion" (Schule An der Burgweide, Schule Grumbrecht-straße, Schule Rellinger Straße, Schule Vizelinstraße; Hamburg) (2019): 5 Jahre Schul-labor Inklusion. Abschlussdokumentation. Hamburg: Grundschule Grumbrechtstraße Hamburg. https://grundschule-grumbrechtstrasse.hamburg.de/wp-content/uploads/sites/221/2020/10/Schullabor_web.pdf, Download am 28.09.2021.

Abbildungen

Fotos: Andreas Neuffer, Petra Stumpf

Webseite der Schule

https://schule-rellinger-strasse.de

Maxi Brautmeier-Ulrich, Melanie de Gooijer & Raphaela Ruthmann

Katholische Grundschule Sande, Paderborn (Nordrhein-Westfalen)

Individuelles und gemeinsames Lernen in der medienorientierten Schule

Inklusive Schulentwicklung und Digitalisierung mit dem Lernplaner

Die Katholische Grundschule Sande ist als einzige Schule in Sande immer schon die aufnehmende Grundschule für alle Schülerinnen und Schüler aus diesem Paderborner Stadtteil. Die Weiterentwicklung zu einer inklusiven Schule, in der auch Kinder mit besonderen Förderbedarfen verbleiben können, begann mit der Erarbeitung des ersten inklusiven Leitbildes im Jahr 2006.

„Jedes Kind in unserer Schule so aufzunehmen, wie es ist, es in seiner Person zu stärken und zum Leben und Lernen in der Gemeinschaft zu befähigen, ist unser Ziel."

(Schulprogramm der GS Sande 2007)

Mit der Notwendigkeit zur Neugestaltung der Schuleingangsphase aufgrund der Abschaffung der Schulkindergärten in NRW vereinbarte das Kollegium die Erprobung offener Unterrichtsformen, um der wachsenden Heterogenität zu begegnen. Die individuelle Förderung wurde als Schlüssel zur Inklusion erkannt.

Im Rahmen der Schulprogrammarbeit wurde in der Folge die Arbeit mit Wochenplänen evaluiert. In Anlehnung an das Konzept „Individuelles Lernen mit System" (Grunefeld / Schmolke 2011) wurde vereinbart, die bestehenden Wochenpläne weiterzuentwickeln und zu systematisieren. Als Ziel wurde vereinbart, aufeinander aufbauende und zunehmend differenzierte Lernpläne für alle Kinder der Grundschule Sande in den Fächern Deutsch und Mathematik zu erstellen. Was zunächst in der Schuleingangsphase begann, wurde schnell auch für die Lernstufen 3 und 4 gewünscht und im Verlaufe des Schuljahres 2013/14 für vier Jahrgangsstufen und zwei Fächer erstellt und erprobt. In vielen Teamsitzungen der Jahrgänge und der Fächer wurden die Pläne in Format und Inhalt beständig weiterentwickelt. Seit dem Schuljahr 2014/15 werden die Pläne als gedrucktes und spiralgebundenes Buch zu Beginn eines jeden Schuljahres an jedes Kind der Grundschule Sande ausgegeben. Der Lernplaner war geboren!

Auf Antrag der Schulkonferenz wurde die Grundschule Sande im Schuljahr 2013/14 eine von sechs Grundschulen des Gemeinsamen Lernens in

Paderborn. Kinder mit und ohne sonderpädagogischen Förderbedarf lernen gemeinsam. Im Rahmen eines inklusiven Settings werden Kinder mit besonderem Unterstützungsbedarf in allen Klassen aufgenommen. Der Einstieg in das Gemeinsame Lernen war durch die Erarbeitung des Lernplaners, der für alle Lehrkräfte ein gemeinsames und stützendes Repertoire für die individuelle Förderung jedes Kindes bietet, gut vorbereitet. Gemeinsames Lernen wird darüber hinaus durch eine abgestimmte Tagesstruktur und gemeinsame Rituale gestützt. In allen Klassen finden sich die gleichen grundlegenden Strukturen und Materialien. Viel Raum nehmen auch fächerübergreifende Projekte ein.

Die Schule ist konsequent auf individuelle Förderung und gemeinsames Lernen ausgerichtet. Das multiprofessionelle Team aus Grundschullehrkräften, Sonderpädagog*innen, Integrationskräften, Fachkräften im Ganztag und die schulbezogene Sozialarbeit nutzt den Lernplaner gemeinsam als roten Faden für die Förderung und die Kommunikation zum Wohle eines jeden Kindes. So kann jedes Kind seine Lernziele erreichen und die Mitarbeiterinnen und Mitarbeiter können die große Aufgabe der Inklusion leisten.

„Wir sind eine inklusive Schule und nehmen jedes Kind so auf, wie es ist! Jedes Kind kann in unserer Schulgemeinschaft leben und lernen und wird so gefördert und gefordert, dass es seine Lernziele erreichen kann!"
(Leitbild der Grundschule Sande 2021)

Die Umsetzung dieses Leitbildes in allen Klassen und von allen Teammitgliedern wird durch die Nutzung und gemeinsame Weiterentwicklung des Lernplaners wesentlich gestützt.

Lernplaner als Leitmedium

Jedes Kind ist anders, lernt anders und muss sich die Welt durch eigene Erfahrungen und eigenes Handeln erschließen. Die kompetenzorientierten Lernpläne ermöglichen den Kindern verschiedene Zugänge zu Lerninhalten der Fächer Mathematik und Deutsch. Die Kinder werden darin bestärkt, für ihr Lernen zunehmend Verantwortung zu übernehmen. Schule wird so gestaltet, dass Regeln, Rituale und Organisationsformen einen verlässlichen Rahmen bieten. Diesen kann jedes Kind mit wachsender Selbstständigkeit individuell gestalten. Der Lernplaner ist der rote Faden für die Lernentwicklung jedes Kindes und schafft Orientierung für Kinder, Eltern und Lehrkräfte.

Der Lernplaner der Grundschule Sande ist ein spiralgebundenes Buch im Format DIN A5, das jedes Jahr für jede Lernstufe (1–4) neu gedruckt wird.

Ein Lernplaner enthält die kompetenzorientierten Lernpläne für die Unterrichtsfächer Deutsch und Mathematik sowie Reflexions- und Lernzielbögen für das Arbeits- und Sozialverhalten und das Lernen in allen Fächern der jeweiligen Lernstufe.

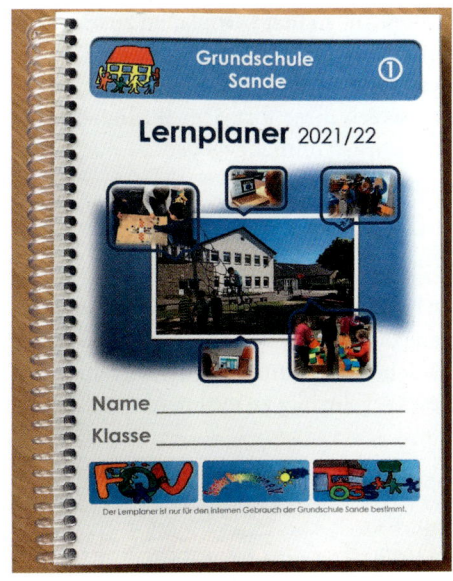

Abb. 1: Lernplaner der Lernstufe 1

Der Lernplaner dient auch als zentrales Kommunikationsmittel zwischen den Lehrkräften und Eltern und beinhaltet dazu wichtige Kontaktinformationen, Dokumentationsseiten für Hausaufgaben und Mitteilungen und Sammelseiten der Kinder, die für alle Lernstufen gleich sind.

Im Rahmen der täglichen Lernzeit arbeiten die Kinder aller Jahrgangsstufen in den Fächern Deutsch und Mathematik in ihrem individuellen Tempo mit den aufeinander aufbauenden Lernplänen. Ein fortlaufendes Anknüpfen an Lernvoraussetzungen ist Unterrichtsprinzip.

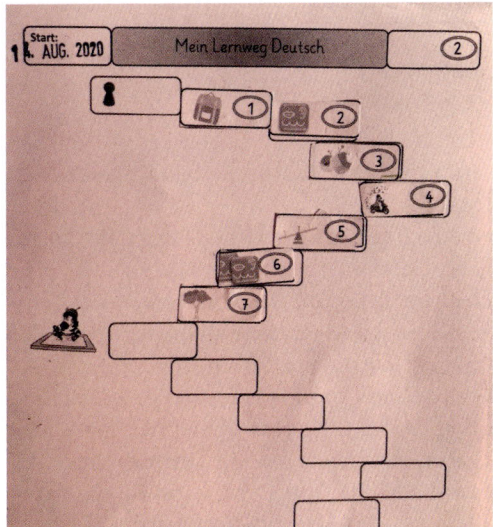

Die Dokumentation des Lernfortschrittes erfolgt unter anderem durch das Aufkleben von Meilensteinen auf der Übersicht „Mein Lernweg". Der individuelle Lernweg eines jeden Kindes ergibt sich sowohl durch den Erwerb unterschiedlicher Kompetenzen und Lernschritte im individuellen Tempo als auch durch die individuelle Auswahl der dazu hilfreichen Aufgaben und

Abb. 2: Teilausgefüllter Lernweg Deutsch, Lernstufe 2

Medien, die in den Lernplänen zusammengestellt und in den Klassenräumen verfügbar sind. Hausaufgaben, die sich aus dem Unterricht ergeben und zu diesem zurückführen sollen, knüpfen an die Lernplanarbeit in der Schule an und setzen diese fort. Der Bezug zum individuellen Lernstand eines jeden Kindes ist so immer gegeben.

Aufbau der Lernpläne

Für jede Lernstufe gibt es pro Fach zwischen 12 und 16 einzelne Lernpläne, die in den Lernplaner fest eingebunden sind. Bei der Entwicklung der Lernpläne der Grundschule Sande wurde stets darauf geachtet, ein möglichst einheitliches und immer wiederkehrendes Format für alle Pläne zu nutzen und dieses regelmäßig zu evaluieren und anzupassen.

Kopfzeile   →

Einstieg in das Thema   →

Verschiedene Spiele, Übungsmaterialien und Aufgaben am Computer oder Tablet   →

Erarbeitungsseiten und Testseite im Arbeitsheft   →

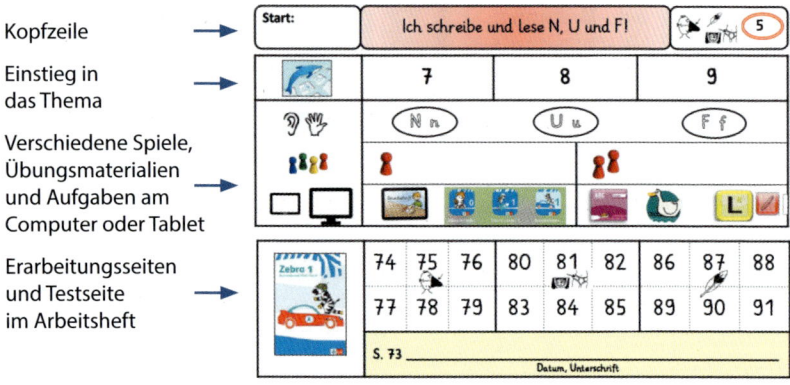

Abb. 3: Lernplan Deutsch, Lernstufe 1, Basisteil

Die Kopfzeile eines Lernplans enthält das Startdatum, den Lerngegenstand und den Meilenstein mit der Lernplannummer sowie der bildlichen Darstellung des Themas.

Der Einstieg ins Thema, der oft auch zur Lernstandserhebung dient, befindet sich immer in der ersten Zeile. Handlungsorientierte Materialien, Spiele und Aufgaben am Computer oder dem Tablet, die der Erschließung des Lerngegenstandes dienen, schließen sich an. In Anlehnung an die Lernpyramide von Green (Green/Green 2005) liegt der unterrichtliche Schwerpunkt auf Partner- oder Gruppenaktivitäten und dem Sprechen über das Gelernte. Dem Wiederholen, Vertiefen und Üben ist die Arbeit im Übungsheft gewidmet, die häufig auch in den Hausaufgaben ihren Platz hat. Die Übungen im Basisteil kehren immer wieder, sodass die Kinder möglichst selbstständig damit umgehen können.

Die Lehrkraft nimmt während der Lernplanarbeit in Anlehnung an Maria Montessori die Rolle des Lernbegleiters ein (Montessori 2001). Während der Lernzeit hat sie Zeit für die direkte individuelle Förderung und für Lerngespräche mit jedem Kind. Die systematische Aufbereitung, Aufbewahrung und Zurverfügungstellung notwendiger Lernmaterialien sind dabei eine vorbereitende Aufgabe der Lehrkraft. Die äußere Ordnung (vorbereitete Umgebung, Regeln für das Zusammenleben) bietet den Kindern eine Orientierung und führt damit zu innerer Ordnung.

Der Basisteil eines Lernplans wird in der Regel durch einen kurzen Selbsttest abgeschlossen. Die Lehrkraft kontrolliert den Selbsttest und plant in einem Lerngespräch mit dem Kind die mögliche Weiterarbeit.

Dazu wird der unter dem Basisteil befindliche Differenzierungsteil genutzt. Die Lehrkraft berät mit dem Kind, welche Aufgaben im Bereich Training (Anforderungsniveau 1/2) oder im Bereich Extra (Anforderungsniveau 2/3) geeignet sind, um die angestrebte Kompetenz zu erreichen oder das Kind besonders herauszufordern. In der Regel werden hier einzelne Aufgaben ausgewählt und für die weitere Bearbeitung markiert. Anstelle der vorgeschlagenen können auch selbst gewählte Aufgaben eingetragen und so der eigene Lernweg noch individueller gestaltet werden (siehe auch: Eller / Grimm 2012).

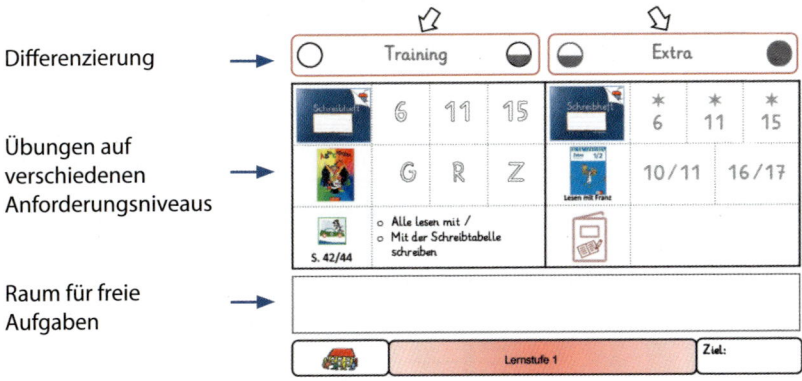

Abb. 4: Lernplan Deutsch, Lernstufe 1, Differenzierungsteil

Die Lernpläne für Deutsch und Mathematik sind analog aufgebaut (s. S. 154).

Die individuelle Arbeit mit den eigenen Lernplänen findet in der Lernzeit statt, in der entweder Deutsch oder Mathematik unterrichtet wird, und ist in einen gemeinsamen Unterrichtsverlauf eingebettet. Die Lernzeit beginnt oder endet stets mit dem ritualisierten Morgenkreis. In diesem wird die Lernplanarbeit geplant und reflektiert. Die Vertiefung und Anwendung aktueller Lern-

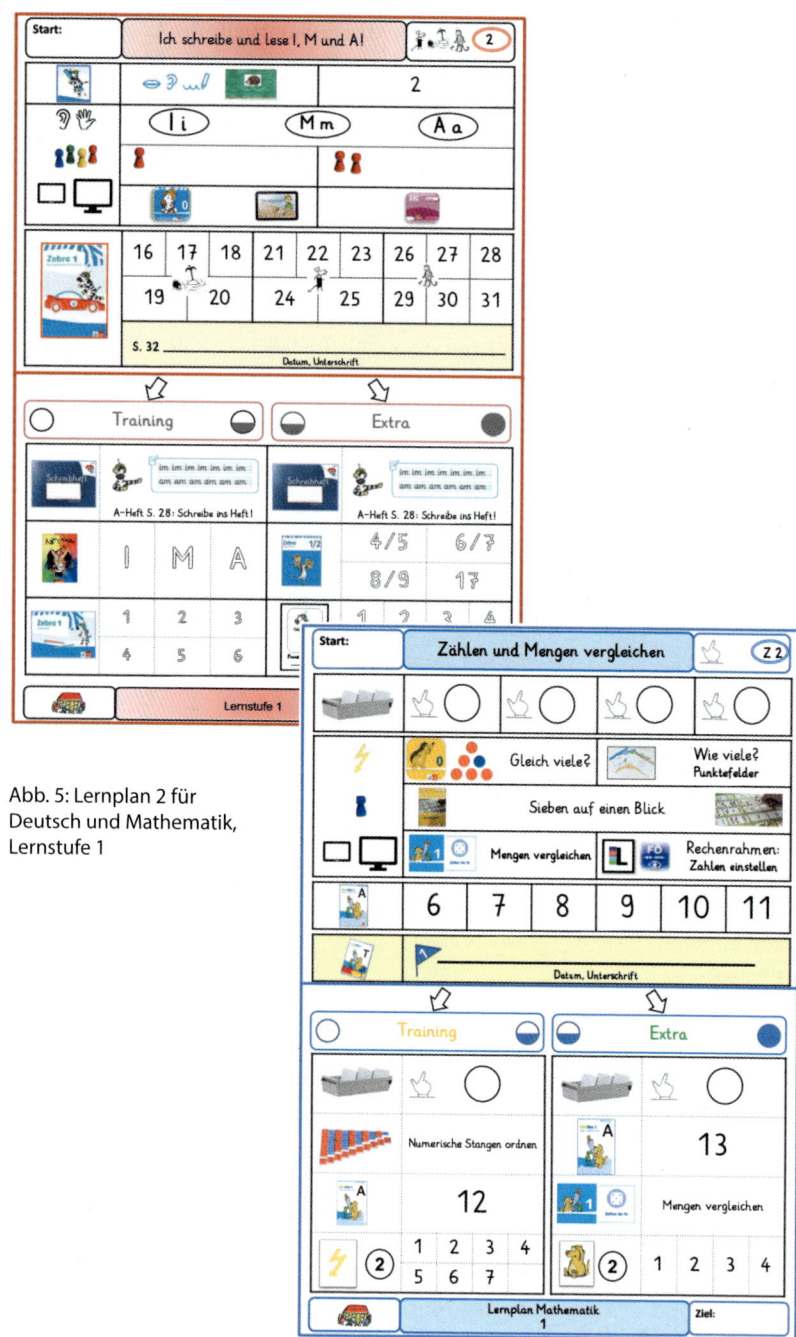

Abb. 5: Lernplan 2 für
Deutsch und Mathematik,
Lernstufe 1

154

inhalte wird dabei ebenso ermöglicht wie die Vorstellung und Würdigung von Arbeitsergebnissen. Hier sind regelmäßig auch gemeinsame mathematische bzw. sprachliche Erarbeitungen oder Übungen verankert.

Abb. 6: Tagestransparenzkarten für mögliche Phasen der Lernzeit Deutsch

Medieneinsatz und Digitalisierung

Die Grundschule Sande ist eine medienorientierte Schule, die als Paderborner Schule in Tradition der Firma Nixdorf eine besondere Beziehung zum Einsatz von Computern und zur Digitalisierung pflegt.

Abb. 7: Logo der Lernstatt Paderborn

Die Lernstatt Paderborn ist seit 2005 im Austausch mit den Schulen kontinuierlich erneuert, angepasst und erweitert worden. So wurde die digitale Kommunikation zwischen Schülern und Lehrkraft sowie Schule und Elternhaus zunehmend etabliert. Die Kinder erhalten und versenden regelmäßig Post über ihr eigenes E-Mail-Konto.

Die Nutzung der Schulcloud, die über Gruppenablagen für Lehrkräfte, aber auch für jede Klasse verfügt, wird angeleitet und kann in den weiterführenden Schulen mit derselben Benutzerkennung fortgesetzt werden. Benutzername und Kennwort für die Lernstatt-Computer und das E-Mail-Programm sowie die Zugangsdaten für die ausgewählte Lernsoftware, Onlineportale und Apps haben ihren Platz auf der ersten Seite des Lernplaners und werden zu Beginn eines Schuljahres eingetragen. So sind sie zu Hause und in der Schule immer zur Hand!

Basis der Mediennutzung und der Ausbildung von Medienkompetenz im 21. Jahrhundert ist aber ein weiter Medienbegriff, der im Schulprogramm der Grundschule Sande verankert ist:

„Medien dienen zur Verbreitung von Informationen und sind im 21. Jahrhundert sehr vielfältig geworden. Auch wenn sich die Medienwelt rasant entwickelt, ist eines der wichtigsten Medien immer noch das Buch. (…)

Die örtliche Tageszeitung liegt am Lesepunkt täglich aus. Der 4. Jahrgang nimmt regelmäßig am vierwöchigen Zeitungsprojekt der NW teil. (…)

Mit Lern-Apps lernen die Kinder und merken, dass Lernen Spaß macht. In den Klassen werden zeitweise Hörspiele zu bekannten Kinderromanen gehört. Mit Hilfe von iPad und Tablet können die Kinder auch selbst kleine Sequenzen von geliebten Büchern als Lesungen gestalten und archivieren. Mit Tablets können die Schülerinnen und Schüler auch eigene Fotos und kleine Filme aufnehmen. Die Lehrkräfte nutzen ihr iPad auch für die Präsentation von Unterrichtsinhalten am Whiteboard. (…)

In jedem Klassenraum und in den Rückzugsräumen stehen Computer, die von allen genutzt werden können. In der ‚Lernstatt Paderborn' haben alle Kinder und Lehrkräfte Zugang zu Lernplattformen, Lernprogrammen, Office-Paketen und zum Internet. Jede Schülerin, jeder Schüler und jede Lehrkraft in Paderborn haben eine E-Mail-Adresse über die ‚Lernstatt'."

(Schulprogramm der Grundschule Sande 2019/20)

Die Nutzung der unterschiedlichen Medien wird mithilfe der Lernpläne im Unterricht verankert. Geeignete Kinderbücher sind gezielt in die Lernpläne eingebunden und werden zusätzlich in fächerbezogenen oder fächerübergreifenden Projekten genutzt.

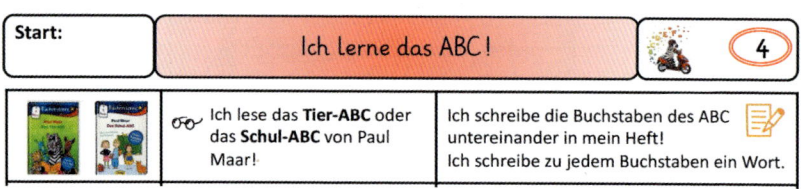

Abb. 8: Auszug Lernplan D 4, Lernstufe 2

Die ausgewählten Kinderbücher regen zusätzlich zu den Texten des Lesebuches zur Bearbeitung des passenden Antolin-Quiz sowie der Dokumentation im Lesetagebuch an. Alle Bücher sind über die Schülerbücherei ausleihbar oder werden von Klasse zu Klasse weitergegeben. Der schulische Förderver-

Abb. 9: Auszug aus Lernplan D 9, Lernstufe 2

ein unterstützt regelmäßig die Anschaffung dieser grundlegenden Medien.

Mit der verstärkten Verbreitung von Tablets und deren Nutzung im Unterricht der Grundschule Sande hat der Medienbegriff sich noch einmal verändert und entwickelt. Audio-visuelle Zugänge zu Informationen und damit zu Lerninhalten haben in einer neuen Dimension Einzug in das Leben der Menschen und damit auch der Grundschulkinder gehalten.

Der Einsatz neuer Medien im Unterricht wurde an der Grundschule Sande durch die Teilnahme am Tabletprojekt „Lernstatt macht mobil" besonders intensiv vorangetrieben. In diesem Rahmen wurden der Einsatz von Tablets im Unterricht intensiv erprobt sowie sinnvolle Nutzungsmöglichkeiten ermittelt. Diese wurden nach Abschluss des Projektes in die Lernpläne Deutsch und Mathematik integriert.

Einzelne Schülertablets werden seitdem erfolgreich während der Lernzeiten im Vor- und Nachmittag eingesetzt.

Abb. 10: Verweise auf einen Erklärfilm, passende Aufgaben in der Zebra-App und in drei Computerprogrammen

Im Rahmen des „DigitalPakts Schule" der Bundesregierung wurden im Schuljahr 2020/21 zusätzlich jeder Klasse fünf zentral gewartete iPads zur Verfügung gestellt, die im Bedarfsfall auch als Klassensatz für den Einsatz in Projekten genutzt werden können. Grundlage für den Einsatz dieser Tablets sind wiederum die Lernpläne. Hier sind Aufgaben mit Tablet und Computer verankert und sinnvoll in das jeweilige Thema eingebunden.

In allen Lernplänen finden sich inzwischen Verweise auf geeignete Erklärfilme, passende Apps und Lernsoftware, Suchmaschinen und Onlineportale für Kinder sowie Anregungen zum Schreiben, Lesen und Gestalten von Texten am Computer und mit dem Tablet.

Erleichtert wird die Arbeit an der Grundschule Sande dadurch, dass der Schulträger bereits 2017 iPads als dienstliche Endgeräte für alle Lehrkräfte, Whiteboards, interaktive Beamer und Apple TV für alle Klassenräume angeschafft und eingerichtet hat.

Die sich daraus ergebenden Präsentationsmöglichkeiten haben die Verzahnung von individuellem und gemeinsamem Lernen noch einmal deutlich befördert:

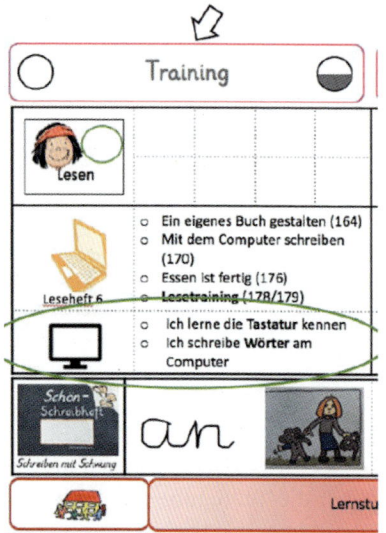

Abb. 11: Anregungen zum Schreiben am Computer (und im Heft) Lernplan D 12, Lernstufe 2

- individuelle Ergebnisse werden allen gezeigt,
- Aufgaben aus den Lernplänen können gemeinsam besprochen werden,
- Erklärvideos werden angeschaut und auch erstellt,
- Lernapps und Spiele können im Klassenverband gespielt werden,
- Kinder präsentieren mithilfe von Fotos aus dem Unterricht ihre gefundenen Lösungen und vertiefen so ihr Wissen,
- …

Täglich werden neue Anwendungsmöglichkeiten entdeckt und im Einsatz der iPads im Unterricht produktiv genutzt. Durch die neuen Präsentationsmöglichkeiten gelingen z. B. auch Schriftgespräche über „mit Schwung" im Schreibheft geschriebene Verbindungen besonders gut (Bartnitzky / Hecker 2016).

Der Lernplaner im Präsenz- und Distanzunterricht

Aus dem (Präsenz-)Unterricht der Grundschule Sande ist der Lernplaner nicht mehr wegzudenken. Durch die Corona-Pandemie ergab sich ungewollt das Distanzlernen als weiteres Einsatzgebiet.

Der Lernplaner mit allen für eine Lernstufe wichtigen Lerninhalten in den Kernfächern Deutsch und Mathematik wurde während des Distanzunterrichts als roter Faden für das Lernen zu Hause genutzt. Zu Beginn des Schuljahres 2020/21 wurden Kinder und Eltern gezielt in die Nutzung der Lernpläne und der digitalen Werkzeuge für den Distanzunterricht eingeführt.

In der Zeit des zweiten Lockdowns hat der Lernplaner zielgerichtet Anleitung und Anregungen für die (Weiter-)Arbeit zu Hause geboten. Ergänzend wurden in dieser Zeit und auch im nachfolgenden Wechselunterricht mit der App „Padlet" für die Kinder einer Klasse digitale Pinnwände erstellt, in die Erklärungen und Materialien zu den Lernplänen eingestellt und Anregungen für alle Fächer, in denen ansonsten nicht kontinuierlich mit Lernplänen gearbeitet wird, verfügbar gemacht werden konnten.

Die Phasen des Lernens auf Distanz haben eine selbstverständliche Nutzung digitaler Medien vorangetrieben. Die Kommunikation per E-Mail und in Videokonferenzen musste phasenweise den gemeinsamen Unterricht ersetzen, konnte aber immer auch auf die durch die Lernplanarbeit fortgesetzten individuellen Lernwege Bezug nehmen.

Weiterentwicklung der Lernpläne

Die Einbindung geeigneter Aufgaben und Anlässe zur Entwicklung von Medienkompetenz ist auch weiterhin ein Entwicklungsziel bei der regelmäßigen Überarbeitung der Lernpläne in den Teams.

Zunehmend wird die Lernplanstruktur auch für das fächerübergreifende Lernen in Projekten übernommen. In Anlehnung an Differenzierungsmatrizen nach Ada Sasse (Sasse 2014) werden Zugänge auf unterschiedlichem Anforderungsniveau eingepflegt, sodass zieldifferent geförderte Kinder dabei ebenso berücksichtigt werden können wie Kinder mit besonderen Begabungen.

Insbesondere für Kinder mit sonderpädagogischem Förderbedarf wurden im Rahmen eines Inklusionsprojektes zusätzliche Lernpläne zur Förderung der Basiskompetenzen in unterschiedlichen Wahrnehmungsbereichen erstellt.

Diese werden bei Bedarf in den Lernplaner geklebt. Passgenau zu jedem Lernplan wurden Förderboxen erstellt. Diese werden zentral aufbewahrt und können dorthin geholt werden, wo sie gebraucht werden.

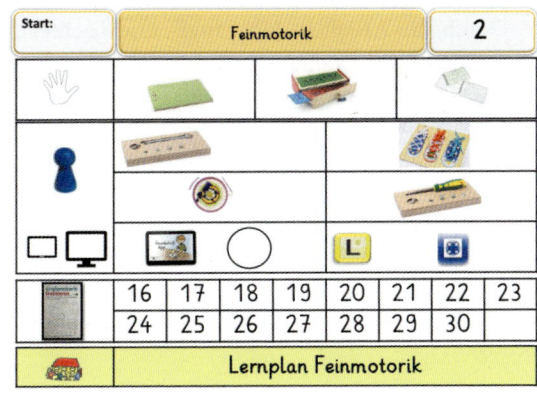

Abb. 12: Lernplan zur Förderung der Feinmotorik

Durch den immer gleichen Aufbau und die klare Struktur ermöglichen diese Lernpläne unter Federführung der Sonderpädagog*innen eine erfolgreiche Begleitung aller Kinder auch durch Lehrkräfte, Integrationskräfte sowie die Fachkräfte der Offenen Ganztagsschule.

Start:	Schulanfängeraufgaben zum Bilderbuch „Frosch im Glück"	
	o Ich schaue mir die Bilder an. o Ich lasse mir die Geschichte vorlesen. o Ich lege die Bilder in die richtige Reihenfolge. o Ich erzähle / spiele die Geschichte nach.	
🧑‍🤝‍🧑	🎴 Memory	🎲 Würfelspiel
💻	https://www.youtube.com/watch?v=gOdabMGCGsM	
	1 2 3 4 5 6	
	7 8 9 10 11 12	

Abb. 13: Lernübersicht zum Schulanfängerprojekt

Auch für die Aktionen im Rahmen der Übergangsgestaltung von der Kita in die Grundschule im Kinderbildungshaus Sande werden Lernpläne eingesetzt. Diese erarbeiten Lehrkräfte und Erzieher gemeinsam. Durch handelndes Miteinander lernen die Vorschulkinder neben den fachlichen Inhalten auch einander besser kennen. Bereits vor Schulbeginn erhalten sie außerdem einen Einblick in die Gestaltung von Lernzeiten und lernen erste Lernpläne kennen.

Fazit

Die Grundschule Sande hat sich den großen Herausforderungen der schulischen Inklusion und der Digitalisierung gestellt. Die vielseitige Nutzung unterschiedlicher Medien und der dazu nötige Kompetenzerwerb sind maßgeblich für ein erfolgreiches Lernen und Leben aller Schülerinnen und Schüler.

Durch die Arbeit in Jahrgangs- und Fachteams sowie die Entwicklung und regelmäßige Evaluation des Lernplaners können die Lehrkräfte auf einer verbindlichen Basis Unterricht gemeinsam statt allein und langfristig statt von heute auf morgen planen. Eingesparte Arbeitszeit wird in die Planung gezielter individueller Fördermaßnahmen, die kontinuierliche Verbesserung bestehender Lernangebote, die durchdachte Aufbereitung neuer Themen und die Umsetzung des Medienkompetenzrahmens NRW investiert.

Die vom Schulträger im Rahmen der Lernstatt Paderborn zur Verfügung gestellte Infrastruktur und personelle Unterstützung bietet hierzu einen verlässlichen Rahmen. So können Inklusion und schulische Digitalisierung gelingen.

Literatur

Bartnitzky, H. / Hecker, U. (Hrsg.) (2016): Grundschrift. Kinder entwickeln ihre Hand-schrift. Beiträge zur Reform der Grundschule Band 142. Frankfurt am Main: Grundschulverband e.V.

Eller, U. / Grimm, W. (2012): Individuelle Lernpläne für Kinder. Grundlagen, Ideen und Verfahren für die Grundschule Weinheim: Beltz Verlag, 2. Auflage.

Green, N. / Green, K. (2005): Kooperatives Lernen. Im Klassenraum und im Kollegium. Seelze, Velber: Kallmeyer bei Friedrich.

Grundschule Sande (Hrsg.) (2019): Schulprogramm der Grundschule Sande 2019/20. Paderborn: Grundschule Sande. https://visitor.paderborn.de/microsite/gssande/service/950-schulprogramm.php, aufgerufen am 29.09.2021.

Grunefeld, M. / Schmolke, S. (2011): Individuelles Lernen mit System. Ein praxiserprobtes Jahreskonzept für alle Grundschulklassen. Mülheim an der Ruhr: Verlag an der Ruhr.

Montessori, M. (2001): Kinder lernen schöpferisch. Die Grundgedanken für den Erzie-hungsalltag mit Kleinkindern. Herausgegeben und erläutert von Ingeborg Becker-Textor. 9. Aufl. Freiburg Breisgau: Herder (Herder-Spektrum, 4262).

Sasse, A. (unter Mitarbeit von Sabrina Lada) (2014): Unterrichtsvorbereitung und Leistungseinschätzung im Gemeinsamen Unterricht. In: Peters, S. / Widmer-Rockstroh, U. (Hrsg.): Gemeinsam unterwegs zur inklusiven Schule. Beiträge zur Reform der Grundschule Band 138. Frankfurt am Main: Grundschulverband e.V., 118–137.

Weiterführende Links

www.paderborn.de/bildung-universitaet/lernstatt/index.php
www.paderborn.de/microsite/kindundko/Uebergangsgestaltung_Kita-Grundschule/
kinderbildungshaus-sande.php
www.paderborn.de/microsite/gssande
https://deutsches-schulportal.de/unterricht/app-tipp-padlet-die-digitale-pinnwand-fuer-den-unterricht/

Webseite der Schule

www.gs-sande.de

Andrea Keyser

Grundschule Steinbergkirche, Steinbergkirche (Schleswig-Holstein)

Schule plus Kultur ist nicht gleich Schulkultur, auch nicht in der Grundschule Steinbergkirche

Diese Ungleichung ist so banal wie selbstverständlich. So gilt auch für die Grundschule Steinbergkirche, die ich seit siebzehn Jahren leite, dass sich eine auf das eigene Profil abgestimmte Schulkultur entwickelt hat und noch immer im Prozess ist. Personen, Unterricht und Organisation bilden interagierende Handlungsfelder.

Unser Schulprogramm weist Arbeitsfelder aus, die jährlich evaluiert werden.

Manches hat sich etabliert, immer wieder kommt Neues in den Arbeitsspeicher, wie zum Beispiel aktuell die Entstehung der Konzepte Offener Ganztag und Digitale Bildung.

Einige Besonderheiten unseres Profils stelle ich im Folgenden dar. Ich bewerte sie als wichtige schulkulturelle Errungenschaften eines jahrelangen Prozesses unserer Grundschule.

Unser Schulmotto: Es ist normal, verschieden zu sein – eine kulturelle Selbstverständlichkeit im Jahr 2021

Unterricht und Schulleben sind in der Grundschule Steinbergkirche geprägt von Differenzierung. Die Öffnung von Unterricht für eigenverantwortliches Lernen der Schüler*innen gehört zu den selbstverständlichen Unterrichtsprinzipien. Teamteaching findet in verschiedenen Konstellationen prinzipiell statt. Dazu gehört die gemeinsame Vorbereitung von Unterricht und das gemeinsame Nachdenken über die Lernschritte von Kindern sowie deren Bewertung. Handlungsorientierung und das Planen von Vorhaben sind Leitlinien für die Unterrichtsgestaltung. Räume zum Wohlfühlen sind eingerichtet worden, Materialien zum Lernen und Begreifen stehen zur Verfügung.

Nach über 30 Jahren Praxiserfahrung als Grundschullehrerin und Schulleiterin sowie Moderatorin für inklusive Schulentwicklungsprozesse hat sich meine Überzeugung gefestigt, dass es auf die Haltung, die grundsätzliche Einstellung zur Arbeit mit Schüler*innen ankommt. Für das Anerkennen der Heterogenität von Schulklassen benötigt man nicht unbedingt Kinder mit unterschiedlichen Förderbedarfen, aber es hilft, das eigene pädagogische Handeln immer wieder zu hinterfragen, anzupassen und zu schärfen.

Jedes Kind bringt durch seine Persönlichkeit einen Mosaikstein mit, der das Gesamtbild einer Lerngruppe ausmacht.

Das gilt auch für das Team der Pädagog*innen. Das Stärkenprofil der Einzelperson zu erfassen und darauf bezogen den Unterricht und das Schulleben zu gestalten, ist ein Kernauftrag von Schulleitung.

Es ist bedeutsam, Kolleg*innen, Eltern und Kinder darin zu bestärken, dass es unverzichtbar ist, zu wissen und anzuerkennen, dass jeder anders sein darf.

Es ist notwendig, sich gegenseitig zu akzeptieren, Lernwege zu finden, die individuell passen, und Lösungen zu finden, wenn Probleme erkennbar sind. Dabei ist die Diagnostik gelegentlich nützlich, aber häufig auch nicht. Die Kategorisierung und formale Anerkennung von Förderschwerpunkten sehe ich nur als sinnvoll an, solange daran gemessen Stundenzuweisungen erfolgen. Gäbe es reichlich Ressourcen für die Gesamtausstattung von Unterricht für alle, könnte auf die formale Anerkennung eines Förderschwerpunktes komplett verzichtet werden.

In der Schulentwicklung hin zu einer inklusiven Schule gibt es ein nützliches Werkzeug, den Index für Inklusion, den Andreas Hinz und Ines Boban in die deutsche Sprache übersetzt haben. Mithilfe von Indexfragen kann eine Schule checken, wo sich Barrieren befinden.

Und da Inklusion sich nicht allein auf das Abbauen von Barrieren für Menschen mit Behinderungen bezieht, empfehle ich sehr, sich mit diesen Indexfragen zu befassen (Booth / Ainscow 2017).

In meiner Arbeit als Moderatorin für inklusive Schulentwicklungsprozesse habe ich erlebt, wie gewinnbringend und augenöffnend diese Fragestellungen sein können. Mit diesen Vorerfahrungen gelang es mir, die Grundschule Steinbergkirche mit einem Team engagierter Menschen verschiedener pädagogischer Professionen und wechselnder, immer kritisch kooperativer Eltern zu einer Schule der akzeptierten Vielfalt zu entwickeln.

Über unsere Rahmenbedingungen

Die Grundschule Steinbergkirche ist eine ländliche Grundschule im Norden von Schleswig-Holstein, organisiert in zwei jahrgangsübergreifende Klassen 1 und 2 und zwei jahrgangsgebundene Klassen 3 und 4. Auch die Jahrgänge 3 und 4 werden stundenweise jahrgangsübergreifend unterrichtet.

Einundsiebzig Kinder und sieben Lehrkräfte gestalten das Schulleben nach dem in der Pausenhalle hängenden Leitsatz: Es ist normal, verschieden zu sein. Das Lehrer*innenteam wird ergänzt durch zwei Schulbegleiterinnen, eine stundenweise tätige Sozialarbeiterin, eine Schulassistentin, Lesepat*innen sowie eine Gesundheitsförderin des Projektes Klasse 2000. Somit ist mittlerweile ein tatsächlich multiprofessionelles Team im Einsatz, um das Lernen zum Wohl aller Kinder zu begleiten und zu unterstützen.

Der Auftrag, wertschätzend mit der Heterogenität der an der Schule arbeitenden Menschen umzugehen, wird nicht nur auf die Kinder bezogen, sondern gilt für alle am Schulbetrieb beteiligten Personen inklusive Sekretärin, Hausmeister und Reinigungsfrauen.

Die Mitgestaltungsmöglichkeit der Eltern an entscheidenden Themen des Schullebens, wie zum Beispiel die Notenfreiheit, ist über Elternbeiräte organisiert und wird in sehr guter Kooperation gelebt. Gegenüber allen Eltern gilt es, eine respektvolle Haltung bei der Kenntnis der Verschiedenheit der Familienkonstellationen zu zeigen und auch für diese Personengruppe die Vielfalt als Bereicherung anzunehmen.

Im Anschluss an eine verlässliche, rhythmisierte Vormittagsschulzeit von 4 bzw. 5 Stunden Unterricht gibt es die Möglichkeit, ein warmes Mittagessen einzunehmen und eine Nachmittagsbetreuung zu besuchen.

Für den Unterricht und die Lernzeit stehen Klassenräume und Fachräume zur Verfügung. Alle Räume, Lernnischen, die Pausenhalle und Lernwerkstätten werden für geöffnete Lernformen genutzt. Sporthalle und Sportplatz liegen auf dem Schulgelände. Ein Schulwaldgelände mit Teich befindet sich gegenüber der Schule. Die Schwimmhalle der Nachbarschule wird mitgenutzt.

Auf unserem großen Schulhof gibt es ausgedehnte Grünflächen und einen geteerten Bereich zum Ballspielen und für Kinder-Fahrzeuge. Mit einem Blockhaus und vielen Spielgeräten sowie Angeboten in der Pausenhalle bieten wir vielfältige Pausenaktivitäten.

Wir sind Ausbildungsschule mit qualifizierten Ausbildungslehrkräften. Somit haben wir regelmäßig Praktikant*innen in unserer Schule.

Unterrichtsziele und -prinzipien

Die Unterrichtsziele und -inhalte sind an den Fachanforderungen Schleswig-Holsteins und den bundesweit gültigen Bildungsstandards orientiert. Wir nutzen zum Gestalten des Unterrichts jede für uns tragbare Variante, die Lernwege individuell zu gestalten und uns an den leistbaren persönlichen Entwicklungsmöglichkeiten der Kinder zu orientieren, um ihre Kompetenzen zu erweitern. Das gilt für sogenannte Regelschulkinder ebenso wie für Kinder mit sonderpädagogischem Förderbedarf. Als Instrumente setzen wir auch Lern- und Förderpläne ein, die mit Eltern und Fachberatung erstellt werden.

Die Lernarrangements und das Material in den verschiedenen Fächern sind weitgehend darauf ausgerichtet, die Eigenaktivität der Schüler*innen und deren Übernahme von Verantwortung für den eigenen Lernprozess zu fördern. Die Lehrkräfte befinden sich auf dem Weg, verstärkt zu Lernbegleiter*innen zu werden und ihre Rolle entsprechend der Vielfalt der Anforderungen neu zu definieren. Vermitteln von Unterrichtsinhalten mittels Erklärungen, Übungsphasen und Reflexion von Ergebnissen sind nach wie vor klassische Lehrtätigkeiten. Hinzu kommt die Aufgabe, die unterschiedlichen Tempi und den Umfang der Lernergebnisse sowie das Niveau innerhalb einer Lerngruppe aufzunehmen und zu strukturieren. Gerade bei geöffnetem Unterricht und in Freiarbeitsphasen gilt es, genau herauszufinden, wann es einer Einmischung in das Vorhaben des einzelnen Kindes bedarf. Das bedeutet immer wieder, mit den Kindern gemeinsam abzuwägen, was nun für ihr Lernen gerade bedeutsam ist.

Lerngespräche sind ein wichtiges Mittel zur gemeinsamen Reflexion, Leistungsnachweise und Zeugnisse werden notenfrei, aber kompetenzorientiert bewertet.

Die Selbstkompetenz über den Weg der Individualisierung zu stärken ist eine Säule im Schulleben unserer Schule.

Gemeinsame Klassenvorhaben und Schulaktionen gehören zur Stärkung der Sozialkompetenz und bilden die Ergänzung zur Individualisierung und sind eine weitere Säule. Räume für die Beteiligung der Kinder am Schulleben gibt es im Kinderrat, den Friedensstiftern, der Umwelt-AG, Kinderpausendiensten und der Spielzeugausleihe.

Die didaktischen Grundsätze des Unterrichts beruhen auf aktuellen Erkenntnissen der Lerntheorien und wissenschaftlichen Ergebnissen, die durch Fortbildungen kontinuierlich erweitert werden.

Lernmaterial wird weitgehend nach dem Kriterium der Selbsterklärung ausgesucht und muss individuell fordernd und fördernd für das jeweilige Kind sein.

Der Anspruch an Barrierefreiheit gilt nicht nur für Räume, sondern auch für Lernmittel und den Gebrauch der persönlichen Schrift sowie der Akzeptanz der Sprache und des Sprechens, der äußeren persönlichen Eigenarten sowie der Genderzugehörigkeit.

Auf dem Weg zu einer inklusiven Schule

Wir haben das Anliegen, Kinder und Eltern in ihrer Verschiedenheit anzunehmen und wertzuschätzen. Die Bereicherung im Schulleben haben wir dadurch erleben können, dass wir Kinder mit besonderen Entwicklungsbedürfnissen wie zum Beispiel Kinder mit Förderschwerpunkt körperliche und geistige Entwicklung, Kinder mit Lernschwierigkeiten, nicht deutsch sprechende Kinder, besonders begabte Kinder, Kinder aus Erziehungshilfeeinrichtungen, ADSH-Kinder, autistische Kinder, Kinder mit Tourette-Syndrom, Kinder mit emotionalen Störungen, Kinder mit Diabetes, Kinder mit Epilepsie im gemeinsamen Unterricht mit allen anderen sogenannten Regelkindern zusammen unterrichtet haben. Durch den Umgang mit ihnen haben wir Sicherheit gewonnen, eigene Vorbehalte weitgehend abgebaut und uns immer wieder mit dem Begriff der optimalen Förderung auseinandergesetzt. Immer wieder ist auch die Grenze zu spüren, wenn es nicht umsetzbar ist, insbesondere Kinder mit emotional sozial herausforderndem Verhalten zu

Abb. 1: Zusammen lernen

Lernfortschritten zu begleiten. Wir haben uns der Herausforderung gestellt, obwohl die Rahmenbedingungen gemessen am Personalschlüssel nicht immer zufriedenstellend waren. Die Bedingungen, die wir selber in unserer Schule gestalten können, haben wir zugunsten einer positiven Unterrichts- und Schulatmosphäre für alle verändert. Das hat allen Beteiligten Kraft, Mut und Engagement gekostet. Aber wir haben in die Idee und den Auftrag der Inklusion investiert, um Kinder für eine die Vielfalt wertschätzende Gesellschaft der Zukunft vorzubereiten. Wir sind immer auf dem Weg, den inklusiven Gedanken in unserer Schule mit Leben zu füllen.

Am wichtigsten sind für unsere eigenen Lernfortschritte die verschiedenen Kinder, auf die immer wieder unser differenzierter Blick fallen muss. Es gibt kein Rezept, aber wir werden besser darin, die Unterschiedlichkeit nicht mehr vorrangig als Störung zu sehen, sondern die verschiedenen Persönlichkeiten tatsächlich willkommen zu heißen. Manchmal hören wir Eltern, die sagen, mein Kind möchte ganz normal sein. Aber was ist das, normal zu sein? Individuell akzeptiert und doch gruppentauglich in der Gemeinschaft zu sein, das steckt hinter dem Motto unserer Schule: Es ist normal, verschieden zu sein.

Pädagogische Leistungskultur

Die Zusammensetzung der Grundschulklassen ist auch in Steinbergkirche selbstverständlich sehr heterogen. Da wir unser Profil auf die tatsächlich gelebte Inklusion ausgerichtet haben, muss die Leistungskultur zum Gedeihen der Kinder und auf das Fördern der individuellen Fortschritte ausgerichtet sein.

Die Kinder unterscheiden sich in ihren Potenzialen, ihrer emotionalen, intellektuellen und körperlichen Entwicklung. Folgerichtig schreiben die Grundschulverordnung und die Fachanforderungen einen individualisierenden Unterricht vor, der an die unterschiedlichen Voraussetzungen anknüpft.

Leistungsrückmeldungen und -bewertungen sind wichtig für die Lernentwicklung von Kindern. Es konkurrieren zwei Funktionen von Leistungsbewertungen:

- Die Entwicklungsfunktion zielt auf die bestmögliche Bildungsentwicklung der Kinder.
- Die Steuerungsfunktion zielt auf die innerschulische und nachschulische Auslese der Kinder.

Diese beiden Funktionen sind nicht miteinander vereinbar: Die konkurrenzorientierte Steuerungsfunktion setzt die Entwicklungsfunktion außer Kraft. Daher haben wir an unserer Schule seit zehn Jahren die Möglichkeit genutzt, auf Ziffernnoten zu verzichten.

In Schleswig-Holstein sind Ziffernnoten für die Klassenstufen 3 und 4 nicht vorgeschrieben; über den Verzicht auf Noten entscheidet die Schulkonferenz. In der Eingangsphase sind sie grundsätzlich nicht zu verwenden.

Eine Vielzahl empirischer Studien belegt, dass Noten weder objektiv noch valide, verlässlich oder fair sind (vgl. das Notengutachten des Grundschulverbands 2005, Brügelmann 2014).

Ein individualisierender Unterricht erfordert zwingend Leistungsrückmeldungen und Zeugnisse, die sich an den individuellen Leistungen der Kinder orientieren.

Pädagogisch hat die Entwicklungsfunktion Vorrang und ist im Unterricht durchgängig relevant. Regelmäßige, unterrichtsbegleitende Reflexions- und Beratungsgespräche mit Kindern sichern bei ihnen die Kenntnisnahme einer individuellen Lern- und Leistungsentwicklung. Eltern werden über transparente, an Kompetenzen orientierte Beurteilungen (z. B. in Rasterform) oder in Gesprächen über den jeweiligen Leistungsstand ihres Kindes informiert. Hervorheben möchte ich die Bedeutsamkeit der Partizipation der Kinder bei der eigenen Einschätzung ihres Leistungsvermögens. Selbst- und Fremdeinschätzung können Kinder über geeignete Rückmeldeverfahren wie zum Beispiel das Legen von Steinchen oder Glasperlen und anderen Formen der Visualisierung sehr gut leisten. Auch sprachlich erleben wir sie in der Lage, sich zu ihren Erwartungen des eigenen Leistungsvermögens zu äußern.

Durch diese Form der Lernbegleitung haben Lehrkräfte eine breite und detaillierte Basis für die professionelle Beratung der Eltern, auch beim Übergang in die weiterführenden Schulen. Die weiterführenden Schulen können den Zeugnissen wertvolle Informationen über das einzelne Kind entnehmen.

Eine Leistungskultur, die sich am Kind ausrichtet, überwindet die Barrieren von Druck und Angst. Häufig kommen in unserer Schule Kinder zu den Lehrkräften und wollen Lernzielkontrollen machen, weil sie bereit dazu sind. Das bedeutet, dass die herkömmliche Form von gemeinsam zur selben Zeit geschriebenen Klassenarbeiten dadurch ergänzt wird, dass Kinder den Zeitpunkt ihrer Prüfungsbereitschaft mitbestimmen können. Die persönliche Leistung oder die der Gruppe zu zeigen ist aufregend und spannend und macht glücklich, da Misserfolge so gut wie ausgeschlossen sind.

Kinder, Lehrer*innen und Eltern haben diese Form der Leistungskultur schätzen gelernt.

Übersicht weiterer schulkultureller Profil-Bausteine

Lernkultur: Differenzierte Aufgaben, die den persönlichen Lernfortschritten und Leistungsmöglichkeiten des einzelnen Kindes gerecht werden, sind kein Widerspruch zum Erreichen der allgemeinen Bildungsstandards. Die Bildungschronik jedes Menschen ist individuell im Rahmen der systemischen Möglichkeiten.

Kinder im Grundschulalter haben eine natürliche Neugier und Lernbereitschaft, die so lange wie möglich über Motivation und Lernfreude erhalten werden sollte. Kinder, die aufgrund sozialer und emotionaler Handicaps Erschwernisse erleben und ertragen müssen, benötigen besondere Achtsamkeit bei der Gestaltung und Förderung ihrer Lernmöglichkeiten. In unserer Schule sind wir am Pilotprojekt Schulbegleitung beteiligt. Es gibt Unterstützung durch einen Personenpool mit erzieherischer Ausbildung, sodass einer Gruppe von Kindern mit herausforderndem Verhalten bei der Arbeitsorganisation, Konzentration und Bearbeitung von Aufgaben geholfen werden kann. Die Einbindung von sonderpädagogischer Fachexpertise ist selbstverständlich. Die persönlichen Bedarfe einzelner Kinder müssen Berücksichtigung finden, dürfen aber nicht ständig zur Last beim gemeinsamen Unterricht werden. Sogenannte Unterrichtsstörungen durch Kinder mit oppositionellem Verhalten sind Energie raubend sowohl für Lehrende als auch für Lernende. Dennoch gehören sie zum Schulalltag und müssen für alle Beteiligten ertragbar gemacht werden.

Barrierefreies Lernen bedeutet für uns auch, sich den besonderen Begabungen der Kinder zuzuwenden, diese wahrzunehmen und zu stärken. Dafür sind gute Lernräume, vielfältige Medien und zeitliche Strukturen nötig. In unserer Schule gibt es viele gut eingerichtete Räume, die eine angenehme Lernatmosphäre erzeugen. Wir stören die Arbeits- und Lernprozesse nicht durch Klingelzeichen, haben aber selbstverständlich den nötigen zeitlichen und rhythmisierenden Rahmen eines Stundenplans am Vormittag mit Frühstückspause, Bewegungspause und warmem Mittagessen.

Zum Schulbeginn starten wir mit einem offenen Anfang von 30 Minuten, in dem das Ankommen über Spielen, Bewegen, Reden und Sich-auf-

Abb. 2: Wir lesen

den-Vormittag-Vorbereiten möglich ist. Viele Kinder nennen den Offenen Anfang Pause. Danach sind wir eine Schule, die das Lernen mit Pause beginnt. Betrachtet man, dass der Tag eines Kindes schon sehr früh startet, lange Schulwege die Regel sind, werden wir hier einem menschlichen Bedürfnis nach Erholung gerecht und ermöglichen einen Schulstart mit Spaß und Entspannung.

Der sogenannte dritte Pädagoge ist nach Reinhard Kahl der Raum. Zusätzlich zu einer förderlich gestalteten Lernumgebung werte ich unseren Umgang mit den zeitlichen Strukturen als entspannende Maßnahmen für eine gute Lernkultur. Gemeinsam gültige Schulregeln bestehend aus vier Wörtern – leise/langsam/friedlich/freundlich – und ein abgestimmtes Classroom Management sowie ein operationalisiertes Erziehungskonzept bereiten den Boden für weitgehend stressfreies Lernen.

Die aktuell überarbeiteten Fachanforderungen des Lehrplanes für Grundschulen in Schleswig-Holstein lassen neben verpflichtenden Inhalten auch methodisch, didaktische Freiheiten. Daher wählen wir in unserer Schule dazu passende Lehrwerke, die das Arbeiten mit Wochenplänen und individualisiertem Lerntempo und -umfang ermöglichen. Der Einsatz digitaler Medien befindet sich in einem fortlaufenden Prozess. In diesem Bereich ist das Kollegium intensiv in Fortbildungen eingebunden.

Im Anfangsunterricht Deutsch ist es bedeutungsvoll, den Leselernprozess und das Schreibenlernen didaktisch gekonnt zu fördern. In unserer Schule haben wir die Erkenntnisse der Autor*innen Erika Brinkmann, Beate Leßmann und Ulrich Hecker mit einbezogen (Brinkmann 2015). Eine den Kindern entsprechende Schreib- und Schriftkultur ist ein besonderes Thema, das den Rahmen dieses Beitrages sprengen würde. Es ist mir dennoch wichtig, auf das Freie Schreiben über Anlauttabellen und Schreibbücher, die sukzessive

Entwicklung der Rechtschreibkompetenz mithilfe von Rechtschreibgesprächen sowie das Entwickeln einer formklaren, lesbaren, geläufigen Handschrift hinzuweisen.

Kulturelle Basisfähigkeiten beim Rechnen, Lesen und Schreiben müssen Kindern aller Begabungsgrade zugängig sein. Die weitgehend barrierefreie Schrift ist eine Handschrift, die der Grundschrift des im Grundschulverband entwickelten Konzeptes entspricht. Auch Tafelanschriften müssen für alle Kinder lesbar sein. Die sogenannten Ausgangsschriften der klassischen Art sind dafür wahrlich nicht geeignet, da sie kalligrafische Fertigkeiten erfordern, die unnötig und nicht für alle Menschen erreichbar sind (ebd.).

Forschendes Lernen herausfordern, gestalterische und musikalische Kreativität ermöglichen, Freude an Bewegung zeigen, Nachdenken und Philosophieren in Mathematik, Sachunterricht und Religion berücksichtigen, digitale Medien und Bücher in einer Lounge benutzen sind weitere Merkmale einer in unserer Schule erlebbaren Lernkultur.

Kommunikationskultur: Das Miteinandersprechen von Kindern und aller Menschen des multiprofessionellen Teams, kollegialer Austausch in Beratungssituationen und Fachexpertisen sowie Eltern-Kind-Lehrer*in-Gespräche sind Säulen für Verständnis, Transparenz und ein gelingendes Schulleben der Schulgemeinschaft.

Kinderversammlungen, in denen unter anderem der Kinderrat seine Anliegen vorbringt, lassen Partizipation der Schüler*innen in schulinternen Prozessen zu.

Erlebniskultur: Miteinander Feste gestalten und feiern stärkt die Sozialkompetenz aller. Gemeinsam erlebte, freudvolle Projekte sind der Kitt für den Zusammenhalt. Dazu zählen in der Grundschule Steinbergkirche jahreszeitliche Feste, Sportfeste, Tanz- und Kunstprojekte oder Zirkus. Insbesondere die Lage in der Grenzregion zu Dänemark macht Projekte möglich, die durch Begegnung und Zusammenarbeit mit Schulen aus Dänemark eine interkulturelle Bereicherung darstellen.

Die Fahrten zu außerschulischen Lernorten, zum Beispiel in das Multimar Wattforum nach Tönning, Besuche des Hochseilgartens Altenhof, Klassenfahrten auf die Insel Amrum und nach Glücksburg, Besuche des Bibelzentrums in Schleswig, Forschen im Naturerlebniszentrum Maasholm, Theater- und Kinobesuche, Spielausflüge an den Ostseestrand, ins Maislabyrinth und in den Barfußpark, Arbeiten im Schulwald oder im Garten der Kulturen ergänzen den Unterricht im Schulgebäude. Die jährlichen Vorhaben werden mit Eltern und Kindern gemeinsam vorgeplant.

Regelmäßig nehmen Schüler*innen am Plattdeutschen Lesewettbewerb teil und lassen den regionalen Dialekt lebendig bleiben.

Der neuste Baustein der Schule ist die Möglichkeit, in Kooperation mit einer Nachbarschule am Projekt Schüler*innensegeln teilzunehmen.

In diesem Schuljahr wird in Zusammenarbeit mit einer regionalen Künstlerin an einem Hundertwasser-Projekt gestalterisch gearbeitet.

Unsere Schulkultur?

Wenn Schule nicht nur ein Ort ist, an dem gelehrt und gelernt werden muss, sondern mehr passiert, dann ist unsere Grundschule ein solcher. Wenn die Flamme der Neugier von Kindern zu einem Feuerwerk der Begeisterung für Schule werden soll, haben wir noch viel vor. Wir müssen die Bausteine im Profil unserer Schule weiter pflegen, evaluieren, sortieren und manchmal neu formen. Aktuell befinden wir uns auf dem Weg der Umsetzung des Digitalpaktes. An dieser Stelle muss der Hinweis auf die uns unterstützende Kompetenz unseres Schulträgers, das Amt Geltinger Bucht, gegeben werden. Ohne ausreichende Budgets und Einsatzkraft der Verwaltung lässt sich keine Schulkultur entwickeln.

Schule als Offene Ganztagsschule zu gestalten ist das nächste große Ziel.

Eine vielfältige, den Menschen der Schulgemeinschaft dienende Schulkultur befindet sich in einem immer fortwährenden Prozess. Miteinander leben und lernen in einer bunten Schulgemeinschaft der Toleranz, des Wertschätzens und der Achtsamkeit ist ein hohes Gut, das es täglich mit neuem Leben zu füllen gilt.

Literatur

Booth, T. / Ainscow, M. (2017): Index für Inklusion. Ein Leitfaden für Schulentwicklung. Herausgegeben und adaptiert an deutschsprachige Bildungssysteme von Achermann, B. / Amipur, D. / Braunsteiner, M.-L. / Demo, H. / Plate, E. / Platte, A. Weinheim: Beltz Juventa. Einführung: https://www.ciando.com/img/books/extract/3407290497_lp.pdf, Download am 02.10.2021.

Brinkmann, E. (Hrsg.) (2015): Rechtschreiben in der Diskussion. Schriftspracherwerb und Rechtschreibunterricht. Frankfurt am Main: Grundschulverband e.V. (Beiträge zur Reform der Grundschule, Band 140).

Brügelmann, H. (2014): Sind Noten nützlich – und nötig? Ziffernzensuren und ihre Alternativen im empirischen Vergleich. Eine wissenschaftliche Expertise des Grundschulverbandes. Frankfurt am Main: Grundschulverband e.V.; URN: urn:nbn:de:0111-pedocs-188289; https://www.pedocs.de/volltexte/2020/18828/pdf/ Bruegelmann_2014_Sind_Noten_nuetzlich.pdf, aufgerufen am 18.10.2021.

Webseite der Schule

https://grundschule-steinbergkirche.lernnetz.de

Gaby Huber

Grundschule Schuttertal, Schuttertal (Baden-Württemberg)

Leistung – Chancenwegweiser für individuelle Lernwege an unserer *Schule für alle*

Leistung und Heterogenität sind hohe Werte unserer Schulgemeinschaft. Wir sind eine *Schule für alle*, an der Inklusion aus Überzeugung umgesetzt wird. Aus diesem Selbstverständnis heraus pflegen wir eine *Leistungskultur*, die nicht nur Rücksicht auf die unterschiedlichen Fähigkeiten Einzelner nimmt, sondern sich unterstützend auf die höchst individuellen Lernwege auswirkt.

Jede*r kann in unterschiedlichen Bereichen Unterschiedliches leisten. Unser Leistungsideal ist, dass jedes Kind sein *persönliches* Leistungsoptimum erzielt und seine Potenziale entfaltet. Dies kann gelingen, indem der Unterricht zur maßgeschneiderten individuellen Förderung wird. Hier wird der Leistungsprozess individuell *beobachtet, beschrieben, bewertet* und *begleitet.*[1] Leistung geht Hand in Hand mit der Potenzialentfaltung. Leistung offenbart die Stärken des Einzelnen und weist uns den Weg für das weitere Lernen. Die vielfältigen Potenziale sehen wir als Chance, wie alle nach ihren Möglichkeiten Schule und Lernen mitgestalten können. Charakteristisch für unsere Leistungskultur sind somit die Wertschätzung *von* sowie die Wertschöpfung *aus* Vielfalt.

Unsere Leistungskultur umfasst die Arbeit an der inneren Haltung, die Entwicklung, Weiterentwicklung und Anwendung konkreter Handlungsweisen und Werkzeuge sowie den Spagat zu den Rahmenvorgaben einer staatlichen Regelschule.

Wer wir sind – Eine lebendige Schulgemeinschaft mit individueller Förderung und Inklusion in jahrgangsübergreifenden Klassen an drei Schulstandorten

Zu unserer Grundschule im baden-württembergischen Schuttertal gehören drei Schulhäuser, die seit 2005 zu einer lebendigen Schulgemeinschaft zusammengewachsen sind. In der Stammschule in Schuttertal und den beiden Außenstellen in den Ortsteilen Dörlinbach und Schweighausen werden 130 Kinder von 13 Lehrerinnen unterrichtet, die in schulhausübergreifenden Teams zusammenarbeiten. Eine Schulsozialarbeiterin, zwei sonderpädagogische Lehrkräfte sowie eine Bundesfreiwillige ergänzen das pädagogische

---

1) vgl. Ministerium für Kultus, Jugend und Sport Baden-Württemberg 2009

Team. Die Kinder lernen in fünf Familienklassen, die jahrgangsübergreifend von Klasse 1–4 zusammengesetzt sind. Die Jahrgangsmischung ermöglicht die Aufrechterhaltung aller Standorte, kurze Schulwege sowie das Lernen in vertrauter Umgebung – Vorteile, die im Sinne eines erweiterten Inklusionsbegriffs allen Kindern, ob mit oder ohne sonderpädagogischem Bildungsanspruch, zugutekommen.

Was uns wichtig ist – Die Anerkennung von Vielfalt ist wertvoll für das individuelle und gemeinsame Lernen

Das jahrgangsübergreifende Arbeiten sehen wir in erster Linie nicht als *organisatorischen*, sondern als *pädagogischen* Vorteil: Die Zugehörigkeit zu einer heterogenen Gruppe entspricht den Lernwirklichkeiten der Kinder. Homogenität in Jahrgangsklassen ist eine Illusion, da Kinder immer unterschiedliche Voraussetzungen haben und Entwicklungen unterschiedlich durchlaufen. Die Einteilung in Jahrgänge wird dadurch hinfällig. Die Altersmischung führt unübersehbar vor Augen, dass pädagogische Konzepte für alle Unterschiede der Kinder lern- und entwicklungsförderliche Räume schaffen müssen.

Unser Leitbild *„Hier wachsen wir gemeinsam"* zieht sich durch alle Bereiche unseres Schullebens. Es spiegelt sich z. B. in unserem Profil als erste zertifizierte Philosophierende Grundschule Baden-Württembergs wider. Im philosophischen Gespräch zeigt sich das Kind in seiner Einzigartigkeit. Zielsetzung und Charakteristik des Philosophierens als Unterrichtsprinzip ist der freie Austausch von Gedanken, der individuelle und gemeinschaftliche Weiterentwicklung ermöglicht. Jede Sichtweise ist es wert, geäußert und bedacht zu werden. Wir denken über eigene Standpunkte nach und hören einander zu. Neue Einsichten können sich ergeben und Perspektiven entwickeln sich weiter. Die Vielfalt der Gedanken in diesem demokratischen Sinn der Meinungsbildung ist eine Bereicherung, die uns gemeinsam wachsen lässt (Akademie für Philosophische Bildung 2021).

In unserer Schulkultur leben wir, was wir als gesellschaftliche Tatsache vorfinden: *Es ist normal, verschieden zu sein.* Diese Haltung ist die Basis unserer pädagogischen Arbeit und wurde von der Jury des deutschen Schulpreises, die uns 2020 mit einem zweiten Platz auszeichnete, in der Laudatio gewürdigt: „Die Anerkennung von Vielfalt erfolgt auf besondere Weise: durch schlichte Selbstverständlichkeit" (Robert Bosch Stiftung 2020, 25). Wir wollen ein Vorbild für den gelungenen Umgang mit Vielfalt sein, von der Vielfalt als Bereicherung profitieren und die Entwicklung der vielfältigen Potenziale fördern.

Individuelle Förderung hat in der unterschiedlichen Zusammensetzung einer Lerngruppe gute Gelingensbedingungen: das mit- und voneinander Lernen geschieht auf natürliche Weise. Außerdem kann das einzelne Kind schärfer wahrgenommen werden, da sich jedes an einer anderen Stelle auf dem Lernweg befindet. Diese „Verortung" ist bereits eine Leistungsfeststellung, die im alltäglichen Unterricht beobachtbar wird und die einen Wegweiser für die weitere Lernbegleitung darstellt.

Was der Umgang mit Leistung für das Lernen bedeutet

Die Entwicklung unserer Leistungskultur ist eine fortwährende Auseinandersetzung mit der Frage, welche *Bedeutung* der Umgang mit Leistung für das individuelle Lernen hat. Unser Ziel ist, dass jedes Kind sein *persönliches* Leistungsoptimum erreichen kann. Leistungserhebung und -bewertung sind kein Selbstzweck, sie dienen dem individuellen Lernen und sind somit wertvoll für diesen Prozess. Mit Leistungen umzugehen ist nicht gleichbedeutend damit, die Kompetenzen eines Kindes in Ziffernnoten zu übersetzen. Wir meißeln nicht statisch in Stein, welchen vermeintlichen Wert eine Leistung auf der Notenskala hat. Kein Kind sollte sein Selbstbild an einer Ziffernnote festmachen, die den trügerischen Anschein erwecken kann, die erreichte Leistung stehe fest. Jede*r soll wissen „Ich kann was!" und diese Fähigkeiten weiterentwickeln. Die Anerkennung der *Dynamik* einer Lernbiografie und dafür gute Gelingensbedingungen zu schaffen ist uns wichtig. Die FESTstellung im Sinne der Leistungsbeschreibung ist ein wichtiger Baustein für die Verortung und weitere Planung. Sie beinhaltet bereits den Blick nach vorn auf individuelle Ziele und Wege. Das Sinnbild des LernWEGES im Gegensatz zum LernSTAND ist Teil des von uns entwickelten Konzeptes der LernSPUREN. Die Lernspuren strukturieren die Kompetenzbereiche in Mathematik und Deutsch. Sie stellen den individuellen Lernweg dar, den die Kinder von Klasse 1–4 gehen und im *Lernspurenheft* (Auszug s. Abb. 1) dokumentieren. Die Dokumentationen im Lernspurenheft machen transparent, wo sich das Kind *im Moment* auf dem Lernweg befindet. Sie zeigen gleichzeitig die Prozesshaftigkeit des Lernens auf, indem sie den Ausblick auf die Weiterentwicklung, den nächsten Meilenstein, abbilden. Wir stellen uns die Frage: *Wozu* dienen Leistungserhebung und -bewertung? Unsere Antwort darauf ist, dass sie für das individuelle Lernen und gemeinschaftliche Wachsen nutzbar gemacht werden müssen (Brügelmann 2006)

Leisten – die Basis für Fördern und Wachsen in der 4-B-Förderspirale

Unser umfassender Leistungsbegriff macht sichtbar, wie wir mit Vielfalt umgehen. Er zeigt sich im alltäglichen pädagogischen Handeln, der Unterrichtsgestaltung und der individuellen Förderplanung. Dabei setzen wir die Konzeption „Lernen im Fokus der Kompetenzorientierung" um (Ministerium

Lesen 		Datum Unterschrift
Ich kann einzelne Laute in einem Wort hören.		
Ich kenne jeden Buchstaben und seine Lautgebärden.		
Ich kann Silben lesen.		
Ich kann Wörter lesen.		
Ich kann Sätze lesen.		
Ich kann einen Text flüssig und betont vorlesen.		
Ich kann Bücher und Geschichten lesen, den Inhalt verstehen und Fragen beantworten.		
Ich kann ein Buch vorstellen.		
Ich kann zu einem Buch eigene Materialien gestalten und präsentieren.		
Ich kenne Texterschließungsstrategien und kann sie anwenden.		

Abb. 1: Auszug aus dem Lernspurenheft der Grundschule Schuttertal, Kompetenzbereich Lesen

für Kultus, Jugend und Sport Baden-Württemberg 2009). Individuelle Leistungen werden kontinuierlich *beobachtet, beschrieben, bewertet* und Lernprozesse individuell *begleitet* (4-B-Förderspirale).

„Die Förderspirale stellt die wichtigsten Handlungsfelder der individuellen Förderung dar und zeigt ihre inhaltliche Verzahnung. Das professionelle Beobachten der Basiskompetenzen von Schülerinnen und Schülern, die Beschreibung und Dokumentation der beobachteten Kompetenzbereiche, deren Bewertung und das Ziehen entsprechender Schlussfolgerungen münden in eine individuell zugeschnittene Begleitung und Förderung von Lernenden" (ebd., 2).

In unserer Lernspurenzeit (Mathematik- und Deutschunterricht) ist erkennbar, wie wir mit individuellen Leistungen umgehen und diese im Sinne der Förderspirale grundsätzlich zum Ausgangspunkt für die weitere Planung machen. Die Grafik (Abb. 2) zeigt die Verzahnung der 4 B an einem Beispiel der Laut-Buchstaben-Zuordnung in der Lernspur *Rechtschreiben*.

Abb. 2: Verzahnung der 4 B an einem Beispiel der Laut-Buchstaben-Zuordnung in der Lernspur Rechtschreiben (vgl. ebd., 2)

So *beobachten* – diagnostizieren – wir durch vielfältige Formen von Lernnachweisen, wo genau sich das Kind im Kompetenzerwerb befindet. Diese Leistungsfeststellung *beschreiben* – dokumentieren – wir u. a. im Lernspurenheft. Wir *bewerten* die Leistung anhand bestimmter Kriterien in diversen Rückmeldeformen. Den weiteren Lernweg, der im Lernspurenheft in *Ich-kann-Formulierungen* transparent dargestellt ist, *begleiten* wir in der Lernspur, d. h. wir ergreifen individuell zugeschnittene Fördermaßnahmen. Diese *sind* unser alltäglicher Unterricht: Ein Blick in unsere Klassenzimmer während der Lernspurenzeit zeigt, dass jedes Kind passgenau an den eigenen Schwerpunkten arbeitet. Daraus folgende Leistungsergebnisse werden im Sinne der Förderspirale erneut individuell beobachtet, beschrieben, bewertet und begleitet. Jedes Kind kann so in der Lernspur im weiteren Kompetenzerwerb voranschreiten.

Die „4 B" im Einzelnen:

Leistung beachten – „beobachten"

Die summative Leistungsbeurteilung dient der Diagnose und Analyse von Lernständen. In Deutsch und Mathematik werden Lernnachweise in der Regel zu individuellen Zeitpunkten erbracht, und zwar dann, wenn das Kind sich den Lernbereich erarbeitet hat. Dies geschieht im individualisierten Unterricht bei jedem Kind zu einem anderen Zeitpunkt. Unser Diagnostikmodell umfasst u. a. eine Schuleingangsdiagnostik, Halbjahresdiagnostiken und immer wiederkehrende Lernstandsdiagnosen. Vereinzelt werden diese von allen Kindern einer Jahrgangsstufe zur gleichen Zeit geschrieben. Die Ergebnisse geben uns einen Überblick, welche Kompetenzbereiche bereits erworben wurden, und zeigen uns in der formativen Beurteilung, woran noch gearbeitet werden muss. Wir erhalten Rückmeldungen für den Unterricht und leiten individuelle Fördermaßnahmen ab. Entsprechend gehen wir auch mit den Ergebnissen der Vergleichsarbeiten (VERA 3) um. Die Wirksamkeit des Vorgehens ist an einer deutlichen Steigerung der Ergebnisse abzulesen, die nicht selten über dem Landesdurchschnitt liegen (Institut für Bildungsanalysen Baden-Württemberg 2021).

Leistung dokumentieren – „beschreiben"

Als Grundlage für die Leistungsbewertung sowie für eine systematische Planung individueller Fördermaßnahmen haben sich unterschiedliche Dokumentationsformen etabliert:

- *Leere-Blatt-Dokumentation* – fortlaufende Notizen über die Leistungen jedes Kindes. Diese Dokumentation erfolgt nicht nach starren Kriterien und Rastern, sondern ist frei. Sie ermöglicht eine individuelle Leistungsbeschreibung, die Entwicklungen gut abbildet.
- *Lern- und Entwicklungsbögen* – für soziale, personale und methodische Kompetenzen und für alle Fächer ausformulierte Einzelkompetenzen. Sie geben einen präzisen Überblick über den gesamten Leistungsstand, aufgeschlüsselt nach Kompetenzbereichen.
- *Lernspurenheft* – kindgerechte „Ich kann"-Formulierungen in Mathematik und Deutsch. Wir dokumentieren transparent für Kinder und Eltern die Kompetenzentwicklung über die gesamte Grundschulzeit. Diese Dokumentation zeigt den Leistungsstand, den Fortschritt und den nächsten Schritt auf.
- *Lerntagebuch* – Jedes Kind dokumentiert seine tägliche Arbeit, setzt sich Ziele und reflektiert persönliche Leistungen. Es bestimmt zunehmend eigenständig seinen Lernweg mit.
- *Schatzkiste* – eine Box für die Sammlung besonderer Ergebnisse.
- *Gelber Ordner* – Dokumentation der Ergebnisse des Sachunterrichts und der individuellen Themenarbeit. Langfristig streben wir die Entwicklung

eines Portfolios an, worin die Dokumentation der Lernspuren sowie der Themenarbeit aufgehen soll.

Leistung messen und rückmelden – „bewerten"

Leistung drückt sich für uns nicht in einer Note aus, sondern ist im individuellen Fortschritt in allen Kompetenzbereichen beobacht- und beschreibbar – sowohl im Unterricht als auch bei Wettbewerben, Aufführungen oder außerschulischen Aktivitäten. Wenn ausschließlich Ziffernnoten als Mittel der Rückmeldung und Bewertung genutzt werden, birgt dies die Gefahr, dass die Lernenden die Ziffernnote mit ihrer persönlichen Leistungsfähigkeit gleichsetzen und die Note als vorläufiges Ende des persönlichen Lernprozesses interpretieren. Außerdem sind Ziffern Untersuchungen zufolge „wenig aussagekräftig, suggerieren zudem eine Genauigkeit, Vergleichbarkeit und Prognosefähigkeit, die sie nicht gewährleisten können" (Brügelmann 2014, 39). Unser Verständnis des Kompetenzerwerbs als *Weg* stellt das Kind und die bereits erreichten Meilensteine sowie das Ziel in den Fokus. Es ist ein für Kinder begreifbares Bild. Das Kind kann sich mithilfe der Lehrerin orientieren, wo es sich momentan befindet und welche weiteren Schritte für das Gelingen wichtig sind. Dadurch signalisieren wir ihm Zutrauen in die Weiterentwicklung. Eine Entwicklungsorientierung wirkt sich positiv auf die Lern- und Leistungsmotivation aus (ebd., 32).

Persönliche Gespräche stehen im Mittelpunkt der Leistungsrückmeldung. Bewertung sollte immer mit Förderplanung verzahnt sein. Folgende stärken- und lernorientierte Rückmeldeformen haben sich etabliert und werden von Zeit zu Zeit weiterentwickelt.

- *Selbsteinschätzung* – anhand von Bögen im Lerntagebuch.
- *Schülerkonferenz* – für gegenseitige Rückmeldungen während der Aufsatzerarbeitung.
- *Schüler-Schüler-Feedback* – wertschätzende *Tipp-Top-Rückmeldungen* nach Präsentationen: *Was kannst du schon? Was musst du noch üben?*
- *Mündliche Lehrer-Schüler-Rückmeldung* – während des Unterrichts im 1:1-Gespräch. Sie lenkt den Blick vom aktuellen Stand auf den weiteren Weg und das Ziel.
- *Verbale Kompetenzbeschreibungen* – Ergänzung, nicht Übersetzung der Ziffernnoten.
- *Kindersprechstunde* – Einzelgespräche mit der Lehrerin. Die Kinder schätzen ihren Lernprozess ein, erhalten Rückmeldung und planen weitere Schritte. Wir entscheiden gemeinsam, welcher Bereich abgeschlossen werden kann, vertieft werden muss und wie der nächste Lernschritt gestaltet werden soll.
- *Lehrer-Schüler- und Eltern-Kind-Rückmeldung* – wöchentliche Rückmeldung im Lerntagebuch. Die Eltern geben ihrem Kind eine wertschätzende Rückmeldung, die sich nicht nur auf schulische Leistungen beziehen muss.

- *Schüler-Eltern-Lehrergespräche* – ersetzen teilweise die Halbjahresinformation. Anhand von Visualisierungen und Dokumentationen reflektieren wir gemeinsam den aktuellen Lernstand und erörtern nächste Schritte.
- *Farbabstufungen von Kompetenzbeschreibungen* – repräsentieren drei Kompetenzstufen. Durch Übermalen kann das Erreichen der Folgestufe zu einem späteren Zeitpunkt abgebildet werden.
- *Schriftliche bzw. visualisierte Rückmeldung* – visualisiert mit Zielpfeilen (Beispiel s. Abb. 3), „wie nah" das Kind den Anforderungen eines Leistungsbereichs gekommen ist. Die Anforderungen werden den Kindern im Vorfeld transparent gemacht. Sie sind die Grundlage für eine kriterienbasierte Rückmeldung.

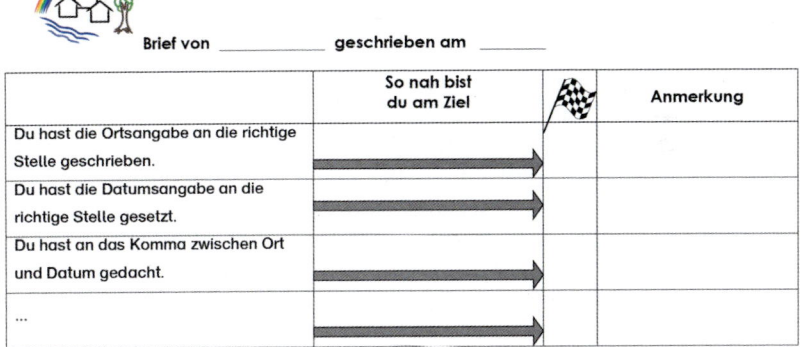

Abb. 3: Ausschnitt aus einem Rückmeldeformular zur Textform „Brief". Die Zielpfeile visualisieren auf Kriterien bezogen, wie nah das Kind in einem Leistungsnachweis einem bestimmten Ziel gekommen ist.

In unseren jahrgangsübergreifenden Klassen gibt es keine „Sitzenbleiber*innen". Alle werden in der Klassengemeinschaft individuell gefördert. Soziale Ungleichheiten werden ausgeglichen, indem nur bewertet wird, was in der Schule erbracht wurde, und indem Nachteilsausgleiche in Bezug auf Zeit und Hilfsmittel geschaffen werden.

Leistung fördern – „begleiten"

Die Beobachtung, Beschreibung und Bewertung einer Leistung ist die Grundlage für passgenaue individuelle Fördermaßnahmen. Wir ermöglichen den Kindern einen stärkenorientierten Lernweg, den das Kind mitgestalten kann, entsprechend dem Motto Maria Montessoris *Hilf mir, es selbst zu tun* (Montessori 2001).

Unsere tägliche Lernspurenzeit *ist* individueller Förderunterricht. Durch eine vorbereitete Lernumgebung, unterschiedliche Lehrwerke und Materialien sowie individuelle Lernbegleitung kann jedes Kind an seinen persönlichen Schwerpunkten arbeiten. Diese sind zuvor durch Beobachtung ermittelt und in der Dokumentation beschrieben sowie bewertet und rückgemeldet worden. Unsere intensive Leistungsförderung trägt Früchte. Ein sichtbares Beispiel ist, dass wir bei unserem Ziel, dass kein Kind mit seinen Leistungen innerhalb der unteren Mindeststandards der Vergleichsarbeiten liegen soll, auf einem guten Weg sind.

Zur Potenzialentwicklung der Kinder gehört darüber hinaus, dass die Kinder in der individuellen Themenarbeit ihre Interessen und Begabungen einbringen. Sie eignen sich zu einem selbst gewählten Thema Wissen an. Dabei entstehen Präsentationen, die nicht selten dem Niveau weiterführender Schulen entsprechen. Neben der Medienbildung findet Leistungsförderung auch in Projekten wie „Lernen durch Engagement", „philosophische Gespräche führen", „Antolin-Leseförderung", „Mathe im Advent" sowie in Wettbewerben wie „Jugend trainiert für Olympia", „Känguru der Mathematik" und „Zeitung in der Schule" statt, bei denen bereits Preise erzielt wurden. Talente werden darüber hinaus bei Schulfesten, Musical-, Zirkus- und Theateraufführungen gefördert. Die Teilnahme an außerschulischen Wettbewerben wird durch Unterrichts- und Hausaufgabenfreistellung unterstützt und honoriert.

Förderung beinhaltet auch die Kooperation mit den Eltern, mit Sonderpädagog*innen, mit der Recheninsel (Förderung von Kindern mit Dyskalkulie), der Hector-Akademie (Förderung von Hochbegabten), der Rechtschreibambulanz, mit Psycholog*innen und Therapeut*innen.

Wie es gelingt – Impulse für die Haltungsarbeit und für die Verzahnung von Leistung und individueller Förderung

Potenzialentfaltung braucht eine Atmosphäre des Vertrauens sowie Freiräume. Dies gilt nicht nur für die Kinder, denn *„hier wachsen wir gemeinsam"*. Autonomie und Eigenverantwortung erzeugen intrinsische Motivation. Den Rahmen dafür zu schaffen – orientiert an schulischen Aufgaben, an Besonderheiten der Schule, an aktuellen Schulentwicklungsthemen sowie an den individuellen Lern- und Entwicklungsbedürfnissen – ist Aufgabe der Schulleitung. Bei der Entwicklung einer Leistungskultur, die auf die individuelle Potenzialentfaltung abzielt, können folgende Impulse für Sie als Lehrkraft oder für Ihr Team hilfreich sein:

- Leistungen sind beobachtbare Verhaltensweisen. Sie können Ihnen als Chancenwegweiser für die Weiterentwicklung auf den höchst unterschiedlichen Lernwegen dienen.
- Erhöhen Sie die Wirksamkeit der individuellen Leistungsförderung durch die Verzahnung von Beobachtung, Beschreibung, Bewertung und Begleitung. Die Verzahnung ist der Antrieb der individuellen Weiterentwicklung.

- Geben Sie den Kindern die Sicherheit, dass es weitergeht. Wenden Sie den Blick auf die Prozesshaftigkeit des Lernens.
- Nutzen Sie alle Spiel- und Freiräume, die der Bildungsplan Ihnen gibt, um jedes Kind in seiner Einzigartigkeit zu fördern, um organisatorische Umstellungen zu machen, die diesem Ziel dienen, um Zeitstrukturen aufzulösen bzw. umzustellen.
- Reflektieren Sie über verantwortungsvolle Notengebung. Wenn Sie ergänzend alternative Verfahren der Beurteilungspraxis in Betracht ziehen, kann der Gedanke helfen, dass diese – „anders als Ziffernnoten – keine Schein-Objektivität vorgaukeln. […] Sie zwingen zur Suche nach Verfahren, um die unvermeidliche Subjektivität zu kontrollieren." (Brügelmann 2014, 41).
- Erhöhen Sie die Chance auf mehr Objektivität durch kollegialen Austausch.

In erster Linie kommt es auf die *Haltung* an. Ihre Einstellung zum Kind, zum Lernen, zu Leistung, zum Kompetenzerwerb ist der entscheidende Gelingensfaktor. Glauben Sie an die Stärken jedes Kindes und an das Potenzial von Vielfalt. Vertrauen Sie auf die Fähigkeit der Kinder, ihren Lernweg mit Ihrer Hilfe selbst zu gehen. Sie gewinnen dadurch Zeit, jedes Kind individuell zu beraten und zu fördern, nicht als Zusatzaufgabe, sondern im Unterricht. Individuelles Lernen *ist* Unterricht – Unterricht, der Leistung wertschätzt und aus Leistung das Wertvolle für den weiteren Lernweg schöpft.

Literatur

Akademie für Philosophische Bildung (Hrsg.) (2021): Die Philosophierende Schule, Baden-Württemberg. Hrsg. v. Gesellschaft zur Förderung beruflicher und sozialer Integration (gfi). www.philosophische-bildung.de/projekte/die-philosophierende-schule-baden-wuerttemberg-2, aufgerufen am 29.09.2021.

Brügelmann, H. (2014): Sind Noten nützlich – und nötig? Ziffernzensuren und ihre Alternativen im empirischen Vergleich. Eine Expertise der Arbeitsgruppe Primarstufe an der Universität Siegen im Auftrag des Grundschulverbands e.V., 3., aktualisierte Auflage. Frankfurt am Main: Grundschulverband. https://www.pedocs.de/volltexte/2019/17628/pdf/GSV_2006-Bruegelmann_ua-Sind_Noten_nuetzlich_und_noetig-Ziffernzensuren_und_ihre_Alternativen_im_empirischen_Vergleich.pdf, Download am 29.09.2021. Frankfurt am Main: Grundschulverband e.V., 17–46.

Institut für Bildungsanalysen Baden-Württemberg (IBBW) (Hrsg.) (2021): Kompetenzmessung. Vergleichsarbeiten VERA 3. Hrsg. v. Land Baden-Württemberg. Stuttgart: IBBW. https://ibbw-bw.de/,Lde/Startseite/Kompetenzmessung/VERA+3, aufgerufen am 29.09.2021.

Ministerium für Kultus, Jugend und Sport Baden-Württemberg (Hrsg.) (2009): Neue Lernkultur. Lernen im Fokus der Kompetenzorientierung. Individuelles Fördern in der Schule durch Beobachten – Beschreiben – Bewerten – Begleiten. Stuttgart. https://lehrerfortbildung-bw.de/s_sueb/allgschulen/bbbb/2_fokus/buch_bbbb.pdf, Download am 25.07.2021.

Montessori, M. (2001): Kinder lernen schöpferisch. Die Grundgedanken für den Erziehungsalltag mit Kleinkindern. Herausgegeben und erläutert von Ingeborg Becker-Textor. 9. Aufl. Freiburg Breisgau: Herder (Herder-Spektrum, 4262).

Robert Bosch Stiftung GmbH (Hrsg.) (2020): Der Deutsche Schulpreis. Die Preisträger 2020. Stuttgart. www.bosch-stiftung.de/sites/default/files/publications/pdf/2020-10/ Schulpreis_Broschuere_Preistraeger_2020.pdf, Download am 25.07.2021.

Abbildungen

Abb. 1: Grundschule Schuttertal: Lernspurenheft (Auszug).
Abb. 2: Landesinstitut für Schulentwicklung (2009): Neue Lernkultur. Beobachten – Beschreiben – Bewerten – Begleiten. Lernen im Fokus der Kompetenzorientierung. Individuelles Fördern in der Schule. Stuttgart.
Abb. 3: Grundschule Schuttertal: Rückmeldeformular zur Textform „Brief" (Ausschnitt).

Webseite der Schule

 www.grundschule-schuttertal.de

182

Alexandra Mangold & Johanna Rosner

Hermann-Brommer-Schule, Merdingen (Baden-Württemberg)

Machen hier eigentlich alle, was sie wollen?!

„Ich war 16 Jahre Schulleiter einer Grundschule in Freiburg. Wir haben zwar viel erreicht. Aber eine solch totale Vergemeinschaftung, wie ihr das geschafft habt, ist mir nicht gelungen. Wie habt ihr das gemacht?"

Diese Aussage von Edgar Bohn – Vorsitzender des Grundschulverbandes – hat unser Team veranlasst, diesen Artikel zu schreiben.

Einleitende Gedanken von Alexandra Mangold, der Schulleiterin der Hermann-Brommer-Schule

Vor allem hat mich diese Aussage persönlich ins Grübeln gebracht: Wie hängt die Entwicklung eines Schulkonzeptes mit der Führung durch die Schulleitung zusammen? Als ich vor 6 Jahren aus dem Kollegium in die Schulleitung wechselte, war das eine ganz bewusste Entscheidung von mir. Einerseits, weil ich die Entwicklung an unserer Schule schon seit 13 Jahren begleitet habe und wollte, dass sie weitergeführt wird. Andererseits, weil ich ein ganz bestimmtes Bild von der Führung einer Schule hatte.

Von Anfang an war mir klar, dass alles nur im Team und mit der Entscheidung und Unterstützung von allen Beteiligten gelingen kann. Deshalb war es mir auch wichtig, dass jede meiner Kolleg*innen hinter der Entscheidung stand, dass ich aus dem Kollegium in die Schulleitung wechselte. Diese Grundhaltung ist geblieben. Zu meinem Führungsstil gehören Wertschätzung, Ernstnehmen, Offenheit, Transparenz, Vertrauen, Diskutieren – dies jedoch nicht in einer Beliebigkeit, sondern mit ganz klaren Vorstellungen meinerseits. Und durch festgelegte Teamstrukturen Verantwortung auch zu delegieren. Meine Türen sind für alle immer offen – ich nehme mir sehr viel Zeit, um mit Kolleg*innen, Kindern, Eltern, dem Hausmeister, der Sekretärin, den Vereinsvertreter*innen, der Gemeindeverwaltung und vielen mehr zu sprechen.

Wichtig ist mir auch, das Schulhaus als Lebensraum für alle zu sehen. In diesem Schulhaus sollen sich alle wohlfühlen. Besucher sprechen von einer besonderen Atmosphäre, wenn sie unser Schulhaus betreten. Ich glaube, dies, die wertschätzende Grundhaltung allen gegenüber und meine klaren Vorstellungen von Schule, ist ein Teil des Geheimnisses hier bei uns.

Einleitung des Autor*innenteams

Liebe Leserin, lieber Leser,
was erwartet Sie in diesem Text? Worin könnte der Mehrgewinn für Ihre tägliche Arbeit liegen?

Zunächst einmal: Wir können es uns nicht mehr vorstellen, das Schulleben an der Hermann-Brommer-Schule anders zu gestalten! Ja, es ist viel Arbeit, ja, es braucht Mut und es braucht sehr viel Zeit. Gleichzeitig erfüllt es uns, und die positiven Rückmeldungen von Kindern, Eltern, Personen aus dem schulischen und außerschulischen Bereich bestärken uns.

Um Sie mitzunehmen in unserem Entwicklungsprozess, versuchen wir im ersten Teil dieses Textes, Ihnen unsere Schule, unsere Haltung, unsere Schulkultur und unsere Arbeitsweise in Kürze vorzustellen. Da aus unserer Arbeitsweise veränderte Rollenbilder und eine starke Hervorhebung des Teamgedankens hervorgehen, möchten wir Ihnen diese in einem zweiten Schritt genauer beschreiben. Sicherlich erkennen Sie manches wieder oder Sie finden Impulse, Ihre eigene Arbeit zu reflektieren.

Ob bei uns dann schlussendlich alle machen, was sie wollen, diese Frage dürfen Sie am Ende des Texts für sich selbst beantworten. Vielleicht können Sie sich auch unsere Antwort denken?!

Wir bitten Sie, lesen Sie unseren Text mit der Brille der Vielfalt und mit dem Gleichmut und dem Wissen, dass wir alle verschieden sind und unterschiedlichste Voraussetzungen mitbringen. Mit diesem Text wird es uns nicht gelingen, Ihnen aufzuzeigen, wie der Unterricht bei uns gelebt wird. Dazu müssen Sie ihn erleben!

Scheuen Sie sich bitte nicht, Kontakt zu uns aufzunehmen, falls Sie nach dem Lesen des Artikels noch offene Fragen haben.

Das ist unsere Schule

„Machen hier eigentlich alle, was sie wollen …

… ja, weil jede*r anders ist."

Die Hermann-Brommer-Schule (HBS) in Merdingen wird im Schuljahr 2020/2021 von insgesamt 120 Kindern besucht. Wir sind eine von ländlicher Struktur geprägte inklusiv arbeitende Grundschule mit jahrgangsübergreifenden Klassen. Von den 120 Kindern der Hermann-Brommer-Schule erhalten insgesamt 25 Kinder sonderpädagogische Bildungsangebote in den Förderschwerpunkten Lernen, Sprache und emotional-soziale Entwicklung. Sich zu einer inklusiv arbeitenden Schule zu entwickeln, war und ist für alle Beteiligten eine große Herausforderung. Heute ist es an der Hermann-Brommer-Schule selbstverständlich, verschieden zu sein. Unsere Schule möchte ein Lebens- und Lernort für alle sein.

Abb. 1: Wordcloud des Kollegiums zur Frage: „Machen hier eigentlich alle, was sie wollen?"

Schulentwicklungsprozess

Der Schulentwicklungsprozess an der Hermann-Brommer-Schule begann im Jahr 2003. Durch den Baden-Württembergischen Modellversuch „Schulanfang auf neuen Wegen" ermutigt, wurde fortan aus pädagogischer Überzeugung heraus jahrgangsübergreifend in Klasse 1 und 2 unterrichtet (Wissenschaftliche Begleitung ‚Schulanfang auf neuen Wegen' 2006). Die Rolle der Lehrer*innen wandelte sich. Für die Kinder wurden sie zu Lernbegleiter*innen. Die positiven Rückmeldungen der Kinder, Eltern und Kolleg*innen ermutigten uns, den Weg weiterzugehen. Seit dem Schuljahr 2012/13 wurden auch die Klassen 3 und 4 kombiniert unterrichtet.

Im Schuljahr 2011 begannen wir damit, visualisierte Kompetenzraster und Leistungsnachweise mit „Könnernachweisen" zu entwickeln. Die anschauliche Darstellung der Bildungsplaninhalte durch Lernwiesen, Lernleitern und Lernbäume geben den Kindern, Eltern und Lernbegleiter*innen eine Übersicht, welche Kompetenzen die Kinder während ihrer Grundschulzeit erwerben sollen. Die Klassenzimmer wurden zu Lernzentren umstrukturiert, in denen verschiedene Arbeitsformen – auch parallel – möglich sind (Abb. 2).

Im Schuljahr 2014/2015 wurden die jahrgangsübergreifenden Klassenstrukturen hin zu Familienklassen (Stufe 1 bis 4) an der gesamten Schule weiterentwickelt.

Damit wurde auch dem Wunsch der Eltern nach einem einheitlichen System für die Hermann-Brommer-Schule entsprochen.

Leitbild

Kernpunkte des Leitbildes und der Schulkultur der Hermann-Brommer-Schule sind die Förderung der individuellen Kompetenzen nach den Neigungen und Talenten sowie nach den sozialen und methodischen Fähigkeiten der Kinder. In der heutigen Gesellschaft ist es für uns wichtig, den Kindern individuelle Stärken, Teamfähigkeit, Konfliktlösungsfähigkeit und die Übernahme von Verantwortung mitzugeben.

Folgende Kompetenzbereiche prägen unser pädagogisches Handeln: Soziale Kompetenz, Personale Kompetenz, Fachkompetenz und Methodenkompetenz. Diese Kompetenzbereiche stehen gleichwertig nebeneinander.

Wir haben den Anspruch und das Selbstverständnis, Kinder in ihrer Verschiedenheit gezielt zu fördern, zu fordern und zu unterstützen. Wir sehen die unterschiedlichen Lernvoraussetzungen unserer Schüler*innen als Bereicherung und integrieren diese gewinnbringend in unseren Alltag.

Kompetenzorientierung – Lernen sichtbar machen

Es ist uns ein großes Anliegen, die im Bildungsplan festgesetzten Kompetenzen für die Kinder anschaulich und verständlich darzustellen. Unsere Kompetenzraster in Form von Lernwiesen und Lernleitern helfen die individuellen Lernprozesse

Abb. 2: Lernzentrum Deutsch mit Beratungstisch und Bänkesitzkreis (links angedeutet), Leseecke und Materialboxen

sichtbar und transparent zu machen. Gleichzeitig haben wir das Ziel, jedes Kind als eigenständige Persönlichkeit mit seiner eigenen Lebensgeschichte, mit individuellen Fähigkeiten, mit Eigenarten und Begabungen anzunehmen und zu begleiten.

Alternative Leistungsmessung

Unser System und die damit eng verknüpfte Lernkultur ist schwer mit dem Geben konventioneller Schulnoten zu verbinden. Das Thema alternative Leistungsmessung beschäftigt unser Kollegium deshalb seit mehreren Jahren. Stetig werden alternative Instrumente zu den Ziffernnoten entwickelt und evaluiert. Dabei spielen auch die Selbstorganisation und die Selbsteinschätzung der Kinder eine große Rolle.

Team

Die konsequente Umstellung auf Familienklassen seit dem Schuljahr 2015/2016 stellte für das junge Team eine große Herausforderung dar. Zufälligerweise fand zu diesem Zeitpunkt auch eine Neuzusammenstellung des Kollegiums statt. Das Stammteam, inklusive der neuen Schulleitung, hatte die enorme Aufgabe, die neuen Kolleg*innen in das System und das Konzept der Hermann-Brommer-Schule einzuführen und sie auf dem Weg zu begleiten und zu integrieren. Das gelang – und gelingt auch heute noch – durch die Bereitschaft aller Kolleg*innen, sich auf das besondere und komplexe Konzept, unzählige Gespräche und wöchentliche Teamsitzungen, gemeinsame Planungs- und Gestaltungstreffen einzulassen. Zum kontinuierlichen Gelingen tragen auch die vielen außerschulischen Treffen und Unternehmungen bei, die diese neue Konstellation zusammengeschweißt und arbeitsfähig gemacht haben.

Konkret findet unsere Teamarbeit in unterschiedlichen Settings und Konstellationen statt. Der Jour fixe am Montag könnte als Auftaktveranstaltung für unsere wöchentliche Teamstruktur bezeichnet werden. Hier laufen die Fäden der einzelnen Teams zusammen. Es werden Termine bekannt gegeben, Inhalte und Themen besprochen, welche alle betreffen (pädagogischer und organisatorischer Art), und Aufgaben verteilt.

Anschließend treffen sich Klassen- oder Fachteams, um Unterrichtsinhalte oder -strukturen tiefergehend zu besprechen. Teamsitzungen und Fachbesprechungen finden regelmäßig und auch innerhalb der unterrichtsfreien Zeit statt. Auch widmen wir uns in der unterrichtsfreien Zeit der Schulentwicklung und erarbeiten gemeinsam neue Aspekte unseres Schulkonzepts. Unser Schulalltag ist durch dieses kooperative Miteinander stark geprägt. Unsere pädagogischen Kompetenzen entwickeln wir durch vielfältige Fortbildungen weiter.

Inklusion

Die Ausgestaltung inklusiver Bildungsangebote stellt die konsequente Weiterentwicklung unserer Haltung und Kultur der Vielfalt dar. Dies macht nicht vor

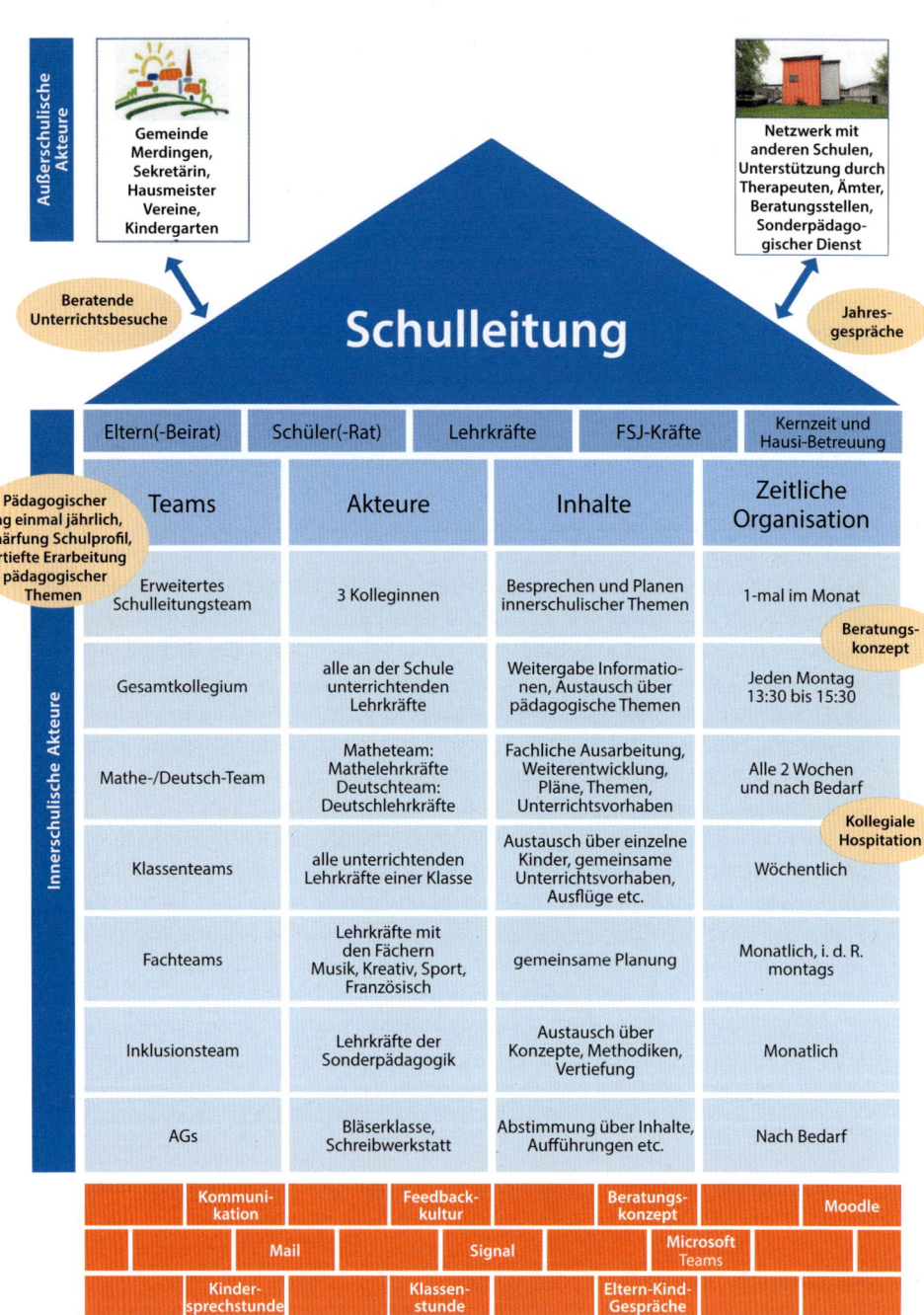

Außerschulische Akteure

Gemeinde Merdingen, Sekretärin, Hausmeister Vereine, Kindergarten

Netzwerk mit anderen Schulen, Unterstützung durch Therapeuten, Ämter, Beratungsstellen, Sonderpädagogischer Dienst

Beratende Unterrichtsbesuche

Schulleitung

Jahresgespräche

| Eltern(-Beirat) | Schüler(-Rat) | Lehrkräfte | FSJ-Kräfte | Kernzeit und Hausi-Betreuung |

Pädagogischer Tag einmal jährlich, Schärfung Schulprofil, vertiefte Erarbeitung pädagogischer Themen

Innerschulische Akteure

Teams	Akteure	Inhalte	Zeitliche Organisation
Erweitertes Schulleitungsteam	3 Kolleginnen	Besprechen und Planen innerschulischer Themen	1-mal im Monat
Gesamtkollegium	alle an der Schule unterrichtenden Lehrkräfte	Weitergabe Informationen, Austausch über pädagogische Themen	Jeden Montag 13:30 bis 15:30
Mathe-/Deutsch-Team	Matheteam: Mathelehrkräfte Deutschteam: Deutschlehrkräfte	Fachliche Ausarbeitung, Weiterentwicklung, Pläne, Themen, Unterrichtsvorhaben	Alle 2 Wochen und nach Bedarf
Klassenteams	alle unterrichtenden Lehrkräfte einer Klasse	Austausch über einzelne Kinder, gemeinsame Unterrichtsvorhaben, Ausflüge etc.	Wöchentlich
Fachteams	Lehrkräfte mit den Fächern Musik, Kreativ, Sport, Französisch	gemeinsame Planung	Monatlich, i. d. R. montags
Inklusionsteam	Lehrkräfte der Sonderpädagogik	Austausch über Konzepte, Methodiken, Vertiefung	Monatlich
AGs	Bläserklasse, Schreibwerkstatt	Abstimmung über Inhalte, Aufführungen etc.	Nach Bedarf

Beratungskonzept

Kollegiale Hospitation

	Kommunikation		Feedbackkultur		Beratungskonzept		Moodle
	Mail		Signal		Microsoft Teams	
	Kindersprechstunde		Klassenstunde		Eltern-Kind-Gespräche	

Abb. 3: Teamstrukturen an der Hermann-Brommer-Schule

sonderpädagogischen Etiketten halt. Bei uns ist es normal, verschieden zu sein. Auch die Kinder leben dieses Motto und unterstützen sich gegenseitig. Jedes Kind kann etwas gut und wird dafür bestärkt. Inklusion bedeutet, dass sich ein ganzes Team auf den Weg machen muss. Es hat sich als gewinnbringend gezeigt, dass alle Kolleg*innen täglich mit Kindern mit sonderpädagogischem Bildungsangebot in Kontakt sind. In fünf von sechs Lerngruppen werden bei uns Kinder mit den Bildungsangeboten Sprache, Lernen oder emotionale und soziale Entwicklung unterrichtet. Sowohl die Kinder als auch die Sonderpädagog*innen sind fester Teil der Schulgemeinschaft. Die Unterrichtsplanung findet im Team statt, wichtig sind Verbindlichkeiten, Rituale, Strukturen und feste Zeitfenster für Besprechungen. Unsere Kinder mit sonderpädagogischem Bildungsangebot profitieren in allen Unterrichtsfächern von der gelebten Heterogenität an unserer Schule. Die Vielfalt der Lernvoraussetzungen spiegelt sich in der Vielfalt der didaktischen und methodischen Ausgestaltungen unserer Unterrichtsangebote. Unser Ziel ist der gemeinsame Unterricht.

Lehrer*in versus Lernbegleiter*in

Die von uns praktizierte Lernkultur erfordert einen Perspektivwechsel in Bezug auf die Lehrer*innenrolle hin zur Rolle einer Lernbegleiter*in. Eine elementare Aufgabe besteht darin, eine vertrauensvolle, wertschätzende Beziehung zu den Kindern aufzubauen. Wichtige Kompetenzen für uns Lernbegleiter*innen sind: Teamfähigkeit, Kooperationsbereitschaft, Fähigkeit zur Reflexion des beruflichen Wirkens (Feedbackkultur), Freude an permanenter Evaluation und auch soziale Fähigkeiten wie Wertschätzung und Kommunikationsbereitschaft. Sie prägen unsere Haltung und den Umgang miteinander. Bezeichnend ist die Bereitschaft zum offenen und transparenten Umgang untereinander. Einmal im Jahr besucht die Schulleitung jede Kolleg*in zu einem beratenden Unterrichtsbesuch, coacht bei Elterngesprächen oder der Kindersprechstunde. Zudem hat sich die kollegiale Hospitation als wertvolles Element der Teamarbeit und Professionalisierung des Unterrichts etabliert.

Wir sind Konsultations- und Hospitationsstandort. Das heißt, interessierte Kolleg*innen, andere Schulen, Institutionen und verschiedene Hochschulen besuchen unsere Schule und reflektieren mit uns gemeinsam das Gesehene.

Unterricht

*„Jede*r macht, was er/sie braucht, jede*r bekommt, was er/sie braucht"*

Es ist uns wichtig, das ganze Spektrum an Methoden und Sozialformen im Unterricht sichtbar werden zu lassen. So gibt es über die Jahrgänge hinweg Einführungsphasen in Kleingruppen, Partnerarbeiten sowie Themen und Inhalte, die mit der ganzen Klasse besprochen und erarbeitet werden. Dies erfordert ein hohes Maß an unterrichtlichen Kompetenzen und Reflexionsvermögen.

Als hilfreich und gewinnbringend empfinden wir das Buddy-Prinzip, welches in einer Familienklasse gelebt wird. Ältere übernehmen eine Vorbildfunktion im Hinblick auf Regeln, Rituale oder was das Arbeitsverhalten betrifft. Jedes Kind durchlebt im Laufe seiner Grundschulzeit verschiedene Rollen (Faller / Kneip 2007).

Der Unterricht findet bei uns in Lernzentren statt (Abb. 2). Jede Klasse hat ihr festes Klassenzimmer, welches entweder ein Lernzentrum Mathematik oder Deutsch darstellt. Für das jeweils andere Unterrichtsfach wechseln die Kinder den Raum. Die Lernzentren sind mit viel handlungsorientiertem Material, in übersichtlich gestalteten Holzboxen und Regalen, ausgestattet. Die Lernzentren werden in der Regel von jeweils zwei Klassen genutzt. Jedes Kind hat seine eigene Holzbox mit seinen Arbeitsmaterialien in beiden Lernzentren. Auch sind die Lernzentren immer ähnlich aufgebaut und das Material ist gleich, sodass sowohl Kinder als auch wir Lehrkräfte uns in jedem Lernzentrum rasch zurechtfinden.

Das Lernen mit Kompetenzfeldern im Fach Deutsch

Die Lerninhalte sind in Lernfelder (beispielsweise Wortarten, Buchstabeneinführungen etc.) eingeteilt. Durch Diagnostik und Coachinggespräche wird festgelegt, in welchem Lernfeld das Kind arbeitet. Daraus ergeben sich individuelle Arbeitspläne. Das Kind kann sich, nach ausführlicher Einführung zum Umgang mit den bereitgestellten Lernmitteln in den Holz-Lernboxen, das jeweilige Lernfeld selbstständig, in Kleingruppen oder mit Unterstützung der Lernbegleiter*in handlungsorientiert erarbeiten. Der Lernfortschritt wird auf dem Arbeitsplan vom Kind dokumentiert. Die Überprüfung der Leistung erfolgt anhand der *Könnernachweise* und alternativer Leistungsmessungsformen.

Jede Klasse hat eine feste Wochenstruktur etabliert. Montags findet die Autorenrunde und anschließend die Schreibzeit mit der gesamten Klasse statt. Dienstags findet der „Harte Brocken" und anschließend die Arbeit mit der Wörterklinik statt. Mittwochs behandeln wir syntaktische Strukturen mithilfe des „Satzes der Woche". Am Freitag üben wir das laute und flüssige Lesen im Lesetandem. All diese Elemente werden so differenziert, dass allen Kindern Lernfortschritte und Festigungszeit ermöglicht werden. Die Rechtschreibgespräche finden auf Basis der von den Kindern produzierten Texte statt. Dadurch ist der Wortschatz stets für die Kinder relevant und die Inhalte werden als sinnvoll erachtet, da sie sich an der Lebenswelt der Kinder orientieren.

Das Lernen mit Kompetenzfeldern in Mathematik

Wie in Deutsch arbeiten die Kinder individuell in jahrgangsgemischten Gruppen in den Mathezentren. Es wird nach Kompetenzerwerbsplänen bzw. Themenplänen gearbeitet. Zu den Inhalten der Lernspuren werden Materialien bereitgestellt, die in den Plänen der Kinder notiert sind und mit denen sie selbstständig, in Kleingruppen oder mit Unterstützung der Lernbegleiter*innen handlungsorientiert arbeiten. Die Pläne werden in der Kindersprechstunde besprochen und es wird festgelegt, an welchem Kompetenzfeld weitergearbeitet wird.

Der Unterricht findet je nach Thema und Unterrichtsphase in der gesamten Klasse, in Kleingruppen, in Partner- oder in Einzelarbeit statt. Stets arbeiten wir mit veranschaulichendem Material, Visualisierung und Modellierung, sodass die Kinder aller Jahrgangsstufen und auch Kinder mit einem sonderpädagogischen Bildungsangebot von gemeinschaftlichen Unterrichtssequenzen profitieren.

Kindersprechstunde

In den Kindersprechstunden nehmen wir uns Zeit, um uns mit den Schüler*innen über ihr Befinden in der Schule und ihr Lernen und Arbeiten zu unterhalten. Hier wird mithilfe der Kompetenzraster der Lernstand erörtert. Es stehen die Kompetenzen des Kindes – „Das kann ich" – im Vordergrund und das weitere Lernen wird besprochen. Ziele werden vereinbart und Unterstützungsmöglichkeiten angeboten. Ein Gesprächsleitfaden dient der Dokumentation und kann als Information im Elterngespräch genutzt werden.

Feedbackkultur

Unter Feedbackkultur verstehen wir an der Hermann-Brommer-Schule einen offenen Austausch über alle schulischen Themen.

Als wöchentlich ritualisiertes Instrument zur Feedbackkultur findet – ergänzend zu den Kindersprechstunden – in der Klassenstunde ein Wochenabschlusskreis statt. Hier können die Kinder ihr Schulleben aktiv mitgestalten. Es werden Probleme besprochen, gemeinsame Regeln vereinbart, warme Duschen verabreicht, Wünsche geäußert und wichtige Informationen weitergegeben. Als übergeordnete Instanz treffen sich die Klassensprecher*innen im Schüler*innenrat. Dieser wird in schulische Entscheidungsprozesse eingebunden, beispielsweise der Fassadengestaltung (Auswahl der Farben) oder der Gestaltung des Pausenhofs. Alltägliche Mitsprache findet bei Themen wie Schulregeln, Verantwortung für Pausenspielzeug, Umgang mit Konflikten etc. statt. Diese Struktur erlaubt es den Kindern, Demokratie und Verantwortungsübernahme von der Basis aus zu erlernen.

Ein Lernbegleitheft dient als Kommunikationsmittel zwischen Elternhaus und Schule und fördert unsere Feedbackkultur. Die Lernbegleiter*innen und die Eltern haben die Möglichkeit, ihrem Kind schriftlich eine Rückmeldung zum Verlauf der Woche zu geben. Dies geschieht lösungsorientiert und wertschätzend. Nach abgesprochenen und visualisierten Feedbackregeln geben sich die Kinder Rückmeldungen zum Beispiel zu Präsentationen am Forschertag, zu selbst geschriebenen Geschichten, zu einem vorgetragenen Gedicht, zur Präsentation von Lesetagebüchern oder einer Idee, die der Klasse vorgetragen wird. Diese Rückmeldungen finden ritualisiert statt. In Rückmeldeheften in Mathematik und Deutsch werden die Rückmeldungen zu den

Könnernachweisen notiert. Das Gelingende sowie die Lernfelder des Kindes werden aufgeführt. Die Eltern erhalten somit eine detaillierte Information, welche Kompetenzen ihr Kind erreicht hat und wo noch geübt werden kann.

Die Eltern haben das Anrecht auf drei Gespräche in einem Schuljahr. Bei Bedarf gibt es weitere Gespräche zwischen den festgesetzten Terminen. Thema ist stets die individuelle Lern- und Entwicklungsplanung. Als Grundlage dienen die Rückmeldehefter mit den Könnernachweisen der Kinder.

Die Einbeziehung des Kindes kann sinnvoll sein, wenn Vereinbarungen getroffen werden, an denen das Kind aktiv beteiligt ist. Wenn gewünscht, findet ein regelmäßiger Austausch per Mail oder Telefon statt.

Schlussworte

„Machen hier eigentlich alle, was sie wollen …

… ja, weil jede*r anders ist.“

Wir sehen es als unsere Hauptaufgabe, die Entfaltung der Kinder in ihrer Verschiedenheit, in ihren Fähigkeiten und Potenzialen zu unterstützen und zu begleiten. Wir sind der Überzeugung, dass jeder Mensch der Experte für sein eigenes Lernen ist. Dabei ist es leichter zu lernen, wenn vor allem das Gelingen und die Fähigkeiten im Blick sind. Bei unserer Arbeit orientieren wir uns am lösungsorientierten Ansatz und pflegen eine Kultur der Wertschätzung und der Anerkennung als Grundlage für das Lernen und die Entwicklung. Unser Hauptaugenmerk liegt auf dem Gelingenden und unser Motto für die Kinder ist: „Ich kann …!"

Um auf die Anfangsfrage zurückzukommen: Natürlich machen bei uns nicht alle, was sie wollen. Statt auf Beliebigkeit setzen wir auf eine wertschätzende Haltung und gewachsene, verbindliche Strukturen.

Literatur

Arbeitskreis Wissenschaftliche Begleitung „Schulanfang auf neuen Wegen" (2006): Schulanfang auf neuen Wegen. Abschlussbericht zum Modellprojekt. Stuttgart: Ministerium für Kultus, Jugend und Sport Baden-Württemberg. www.km-bw.de/site/pbs-bw2/get/documents/KULTUS.Dachmandant/KULTUS/kultusportal-bw/zzz_pdf/Abschlussbericht_24-07.pdf, Download am 29.09.2021.

Faller, K./Kneip, W. (2007): Das Buddy-Prinzip. Soziales Lernen mit System. Mit einem Vorwort von R. Süssmuth. Düsseldorf: Buddy e.V.

Webseite der Schule

www.schule-merdingen.de

Kooperation und Vernetzung

Matthias Dautel & Simone Hentschel-Gärtner

Grundschule Schimmeldewog, Wald-Michelbach (Hessen)

„Schimmeldewog, wie laigscht du schäi"

Vom kleinen Theater zum großen WIR

Beim Stöbern in Literatur zur Unterstützung und Vorbereitung dieses Textes ist uns ein Zitat sofort ins Auge gesprungen und noch lange im Hinterkopf geblieben, das unsere Schulkultur umreißt:

> „Eine lernende Organisation ist ein Ort,
> an dem Menschen kontinuierlich entdecken,
> daß sie ihre Realität selbst erschaffen
> und daß sie sie verändern können."
> (Senge 1996, 22)

Wie wir von der „kleinen Dorfschule oben am Hang" zu „unserer Schule im Ort" geworden sind, darüber schreiben wir in diesem Beitrag. Wir erläutern, welche Schritte hin zu einer lernenden Schule für uns wichtig waren, wie wir uns unsere Realitäten ständig neu erschaffen und verändern und was das Theater damit zu tun hat.

Wir beschreiben unseren Entwicklungsprozess hin zu einem WIR (als WIR-Gefühl der gesamten Schulgemeinde) und klären, warum unsere Schulentwicklung trotz oder gerade wegen der Umwege, die wir gegangen sind, der Motor all unserer Schulkulturentwicklung ist und wie uns das auch bei der Bewältigung von neuen Herausforderungen hilft.

„Eine lernende Organisation ist ein Ort, …"

Unsere kleine Grundschule in ‚Schimmeldewog' ist erst seit ca. 1966 für die beiden Ortsteile Unter-Schönmattenwag und Ober-Schönmattenwag die einzig zuständige Grundschule. Beide Ortsteile waren früher eher strikt getrennt: eigene Schule, eigene Feuerwehr, eigener Friedhof, eigene Konfession. Unter-Schönmattenwag war mehr katholisch geprägt, Ober-Schönmattenwag eher evangelisch. Aus dieser historischen Begründung heraus war es sogar Ende der 1990er-Jahre noch sehr ungewöhnlich, dass man als Schule aus Unter-Schönmattenwag einen Sponsorenlauf auf dem Kerweplatz in Ober-Schönmattenwag veranstaltete, obwohl ja alle Kinder beider Ortsteile Schüler*innen nur dieser einen Grundschule waren. Und dann fing man in dieser kleinen Schule – „da oben am Hang" – auch noch „Freiarbeit" oder Theaterspielen an. Für eine kleine Schule, mit damals rund 80 Kindern und vier Lehrkräften in einem 1000-Seelen-Ort am Rande des südlichen Odenwalds, war das eher untypisch. Es war der Beginn einer neuen Schulidee: Kindern das Lernen nicht als unangenehme Pflicht, sondern als Bereicherung und in einem höheren Maße selbstbestimmt und intrinsisch motiviert zu vermitteln. Schon damals waren wir auf der Suche nach Unterrichtskonzepten, die individuelles Lernen fördern, dem Einzelnen gerecht werden und ihn an den Unterrichtsinhalten teilhaben lassen – damit die Lernenden immer mehr die Verantwortung für ihr eigenes Lernen übernehmen können. Damals stießen wir mit diesen Überlegungen erst einmal auf Unverständnis, die dörfliche Tradition sah vor, dass man in der Schule genau das zu tun und zu lernen hat, was „der Lehrer" sagt.

Mittlerweile hat die Schule ca. 70 Schüler*innen, 5 Lehrkräfte und ca. 8 zusätzliche sozialpädagogische und pädagogische Mitarbeiter*innen und ist eine Grundschule mit flexibler Eingangsstufe und einem Ganztagsprofil bis täglich 16.00 Uhr. Der ursprüngliche und umgangssprachliche Name beider Dorfteile ist Schimmeldewog – nach einer alten Sage über einen von Räubern verfolgten Ritter, der sich nur durch einen waghalsigen Sprung seines Schimmels in Sicherheit bringen konnte (der Schimmel hat es gewagt, über den Bach zu springen). So wie dieser waghalsige Schimmel, dessen Namen wir in unserem Schulnamen Schimmeldewog führen, haben wir uns weiter auf den Weg gemacht, in unserer Schule so einiges zu wagen und zu verändern, damit eine ruhige und freundliche, von allen gemeinsam getragene Lernatmosphäre, in der sich alle wohlfühlen, entsteht und dies auch nach außen hin ausgestrahlt wird.

Aus diesem Grund ist es uns wichtig, dass unsere Kinder und wir in einer Lernumgebung arbeiten können, die „die Selbstständigkeit und Kreativität fördert, das Selbstbewusstsein stärkt, den Forscherdrang nicht aufhält und die Individualität achtet" (Schulprogramm Grundschule Schimmeldewog, 2001).

So hat sich eine Schulkultur entwickelt, die nicht auf den Raum Grundschule Schimmeldewog beschränkt ist, sondern alles, was mit uns und unserer Schule zusammenhängt, einschließt.

„… an dem Menschen kontinuierlich entdecken …"

Neben dem Wagen ist uns auch das Entdecken sehr wichtig. Das Entdecken von Bindungen und den Auswirkungen gelingender Kommunikation, das Entdecken der eigenen Individualität in Beziehung zu den anderen, das Entdecken eigener Fragestellungen und nicht zuletzt das Entdecken, dass jeder mithelfen kann, Schule zu verändern.

Drei Säulen tragen unsere Schulkultur in besonderem Maße:
1. Bindung und Kommunikation
2. Bezogene Individuation / Selbstwirksamkeit
3. Schulentwicklung / Lernende Organisation

Sie werden hier kurz vorgestellt und weiter unten durch Beispiele verdeutlicht.

Bindung und Kommunikation

Uns ist es wichtig, dass alle Kinder und Lehrer*innen aus allen Klassen regelmäßig in kleineren oder größeren Teams zusammenarbeiten und eine Bindung zueinander aufbauen. Durch unseren jahrgangsübergreifenden Unterricht, der am halben Vormittag als Freiarbeit in vier Themenräumen gestaltet wird, haben alle Schüler*innen und Lehrer*innen regelmäßig zueinander Kontakt und auch die Zeit dafür, diese Kontakte zu pflegen.

07.30 – 08.10 Uhr (40 Minuten)	Gleitzeit
08.10 – 09.30 Uhr (80 Minuten)	Freiarbeit in Lernwerkstätten
09.30 – 10.15 Uhr (45 Minuten)	Frühstück und Bewegungspause
10.15 – 10.55 Uhr (40 Minuten)	Planungskreis / Übungszeit
10.55 – 11.55 Uhr (60 Minuten)	Projektzeit
11.55 – 12.05 Uhr (10 Minuten)	Pause
12.05 – 12.50 Uhr (45 Minuten) 12.50 – 13.35 Uhr (45 Minuten)	Fachunterricht
12.05 / 13.35 – 15.45 Uhr (130 – 220 Min.)	Ganztagesangebote

Abb. 1: Tagesablauf

Durch ein hohes Maß an selbstständiger Arbeit in unserer Freiarbeitsphase (siehe Abb. 2) wird den Lehrkräften, die hier zum großen Teil als Lernbegleitung fungieren, immer wieder auch die Chance eröffnet, sich mit dem einzelnen Kind oder aber auch mit kleinen Gruppen kommunikativ in Verbindung zu setzen. Dies ermöglicht fast immer spannende und intensive Unterrichtsgespräche. Unterstützt wird dies durch unseren Projektblock, der für alle Klassen die Möglichkeit zur jahrgangsübergreifenden Projektarbeit mit den anderen Klassen eröffnet. In diesem Block sind alle Klassenlehrkräfte jeweils in ihren Klassen eingesetzt.

Abb. 2: Arbeit in der Lernwerkstatt

- *Freiarbeit:* Die Kinder arbeiten alleine oder in kleinen Gruppen an eigenen Forscherfragen in den vier Themenräumen (Leseraum, Schreibwerkstatt, Lernwerkstatt und Mathematikraum).
- Übungszeit: Individuelle Arithmetik-, Rechtschreibe- und Leseübungen im Klassenverband.
- Projektzeit: Klassen- oder Schulprojekte zu gemeinsamen Themen.

Die Einführung dieser regelmäßigen Projektarbeit war einer der Schlüssel für eine gute und gelingende Bindung und Kommunikation zwischen Kindern und Kindern, Kindern und Lehrkräften und auch zwischen Lehrkräften, Eltern und Kindern. Bei diesen Projekten lernt man sich und sein Gegenüber intensiver kennen. Jede an diesem Prozess beteiligte Person, ob klein oder groß, bringt sich motiviert, mit Anstrengung und mit all ihren Kompetenzen in diese gemeinsame Arbeit ein. Es entstehen spontane Gesprächssituationen, die auch mal nicht ,nur immer Schule im Fokus haben', und es werden immer mehr Kommunikationsstrukturen etabliert, die die gemeinsame Arbeit und die Organisation der Projekte unterstützen. Durch das gemeinsame Tun und das gemeinsame Ziel (die Präsentation der Ergebnisse in der Öffentlichkeit) ist jeder bestrebt sein Bestes zu geben, das bereichert ungemein das WIR-Gefühl.

Die Eltern sowie der ganze Ort bzw. die nähere Umgebung sind durch diese Projektarbeiten, zu denen auch unsere Theater und Musicals gehören, Teil der Schulkultur geworden und fühlen das auch so. Hierbei war und ist es für uns immer wieder sehr wichtig, eine wertschätzende und respektvolle Kommunikation vorzuleben, um alle Gesprächspartner*innen auf Augenhöhe und gleichberechtigt miteinander in Beziehung zu bringen. Und das jedes Schuljahr (mit neuen Kindern und Eltern) immer wieder neu.

Bezogene Individuation / Selbstwirksamkeit

Unter bezogener Individuation (vgl. Stierlin 1994) verstehen wir die Unterstützung der individuellen Entwicklung hin zu mehr Selbstständigkeit, dem Gefühl, selbstwirksam zu sein und Verantwortung für das eigene Handeln zu übernehmen (Individuation). Dies erfolgt aber immer in Beziehung zu anderen, zu der Lerngruppe bzw. zur Schule (Bezogenheit). Das heißt, das Gefühl, autonom agieren zu können, sehen wir nicht als Gegenteil davon, sich auf die anderen zu beziehen, sondern kultivieren die Verbindung, sich mit anderen zusammen zu individuieren. Dieses Wechselspiel wirkt aus unserer Sicht sehr stärkend sowohl nach innen als auch nach außen.

So ist der wöchentliche Klassenrat, der abwechselnd von unterschiedlichen Kindern (dem/der Kreischef*in) geleitet wird, nicht nur der Ort, an dem Konflikte besprochen und (hoffentlich) geklärt werden können, sondern in dieser Zeit findet auch unsere Portfoliozeit statt, in der die Kinder von ihren Ergebnissen und Prozessen in der vergangenen Woche berichten. Sie bekommen hierbei Feedback der anderen und nutzen den Raum auch, um Unterstützung und Anerkennung zu bekommen oder anzubieten.

Deutlich wird die bezogene Individuation zum Beispiel beim Gespräch über das nächste Projektthema, welches wir in der Projektzeit mit allen Schüler*innen der Jahrgangsgruppe als Projekt mit anschließenden Präsentationen der Ergebnisse durchführen. Hierbei ist es das Ziel, im Konsens (mit der gesamten Lerngruppe) ein Oberthema zu finden, bei dem jedes Kind (individuell) zumindest einen Aspekt finden kann, mit dem es sich in der nächsten Zeit intensiver beschäftigen will.

Wir als Lehrer*innen geben hierbei nur grob eine Auswahl von Themen vor, die noch in diesem Schuljahr bearbeitet werden müssen. So kann es sein, dass die meisten Kinder zum Beispiel dafür sind, sich intensiver mit dem Thema Mittelalter zu beschäftigen, einige Kinder dieses Thema aber schon in der Freiarbeit behandelt haben und lieber experimentieren wollen. Der Prozess, den man vor allem bei den älteren Schüler*innen mitverfolgen kann, wie darum gerungen wird, sowohl die Themen jedes Einzelnen als auch das Oberthema für alle „unter einen Hut" zu bekommen und einen Kompromiss zu erarbeiten, ist immer wieder faszinierend. Im konkreten Beispiel einer vierten Klasse war das Ergebnis das Thema „Alchemie", das dann in den folgenden zwei Wochen die Klasse tief ins Mittelalter und die damalige „Experimentierkultur" geführt hat.

Ein sehr wichtiger Aspekt, den wir Lehrer*innen in allen Gesprächen und Treffen vorleben, ist, dass es nicht darum geht, in einer Gruppe eine Mehrheit für etwas zu finden, da Mehrheiten neben den Gewinnern eben auch Verlierer erzeugen. Vielmehr versuchen wir bei Entscheidungsfindungen, angelehnt an das systemische Konsensieren, Lösungen mit dem geringsten Widerstand zu finden, bei denen der Einzelne gesehen wird und sich gesehen fühlt, ohne dass dabei der Blick auf die anderen und das „Gruppenwesen" verloren geht (vergl. Visotschnig / Schrotta 2005).

Schulentwicklung / lernende Organisation

Schulentwicklung ist der Motor unserer Schulkultur. Dadurch, dass wir ein sehr kleines Team sind, haben wir größere Chancen, unsere Schulentwicklungsideen kurzfristiger weiter entwickeln zu können. Und so ist der Name unseres Schulkonzeptes „Kleine Schule – Große Chance" Programm. Wir haben durch die vorher skizzierte Projektarbeit mit Eltern und Kindern gemeinsam gelernt, dass es bei der Zusammenarbeit auf Vertrauen, Wertschätzung, eine gute Feedbackkultur und Zieltransparenz in hohem Maße ankommt. Wenn jede*r am Entwicklungsprozess beteiligt werden soll, muss auch jede*r gehört werden.

Mechthild Reinhard (Geschäftsführerin des sysTelios Gesundheitszentrums Siedelsbrunn) führte dazu in den Super- bzw. Intervisionen mit unserem pädagogischen Team das Bild des Feuers ein, um das wir gemeinsam tanzen. Diese gemeinsame Mitte versuchen wir auch immer wieder mit den Schüler*innen zu besprechen und zu visualisieren.

Unsere Schulentwicklung ist kein statisch aufgebautes Entwicklungsprogramm, sondern ist sehr an den Bedürfnissen jedes einzelnen Mitgliedes der Schulgemeinschaft orientiert. Dadurch, dass die Zusammensetzung unseres ‚Systems Schule' ständig variiert, ist auch unsere Schulentwicklung ständig im Wandel. Der Einzelne orientiert sich nicht nur am System, das System orientiert sich auch am Einzelnen.

Wir setzen kleinere Änderungen oft sehr schnell um und sind sehr sensibel für das diesbezügliche Feedback der gesamten Schulgemeinde. Ein stabiles Kommunikationskonzept mit dem Grundgedanken, in unserem Schulsystem immer in Verbindung miteinander zu sein / zu bleiben, und die Tatsache, dass sich jedes Mitglied der Schulgemeinde auch als gleichwertig betrachten kann, unterstützen die gemeinsam getragene Entwicklung von Schulqualität.

So gelingt es auch bei den größeren Veränderungsschritten (zum Beispiel der Einführung von jahrgangsgemischter Freiarbeit in Themenräumen) durch das direkte Einbeziehen und begleitende Feedback von Kindern, Eltern und Lehrer*innen, neue Wege einzuschlagen, die zu einer positiven Veränderung führen. Mit der konsequenten Transparenz von Entwicklungsideen und der Partizipation von Schüler*innen und Eltern an dem entsprechenden Entwicklungsprozess können wir in kürzeren Zeiteinheiten unsere Schule weiterentwickeln.

Hier zählt immer der Teamgedanke: Wir machen uns gemeinsam auf den Weg, sehen „Fehltritte" als Wegweiser an und kommen gemeinsam zu Fortschritten. Wir lernen, gemeinsam den richtigen Weg zur Entwicklung unserer Schulqualität zu finden. Sehr unterstützend war hier auch der regelmäßige Austausch und die Hospitationen in unserer Arbeitsgruppe des Schulverbundes „Blick über den Zaun" – kurz BÜZ, dem wir seit Herbst 2009 angehören (www.blickueberdenzaun.de).

„…, dass sie ihre Realität selbst erschaffen …"

Seit ungefähr zwanzig Jahren erschaffen wir immer wieder aufs Neue unsere Schulrealität. Diese Wahrnehmung einer Realität, die eben keine unveränderliche Umwelt abbildet, sondern ganz im Sinne des Konstruktivismus von uns immer wieder neu erschaffen wird, eröffnet uns dabei neue Blicke auf das, was war, ist oder werden soll.

Um auf diesem Weg die eigene Realität zu erschaffen, haben wir schon zu Beginn der pädagogischen Umstrukturierung des Unterrichts um das Jahr 2000 herum festgestellt, dass es sehr wichtig ist, die Eltern mitzunehmen. Natürlich wurden Elternabende veranstaltet und Infobriefe geschrieben. Auch wurde in dieser Zeit extrem viel telefoniert, um die Fragen und Ängste der Eltern aufzunehmen und sie zu beruhigen. Da dies alles nur auf der „Kopfebene" wirksam war, wir aber merkten, dass Schulkultur auch etwas mit dem Herzen zu tun hat, wurde es ab dem nächsten Schuljahr anders …

2001 bestand das damalige Kollegium aus vier Lehrkräften, von denen gerade zwei jüngere Lehrerinnen neu ins Team gekommen waren. Schnell hatte man herausgefunden, dass das Theaterspielen eine gemeinsame Leidenschaft ist. So wurde die bestehende Theater AG zügig zu einem ersten größeren Theaterprojekt, an dem alle Kinder beteiligt sein sollten. Das erforderte natürlich einen größeren Aufwand, als wenn nur die Mitglieder der Theater AG zu den Akteuren gezählt hätten. Es wurde auch in den Musikstunden, teilweise in den Sportstunden und im Kunstunterricht fächerübergreifend am Theaterprojekt gearbeitet. Natürlich kamen auch einige Eltern zum Schneidern der Kostüme dazu oder halfen beim Basteln. Im Großen und Ganzen waren die Regie, die Gestaltung der Requisiten, das Anfertigen des Bühnenbildes und die Technik aber noch in fester Hand der Lehrkräfte, die sich alles im Vorfeld bis ins Kleinste überlegt hatten.

Der Schritt zu einer größeren Partizipation der Schüler*innen und Eltern war dann einem kleinen Gedanken geschuldet:

In Schimmeldewog sind sehr viele Eltern und Schüler*innen in Vereinen organisiert und engagieren sich dort sehr. Dieses Engagement wollten wir auch für die Schule nutzen. Darum hatten wir die Idee, das nächste Theaterprojekt gleich von Anfang an zusammen mit Eltern und Kindern zu planen. Sowohl die Kulissen als auch die Kostüme wurden dann nach Absprache komplett in Elternhand gegeben.

Lediglich das Stück hatten die Lehrkräfte herausgesucht und das Regiebuch entsprechend angepasst. So organisierten wir einen ersten Info-Elternabend für all diejenigen Eltern, die Lust hatten, sich mit uns gemeinsam in das nächste Projekt zu stürzen. An diesem Abend wurden verschiedene Gruppen gebildet, die zur Planung und Durchführung des Projektes wichtig waren: Kostümgestaltung / Bühnenbild / Schauspielausbildung / Regie und Technik. Jede Gruppe hatte einen erwachsenen Verantwortlichen und eine Lehrkraft, die die Organisation der Gruppe übernahmen und Termine vereinbarten. Alle beteiligten Personen und die Schüler*innen, die sich ebenfalls den entsprechenden Gruppen zuordneten, waren bei den Planungen und Vorbereitungen und bei der Durchführung des Theaterprojektes von Anfang an die Gestalter. Jeder brachte seine Ideen ein und es wurde innerhalb der Gruppen oft diskutiert, ob man etwas so oder so noch besser machen könnte. Die ersten Theater-Projekte dieser Art wurden nach einer Vorbereitungsarbeit von ca. 2 Monaten und vielen Treffen mit Eltern, Schüler*innen und Lehrer*innen gestartet und liefen ca. 3 Monate lang: anfangs nur einmal pro Woche, dann etwas intensiver jeden Tag eine Doppelstunde und am Ende zwei komplette Theaterwochen.

In dieser Zeit sind die Lehrer*innen, die Eltern und die Schüler*innen zu einer Theatergruppe zusammengewachsen, in der sie gemeinsam und gleichberechtigt an der Umsetzung beteiligt waren. Die Eltern, die sich nicht persönlich an dem Projekt beteiligen konnten oder wollten, wurden regelmäßig über die Fortschritte informiert, und spätestens bei einer der Aufführungen waren auch sie Teil des Ganzen.

Abb. 3: Kulissenbauwochenende der Eltern in der Schule

Die Eltern und hier auch viele Väter haben sich am Wochenende mit Kindern in der Schule getroffen, an den Abenden vor der Aufführung waren Eltern, Kinder und Lehrer*innen zusammen in der Turnhalle, um die letzten Vorkehrungen zu treffen.

Uns sind einige Schlüsselszenen noch gut in Erinnerung, die zeigen, dass die Kinder beim Theaterspielen über sich hinauswachsen können.

Etwa der Schüler, der noch bei der Generalprobe sein Gesangssolo nur versteckt aus dem Geräteraum singen wollte und dann bei der Aufführung plötzlich selbstsicher mit Anzug und Krawatte mitten auf der Bühne im Rampenlicht stehend alle Zuschauer zu Tränen gerührt hat. Oder die zwei jungen Schauspieler*innen, die kurz vor der Uraufführung mit ihren Dialogen nicht zufrieden waren und diese kurzerhand in der verbliebenen halben Stunde selbstständig umschrieben, probten und dann direkt bei der ersten öffentlichen Aufführung darboten und dafür Szenenapplaus erhielten.

Erfahrungen dieser Art konnten wir immer wieder miterleben und spüren, mit wie viel Selbstverantwortung und Ernsthaftigkeit die Schüler*innen agieren, wenn man ihnen den Raum dafür gibt.

Mit den Jahren wurde durch diese Theaterprojekte die Zusammenarbeit mit den Menschen im Ort intensiviert. Nach und nach kamen zur Umsetzung unserer Theaterprojekte und Musicals auch immer mehr ehemalige Schüler*innen dazu, die entweder im Männergesangsverein waren (mit diesem entstand vor vielen Jahren schließlich eine feste Kooperation) oder diesem für das Musical beitraten, die sich selbstständig gemacht hatten und z. B. die Technik übernahmen oder die auf dem ortsansässigen Gymnasium in der Bigband spielten, mit der wir ebenfalls nun schon seit einigen Jahren kooperieren.

So wuchs unsere anfänglich kleine Theaterveranstaltung oben in der Schule zu einem großen (fast professionellen) Theaterarrangement unter Teilnahme sehr vieler Menschen aus dem Dorf zu einem WIR-Projekt im Ort.

Trotzdem ist es uns wichtig, bei den Theaterinszenierungen bei all dem „Pomp", der Technik, den verschiedenen Bands, Chören, den vielen Lampen und Mikrofonen nicht das für uns Wesentliche aus dem Blick zu verlieren – die Prozesse und Interaktionen der Kinder.

Unsere Theater-/Musicalprojekte finden meistens alle zwei Jahre statt und haben unsere Schulgemeinde so stark zusammengeschweißt wie kein anderes Schulprojekt.

Die letzten Aufführungen mit (bei 70 Schüler*innen) beachtlichen 400 Zuschauern pro Aufführung waren ein riesiger Erfolg. Die Schlussszenen, bei der alle Kinder, Lehrkräfte und Helfer*innen auf der Bühne mit Tränen in den Augen das Titellied geschmettert haben, werden allen noch lange in Erinnerung bleiben und haben das erreicht, was wir implizit erreichen wollten – WIR (die Schule und der Ort) sind eine Gruppe geworden.

Abb. 4: Geiermeiers Tanz aus dem Stück „Der kleine Vampir"

Seit diesem Zeitpunkt sind viele Eltern ganz selbstverständlich in der Schule, bieten ihre Hilfe an oder fragen nach und gehören einfach dazu!

Auch trägt seither unsere kleine Schulgemeinde zu allen öffentlichen Festen und Feiern im Ort jeweils ihren Teil bei und bereichert durch die vielen verschiedenen Facetten das kulturelle Dorfleben.

Durch das Näherrücken und das gemeinsame Arbeiten, Üben und Anstrengen bei unseren Projekten hat sich natürlich auch die Kommunikation zwischen Lehrkräften und Eltern verändert. Wir sind einander nicht mehr fremd und man geht offener miteinander um. Das wirkt sich sehr positiv auf alle Bereiche des Schullebens aus, insbesondere bei der gemeinsamen Zielsetzung in Bezug auf die individuelle Entwicklung der Kinder.

Aber nicht nur Schule und Ort sind zusammengewachsen, auch der Ort, bestehend aus Unter- und Oberschönmattenwag, ist über die Jahre zusammengerückt, so gibt es zum Beispiel seit gut zwei Jahren keine Ortsgrenzen zwischen Unter- und Oberschönmattenwag mehr, es gibt nur noch eine gemeinsame Feuerwehr, nur noch einen Ortsbeirat und ein Musikfest auf dem Schulhof der Schule.

Passt unsere damit neu geschaffene Realität jetzt besser zu „unserem Dorf" oder ist das Dorf dadurch auch zu einem anderen geworden? Wer passt sich an wen an, wer verändert wen, wer erschafft sich und andere neu?

Und so ist die Quintessenz, dass dieses WIR-Gefühl schon seit Jahren unsere Schulkultur und unsere Schulentwicklung, aber auch die Beziehung der Schule zum Ort prägt.

„… und dass sie sie verändern können!"

Natürlich oder auch zum Glück ist unsere Entwicklung zu diesem Punkt, an dem wir heute stehen, nicht geradlinig verlaufen. Uns war und ist es wichtig, sowohl „Muster des Gelingens" als auch sogenannte „Störungen" für unsere Entwicklung zu nutzen. Wir haben viel experimentiert, kommuniziert und evaluiert auf unserem Weg. Es gab Dinge, die fast unverändert die Zeit überdauert haben, und andere, an denen wir seit Jahren feilen. Es gab Zeiten, in denen wir für ein Schuljahr (wegen der Renovierung unserer Schule) in die Großsporthalle umziehen mussten, um dort mit 80 Kindern zwischen den Handballtoren und den Weichbodenmatten unsere Schulkultur zu leben. Es gab in den letzten Jahren schwierige Wechsel im Kollegium, die fast gänzlich unsere Kapazitäten und Ressourcen für die Teamentwicklung beansprucht haben. Und es gab aber auch immer wieder Phasen, in denen wir mit viel positiver Energie umfassende Veränderungen in Angriff genommen haben und viel schneller als vermutet da ankamen, wo wir hinwollten.

Abb. 5: Tanz aus „Leonarda"

Was wir gelernt haben über all die Jahre, ist, dass wir uns auf unsere Stärken verlassen können und „Fehler" verkleidete Chancen sind. Wir haben ein gutes und stabiles Netz an Beziehungen geknüpft, mit den Schüler*innen, den Eltern, dem Dorf und darüber hinaus. Wir legen aber auch großen Wert auf die individuelle Begleitung und Entwicklung jedes Einzelnen.

Wir haben Kommunikationsstrukturen etabliert, die gut funktionieren und auf die wir uns verlassen können. Wir können vieles verändern, anpassen, ergänzen, wieder verwerfen oder komplett neu erfinden, weil dieses Innovieren von der gesamten Schulgemeinde getragen wird. Dabei ist uns immer der ethische Imperativ von Heinz v. Förster eine Richtschnur:

> **„Handle stets so,**
> **dass sich die Anzahl deiner Möglichkeiten erweitert."**
> (Heinz v. Foerster 1985, 49)

Wie gut unsere Schulkultur uns auch durch schwierige Zeiten trägt, können wir aktuell im Schuljahr 2020/2021 sehr genau beobachten.

Zurzeit befinden wir uns nun schon über ein Jahr in der Coronapandemie, die vieles von dem, was uns so wichtig ist (jahrgangsgemischte Freiarbeit, Projektarbeit, regelmäßige persönliche Kommunikation mit Kindern und Eltern, Schülerkonferenzen im großen Plenum, Theaterprojekte …) erst einmal auf Eis gelegt hat. Unsere jetzigen Erstklässler*innen konnten bisher noch nicht einmal in jahrgangsgemischter Freiarbeit lernen und haben noch keine Schülerkonferenzen im großen Mehrzweckraum mit Präsentationen ihrer Mitschüler*innen kennenlernen dürfen. Auch die Zweitklässler haben diese Erfahrung nur ganz kurz in ihren ersten Schulmonaten erlebt. Durch die angeordnete konsequente Trennung von Lerngruppen kennen sich die Schüler*innen untereinander gar nicht mehr, die Klassen sind sich fremd. Das Schulleben fühlt sich zurzeit irgendwie künstlich an, irgendwie „ver-rückt".

Und trotzdem haben sich auch Chancen ergeben, die letztendlich zu Errungenschaften geworden sind. Neben all den erschreckenden Ereignissen in der Welt um uns herum wurde unserer Schulentwicklung ein Digitalisierungsschub verpasst, von dem wir noch lange profitieren werden. Unsere „Großen" sind fit im Kommunizieren per Videokonferenz, die sie nun schon selbstständig organisieren können. Ganz selbstverständlich werden Power-Point-Präsentationen in der Cloud gespeichert und mit Freunden geteilt, damit man auch zusammen während des Wechselunterrichts an einem Thema arbeiten kann, wenn der eine zu Hause ist und der andere in der Schule. Der Umgang mit dem Laptop, Tablet oder anderen Endgeräten wird schon für die Jüngsten zum Alltag. Die Pandemiesituation hat uns gezeigt, dass unsere Schüler*innenkonferenzen und unser gemeinsames Montagssingen auch in Zeiten von Distanzunterricht extrem wichtig für unser WIR-Gefühl sind und auch als Videokonferenz mit 80 Teilnehmer*innen diese Funktion erfüllen können.

Abb. 6: Generalprobe der Abschlussszene bei „Leonarda"

Und trotzdem sehnen wir uns nach Zeiten, in der Kontakte wieder möglich werden und das Theaterspielen und gemeinsame Musizieren und Singen wieder zurück in das Schulleben finden.

Wir erfreuen uns also weiterhin (trotz aktueller Virenlast, Mutante und hoher Inzidenz) an unserer Schulkultur, betrachten sie wohlwollend von allen Seiten, entdecken immer wieder Neues darin und überlegen uns wie ein Bildhauer oder Töpfer, was weg kann, welche Ecke bleiben muss, welches Loch gefüllt werden will oder ob oben noch ein weiterer funkelnder Stern installiert wird. Wir erfreuen uns am Erschaffen von Realitäten mit allen Beteiligten, stoßen Änderungen an und lassen uns mitreißen im wilden Strom der Schulentwicklung mit der Sehnsucht, irgendwann eine kurze Pause am ruhigen Ufer einzulegen, um danach direkt wieder einzutauchen und weiterzumachen. Und zwischendurch stehen wir immer wieder gemeinsam auf der Bühne, singen, tanzen und haben Tränen der Freude in den Augen …

> **„Man kann nicht in die Zukunft schauen,**
> **aber man kann den Grund für etwas Zukünftiges legen**
> **– denn Zukunft kann man bauen."**
> (Saint-Exupéry 2002)

Literatur

Foerster, H. von (1985): Sicht und Einsicht. Wiesbaden: Springer Fachmedien.

Saint-Exupéry, A. de (2002): Die Stadt in der Wüste. Düsseldorf: Karl Rauch.

Senge, P.M. (1996): Die fünfte Disziplin. Kunst und Praxis der lernenden Organisation. Stuttgart: Klett-Cotta.

Stierlin, H. (1994): Individuation und Familie. Studien zur Theorie und therapeutischen Praxis. Berlin: Suhrkamp.

Visotschnig, E. / Schrotta, S. (2005): SK-Prinzip: Wie man Konflikte ohne Machtkämpfe löst. Wien: Ueberreuter.

Webseite der Schule

 www.kleine-schule.de

Gunda Ruge-Strudthoff

Grundschule Borchshöhe, Bremen

Ich zeige, was ich kann

Die Fähigkeiten der Kinder in den Mittelpunkt stellen

„weg von dem Blick auf Defizite hin zum Blick auf Stärken …
von der Fehlersuche zur Schatzsuche." [1]

Unsere Schule ist mehr als ein Ort des konzentrierten kognitiven Lernens. Unterricht im herkömmlichen Sinne findet nicht mehr statt. Projektunterricht macht einen wesentlichen Bestandteil unseres Schultages aus. Wir sehen es als unsere Aufgabe, unsere Kinder mit den Grundlagen unserer Kultur vertraut zu machen und ihnen zu ermöglichen, sich diese individuell und gemeinsam mit anderen erschließen zu können.

In unserem Verständnis ist Lernen mehr als das Erlernen der Grundfertigkeiten des Lesens, Rechnens und Schreibens. Wir wollen zudem auch Interessens- und Begabungsförderung leisten, die über den Unterricht hinausgeht.

Wie ist es dazu gekommen?

Bis zum Schuljahr 2001 war unsere Schule eine mehrzügige Regelschule mit den Jahrgängen 1–4 und einer Vorklasse. Durch die Initiative der beiden neuen Schulleitungen Petra Köster-Gießmann und Karin Bossaller haben wir 2002/03 begonnen, die Schule basierend auf dem schwedischen Modell „Skola 2000" nach Ingemar Mattsson zu verändern: jahrgangsgemischte Lerngruppen, individuelle Entwicklungspläne, fächerübergreifende Projektarbeit, Lehrer*in als Begleiter*in. Zu diesem Zweck gab es verschiedene Exkursionen nach Schweden, um dort in den unterschiedlichsten Schulen zu hospitieren.

Danach wurden die Jahrgangsklassen von Schuljahr zu Schuljahr aufgelöst und die Kinder lernen zusammen in jahrgangsgemischten Lerngruppen mit individuellen Wochenplänen. Bis heute haben sich daraus sechs Lernhäuser entwickelt, die sich jeweils in zwei Gruppen aufteilen – Stufe I mit den jüngeren Jahrgängen und Stufe II mit den älteren Jahrgängen –, in jedem Haus lernen und leben ca. 40 Kinder miteinander. Ihr Tag wird begleitet von einem konstanten multiprofessionellen Team, das optimalerweise aus mindestens

---

1) Von der Groeben, A. (o. J.): zitiert nach: Brügelmann, H. (2021): „Wir wollen Schule machen!" Erinnerungen an Annemarie von der Groeben. In: Grundschule aktuell 154, Mai 2021, 43

zwei Lehrer*innen besteht, die jeweils alle Kinder des Hauses in Mathematik bzw. Deutsch begleiten, einer Sonderpädagogin und einer Erzieherin. In einigen Teams arbeiten zudem Referendarinnen, Bundesfreiwillige, Assistenzen oder Jahrespraktikantinnen.

Im Schuljahr 2003/04 wurden wir zudem eine der ersten gebundenen Ganztagsschule in Bremen. Somit war es erforderlich, auch die Zeiteinteilungen an der Schule zu verändern: Die Kinder sind täglich von 8.00 Uhr bis 15.00 Uhr in der Schule (optional von 7.00 bis 16.00 Uhr). Der 45-Minuten-Takt wurde aufgehoben, um größere Zeiteinheiten einzurichten, und der Gong abgeschafft. Die jahrgangsübergreifende Arbeit wurde verbunden mit einer Rhythmisierung des Schultages, sodass für jedes Kind entsprechend seiner individuellen Fähig- und Fertigkeiten ein Arbeits- und Angebotsprogramm erarbeitet und umgesetzt werden konnte. So entstanden vielfache Möglichkeiten zum Lernen – zum Fördern und Fordern – und die Lernchancen für jedes einzelne Kind stiegen. Hier erfolgte die Ausgestaltung des Lernortes zu einem Lebensort.

Über die genannten organisatorischen Umgestaltungen hinaus stand die stetige Weiterentwicklung des Unterrichts. Bedeutsam hierfür ist eine Veränderung des Rollenverständnisses sowie die Haltung der Lehrer*innen und Erzieher*innen. Der Schlüssel zu einem neuen Rollenverständnis liegt dabei in jedem Erwachsenen selbst. Die Lehrkraft muss sich von einer Lehrenden zu einer Begleitenden entwickeln, so werden aus den Klassenlehrer*innen Mentor*innen, welche sich als Fördernde und erfahrene Beratende verstehen. In Konsequenz bedeutet diese Entwicklung, dass sie sich nicht länger in ihrer traditionellen Rolle als Wissensvermittlerin begreifen dürfen, sondern sie müssen als Begleiterinnen Lernen mit differenzierten Aufgaben auf verschiedenen Niveaustufen ermöglichen. Darüber hinaus müssen sie immer mehr sozialpädagogische Aufgaben wahrnehmen. Der neue Tagesrhythmus der Kinder im Wechsel von Spannung und Entspannung verbunden mit den dahinterstehenden pädagogischen Ideen verlangt nach einem anderen Unterrichts- und Tagesrhythmus für die Lehrkräfte, der nicht mehr auf der Basis althergebrachter Stundendeputate beruht. Ganztagsschulen brauchen Ganztagslehrer*innen. So entstand ein Arbeitszeitmodell, nach dem eine Lehrer*in mit einer Unterrichtsverpflichtung von 28 Lehrerstunden an der Schule eine darüber hinausgehende Präsenzzeit von 14 Zeitstunden hat, in der u. a. Teamsitzungen, Fachkonferenzen und gemeinsame Unterrichtsplanungen stattfinden. Im Verlauf dieses Prozesses haben viele Kolleginnen die Schule verlassen und neue Kolleginnen mussten immer wieder neu integriert werden, wodurch die inhaltliche Entwicklung der Schule zeitweise in Kurven verlief und so mancher Stolperstein beiseite geräumt werden musste. Seit ca. zehn Jahren haben wir ein stabiles, altersgemischtes Kollegium, das das Konzept der Schule lebt und weiterentwickelt.

Die Ideen zu unserer Schule als Lern- und Lebensort spiegeln sich wider in den vier Sätzen unseres Leitbildes[2], die wir im Folgenden kurz erläutern.

Wir sind eine Schule für alle

Das Einzugsgebiet unserer Schule ist zum einen geprägt durch viele Mehrfamilienblocks – sozialer Wohnungsbau und Vierfamilienhäusern, mit überwiegend kleinen 2- bis 3-Zimmer-Wohnungen, zum anderen durch frei stehende Einfamilien- und Reihenhäuser. Diese soziale Mischung ist an der Schule deutlich zu sehen und zu spüren. Der Stadtteil wird geprägt durch eine hohe Arbeitslosigkeit und Familien, die schon in der zweiten und dritten Generation auf Grundhilfe angewiesen sind. Im Schuljahr 2020/2021 besitzen ca. 50 % unserer Schüler*innen einen Bremen-Pass, der bedürftigen Kindern soziale und kulturelle Teilhabe ermöglicht. An unserer Schule bewegen sich Familien aus ca. 25 Ländern. Etwa 55 % gelten als „nicht deutsche Muttersprachler". Zudem ist unsere Schule seit 2018 ein Standort für Kinder mit Wahrnehmungs- und Entwicklungsstörungen (W&E).

Unser gemeinsames Ziel ist es, all den Kindern, die sich hinter diesen Zahlen verbergen, gerecht zu werden. So steht im Mittelpunkt der Lernzeit immer die Berücksichtigung des individuellen Lern- und Arbeitsrhythmus der einzelnen Schüler*in durch einen individuellen Wochenplan. In den Wochenplänen werden individuelle Lernziele und Aufgaben dokumentiert. Die Schüler*innen arbeiten in Arbeitsheften, die von den Fachkonferenzen als Pool zusammengestellt werden, und so können die individuellen Lernwege der Kinder berücksichtigt werden. Hinzu kommt ausgewähltes handlungsorientiertes Material. Im Laufe der Entwicklung haben wir unseren Blick auf die Aufgabenstellungen verändert, sodass Aufgaben so gestellt werden, dass alle Schüler*innen in der Lage sind, zu konstruktiven Lösungen und individuell guten Leistungen zu gelangen. Wir verstehen es als unsere Aufgabe, jedes Kind auf seinem eigenen Lernweg zu begleiten und in seinem Selbstlernbedürfnis zu stärken. In diesem Prozess versteht sich die Lehrer*in als Begleiter*in. Sie unterstützt und hilft. Die Schüler*innen lernen, Hilfe einzufordern bei den Lehrer*innen oder den Mitschüler*innen.

Jilan ist 8 Jahre alt und kommt aus Syrien, sie spricht kein Deutsch, kennt nur arabische Schriftzeichen. Heute ist ihr zweiter Schultag, an ihrem ersten hat sie mit uns Fasching gefeiert und gezeigt, wie glücklich sie ist, hier zu sein. Nun also lernen, aber wie geht das hier? Ich zeige ihr Dinge, gebe ihr Material. Unsere älteren Schüler übersetzen, was wir voneinander möchten.

---

2) siehe www.schule-borchshöhe.de/schule/leitbild

Jilan ist höflich, sie legt mir die Arbeitsmaterialien einfach unbearbeitet auf meinen Schreibtisch zurück. So weiß ich: Das möchte sie nicht! Sie ist sehr aufmerksam, wissbegierig. Sie zeigt auf Dinge, die sie lernen möchte: nämlich Mathe lernen! Ungefähr ein Jahr lang – nur Mathe! Ich brauche Geduld – mit mir. Beklebe den Raum mit Wörtern in Deutsch und Arabisch. Es interessiert sie nicht.

Sie rechnet, und das sehr gut. Sie spielt und lernt unsere Sprache nebenbei. Dann will sie schreiben lernen, lesen lernen, Englisch lernen. Und sie bleibt dabei: Sie „kauft" in meinem Angebot Material und arbeitet fleißig. So lernt sie weiter und weiter.

4 Jahre später: Jilan steht als Schulsprecherin auf einem Podium, ein Mikrofon in der Hand und hält eine Rede vor Behördenvertretern, Eltern, Mitschülern und Lehrern. Sie spricht klar und begeistert von ihrer Schule.

(Sandra Neitsch, Mentorin)

Auf diesem Weg haben wir eine große Lernzufriedenheit bei den einzelnen Schüler*innen erreicht. Es war für das Kollegium ein mühsamer und arbeitsintensiver Prozess, das handlungsorientierte Material und die neue Form der Aufgabenstellung in die Unterrichtsplanung aufzunehmen. Zudem sind uns eine Zeit lang dabei die kooperativen Lernformen und genügend Zeit für gemeinsames Lernen aus dem Blick geraten.

Diese Art des Lernens erfordert konsequenterweise auch einen anderen Umgang mit Leistungsrückmeldungen. Wir stellen hierfür die Frage in den Mittelpunkt: „Wie willst du mir zeigen, dass du das Ziel erreicht hast?"

Abb. 1: Die Schülerin zeigt ihr Wissen zum Thema „Würfel" (A. Blanken)

Leistungskontrollen finden individuell nach Beendigung eines Themas statt, dies können alternativ zu herkömmlichen Tests Lehrer*in-Schüler*in-Gespräche, Lehrer*in-Beobachtungen oder Präsentationen sein. Die Lernprozesse und -ergebnisse werden in den Portfolios der Schüler*innen dokumentiert – „Rede mit! Wähle aus! Zeige, was du kannst" (Leitfaden für das Grundschulportfolio des Landes Bremen 2014).

Wir lernen miteinander und voneinander

Eine besondere Herausforderung sehen wir darin, bei Kindern Kompetenzen, Fähigkeiten und Leidenschaften zu entdecken, die sich nicht unbedingt im herkömmlichen Unterricht zeigen. Es war für uns ein wichtiger Schritt, die Schule für außerschulische Kooperationen mit Institutionen, Expertinnen und Ehrenamtlichen zu öffnen. Zu „Corona-freien" Zeiten sorgten Ehrenamtliche dafür, dass die Bücherei täglich geöffnet werden konnte. Andere machten unterschiedliche Musikangebote oder boten Arbeitsgruppen im MINT-Bereich an. Besonders beliebt bei den Kindern ist die Holzwerkstatt. Jeden Dienstag arbeiten hier acht Senioren (u. a. ein ehemaliger Ingenieur und ein Tischlermeister) aus dem Stadtteil mit den Kindern im Werkraum. Die Schüler*innen lernen hier ausschließlich nach eigenen Interessen und wählen die Angebote selbstbestimmt aus. So können sie lernen, ihre Begabungen zu entdecken und einzuschätzen.

Auf der professionellen Ebene ist die Musikschule Bremen regelmäßig in der Schule mit dem Projekt „Kultur macht stark. Bündnisse für Bildung". Dies ermöglicht, dass alle Schüler*innen des Jahrgangs 2 ein Jahr lang kostenlosen Musikunterricht erhalten. Hier zeigt so manches Kind ein Talent, das ansonsten unentdeckt bleiben würde (BMBF 2020).

Mouchamment besucht eine W&E-Gruppe der Schule im 2. Jahrgang und arbeitet mit Material aus dem Vorschulbereich. Jetzt erst lernt er die Namen der Kinder aus seiner Lerngruppe kennen. Er meidet soziale Kontakte und muss im Unterricht stets an Regeln erinnert werden. Vor Kurzem erhielt ich

Abb. 2: Mouchamment liebt das Cello (S. Neitsch)

eine Mail von Mouchamments Cellolehrerin, die Folgendes schrieb: „Heute ist eine Sensation passiert: Mouchamment hat alle Erwartungen übertroffen, wir waren alle überrascht. Wir machen gerade ‚Ich lieb' den Frühling' und da müssen die Cellokinder 4 verschiedene Töne 2-mal spielen, einer sogar mit Greifen in der linken Hand. Die Kinder der anderen Gruppe üben das seit 2 Wochen, und dieser Kerl spielt das allein nach dem ersten Mal, auch wenn ich dann die Melodie dazu spiele. Echt irre! Und er hatte solchen Spaß im Orchester und einfach Spaß an der Sache: Toll!! Mouchamment ist echt der Knaller!" (Erica Tews, Sonderpädagogin und Mentorin)

Eine besondere Kooperation haben wir mit einer Theaterinitiative, mit der wir alle drei Jahre unter der professionellen Leitung des Regisseurs Hans König und der Theaterpädagogin Sarah Harjes-Fritzsche ein groß angelegtes Theaterprojekt durchführen, an dessen Durchführung alle Schüler*innen beteiligt sind: Sie werden zu Schauspielern, Bühnenbildnern, Sängern, Werbetextern usw. Im Laufe der Wochen entwickelt sich die Schule zu einem riesengroßen Theater: Probenpläne statt Stundenpläne und Werkstätten statt Klassenräume. Auf den Fluren begegnen sich nicht Schüler*innen, Lehrer*innen und Erzieher*innen, sondern Schauspieler*innen, Bühnen- oder Kostümbildner*innen. In keinem anderen Projekt werden so viele Kompetenzen und Talente entdeckt wie in dieser intensiven Zusammenarbeit auf einer ganz anderen Ebene. Aylin, eine fleißige Schülerin mit mittelmäßigen schulischen Leistungen, die sich in der Lerngruppe schüchtern zeigt und oft nicht wahrgenommen wird, zeigt beim Theaterspiel herausragende Fähigkeiten durch feine, ausdrucksstarke Gesten. Besonders berührend ist jedoch die Geschichte von Aleks.

Aleks stottert. Es ist deshalb nicht leicht für ihn, sich Gehör zu verschaffen. Es ist mühsam, ihm zuzuhören. In seiner Lerngruppe ist er isoliert. In seinen schulischen Leistungen besteht ein großer Rückstand. Zu Hause hat er eine Mutter aus Kasachstan, die ihm in schulischen Belangen nicht helfen kann. Sie spricht bruchstückhaft Deutsch. Dann das große Wagnis: Zu unserer Überraschung besetzt der Regisseur Hans König mit ihm eine Hauptrolle in unserem damals aktuellen Theaterstück! Von Anfang an war Aleks begeistert. Er erzählt: „Ich habe mich so gefreut, dass ich die Rolle gekriegt habe. Einmal habe ich meinen Text vergessen. Da hat Herr König mit mir Armdrücken gespielt und ich konnte den Text wieder. Ich habe mich bei den Aufführungen so normal gefühlt. Ich habe nicht gestottert. Ich war stolz auf mich und meine Mutter auch." Tatsächlich hat Aleks mit viel Anstrengung seinen Text ohne Stottern bewältigt. Er stand im Zentrum des Geschehens, der positiven Aufmerksamkeit und der Wertschätzung. Einige Tage später berichtete er uns stolz: „Ich bin das erste Mal zu einem Geburtstag eingeladen worden."

2 Jahre später: Aleks ist nun im sechsten Jahrgang. Seine schulischen Leistungen haben sich stabilisiert. Im Englischunterricht beteiligt er sich rege an Unterrichtsgesprächen. Sein Stottern fällt nicht mehr auf. In seiner Lerngruppe ist er gut integriert. Er hat Freunde gefunden. (S. Nehne)

Aleks ist ein Beispiel dafür, dass Schüler*innen, die Theater spielen, Selbstvertrauen in die eigenen Fähigkeiten gewinnen sowie einen gelasseneren Umgang mit alltäglichen Herausforderungen. Dieses Vorhaben braucht Mut, Geduld und Zuversicht, doch am Ende ist es ein großer Gewinn für alle Beteiligten.

Wir übernehmen gemeinsam Verantwortung

Unsere gemeinsame Projektarbeit hat sich zum wesentlichen Bestandteil unseres Schullebens entwickelt. Sie findet täglich im mittleren Unterrichtsblock statt. Die Gesamtanzahl der Projektthemen ist auf drei Schuljahre ausgelegt, diese werden dann immer zu Beginn des Schuljahres für die drei Bereiche Geografie, Naturwissenschaften und Geschichte festgelegt mit dem dazugehörigen Zeitplan. Es ist unser Ziel, vernetztes Lernen in größere Zusammenhänge und fächerübergreifende Aufgaben in den Mittelpunkt zu stellen.

Schuljahr	ab Sommer-ferien	ab Herbst-ferien	ab Winter-ferien	ab Oster-ferien
2019/2020	Farben + Verkehr	Wald	Welt	Steinzeit
2020/2021	Farben + Verkehr	Zeit Jesu	Weltall	Bremen
2021/2022	Farben + Verkehr	Europa	Ägypten	Wasser

Tabelle: Beispiel eines Zeitplans

Da wir auch hier das Selbstlernbedürfnis und die Selbstlernmotivation der Schüler*innen stärken wollen, werden sie von Beginn an in die Unterrichtsplanung mit einbezogen.

Jedes Projekt beginnt mit einer Mindmap der Schüler*innen:
- Was will ich wissen?
- Was interessiert mich?
- Was würde mir Spaß machen?
- Wovon würde ich gerne berichten?

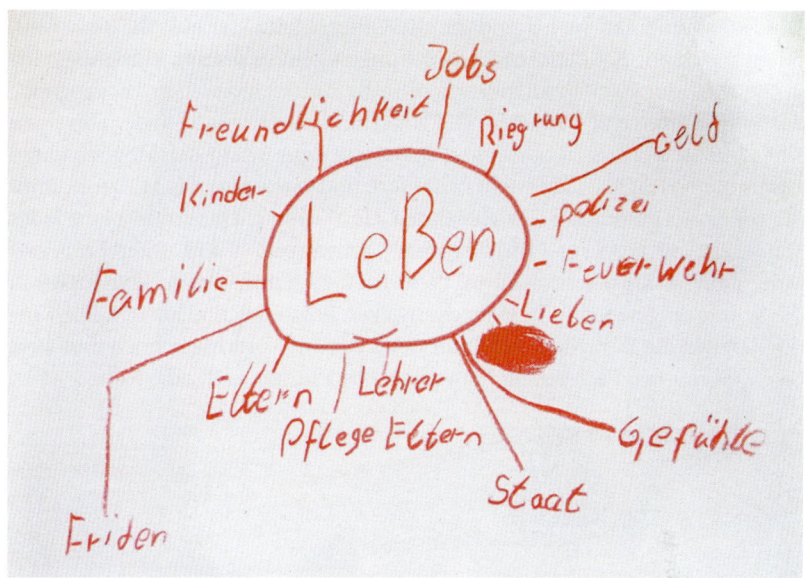

Abb. 3: Mindmap der Schüler*innen aus einem Lernhaus (G. Strudthoff)

Dieselbe Mindmap wird zusammen in einer Fachkonferenz, an der alle Kolleginnen der Schule teilnehmen müssen, erstellt. Ergänzt durch die Frage „Was möchte ich unterrichten?" und durch einen Abgleich mit den Bildungsplänen. Daraufhin werden die Inhalte den Fächern und Kompetenzfeldern zugeordnet und es findet ein Abgleich mit den übergeordneten Kriterien zum vernetzten Lernen statt, indem ethische, religiöse, soziale und personale Dimensionen sowie handwerklich-technische, naturwissenschaftliche und geisteswissenschaftliche Bereiche berücksichtigt werden.

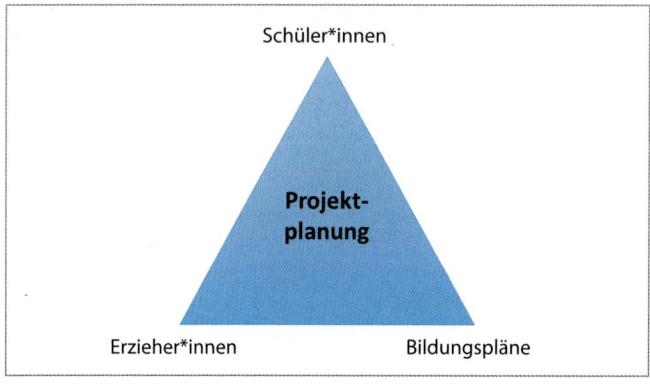

Abb. 4: Gemeinsame Projektplanung (G. Strudthoff)

Die Kolleginnen suchen sich dann die Unterrichtsfelder aus, die sie vorbereiten möchten. Bei den Aufgabenstellungen geht es darum, eine möglichst große Methodenvielfalt anzubieten, um die unterschiedlichen Lernzugänge der Schüler*innen zu bedienen. Die Unterrichtsvorbereitungen der einzelnen Kolleginnen werden zwei Wochen später auf dem Markt der Möglichkeiten zusammengetragen, dargestellt, erläutert und ausgetauscht. Hinzu kommt die Ideensammlung der Erzieherinnen zum Thema. Daraufhin plant jedes Haus sein eigenes Projekt mit eigenem Schwerpunkt und unter Einbeziehung außerschulischer Lernorte. Es werden zudem Experten von außen in die Schule eingeladen (z. B. Umweltphysiker, Förster, Schmiede …). Die Kinder bereiten die Besuche durch Interviews vor und verbringen hoch motiviert eine Zeit mit den Fachleuten. Manchmal besucht uns auch eine Kuh.

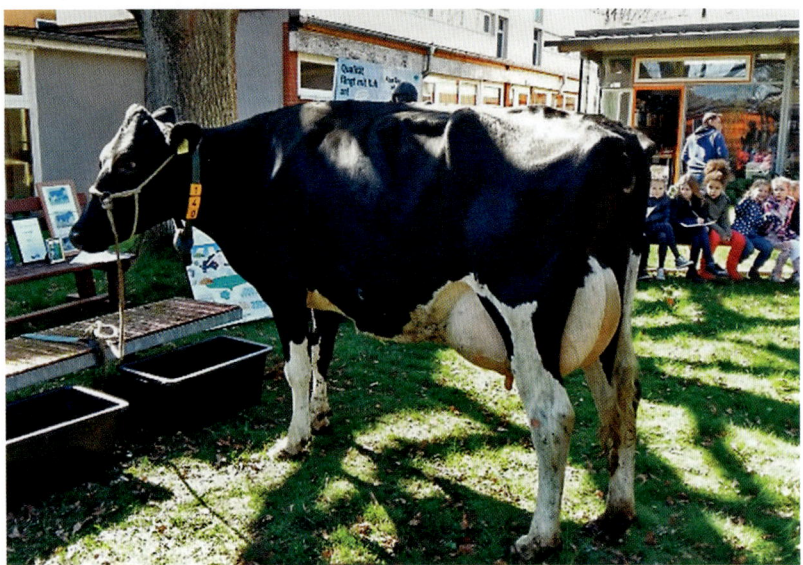

Abb. 5: Die Kuh „Felizitas" verbrachte einen Tag in unserem Innenhof. Die Schüler*innen konnten beobachten, forschen und den begleitenden Landwirt befragen (A. Blanken)

Das Projekt endet immer mit einer Präsentation der Schülerarbeiten. Sie erfolgt durch Projekthefte, Vorträge, Plakate und einmal jährlich durch eine große Ausstellung, die von allen gemeinsam gestaltet wird und die für den Stadtteil geöffnet ist. Hinzu kommt eine gemeinsame Reflexion der Ergebnisse und des Verlaufs.

Durch die Projektarbeit lernen die Schüler*innen, Verantwortung für das Leben und Lernen in der Gruppe zu übernehmen, Initiativen zu entwickeln und individuelle und kooperative Aktionen zu planen und durchzuführen.

Wir tragen alle zur Entwicklung der Schule bei

Die Entwicklung unserer Schule geht immer weiter, da wir uns immer neuen Bedingungen und Herausforderungen stellen müssen und wollen. Diese Arbeit reflektieren wir regelmäßig durch interne und externe Evaluationen. Die interne Evaluation findet stets zum Ende des Schuljahres statt. Sie wird wechselnd von je zwei Kolleg*innen vorbereitet, durchgeführt und ausgewertet. Hierbei kristallisieren sich sowohl Aufgaben für die Schulleitungen und Fachkonferenzen heraus als auch Themen, die gemeinsam auf pädagogischen Konferenzen bearbeitet werden.

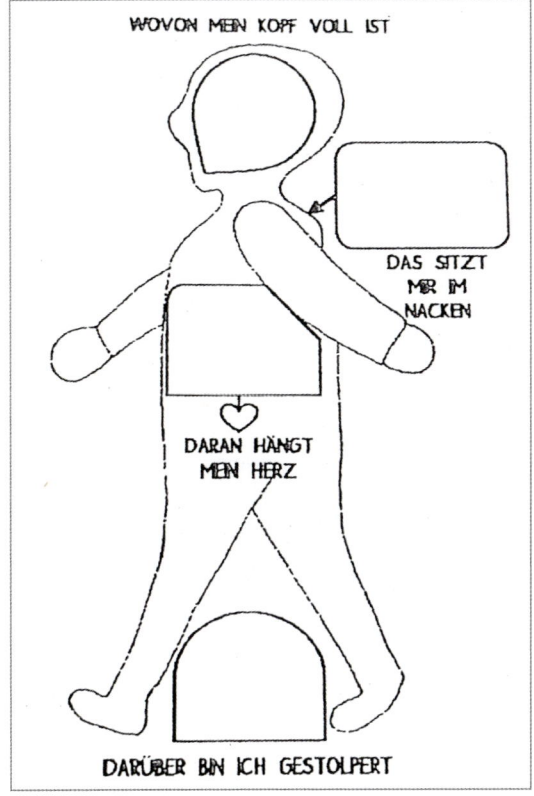

Abb. 6: Umfrageblatt für die Kolleginnen zu Beginn der internen Evaluation (G. Strudthoff)

Als Schule sind wir Mitglied im Arbeitskreis „Blick über den Zaun", der für unsere externe Evaluation bedeutsam ist (www.blickueberdenzaun.de). In den Arbeitskreisen kommen reformpädagogisch orientierte Schulen zusammen, sie hospitieren sich regelmäßig und geben der besuchten Schule eine konstruktive Rückmeldung als kritische Freunde.

Aus den Evaluationen ergeben sich häufig Themen für schulinterne Fortbildungen, die von Fachleuten durchgeführt werden oder in Zusammenarbeit mit externen Kooperationspartnern. Daran sind von Zeit zu Zeit auch öffentliche Vorträge für Eltern, andere Einrichtungen und Schulen geknüpft.

Die Unterrichtsentwicklung gilt für uns als Mittelpunkt der kulturellen Schulentwicklung, die der Autonomie, dem Kompetenzerleben und der emotionalen Zugehörigkeit gerecht werden muss. Die im herkömmlichen Sinne verankerte Fremdsteuerung der Lernprozesse durch die Lehrer*innen muss verändert werden, im Sinne von Selbststeuerung und Selbstregulation. Für die Entwicklung des individuellen Lernens war die Teilnahme unserer Schule an der Pädagogischen Werkstatt „Individualisierung" der Robert Bosch Stiftung, geleitet von A. Von der Groeben und I. Kaiser, sehr entscheidend (Kaiser / Von der Groeben 2016).

Daraus ergibt sich folgendes Fazit: Die Qualität des Projektunterrichtes hat durch die gemeinsame Planung stark zugenommen, sodass zum einen der Unterricht facettenreicher geworden ist und zum anderen durch die Berücksichtigung der verschiedensten Interessen von Lehrer*innen und Schüler*innen die Motivation während der Durchführung stark erhöht wurde. Aufgrund der derzeitigen Covid-19-Pandemie entfallen leider alle externen Lernmöglichkeiten. Da es uns aber wichtig ist, den Schüler*innen weiter Angebote zu ermöglichen, wird beispielsweise unser großes Theaterprojekt in diesem Jahr zu einem Filmprojekt umgestaltet. Zudem setzen wir uns wie alle Schulen mit der Digitalisierung auseinander und integrieren die iPads, die jede Schüler*in vom Land Bremen zur Verfügung gestellt bekommen hat, in den Unterricht. Die Digitalisierung darf dabei jedoch nicht zum Zentrum unseres pädagogischen Denkens und Handelns werden. Vielmehr geht es immer darum, Lernprozesse in guter Beziehung zur Schüler*in zu gestalten unter Einbeziehung der Familie.

Für die Personalentwicklung war die Einführung der Präsenzzeit besonders bedeutsam. Sie war für alle Beteiligten eine neue Herausforderung, die von den Kolleginnen zeitlichen, arbeitsmäßigen und pädagogischen Einsatz verlangte. Heute wird sie nicht nur dazu genutzt, über Kinder zu sprechen oder Material auszutauschen; vielmehr steht die gemeinsame Planung von Unterricht, Diskussionen über Unterricht sowie die Möglichkeit zur kollegialen Hospitation im Mittelpunkt. Dafür mussten Teamstrukturen geschaffen werden, die auf Zufriedenheit und Effektivität ausgerichtet sind. Dies bedeutet somit einen Wandel von der „Alleinlehrerin" zur „Teamplayerin".

Eine besondere Bedeutung haben unter allen Teams die Hausteams. Hier kommt die Kompetenzvielfalt eines guten Personalmix zum Tragen. Durch die verschiedenen Kompetenzen können sich die Kolleg*innen sowohl ergänzen, unterstützen und gegenseitig bereichern als auch den Unterschiedlichkeiten der Kinder gerecht werden. Sie sind für die Entwicklung der Kinder in

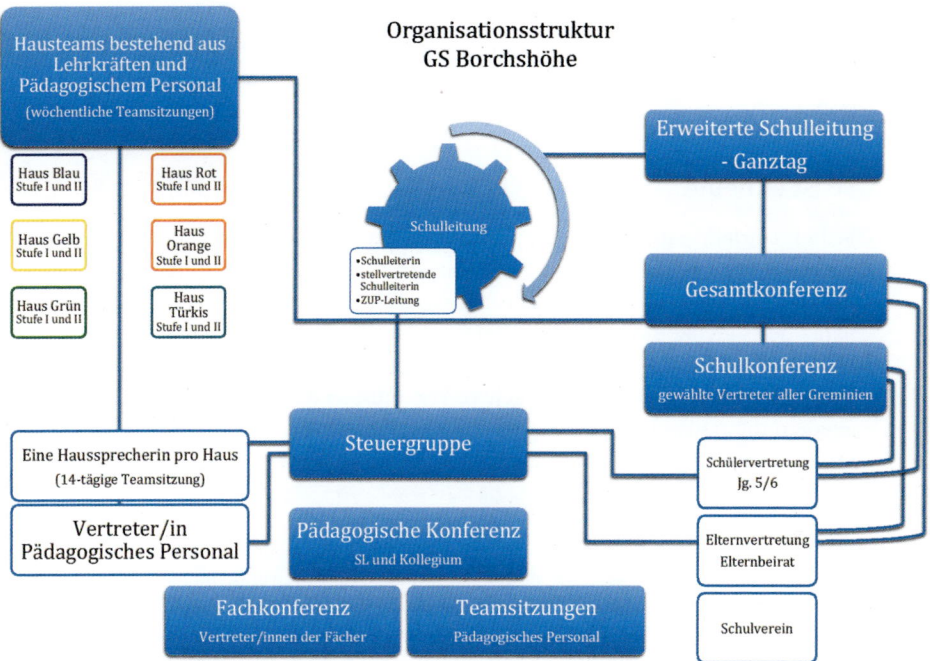

Abb. 7: Organigramm der Schule (A. Brandt)

der Schule zuständig und für die Gestaltung der Schule als Lern- und Lebensraum. So hat das Kollegium im Laufe der Jahre eine Haltung entwickelt, die von gemeinsamen Werten getragen wird und sich einer gleichen pädagogischen Sprache bedient.

Ein entscheidender Schritt in der Organisationsentwicklung bestand darin, aus ursprünglich zwei Lernhäusern sechs Lernhäuser aufzubauen. Zwei Lernhäuser waren zu groß, um allen Kindern Sicherheit, Überblick und Halt zu gewähren. Die Teams der Erwachsenen konnten aufgrund ihrer Größe keine gemeinsame, effektive, inhaltlich fundierte Arbeit organisieren und die Möglichkeiten eines multiprofessionellen Teams kamen nicht zum Tragen.

Das Organigramm unserer Schule (Abb. 7) zeigt die Teamstrukturen auf verschiedenen Ebenen. Es zeigt die Partizipation aller am Schulleben Beteiligten. Besonders hervorzuheben ist die Steuergruppe, in der wir versuchen, neben Lehrer*innen, Erzieher*innen und Eltern auch Schüler*innen partiell zu beteiligen.

Zur Organisationsentwicklung gehört zudem die Veränderung der Räume. Dies gilt zum einen für die Unterrichtsräume und zum anderen unter dem Aspekt der Präsenzzeit für die Arbeitsräume der Kolleginnen. Es ist ein großer Mitarbeiterinnentrakt entstanden, in dem jede Kollegin einen eigenen

Arbeitsplatz und ein paar Meter Regal hat. Diese räumliche Veränderung ist zum Mittelpunkt unserer Schule geworden. Hier finden der für unsere Schulkultur so wichtige kollegiale Austausch, die Unterrichtsplanung und Teamtreffen statt.

So ist es heute

Seit einem Jahr wird auch unser Schulleben geprägt durch die Pandemie. In erster Linie versuchen wir, die Beziehung zu unseren Schüler*innen zu halten und weiter zu stabilisieren: durch eingeschränkte Schulbesuche, Telefonate oder Videokonferenzen. Schüler*innen und Lehrer*innen üben sich im Umgang mit iPads. Dabei soll es in erster Linie um das Nachholen versäumter Inhalte in den sog. Kernfächern gehen. Wir müssen darauf achten, dass trotz alledem die musischen Fächer und das projektorientierte Lernen nicht verloren gehen, damit unsere Schule nicht kulturell verarmt.

Literatur

Berbüsse, K. / Brandt, S. / Gräper, K. / Gruben, H. / Halfter, C. / Hermann, M. et al. (2014): Rede mit! Wähle aus! Zeige, was du kannst! Leitfaden für das Grundschulportfolio des Landes Bremen. Bremen: Landesinstitut für Schule, Abt. Schul- und Personalentwicklung, Bremen. www.lis.bremen.de/sixcms/media.php/13/GS-Portfolio%20-%20Online. pdf, Download am 01.10.2021.

Beutel S. / Beutel W. (Hrsg.) (2014): Individuelle Lernbegleitung und Leistungsbeurteilung. Lernförderung und Schulqualität an Schulen des Deutschen Schulpreises. Schwalbach/ Ts.: Wochenschau-Verlag.

Bundesministerium für Bildung und Forschung (BMBF) (Hrsg.) (2020): Ein Türöffner zu neuen Welten. Einblicke in das Förderprogramm „Kultur macht stark. Bündnisse für Bildung". Berlin: BMBF. www.bmbf.de/SharedDocs/Publikationen/de/bmbf/pdf/ ein-tueroeffner-zu-neuen-welten.pdf?__blob=publicationFile&v=2, Download am 01.10.2021.

Kaiser, I. / Von der Groeben, A. (2016): Werkstatt Individualisierung. Hamburg: Bergmann & Helbig.

Riegel E. (2011): Schule kann gelingen! Wie unsere Kinder wirklich fürs Leben lernen. Frankfurt am Main: Fischer.

Von der Groeben, A. (o. J.): zitiert nach: Brügelmann, H. (2021): „Wir wollen Schule machen!". Erinnerungen an Annemarie von der Groeben. In: Grundschule aktuell 154, Mai 2021, 43.

Webseite der Schule

 www.schule-borchshöhe.de

Boris Gukelberger & Markus Schega
Grundschule Nürtingen, Berlin

Niemand fliegt raus

Wie wir die Haltequalität unserer Schule steigern

Inklusion spielt in den Schulkulturen heutzutage eine wichtige Rolle. Spätestens seit der Erklärung von Salamanca 1994 (UNESCO o. J.; UNESCO 1994) befindet sich das Schulsystem in Deutschland mehr oder weniger auf dem Weg zur Inklusion. Häufig ist dieser Weg gepflastert mit Überforderungsszenarien auf mehreren Seiten. Wenn es um die Gruppe der emotional und sozial auffälligen Kinder geht, wird oft über die Grenzen der Inklusion debattiert (Deutsche UNESCO-Kommission 2014).

In diesem Beitrag möchten wir Mut machen, gerade in diesem Bereich die Willkommenskultur der Schulen nicht enden zu lassen. Wir gehen davon aus, dass ähnliche Situationen, wie wir sie erlebt haben, auch in Ihrem Alltag vorkommen und/oder vorgekommen sind. Wir stellen unseren Prozess und Lösungsansätze vor und beschreiben, wie die Haltequalität bei uns gesteigert werden konnte. Damit vermeiden wir Schulabbrüche von Schüler*innen schon im Grundschulalter.

Die Nürtingen-Grundschule und der Kooperationspartner Kotti e.V. – Ein Überblick

Im Stadtteil Kreuzberg, nur wenige Meter entfernt vom im Boden eingelassenen Metallband, das den ehemaligen Verlauf der Berliner Mauer anzeigt, befindet sich die Nürtingen-Grundschule. An ihr lernen 550 Kinder in jeweils 12 jahrgangsübergreifenden Lerngruppen der Klassenstufen 1–3 und 4–6 angelehnt an das Konzept von Maria Montessori (Becker-Textor 1997) im offenen Ganztag.

Die Schüler*innenschaft spiegelt ziemlich genau den Kiez wider. Es werden Kinder aus diversen Milieus und Kulturen gemeinsam unterrichtet – auch Kinder mit unterschiedlichsten Beeinträchtigungen. Um dem gerecht zu werden, absolvieren alle Kolleg*innen Diversity-Trainings als Inhouse-Schulungen mit erfahrenen Trainer*innen.

Der feste Kooperationspartner der Nürtingen-Grundschule ist Kotti e.V.[1], ein im Kiez tief verwurzelter Träger der Bildung, Jugendhilfe und Gemeinwesenarbeit. Die Kolleg*innen der ergänzenden Förderung und Betreuung (Hort), der Schulsozialarbeit, der Schulhilfe und der Lernhilfe aus dem

---

1) https://kotti-berlin.de

Bildungs- und Teilhabepaket (BuT) sind bei ihm angestellt. Gemeinsam und auf Augenhöhe wird die Schule gestaltet.

Das Leitbild der Schule legt Wert darauf, alle Kinder willkommen zu heißen. Dies wird von einer demokratischen Schulkultur mit einem hohen Grad an Beteiligung von Schüler*innen und Eltern in Gremien und Schulentwicklungsprozessen untermauert. Mit dem Vorstand der Gesamtelternvertretung treffen wir uns beispielsweise 14-tägig zu einem Jour fixe und die Schüler*innen haben in einer Zukunftswerkstatt mit anschließender Aushandlungsrunde die Schulgemeinschaft davon überzeugt, dass Kaugummikauen im Unterricht erlaubt ist.

Eine weitere Besonderheit ist die mit den Schüler*innen selbst geplante und gebaute gestaltete Lernumgebung. Im Projekt www.bauereignis.de werden alle Räume der Schule von und mit Kindern gestaltet. Das trägt den unterschiedlichen Vorlieben der Kinder Rechnung und unterstützt sie beim individuellem Lernen und Arbeiten.

Die folgenden Erfahrungen möchten wir mit Ihnen teilen, damit Sie den Weg der Entwicklung zu mehr Haltequalität nachvollziehen können.[2]

Hilflosigkeit

Es ist die dritte Woche des Schuljahres 2011/2012. Jonas, ein Erstklässler, hängt an der Klinke seines Klassenraums. Sein Weinen und Schreien hallen durch die Schule: „Ich will in meine Klasse!", „Lass mich rein!"

Die Lehrerin hat sich und den Rest der Klasse von innen eingeschlossen. Der Schlüssel steckt in der Tür, sie muss die Kinder vor Jonas schützen. Er hat im Morgenkreis mehrere Kinder tätlich angegriffen. Die Bilanz von 10 Minuten: Toni wird mit dem Ellenbogen gestoßen – Toni ist viel kleiner als Jonas. Amira wird ins Gesicht geschlagen. Jonas ruft ständig dazwischen. Es ist kein Morgenkreis mit ihm zusammen möglich. Seit Tagen geht das so.

Draußen vor der Tür versuchen der Leiter der Schulsozialarbeit und der Schulleiter gemeinsam, beruhigend auf Jonas einzuwirken. Endlich bewegen wir ihn dazu, in die Räume der Schulsozialarbeit mitzukommen. Nach 20 Minuten sitzt er ruhig mit einem Schulsozialarbeiter an einem Tisch und spielt „Mensch ärgere dich nicht". Zwischendurch fragt er immer wieder: „Wann darf ich wieder in die Klasse?"

Für die Folgetage wird mit der Klassenlehrkraft und Jonas verabredet, dass Jonas für 5 bis 10 Minuten gemeinsam mit einer Schulsozialarbeiterin den Morgenkreis besuchen darf. Diese sitzt hinter Jonas im Kreis und legt ihm bisweilen beruhigend die Hand auf die Schulter. Nach 5 Minuten verlassen beide wieder die Klasse. Der Erfolg wird gewürdigt und somit positiv verstärkt.

---

2) Namen sind zum Schutz der Personen selbstverständlich geändert.

Die Schlüssel zu einer erfolgreichen Beschulung von Jonas an unserer Schule sind schon jetzt sichtbar: eine verkürzte und begleitete Zeit im Unterricht, die erfolgreich (also störungsfrei) verläuft und immer weiter ausgedehnt wird, und eine systemische, positive Verstärkung gewünschten Verhaltens. Die Schulsozialarbeiterin formuliert ihren Auftrag dahingehend, diese zu ermöglichen.

Pläne und Schutz

Trotzdem bleibt die *Klassenlehrerin* verzweifelt. Sie will und kann das nicht alleine bewältigen. Deutlich spricht sie ihre Überforderung an und droht mit Krankheit. Sie lässt sich aber auf einen Deal ein. Hin und wieder darf Jonas in Begleitung der Schulsozialarbeit den Unterricht für kurze Zeit besuchen.

Die anderen *Eltern* der Klasse melden sich. Sie wollen, dass Jonas die Klasse verlässt und ihre Kinder geschützt werden. Wir versprechen, dass wir uns bemühen, die Situation zu stabilisieren, machen aber auch klar, dass wir der Schweigepflicht unterliegen und nicht zu einzelnen Kindern Auskunft geben.

Mit dem *Vater von Jonas* verhandelt jetzt nur noch der Schulsozialarbeiter, die Mutter ist stark depressiv und kann nicht helfen. Täglich wird der Vater angerufen. Ein Tagebuch wird geschrieben mit der Anzahl der Minuten in der Klasse, mit den kleinen Erfolgen und Misserfolgen. Auf dem Pausenhof gerät Jonas immer wieder in tätliche Konflikte, im Klassenraum gibt es trotz Begleitung Rückschläge. Nach Absprache mit dem Vater darf Jonas aber dann aus dem Raum getragen werden. Sein täglicher Schulbesuch wird zunächst auf zwei Stunden begrenzt, später dann ausgeweitet.

Die *Schulsozialarbeit* bündelt ihre Kräfte und Ressourcen gemeinsam mit der Schule und dem Hort. Wir gehen in Vorleistung. Wir spüren, dass hier ein Präzedenzfall vorliegt, der die inklusive Grundhaltung der Schule im Mark trifft. Wenn uns das jetzt nicht gelingt, wird der Ruf „Diese Kinder müssen weg!" lauter werden.

Auch das Personalkostenbudget der Schule kann helfen. Es wird eine Kleingruppe eingerichtet, die soziales Lernen trainiert. Hier lernt Jonas mit verhaltensstarken Kindern seiner Klasse, fair zu spielen. Die Schule bekommt Stunden für den Hausunterricht vom SIBUZ (Schulpsychologisches und Inklusionspädagogisches Beratungs- und Unterstützungszentrum) und der Schulaufsicht. Jetzt kann ein Sonderpädagoge täglich mit Jonas lernen, ohne dass in anderen Klassen die Stunden fehlen.

Es gelingt langsam, einen Schutzwall und ein aufeinander abgestimmtes System der Interventionen zu errichten, das die Beteiligten schützt und zeitgleich ermöglicht, dass Jonas weiter die Schule besuchen kann, ohne fortlaufend Überforderungen zu generieren.

Grundlegend dafür sind eine inklusive Haltung der Schule und ein System, das Abweichungen vom Regelbetrieb erlaubt, Vielfalt unterstützt und Schüler*innen auch Freiheiten zugesteht. Die Montessori-Orientierung, Freiarbeit und demokratische Strukturen beziehen Kinder in die Gestaltung des Alltags mit ein und wirken vermutlich weniger restriktiv.

Ersatzprojekte?

Parallel suchen wir gemeinsam mit dem Jugendamt nach einem *Schulersatzprojekt*. Im Kollegium gibt es Zweifel, ob eine kleine Gruppe mit intensiverer Betreuung durch erfahrene Fachkräfte nicht doch die bessere Lösung für Jonas sein könnte. Es gibt eine sozialpädagogische Kleinklasse in einer benachbarten Schule. Sechs Kinder werden dort von zwei Pädagog*innen durch den Tag begleitet. Es gibt intensive Betreuung und intensive Arbeit mit den Eltern. Das könnte eine Lösung sein. Jonas kommt auf die Warteliste. Lang ist diese Liste, mindestens ein Jahr wird er – werden wir – warten müssen. Wir werden ihn nicht so schnell los und müssen zunächst selbst Lösungen finden.

Bei einem Besuch bei der sonderpädagogischen Kleinklasse und bei Gesprächen mit den Pädagog*innen vor Ort sind wir beeindruckt. Eine Sache macht uns aber stutzig. Das Programm ist jeweils auf zwei Jahre angelegt. Noch nie ist ein Kind danach zurück an seine Ursprungsschule gekommen. Dort gibt es häufig nur verbrannte Erde, verletzte Mitschüler*innen, verzweifelte Lehrkräfte und ratlose Schulleitungen. Erste Zweifel entstehen, ob wir das wollen.

Zu einer Schulhilfekonferenz ist auch Jonas ehemalige Kita eingeladen. Während des Gesprächs bricht die Kitaleitung in Tränen aus, die Überforderung der drei letzten Jahre werden deutlich. Jonas sei zu früh eingeschult worden, es gibt aber keinen Weg zurück. Ein Kind, das eine Grundschule besucht, kann nicht wieder zurück.

Wir nehmen die Herausforderung an

Wir arbeiten weiter mit Jonas, um ihm eine stabile Beziehung zu seinen Bezugspersonen zu ermöglichen. Manchmal ist er mit einem Erzieher auch während der großen Pause in der Turnhalle: Mit aller Kraft donnern sie den Ball immer wieder gegen die Wand. Danach ist er deutlich ruhiger und ausgeglichener.

Auch ein *Studientag* zum Thema *„Inklusion"* hilft der Schule.

Besonders ein Vortrag beeindruckt die Pädagog*innen nachhaltig. Ein Gestaltpsychologe und Supervisor schildert uns, aus welch tiefer Verzweiflung und Hilflosigkeit sich Verhalten generiert. Von außen sieht man bei „auffälligen" Kindern oft Gewalt oder Depression. Die Antwort der Pädagog*innen zielt in der Regel auf diese sichtbare Oberfläche. Nur selten gelingt es, diese Kinder näher kennenzulernen, Zugang zu dem zu bekommen, was sie wirklich bewegt.

Der Vortragende kann als Supervisor für die Schule gewonnen werden. Fortan stützt er eine Gruppe von Pädagog*innen bei ihrer täglichen Arbeit. Auch die Klassenlehrerin von Jonas nimmt an dieser *Supervisionsgruppe* teil.

In manchmal täglichen Sitzungen stimmt der Leiter der Schulsozialarbeit mit der Schulleitung das weitere Vorgehen im oben geschilderten Fall ab. Langsam werden die Interventionen zur Routine. Wir können uns auf einige *Verbündete* verlassen, die genau wie wir den erfolgreichen Schulbesuch von Jonas an unserer Schule organisieren wollen.

Im Team rund um Jonas, das monatlich tagt, sind Hort, Schulsozialarbeit und Schule vertreten, die drei Säulen des Systems. Alle suchen diese Herausforderung. Womöglich können wir daraus lernen und uns professionalisieren.

Von den Erfahrungen zum Projekt

Im Rahmen eines Fachtages „Inklusion" des Bildungsnetzwerkes der Region gelingt es uns, eine Arbeitsgruppe mit dem Leiter des Regionalen Sozialen Dienstes zum Thema „Hilfen für die inklusive Schule" zu installieren. Wir berichten vom Fallbeispiel Jonas und bitten um Unterstützung. „Das glaube ich nicht, dass ihr keine Kinder abgeben wollt!", lautet die Antwort. „Am Ende finanzieren wir doch teure Schulersatzprojekte."

Ein weiter Weg liegt vor uns. Immer wieder wird das grundsätzliche gegenseitige Misstrauen der Systeme Jugendhilfe und Schule deutlich. Erst nach drei Jahren, nachdem wir anhand von Jonas und einem weiteren Fall bewiesen haben, dass uns eine inklusive Beschulung besonders verhaltensauffälliger Kinder gelingt, öffnen sich die Türen und es ist möglich, über einen Antrag der Eltern beim Jugendamt eine inklusive Hilfe zur Erziehung am Ort Schule möglich zu machen. Dies wird im Rahmen eines Pilotprojektes mit dem Namen „ISI [ˈiːzi]" realisiert (kotti-berlin.de/hilfen-zur-erziehung-isi).

ISI – Inklusive Systemische Intervention

Mit den Erfahrungen – insbesondere den Faktoren für das Gelingen aus der Praxis – hatten wir die Möglichkeit, das Pilotprojekt zu entwickeln. Zentrale Punkte sind:

Die Bündelung der Ressourcen der Jugendhilfe und der Ganztagsschule: Die Jugendhilfe stellt die Mittel aus den Hilfen zur Erziehung und der Schulsozialarbeit bereit, die Schule investiert Stunden aus dem Sonderpädagogischen Förderbedarf und füllt diese ggf. auf. Die ergänzende Förderung und Betreuung unterstützt zusätzlich zur Regelunterrichtsbegleitung aus der Ressource erhöhter / wesentlich erhöhter Betreuungsbedarf mit einer Inklusionspädagog*in. So ist gewährleistet, dass ein wesentlicher Teil des Regelunterrichtes mit zwei Pädagog*innen abgedeckt ist und eine schnelle Intervention in der Regel möglich wird.

Das *Kompetenzteam* besteht aus allen am Kind arbeitenden Pädagog*innen. Es setzt sich demnach interdisziplinär zusammen und profitiert von den vielfältigen Kompetenzen der Kolleg*innen. Es trifft sich einmal wöchentlich. Eine der wesentlichen Aufgaben des Kompetenzteams ist die Kooperative Förderplanung, die gemeinsam mit den Eltern und ggf. mit dem Kind stattfindet. Hier werden kleinschrittige, kurzfristige Ziele formuliert, die es dem Kind ermöglichen, schnelle Erfolge zu generieren.

Die *fallführende Fachkraft* (Sozialarbeiter*in) steht stellvertretend für das Kompetenzteam in regelmäßigem Kontakt mit den Eltern und ist deren Hauptansprechperson. Sie bündelt alle Informationen der mit dem Kind arbeitenden Pädagog*innen und leitet diese weiter. Folglich minimiert sich dadurch die Anzahl der Ansprechpersonen stark. Der Vorteil der Regelmäßigkeit ist, dass auch positive Erfahrungen losgelöst von Schwierigkeiten weiter kommuniziert werden und somit der Anruf der Fachkraft nicht immer mit negativen Informationen einhergeht.

Mit dem Kind wird in der ISI immer mit *den Kindern der eigenen Klasse* zusammen gelernt. Das kann im Unterrichtsverband sein oder auch in einer Kleingruppe. Wichtig ist es hierbei, dass alle Kinder lernen, miteinander klarzukommen. Dabei ist das Lernen keine Einbahnstraße. Kinder lernen unserer Erfahrung nach sehr gut von Kindern.[3] Das gilt bei schulischen Themen genauso wie im Sozialverhalten. Somit ist der Austausch unter den Kindern besonders wichtig.

Die *Bezugspersonen* bauen eine kontinuierliche, stabile, verlässliche Beziehung oder sogar temporäre Bindungen zu dem Kind auf (Baumann / Bolz / Albers 2017, 66). Dies ist Grundvoraussetzung für Erfolge auf allen Ebenen. Das gilt nicht nur für die fallführende Fachkraft, sondern auch für alle mit dem Kind arbeitenden Pädagog*innen. Denn Schüler*innen mit emotional sozialen Schwierigkeiten spüren meist sehr feinfühlig jede noch so kleine abwehrende Haltung der Pädagog*innen, häufig aus der Wiederholung der Erfahrung. Dies wird dann schnell zum „Stolperfelsen" und gefährdet den Erfolg der Intervention.

In unserer Arbeit haben sich die Säulen der neuen Autorität nach Haim Omer bewährt; insbesondere die Säule der „Versöhnung – Beziehung" hat sich als gewinnbringend erwiesen. Das Kind soll zu jeder Zeit wissen, dass nur das negative Verhalten, aber nicht es selbst als Person unwillkommen ist. Zudem signalisieren wir, dass wir interessiert an ihm sind, an einer guten Beziehung, auch wenn es Schwierigkeiten gibt (Omer / Von Schlippe 2016, 206 f).

---

3) Hierzu auch: Scholz 1996

Am wichtigsten an ISI ist allerdings die *Grundhaltung*.[4] Wir wollen keine „Systemsprenger" identifizieren, die nicht in unser System passen, sondern an besonderen Herausforderungen lernen.

Vom Projekt zum Programm

In den Jahren der Pilotphase haben wir alle Kinder erfolgreich an der Schule halten und begleiten können und anschließend weiter an eine Regeloberschule übergeben, an der sie dann bis heute verblieben sind.

In den meisten Fällen ist das herausfordernde Kind der Symptomträger von zum Teil multiplen Schwierigkeiten des Systems Familie und/oder der Eltern / Erziehungsberechtigten. Demnach ist ersichtlich, wie wichtig eine Arbeit mit dem ganzen System ist. Hierfür fehlen Lehrer*innen häufig zeitliche und fachliche Ressourcen. An dieser Stelle ist die Unterstützung der Jugendhilfe in Form der fallführenden Fachkraft der Hilfe zur Erziehung ein wesentlicher Erfolgsfaktor, um langfristig und nachhaltig Veränderungen zu erzielen. Mit dem ISI-Projekt funktioniert das nun auch direkt *in* der Schule. Gemeinsam mit den Kindern der eigenen Klasse und nicht in anderen externen Hilfen, wie Sozialpädagogischen Gruppen, Tagesgruppen oder sogar Schulersatzmaßnahmen.

Bald ist aus dem ISI-Pilotprojekt ein Programm geworden, das aus der Nürtingen-Grundschule nicht mehr wegzudenken ist. Es war ein langer Weg mit vielen Hindernissen. Heute ist es eine Selbstverständlichkeit, dass wir bei als schwierig empfundenen Kindern kollegial und interdisziplinär kooperieren. Ein wichtiger Faktor dabei ist eine Kooperation auf Augenhöhe. Auch oder gerade über Hierarchiegrenzen hinweg. Wenn es um die Inklusion herausfordernder Kinder geht, sind die Ideen und Fähigkeiten aller gefragt. Auch ist es manchmal nötig, sich gegenseitige Auszeiten zu ermöglichen und die Aufgaben des jeweils anderen zu übernehmen, um arbeitsfähig zu bleiben. So werden die Grenzen der verschiedenen Professionen aufgeweicht und es entstehen hybride Handlungsmöglichkeiten, ohne den speziellen Blick der jeweiligen Profession zu verlieren. Als Folge dessen gelingt ein Perspektivwechsel, der im Nachhinein sehr entwicklungsfördernd wirken kann.

Wir arbeiten daran, die eventuell (noch) bestehenden Vorurteile und Trennungen zu überwinden, auch auf individueller Ebene. Wir genießen mittlerweile die multiprofessionelle Kooperation und lernen, ihren Wert zu schätzen – und das auf Augenhöhe.

Supervision / Coaching und erfahrene Prozessbegleiter*innen helfen uns immer wieder. Natürlich sind auch die Ressourcen der Kolleg*innen wahre

---

4)   Eine sehr anschauliche Einführung bietet: www.facebook.com/KottieV/videos/isi-inklusive-systemische-intervention/408474153409765/

Schätze. Eine kollegiale Fallberatung wie sie Werning / Avci-Werning beschreiben (Werning / AvciWerning 2016, 127 ff.), kann Prozesse anstoßen, die in einen Start / eine Weiterentwicklung in Richtung inklusive Schulkultur münden.

Die Entwicklung der „Inklusiven Systemischen Intervention (ISI)" haben an der Nürtingen-Grundschule in den letzten Jahren acht Kinder erfolgreich durchlaufen. Fünf befinden sich aktuell im Projekt. Aus Jonas ist ein höflicher junger Mann geworden, der uns manchmal in der Schule besucht.

Literatur

Baumann, M. / Bolz, T. / Albers, V. (2017): „Systemsprenger" in der Schule. Auf massiv störende Verhaltensweisen von Schülerinnen und Schülern reagieren. Weinheim: Beltz.

Becker-Textor, I. (1997): Was in Kindern alles steckt. Kinder richtig fördern; Anleitungen nach Maria Montessori. 2. Aufl. Freiburg i. Br.: Herder.

Deutsche UNESCO-Kommission (DUK) (Hrsg.) (2014): Inklusion. Leitlinien für die Bildungspolitik. 3. erw. Aufl. Bonn: DUK. www.unesco.de/sites/default/files/2018-05/2014_Leitlinien_inklusive_Bildung_0.pdf, Download am 02.10.2021.

Omer, H. / Von Schlippe, A. (2016): Stärke statt Macht. Neue Autorität in Familie, Schule und Gemeinde. Göttingen: Vandenhoeck & Ruprecht.

Scholz, G. (1996): Kinder lernen von Kindern. Baltmannsweiler: Schneider Hohengehren

United Nations Educational, Scientific and Cultural Organization (UNESCO) (1994): Salamanca Statement and Framework for Action on Special Needs Education. Adopted by the World Conference on Special Needs Education: Access and Quality, Salamanca, Spain, 1994. Paris: UNESCO. https://unesdoc.unesco.org/ark:/48223/pf0000098427, Download am 02.10.2021.

United Nations Educational, Scientific and Cultural Organization (UNESCO) (o. J.): Die Salamanca Erklärung und der Aktionsrahmen zur Pädagogik für besondere Bedürfnisse. Angenommen von der Weltkonferenz „Pädagogik für besondere Bedürfnisse: Zugang und Qualität" Salamanca, Spanien, 1994. Bonn: Deutsche UNESCO-Kommission. www.unesco.de/sites/default/files/2018-03/1994_salamanca-erklaerung.pdf. Download am 02.10.2021.

Werning, R. / Avci-Werning, M. (2016): Herausforderung Inklusion in Schule und Unterricht. Grundlagen, Erfahrungen, Handlungsperspektiven. Stuttgart: Klett / Kallmeyer.

Webseite der Schule

www.nuertingen-grundschule.de

Martina Fritz, Marie-Luisa Ortner, Susanne Putler,
Stefanie Ristow, Kathrin Rottler & Vivien Semmelmann
Grundschule Stein, Stein bei Nürnberg (Bayern)

Voneinander lernen – Miteinander die Welt entdecken

Mit der neuen Schulleitung war im Jahr 2010 an die GS Stein mit drei Schulstandorten eine Vision gekommen: Die Schule sollte nach innen und außen hin „mit einer gemeinsamen Haltung" erlebt werden. Was war unsere gemeinsame Haltung oder wie könte sich diese entwickeln? Dazu bedurfte es vielerlei Gespräche, pädagogische Tage, Konferenzen und Pausengespräche.

Wir wollten eine Atmosphäre der gegenseitigen Anerkennung schaffen und Vielfalt als Bereicherung sehen. Hier stellte sich schon die erste Frage: Galt dies für alle: Lehrkräfte, Schulkinder und Eltern? Für unser gegenseitiges Vertrauen holten wir uns in einer Erziehungs- und Bildungspartnerschaft die Eltern mit ins Boot.

Wir kannten bereits die Vielfalt unserer Kinder und wollten lernen, diese als Bereicherung zu sehen, aber auch die Kompetenz entwickeln, unsere Kinder für alle lernförderlich mitzunehmen. Wir wollten sie in ihren Kompetenzen stärken, sie in möglichst vielen Bereichen mitwirken lassen und ihnen damit auch Verantwortung übertragen. Wir erkannten, dass wir dazu ein multiprofessionelles Team benötigten und uns selbst auf die Suche nach neuen Kolleg*innen machen mussten. Wir ergriffen eine Chance, die von außen auf uns zukam: Männer und Frauen, die ihre Berufstätigkeit abgeschlossen oder unterbrochen hatten und sich anboten, uns bei der Konkretisierung unserer Vision „irgendwie zu unterstützen".

Diese Haltung sollte durch Prozesse im Schulleben, durch Bilder, Lernprodukte und Bekenntnisse in unseren Häusern und darüber hinaus sichtbar werden. Wir wollten ein Leitbild entwickeln, das unsere Haltung, unsere Leitziele und konkrete Maßnahmen enthalten sollte. Allen Lehrkräften, Eltern und Kindern sollte es Orientierung bieten und durch uns selbst immer wieder evaluiert werden.

Eine Steuergruppe, die verschiedene Strömungen im Kollegium vertritt, begleitet einen für alle transparenten Schulentwicklungsprozess bis zum heutigen Tag. Unser Leitbild enthält große Leitsätze, die unsere Schulkultur prägen und auf die wir unsere konkreten Ziele immer wieder beziehen. Die Maßnahmen, mit denen wir unsere Ziele erreichen wollen, können täglich an unserer Schule erlebt werden. Einige, die unseren Alltag besonders geprägt haben und bis heute auszeichnen, stellen wir hier vor.

Wir arbeiten daran, dass die Kinder ihr Lernen selbst in die Hand nehmen

Für unsere Arbeit benötigen wir einen dynamischen äußeren Rahmen, der selbstständiges Lernen zulässt, verstärkt und im schulischen Alltag bis in den Unterricht sowie in die Lernentwicklungsgespräche hinein stets präsent ist. Die Umsetzung bedarf eines lebendigen Austausch- und Abstimmungsprozesses.

Der äußere Rahmen zur Förderung des selbstständigen Lernens

An unserer Schule richten die Kinder ihren Arbeitsplatz zu Beginn des Unterrichtstages eigenständig her. Dies wird visuell durch den Aushang von Symbolen und Arbeitsschritten im Klassenzimmer unterstützt. Rituale wie „Gemacht vor Acht" bieten den Schüler*innen die Möglichkeit, selbstständig in einen routinierten Tagesablauf zu starten. Dieser beinhaltet beispielsweise bereits in der Vorviertelstunde[1] das selbstständige Abgeben der Hausaufgaben am dafür vorgesehenen „Parkplatz" sowie das Beginnen mit der Wochenplanarbeit. Damit sich unsere Kinder noch besser im Schulalltag orientieren können und Experten in ihrem eigenen Lernprozess werden, gibt es einen Aushang mit der Tagestransparenz sowie der Datumsangabe des Tages. Dadurch wird den Schüler*innen der genaue Tagesplan mit allen Vorhaben und Zielen visualisiert und er ist über den Schultag hinweg zu jeder Zeit im Klassenzimmer ersichtlich. Auch der Fortgang des Tages- und Stundenverlaufs wird durch einen „wandernden" Pfeil verdeutlicht, dies hilft vor allem unseren Kindern mit einer autistischen Beeinträchtigung.

Das Lernen im Unterrichtsalltag selbstständig in die Hand nehmen

Den Kindern an unserer Schule werden feste Zeitfenster für offene Arbeitsformen, wie die Wochenplanarbeit, eingeräumt. Während der „Selbstlernzeit" im Wochenplan erhalten die Schüler*innen die Chance, eigenverantwortlich Übungsmöglichkeiten in Bezug auf ihre gegenwärtigen individuellen Ziele auszuwählen. Anschließend präsentieren die Kinder ihren Mitschüler*innen, woran sie in dieser Zeit gearbeitet haben, und erhalten dafür von diesen eine wertschätzende Rückmeldung zu ihrem individuellen Lernprozess. Durch unterschiedliche Reflexionsmethoden nach solchen Arbeitsphasen fordern wir die Schüler*innen auf, über ihren Lernprozess und Lernerfolg nachzudenken. Sie werden mit Satzstartern oder anderen Impulsen angeleitet, über ihr eigenes Lernen zu sprechen, dieses zu überdenken sowie weiterzuentwickeln. Besonders in Lerntagebüchern wird den Kindern eine langfristige und ausführliche Dokumentation über den eigenen Lernprozess ermöglicht.

---

1) die Viertelstunde vor acht Uhr

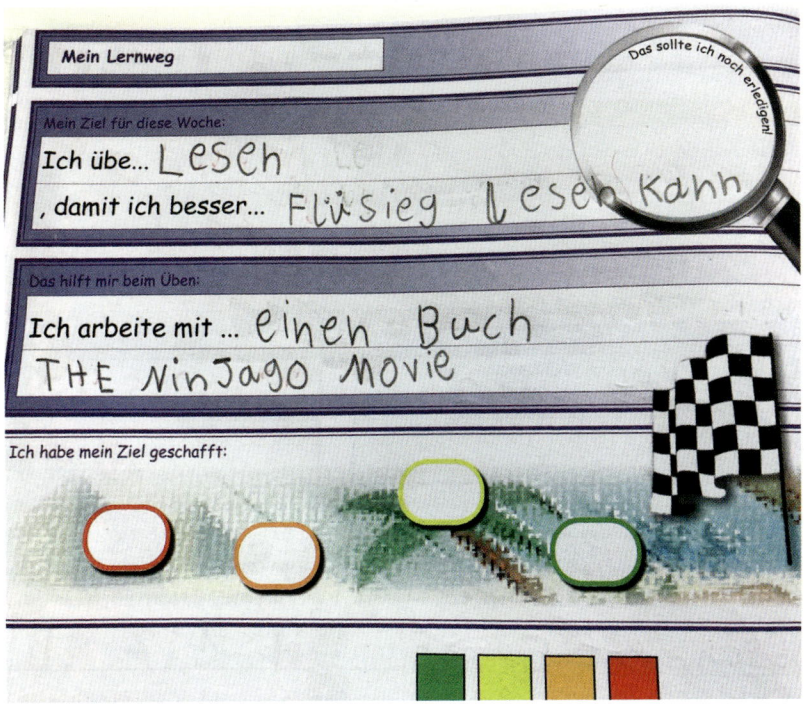

Abb. 1: Einträge in ein Lerntagebuch (Lesen) [2]

Rückmeldungen sowie Feedback von Lehrkräften oder Mitschüler*innen stehen bei uns keinesfalls am Ende eines Lernprozesses. Sie sind der Beginn für eine effektive Weiterarbeit an individuellen Entwicklungszielen, die an Lerntheken zu spezifischen Themen auch nach einer Leistungserhebung für vertiefendes Üben genutzt werden. Durch regelmäßige Reflexionen, Lerntagebücher sowie Lernlandkarten übernehmen unsere Kinder zunehmend Verantwortung für ihr eigenes Lernen. Doch diese Entwicklung zum Experten des eigenen Lernprozesses verschwindet an unserer Schule nicht hinter verschlossenen Klassentüren. Es wird für alle Mitschüler*innen und Lehrkräfte an Aushängen und Schülerwänden im Schulhaus sichtbar gemacht.

Arbeitsprozesse und -ergebnisse werden unter Überschriften wie „Daran arbeiten wir gerade" oder „Das weiß ich schon zum Thema" und „Das möchten wir noch wissen" präsentiert und sind somit für alle Mitglieder der Schule einsehbar.

---

2) Grafische Gestaltung mithilfe des WorksheetCrafter

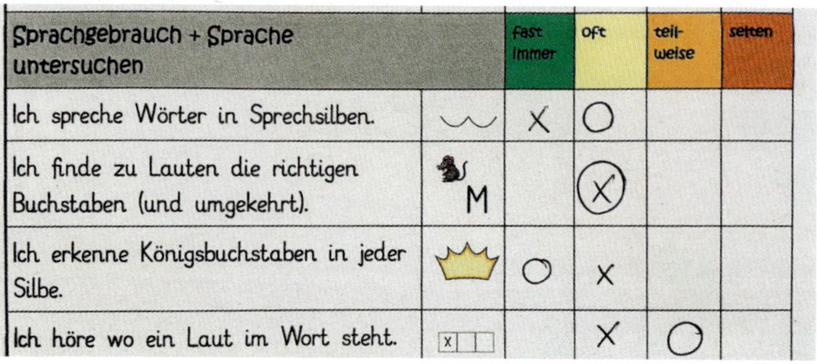

Sprachgebrauch + Sprache untersuchen	fast immer	oft	teilweise	selten
Ich spreche Wörter in Sprechsilben. ∿	X	O		
Ich finde zu Lauten die richtigen Buchstaben (und umgekehrt). 🐟 M		(X)		
Ich erkenne Königsbuchstaben in jeder Silbe. 👑	O	X		
Ich höre wo ein Laut im Wort steht. ⬜		X	O	

Abb. 2: Von Lehrkraft (o) und Kind (x) ausgefüllter Lerngesprächsbogen

Lernfortschritte im Lernentwicklungsgespräch sichtbar machen

Schon seit vielen Jahren machen wir von der Möglichkeit Gebrauch, Zeugnisse durch Lerngespräche zu ersetzen. Unsere Kinder lernen von Anfang an, über ihr Lernen zu sprechen, es zu reflektieren und sich neue Ziele zu setzen. Beginnend mit kleinen „Gesprächsanleitungen" beispielsweise zu den Klassen- und Schulhausregeln und unter Verwendung von vorgegebenen Satzanfängen wollen wir den Schülerinnen und Schülern eine verständliche Kommunikation erleichtern. Später führen wir die Kinder an zunächst einfache Lernlandkarten, zum Beispiel zu einem HSU-Thema[3], heran. Hier schätzen sie ihr Vorwissen mithilfe farblicher Markierungen (grün, gelb, orange, rot) selbst ein und reflektieren diese nach Erarbeitung des Unterrichtsthemas. Wir haben auch Lernlandkarten zu den ausgewählten Sätzen in den Lerngesprächsbögen erstellt und füllen diese im Vorfeld mit den Kindern aus. Durch geeignete Piktogramme unterstützen wir das Verständnis der Sätze für die Kinder, die sich mit dem Lesen noch schwertun. Zu Hause übertragen die Kinder gemeinsam mit den Eltern ihre Selbsteinschätzung aus der Lernlandkarte in den tabellarischen Ankreuzbogen des Lerngesprächs (s. Abb. 2).

Farbliche Hinterlegungen helfen dabei. Sowohl die Klassenlehrkraft als auch die Fachlehrkräfte tragen in diese Tabellen ihre Einschätzung mithilfe eines Kreises ein. Im Lerngespräch selbst werden vor allem die Bereiche fokussiert, bei denen eine Abweichung zwischen Selbsteinschätzung und Einschätzung der Lehrkraft deutlich war. Die verwendeten Piktogramme kommen auch im Lerngespräch zum Einsatz. Hier dienen sie dazu, über den entsprechenden Inhalt ins Gespräch zu kommen und eventuell eine Selbsteinschätzung zu revidieren. Die Piktogramme werden entweder in einen Lernweg eingeordnet, mit farblichen Muggelsteinen belegt oder auf eine Selbsteinschätzungsampel gelegt, sodass am Ende des Gesprächs deutlich wird,

---

3) Abkürzung für Heimat- und Sachunterricht

wie viele Lernbereiche bei dem Kind schon „fast immer" oder „eher selten"
klappen. Mit den Bereichen auf Orange und Rot gelingt es den Kindern in
der Regel sehr gut, sich neue Ziele zu setzen, die dann im Lerngespräch festgehalten und im weiteren Unterricht verfolgt werden.

Das Schulleben durch demokratische Prozesse mitgestalten

Aktive Teilhabe und die Möglichkeit zur Mitgestaltung werden an der
Grundschule Stein in einem weiteren Bereich erlebbar – dem Erlernen
von demokratischen Prozessen. Vor diesem Hintergrund kommt dem
seit Jahren etablierten Schülerforum eine ganz besondere Bedeutung zu.
Hier erhalten unsere Kinder die Möglichkeit, Politik und Demokratie an
konkreten und gleichzeitig überschaubaren Sachverhalten ihrer unmittelbaren schulischen Lebenswirklichkeit zu erfahren. Nach der demokrati-

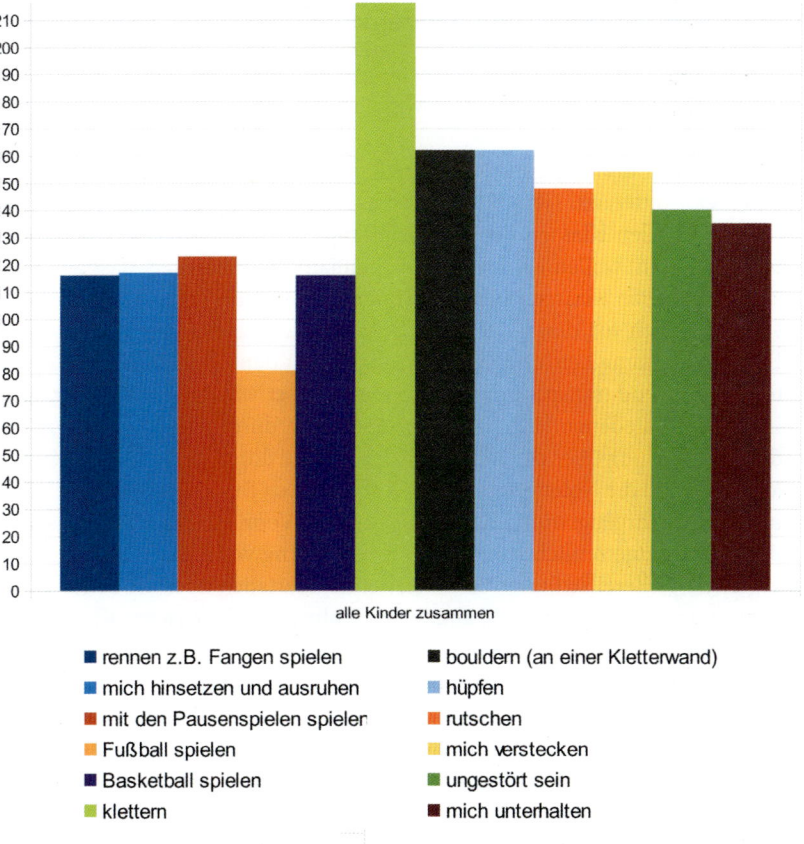

Abb. 3: Diagramm: So möchten die Kinder der Grundschule Stein ihre Pause verbringen

schen Wahl der Schülersprecher*innen jeder Klasse treffen sich diese jeden Monat, um über wichtige Entscheidungen des Schullebens zu beraten: Zu welchem Thema soll unsere Projektwoche starten? Sollen beim Bücherbasar auch CDs verkauft werden dürfen? Wie soll unser neuer Pausenhof aussehen und wie können wir unsere Ideen am besten dem Bürgermeister nahebringen? Und wofür verwenden wir die Spende des Fördervereins? Durch Klassenumfragen und deren Auswertungen, durch intensive Diskussionen und teils knappe Abstimmungen wird der demokratische Entscheidungsprozess als gelebtes Prinzip verinnerlicht. Mitreden, mitgestalten und mitentscheiden – das sind die Erfahrungen, die wir unseren Schüler*innen durch die Partizipation am Lernen und Leben ihrer Schule ermöglichen möchten.

Wir arbeiten daran, dass multiprofessionelle Teams und Lehrkräfte Eltern und Kinder stützen

An unserer Schule ist eine feste Teamstruktur verankert, die für Lehrkräfte, Schüler*innen, Eltern und andere Mitglieder der Schulfamilie einen sicheren Rahmen bietet.

Innerhalb der Jahrgangsstufe treffen sich die Lehrkräfte wöchentlich zu einer Konferenz. Gemeinsam werden Leistungserhebungen erstellt, die danach in allen Klassen der Jahrgangsstufe in gleicher Weise geschrieben werden. Damit wollen wir im vierten Schuljahr gewährleisten, dass alle Klassen die gleichen Klassenarbeiten schreiben, von deren Ergebnissen dann die Empfehlungen für den weiteren Lebensweg des Kindes abgeleitet werden. Eine gemeinsame Leistungsvereinbarung macht den Eltern bereits beim ersten Elternabend transparent, wie viele Leistungserhebungen in welcher Form in den verschiedenen Fächern geschrieben bzw. durchgeführt werden. Auch die Abstimmung über die Korrektur der Inhalte durch gemeinsame Musterlösungen und die Notengebung mittels eines festen Bewertungsschlüssels sind in unseren Jahrgangsstufenteams obligatorisch. Voraussetzung hierfür ist aber die gemeinsame zeitliche und inhaltliche Planung von Unterricht, die durch gegenseitige Bereitstellung von Unterrichtsmaterialien über die Schul-Cloud unterstützt wird. Ein „Einzelkämpfertum" hinter verschlossener Klassenzimmertür ist damit ausgeschlossen.

Daneben sind in unserem Kollegium organisatorische (z. B. Team für die Gestaltung der Adventsfeiern) und konzeptionelle Teams (z. B. Steuergruppe) fest etabliert. Sie werden am Schuljahresanfang gebildet, führen ihre festgelegten Aufgaben selbstständig durch und evaluieren sich am Ende des Jahres.

Multiprofessionelle Teams agieren in verschiedenen Zusammensetzungen in unserer Schulgemeinschaft. Neben der Unterstützung durch die Beratungslehrkraft erfahren wir auch dank des Profils Inklusion Hilfe durch eine Sonderpädagogin. Besondere Kinder werden gemeinsam beobachtet und gefördert. In Absprache erfolgt die Erstellung eines Förderplanes, der sowohl für Eltern als auch für Lehrkräfte eine wertvolle Unterstützung im Umgang mit dem Kind darstellt. In gemeinsam geführten Elterngesprächen erfahren die Eltern Hilfestellungen und praktische Hinweise, wie sie auch zu Hause dem Kind noch besser helfen können. Einzelförderstunden für besondere Kinder sind ein weiterer wichtiger Baustein, um diesen Kindern gerecht zu werden und ihnen die Möglichkeit einer Teilhabe zu geben. Unsere Schulsozialarbeiterin ist eine weitere wichtige Ergänzung. In einem Team aus Lehrkraft, Sonderpädagogin und Schulsozialarbeiterin wird uns ermöglicht, ein Kind aus verschiedenen Perspektiven zu sehen, um noch besser auf seine Interessen, Fähigkeiten und Lernwege eingehen zu können. Während einer wöchentlichen Sprechstunde bietet die Schulsozialarbeiterin ein offenes Ohr für alle Kinder an.

Im Team unterstützt werden Lehrkräfte und Kinder auch durch unsere Grundschulpat*innen. Diese Ehrenamtlichen kommen z. B. zur Lesebetreuung oder zur Abfrage von Einmaleinsaufgaben zum Einsatz. Sie fördern aber auch einzelne Schüler*innen nach Anleitung durch die Lehrkräfte. Mithilfe eines an unserem Hause ansässigen Studienseminars zur zweiten Ausbildungsphase wurden die Grundschulpat*innen im Bereich des Blitzrechnens methodisch weitergebildet und wenden nun diese Methoden mit großer Freude an. Es profitieren in dieser Win-Win-Situation alle: die Kinder von Einzelförderung, die Lehrkraft durch die Unterstützung und die Grundschulpat*innen durch ein „Gebrauchtwerden" und das durchweg positive Feedback für ihre Arbeit.

Mit dem Elternbeirat setzen wir Erziehungs- und Bildungspartnerschaft um

Um unsere Schulentwicklung durch eine breite Basis zu unterstützen, war es uns wichtig, auch die Eltern unserer Kinder zu gewinnen. Deshalb haben wir ein Konzept entwickelt, das auf den vier Säulen Mitsprache, Kommunikation, Kooperation und Gemeinschaft basiert. Es bietet die Grundlage, um traditionelle Elternarbeit durch eine gelebte Erziehungs- und Bildungspartnerschaft zu erweitern.

Wir bieten vielfältige Gesprächs- und Mitgestaltungsmöglichkeiten für Eltern

Ein wertschätzender und lösungsorientierter Dialog mit den Eltern ergibt sich nicht von selbst. Er muss immer wieder bewusst gesucht werden. An der Grundschule Stein haben die Eltern die Möglichkeit, sich aktiv in Arbeitsgemeinschaften einzubringen.[4] Eltern der AG Mehrsprachigkeit gestalten in der ersten Schulwoche ein Elterncafé für Neulinge. Im Austausch mit Mitgliedern des Elternbeirats, mit der Schulleitung, mit den Grundschulpat*innen, der Schulsozialarbeiterin und der Sozialreferentin der Stadt Stein klären sich dabei Fragen rund um den Schulstart auf.

Neben der Teilnahme an weiteren AGs können Eltern als Lernhelfer, Verkehrshelfer oder für besondere Angebote im Unterricht und Schulleben unsere Schule in verschiedener Weise mitgestalten. Dazu fragt die Klassenlehrkraft zu Beginn jedes Schuljahres die Bereitschaft ab, Expertenwissen in den Unterricht einzubringen, Projekte zu unterstützen oder bei Mehrsprachigkeit als Dolmetscher*in für andere Eltern zu fungieren.

Wir informieren Eltern über unterrichtliche und pädagogische Ziele

Die Schulleitung informiert über die Schulanmeldung, jahrgangsgemischtes Lernen und Inklusion. Die Klassenlehrkraft informiert in einem ersten Elternabend über organisatorische Inhalte. In einem zweiten inhaltlichen Elternabend, der von Mitgliedern der AG ‚Klassenübergreifende Elternabende‘ und Lehrer*innen des Kollegiums geplant wird, erfahren die Eltern dann genauer, wie ihr Kind an unserer Schule lernt.

In einem klassenübergreifenden Teil in der Aula werden im jährlichen Wechsel Lern- und Arbeitsweisen aus dem Bereich Deutsch (Lesen / Rechtschreiben) oder Mathematik (Zahlen und Operationen / Sachrechnen) vorgestellt und es wird erörtert, wie sich diese im Laufe der Grundschulzeit weiterentwickeln.

Im Anschluss gehen die Eltern mit ihrer Klassenlehrkraft in das Klassenzimmer, wo sie vorgestelltes Material ausprobieren und vertiefende Fragen stellen können.

Zudem nutzen wir Veröffentlichungen auf unserer Homepage zur Information, z. B. unter den Rubriken „So lernen wir", „Eltern-AGs" oder „Weitere Infos".[5]

Wir beteiligen und unterstützen Eltern bei der individuellen Förderung ihres Kindes

In Rückmeldebögen zu jeder Leistungserhebung und im Lernentwicklungsgespräch zwischen der Lehrkraft und dem Kind erfahren die Eltern die Stärken ihres Kindes und wie sie ihrem Kind helfen können. Im Lerngesprächsbogen erhalten Eltern und Kinder schriftlich die Zielvereinbarungen, die zur Unterstützung gemeinsam vereinbart wurden. Im Zeugnisformular bekommen sie konkrete Hinweise auf Unterstützungsmöglichkeiten für ihr Kind.

---

4)   zu den Eltern-AGs siehe www.grundschule-stein.com/eltern-ags
5)   Link zur Homepage der Grundschule Stein: www.grundschule-stein.com

Wir setzen uns frühzeitig zusammen, um Kinder in ihrer Entwicklung zu stützen

Es finden immer wieder „Runde Tische" mit Eltern und zusätzlichen Professionen (Sonderpädagogin, Schulsozialarbeiterin, Beratungslehrkraft), die die Lehrkraft unterstützen, statt. Dabei dokumentieren wir wesentliche Inhalte schriftlich. Für Schüler*innen mit sonderpädagogischem Förderbedarf und lernzieldifferentem Unterricht wird auf Grundlage einer umfangreichen Diagnostik ein individueller Förderplan erstellt, der mit den Eltern besprochen wird.

Wir arbeiten daran, dass Anschlüsse gelingen

Die Grundschulzeit ist für die Kinder ein bedeutsamer Lebensabschnitt. Umso wichtiger ist es, dass die Übergänge am Schulanfang und beim Abschied aus der Grundschule gut vorbereitet sind und dass entstehende Brüche von Kindern unbeschadet bewältigt werden können. Dafür hat die Grundschule Stein auch konzeptionell gesorgt.

Übergang Kindergarten – Grundschule

Das letzte Kindergartenjahr wird von uns intensiv begleitet. Im Oktober findet für alle Eltern von Vorschulkindern ein Elternabend statt. Ein Team aus Lehrkraft und Erzieher*in informiert die Eltern darüber, welche grundlegenden Kompetenzen für einen erfolgreichen Schulstart wichtig sind. Die Erzieher*innen liefern praktische Beispiele aus dem Kindergartenalltag und Ideen für die Elternarbeit. Gleichzeitig werden Kinder mit Migrationshintergrund im „Vorkurs"[6] bei der Weiterentwicklung ihrer Deutschkenntnisse unterstützt. Die Schulleitung besucht im letzten Kindergartenjahr jede ortsansässige Einrichtung einmal pro Woche. Hier arbeitet sie mit den Vorschulkindern und führt Gespräche mit den Erzieher*innen. Somit wird der anstehende Fachdialog optimal vorbereitet. Jedes Kindergartenkind besucht in diesem Jahr dreimal die Schule. Hierbei achten wir darauf, dass die Kinder nicht nur zusehen, sondern aktiv mitgestalten können. Außerdem lernen die Kinder die Schulhäuser kennen. Während des Lockdowns fand der Schulhausrundgang virtuell statt. Unsere Kooperationslehrkraft organisiert zweimal im Jahr ein Treffen der Erzieherinnen und Lehrkräfte im Landkreis zu einer Fortbildung, um den Übergang von Kita zur Grundschule gemeinsam optimal zu gestalten. Wir organisieren darüber hinaus eigene Treffen mit unseren Kindergärten.

---

6) Der Vorkurs ist eine Kooperationsaufgabe von Kitas und Grundschulen in gemeinsamer Verantwortung für das Kind und wird für Kinder mit Migrationshintergrund im Vorschuljahr angeboten (BayBL 2014).

Bei der Schulanmeldung werden wir von Erzieher*innen und Student*innen unterstützt. Jedes Kind erlebt eine Schnupperstunde und lernt dabei schon ein wenig, wie Schule sein wird. Diese Schnupperstunde wurde in Zusammenarbeit mit Erzieherinnen und Lehrkräften unter Beratung von Frau Professorin Kammermeyer von der Universität Landau entwickelt. Dabei beobachten die Teams die Kinder zu bereichsspezifischen Fähigkeiten, um eine gezielte Förderung im Anfangsunterricht insbesondere im Lesen, Schreiben und Rechnen zu ermöglichen. Die Eltern werden einzeln über die Beobachtungen informiert und individuell beraten. Kinder, die uns besonders aufgefallen sind, werden zum „großen Schulspiel" eingeladen, das von der Schulleitung, der Förderlehrkraft, der Sonderpädagogin und der Beratungslehrerin durchgeführt wird. Danach werden Eltern gezielt dazu beraten, wie die Entwicklung ihres Kindes gemeinsam begleitet werden kann.

Übergang Grundschule – weiterführende Schule

Auch ein gelingender Übergang für jedes Kind an die weiterführende Schule liegt uns am Herzen. Die Übertrittsberatung durch Lehrkräfte und Beratungslehrkraft unserer Schule nimmt eine zentrale Stellung ein. Es ist uns wichtig, dabei alle Kompetenzen eines Kindes im Blick zu haben. Die den Eltern und Kindern bekannten Lernentwicklungsgespräche sind hierfür eine gute Grundlage.

Mit unserer benachbarten Mittelschule pflegen wir einen regen Austausch, bei dem die Begegnung der Kinder mit Jugendlichen im Mittelpunkt steht: Er reicht vom gemeinsamen Plätzchenbacken über die schulartübergreifende Planung des Pausenhofs bis zu einem Besuch der ehemaligen Viertklässler in ihrer „alten" Klasse, um über das Lernen in der Mittelschule zu berichten. Außerdem fungieren unsere Mittelschüler*innen als Verkehrshelfer vor 8.00 Uhr und fühlen sich so für den sicheren Schulweg der „Kleinen" verantwortlich. Beim Informationsabend der Mittelschule lernen die Kinder Lehrkräfte kennen und wählen aus Mitmachangeboten aus. Nach Pfingsten findet ein Schnuppertag statt. Die Lehrkräfte der jahrgangsgemischten Klasse 3–4 führen zusammen mit der Schulleitung und der zukünftigen Fünftklasslehrkraft ausführliche Gespräche zur Anschlussfähigkeit, um die Kinder in ihren Bedürfnissen, Stärken und Schwächen bestmöglich unterstützen zu können.

Ein enger Kontakt zum ortsansässigen Gymnasium wurde durch eine unserer Lehrkräfte geknüpft, die über viele Jahre als eine den Übergang begleitende „Lotsin" eingesetzt war. Im Zentrum dieser Begleitung stand und steht weiterhin das Ziel, den Blick auf das Kind mit seinen besonderen Bedürfnissen, Ängsten und Vorfreuden des Schulwechsels zu richten. In einer halbjährlich stattfindenden Hospitationswoche können die Lehrkräfte beider Schularten die schulische Lebenswirklichkeit der Kinder hautnah erfahren und in ihr pädagogisches Wirken einbinden. Bei Kooperationstreffen mit bis zu 40 interessierten Lehrkräften wurde gemeinsam überlegt, wie auch in didaktischer Hinsicht die Anschlussfähigkeit in den einzelnen Fächern gewährleistet werden kann.

Wir arbeiten daran, dass unsere Grundschule fest in der Kommune verankert ist und am kommunalen Leben teilnimmt

In der Stadt Stein gibt es nur eine Grundschule und eine Mittelschule. Die Bildung der Kinder ist unserer Kommune sehr wichtig. Auch wir wollen mit unserer Schule in der Stadt Stein verankert sein und in ständiger Wechselbeziehung mit ihr stehen. Hierzu gibt es verschiedene Möglichkeiten:

Wir unterstützen die jährliche Eröffnung des Weihnachtsmarktes durch musikalische Beiträge, eine Jury wählt aus unseren Drittklässlerinnen ein Christkind. Dieses eröffnet den Markt jedes Jahr feierlich.

Zum 40. Jubiläum der Stadt Stein gestalteten unsere Schüler eine Fotoausstellung. Nachdem die Kinder im Unterricht gelernt hatten, wie digitale Kameras zu bedienen sind und Fotoeffekte erzeugt werden können, schwärmten wir an die verschiedensten Stellen in Stein aus, um den Lieblingsplatz im Ort zu fotografieren. Über mehrere Wochen traf man vormittags Schüler, die Plätze aus verschiedensten Blickwinkeln fotografierten (s. Abb. 4). Diese Bilder wurden auf großen Stellwänden für mehrere Wochen im ortsansässigen Einkaufszentrum für alle Bürger*innen ausgestellt.

Einmal jährlich findet im Rahmen des Sportunterrichts eine Kooperationsstunde mit dem Radball- und Tennisverein statt, von der alle Beteiligten profitieren.

Abb. 4: Wir präsentieren unsere Fotoausstellung

Die städtische Musikschule unterstützt uns in den Klassen 1–2 beim monatlichen Singen im Musikunterricht durch Instrumentalbegleitung und musikalische Grundübungen, die Klassen 3–4 erproben in der Musikschule verschiedene Instrumentengruppen und erleben dort kleine Konzerte. Ein Percussionlehrer unterstützt unsere 3. Klassen bei der musikalischen Gestaltung des Schuljahresendes und -beginns.

Doch auch aus unserem alltäglichen Unterricht ist die Kommune mit ihren Vereinen nicht wegzudenken. Der Gartenbauverein unterstützt unsere AG Schulgarten, ebenso wie unsere Schülerpaten unseren Schulkindern tatkräftig zur Seite stehen. Jede Klasse erhält einmal wöchentlich die Unterstützung durch Schülerpaten, die durch den Sozialverein „Lichtblick" organisiert sind. Freiwillige Bürger*innen unterstützen unsere Schulkinder beim Lernen und erfahren so im Gegenzug Dankbarkeit und Anerkennung.

Die Stadt Stein stattete alle Klassenzimmer mit digitalen Tafeln und unsere Kinder mit vielen digitalen Endgeräten aus. Dies ist vor allem zu Zeiten digitalen Distanzunterrichts eine große Unterstützung.

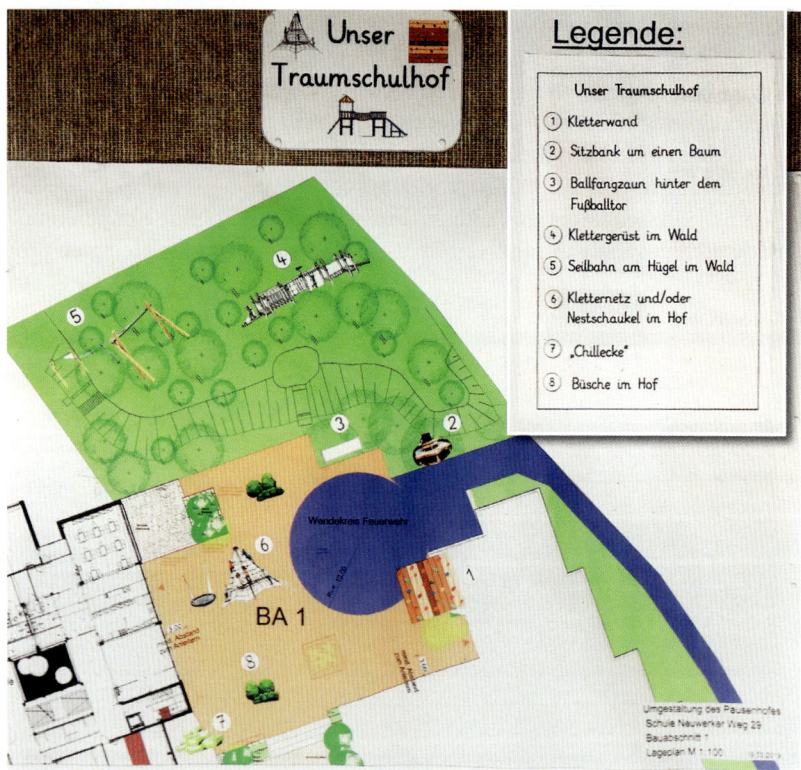

Abb. 5: So stellen wir uns unseren Traumschulhof vor!

Die geplante Umgestaltung des Pausenhofes durch die Stadt Stein stellt ein weiteres Beispiel von Mitsprachemöglichkeiten für Schüler*innen innerhalb der Kommune dar. In einem monatelangen Prozess erarbeiteten die Sprecher*innen des Schülerforums gemeinsam mit den Vertreter*innen der Mittelschule den Plan eines „Traumschulhofs" (s. Abb. 5).

Dafür wurden die Bedürfnisse aller Kinder bezüglich ihrer bevorzugten Pausenbeschäftigungen in einer Umfrage ermittelt und Pläne in Originalgröße beim Bauamt der Stadt angefordert, um diese collagenartig mit den Wünschen der Schulgemeinschaft zu gestalten. Stolz konnte dieser Plan dem Bürgermeister der Stadt Stein während eines Besuchs im Rathaus präsentiert werden. Seine Zusage, diese Wünsche bestmöglich zu berücksichtigen, verdeutlicht das gemeinsame Bemühen um ein Mitspracherecht der Schulkinder, wenn es um ihre unmittelbaren Belange geht.

Ausblick

Von der Vision von vor 10 Jahren bis zum heutigen Tag war ein langer Weg zurückzulegen, auf dem sich eine Kultur des gemeinsamen Ringens, Auseinandersetzens und Annehmens entwickeln konnte.

Schulkultur ist lebendig und muss lebendig bleiben. Unwägbarkeiten wie eine Pandemie mit Wechsel- oder Distanzunterricht, Lehrermangel mit Quereinsteigern, Herausforderungen des digitalisierten Lernens, Wechsel im Lehrerkollegium oder in der Schulleitung bedürfen des „Innehaltens und Nachdenkens". Eines ist uns dabei klar geworden: Der Weg muss weitergehen und darf nicht im Stillstand enden.

Literatur

Bayerisches Staatsministerium für Arbeit und Soziales, Familie und Integration; Bayerisches Staatsministerium für Bildung und Kultus, Wissenschaft und Kunst (Hrsg.) (2014): Gemeinsam Verantwortung tragen. Bayerische Leitlinien für die Bildung und Erziehung von Kindern bis zum Ende der Grundschulzeit (BayBL). München: Bayerische Staatsregierung. www.ifp.bayern.de/imperia/md/content/stmas/ifp/bayerische_bildungsleitlinien.pdf, Download am 02.10.2021.

Webseite der Schule

 www.grundschule-stein.com

Lernen für nachhaltige Entwicklung

Beate Hunfeld & Lenka Hertel

Hans-Quick-Schule, Bickenbach (Hessen)

Mit Kinderrechten zu einer demokratischen Schulkultur

Bewegungsfreudige Schule, forschende Schule oder doch lieber Kunst als Schwerpunkt? Es gibt viele Wege, die man in einer Grundschule einschlagen kann, um eine eigene Schulkultur zu entwickeln. Vor etwa 10 Jahren sind uns auf unserem Weg der Schulentwicklung die Kinderrechte begegnet und seitdem ein ständiger und treuer Begleiter. Wie wir die Kinderrechte als „roten Faden" unserer Unterrichtsgestaltung und vieler Schulentwicklungsprozesse nutzen und welches Potenzial die Kinderrechte bei der stetigen Entwicklung unserer demokratischen Schulkultur aktivieren, möchten wir im Folgenden darstellen.

Beschreibung der HQS

Die Hans-Quick-Schule ist eine dreizügige Grundschule in Bickenbach (Hessen) mit einer Vorklasse, einem Vorlaufkurs sowie Lerngruppen für Seiteneinsteiger*innen. Wir bieten als teilgebundene Ganztagsschule im Modell „Pakt für den Nachmittag" eine tägliche Unterrichtszeit von 7.30 –14.30 Uhr sowie eine anschließende Betreuungszeit bis 17.00 Uhr an. Dabei arbeiten wir nach den Prinzipien einer zertifizierten „gesundheitsfördernden" Schule sowie einer Kinderrechteschule im Netzwerk der „Modellschulen für Kinderrechte und Demokratie Hessen" in Kooperation mit MAKISTA (Macht Kinder stark für Demokratie e.V.)

Unsere Schule wird von ca. 250 Schüler*innen besucht. Mehr als 80 % nehmen die Angebote des ganztägigen Lernens wahr, etwa 30 % der Kinder haben einen Migrationshintergrund und 15 % erhalten zielgerichtete sonderpädagogische Förderangebote. Unser multiprofessionell arbeitendes Team besteht aus der Schulleitung, Lehrkräften, Sozialpädagog*innen, pädagogischen Mitarbeiter*innen, Teilhabeassistent*innen, einer Sekretärin, einem Hausmeister, Küchenkräften, FSJler*innen sowie einigen Praktikant*innen aus verschiedenen Hochschulen.

Unsere drei Schritte zur Kinderrechteschule

Der erste Schritt – Kennenlernen der Kinderrechte

Neben weiteren Fachleuten hat uns nicht zuletzt Hilbert Meyer durch seine Merkmale guten Unterrichts eindringlich darauf hingewiesen, wie wichtig unter anderem der respektvolle Umgang miteinander und die angenehme Atmosphäre für das Lernen sowie für die Entwicklung unserer Schüler*innen sind. Schon bevor wir im Schuljahr 2009/2010 bei einer Fortbildung auf das von MAKISTA initiierte Netzwerk der „Modellschulen für Kinderrechte und Demokratiebildung"[1] aufmerksam wurden, versuchten wir für unsere Schüler*innen eine möglichst optimale Lernumgebung zu gestalten. Es war uns wichtig, die Kinder mit all ihren Sorgen, Ängsten, Wünschen, Bedürfnissen und ihrer Individualität ernst zu nehmen und entsprechend zu unterstützen, zu begleiten und zu fördern. Aber zunächst haben wir uns zumindest nicht bewusst durch die Kinderrechte in unserer Planung, Durchführung und rückblickenden Bewertung unseres pädagogischen Handelns leiten lassen.

Sollte sich nun jemand fragen, was mit den Kinderrechten gemeint ist und welchen Einfluss sie auf eine gute Schulkultur haben, so können wir beruhigend sagen, dass auch wir dieser Fragestellung erst durch unsere pädagogische Arbeit im Schulalltag nähergekommen sind. Denn die Rechte der Kinder

Abb. 1: Kinder haben ein Recht auf …

---

1)   www.makista.de

tauchen in vielen Bereichen des alltäglichen Lebens ganz selbstverständlich auf und sind im Umgang mit den Kindern und der pädagogischen Arbeit in den Schulen häufig fest verankert. Dies war uns damals und ist sicherlich auch heute vielen Pädagog*innen nicht bewusst.

Durch die Einladung zu einem Netzwerktreffen der Modellschulen für Kinderrechte in Hessen und den dortigen Austausch wurden uns dann „die Augen geöffnet". Wir hatten die Kinderrechte nun auf einem Flyer in der Hand und entwickelten schnell erste Ideen, wie wir zunächst bereits bestehende Strukturen und Abläufe unserer Schule mit einem Blick durch die „Kinderrechte-Brille" anders betrachten, einordnen und schließlich auch neu benennen könnten.

Mit Blick auf das wichtige Recht der Kinder auf Mitbestimmung begannen wir, alle Unterrichts- und Schulentwicklungsprozesse nicht mehr für unsere Schüler*innen, sondern mit ihnen gemeinsam zu gestalten. Das war unser erster bedeutender Schritt auf unserem Weg, eine Kinderrechteschule zu werden.

Der zweite Schritt – Mit Kinderrechten den Schulalltag gestalten

Wer das System Schule kennt, der weiß, dass es nicht immer einfach ist, einen neuen Weg einzuschlagen und bestehende Strukturen und Handlungsabläufe zu verändern. Daher muss der jeweils nächste Schritt mit Bedacht gewählt sein, um für alle Beteiligten den Stein ins Rollen zu bringen.

Nachdem zunächst alle Kolleg*innen unserer Schule in schulinternen Fortbildungen die Kinderrechte bewusst kennengelernt hatten, war es für alle wichtig und hilfreich zu erkennen, dass es an unserer Schule bereits viele bestehende Rituale, Abläufe, Strukturen und Umgangsweisen gab, die gute Ansatzpunkte für die pädagogische Arbeit mit den Kinderrechten darstellen konnten. So fand sich auch schnell ein Team, welches unsere bereits vorhandenen „Schätze" mit Blick durch die „Kinderrechte-Brille" sichtete und sammelte. Beispielsweise entstanden in einem kontinuierlichen Prozess aus Wochenabschlussreflexionsrunden erste Klassenratsstunden, die nach und nach selbstständig und eigenverantwortlich von den Kindern geleitet wurden. Die Schüler*innen bekamen dadurch die Möglichkeit, ihre Bedürfnisse und Wünsche, aber auch kritische Gedanken im Klassenrat zu sammeln und respektvoll an die Mitschüler*innen und die Lehrer*innen weiterzutragen. Als dazwischengeschaltetes und vermittelndes Gremium wurde ein Schülerparlament eingerichtet, welches einen regelmäßigen Austausch zwischen den einzelnen Klassen, den Lehrer*innen-Teams oder außerschulischen Partner*innen nicht nur ermöglicht, sondern auch gezielt fördert. Auch wenn dieser Schritt des „Loslassens" und der Verantwortungsübergabe für einige Lehrkräfte anfangs nicht immer einfach war, ist es ein wichtiger Schritt, um unserem Auftrag gerecht zu werden, unsere Schüler*innen bei ihrer Entwicklung zu mündigen, selbstbewussten und demokratischen Menschen zu begleiten und zu unterstützen.

Parallel dazu haben wir nach Möglichkeiten gesucht, die Kinderrechte möglichst schnell in unserer Schulgemeinschaft für alle transparent und lebendig werden zu lassen. Denn nur wer seine Rechte kennt, kann diese auch einfordern, und nur wer die Rechte des anderen kennt, kann diese auch besser beachten und seine Pflichten entsprechend verantwortungsvoll wahrnehmen. Neben der Thematisierung an den Klassenelternabenden und der Besprechung der Kinderrechte im Unterricht halten wir dafür Projektwochen oder einzelne Projekttage im Schuljahresverlauf für besonders geeignet. Nicht zu vergessen ist hierbei auch die Veröffentlichung der Ideen und Aktionen auf der Homepage oder in der Presse. Für uns war es schon immer sehr wichtig, dass wir unsere gemeinsamen Momente in unserem „quick"-lebendigen Schulalltag konsequent sichtbar machen und festhalten. So entstanden in den letzten Jahren attraktive Gemeinschaftsergebnisse unserer Schulprojekte, wie beispielsweise ein eigener Kinderrechtepfad, an dem Spaziergänger im Bickenbacher Wald die Kinderrechte kennenlernen und durch kleine Spiele und Übungen erfahren konnten, oder eine Kinderrechtewand in unserem Schulhaus, an der wir die Kinderrechte bildlich für alle Besucher*innen sichtbar gemacht haben.

Abb. 2: Kinderrechtewand

Der dritte Schritt – Verankerung im Schulprogramm

Spätestens als die ersten „Beschwerden" einiger Eltern kamen, dass ihre Kinder auch zu Hause immer stärker ihre Rechte einfordern und beispielsweise den nächsten Urlaubsort mit auswählen wollten oder mehr gemeinsame Spielzeit innerhalb der Familie wünschten, wussten wir, dass wir einen wichtigen Schritt geschafft haben. Nun galt es zum einen, das Thema Rechte und Pflichten mit den Kindern nachhaltig zu thematisieren, und zum anderen, unser angedachtes und skizziertes Konzept weiter zu verschriftlichen und fest im Schulprogramm zu verankern. So vereinbarten die Schulgremien der Hans-Quick-Schule im Schuljahr 2011/2012, dass wir mit den Prinzipien der Gleichheit, des Schutzes, der Förderung und der Partizipation eine menschengerechte Schulkultur gestalten möchten. Kinderrechte sollen bewusst als Leitbild unseres pädagogischen Handelns während des ganzen Schulalltages gelten und sind seitdem im Schulprogramm festgeschrieben. Die Festschreibung dieser Haltung, Kinderrechte als selbstverständlichen und permanenten Begleiter der Unterrichtsinhalte und organisatorischen Strukturen anzunehmen, benötigt viel Zeit, aufklärende Gespräche, sinnvolle Vereinbarungen, gemeinsame Verantwortungsübernahme, Offenheit und Flexibilität der ganzen Schulgemeinde. Unser Ziel dabei ist, die Fähigkeit der Kinder zur Mitsprache, zur Mitgestaltung und Mitverantwortung zu entwickeln und zu fördern. In unserer „kindergerechten Schule" sollen sich alle Kinder sicher und geborgen fühlen, gewaltfrei gemeinsam lernen, ihre individuellen Fähigkeiten und Neigungen entwickeln, sich motiviert an Entscheidungen beteiligen und für diese Verantwortung übernehmen. Durch ihre aktive Beteiligung an den eigenen Lernprozessen sind sie im ganztägigen Schulalltag mitverantwortlich für ein demokratisches Schulklima.

Unsere Arbeit wurde belohnt. Seit 2012 dürfen wir uns nun Kinderrechteschule nennen. Darauf sind wir alle sehr stolz.

Es geht noch weiter

Selbstverständlich herrscht auch nach dem dritten Schritt kein Stillstand. Dies ist an einer Kinderrechteschule durch die stetige Partizipation aller Beteiligten nahezu unmöglich. Täglich begegnen sich bei uns kleine und große Wesen mit all Ihren Wünschen, Bedürfnissen und Gedanken und versuchen diese auf allen Ebenen demokratisch zu vereinbaren. So prägt die intensive Auseinandersetzung und Arbeit mit den Kinderrechten unsere Haltung und wirkt sich dadurch maßgeblich auf die Entwicklung unserer Schulkultur aus.

Neue Wege – neue Stolpersteine?

Wer einen neuen, lebendigen Weg einschlägt, der weiß, dass es auch gelegentlich sehr steinig werden kann. Ein Stolperstein, der einem häufig begegnet, ist der Zeitfaktor. „Ich finde die Idee ja gut, aber wann sollen wir das nur machen?", ist ein Satz, den man in nahezu allen Lehrerzimmern immer wieder hört. Selbstverständlich kann man das Thema fächerübergreifend in vielen Bereichen einbinden. Aber um die Bedeutung der Arbeit mit den Kinderrechten zu unterstreichen und sowohl dem Umdenken als auch der Installation demokratischer Strukturen ausreichend Raum zu geben, war es uns wichtig, dafür ein festes Zeitfenster zu bestimmen. So gestalteten wir zunächst probeweise das „Soziale Lernen" als festen Bestandteil im Fächerkanon, verankerten es mit einer verbindlichen Unterrichtsstunde in der Stundentafel aller Jahrgänge und übergaben die Unterrichtsgestaltung einer unserer Sozialpädagog*innen. Losgelöst vom täglichen Rechnen, Schreiben und Lesen sowie der stetigen Bewertung ihrer Leistungen werden in diesen Stunden die überfachlichen Kompetenzen der Bildungsstandards intensiv in den Fokus genommen. Wir arbeiten gemeinsam daran, die Schüler*innen in ihrer Entwicklung zu selbstbewussten, toleranten, kontaktfreudigen und weltoffenen Menschen zu unterstützen, damit sie fair, gewaltfrei und kritisch miteinander umgehen und auch Niederlagen resilient verkraften können, ihre soziale Umwelt bewusst wahrnehmen und sie aktiv mitgestalten.

Durch unsere Reflexion und die dabei zahlreichen positiven Rückmeldungen und Beobachtungen aller Beteiligten wurde das „Soziale Lernen" an unserer Schule ein fester und wichtiger Baustein, der eine gelungene Grundlage für handlungsorientiertes und problemlösendes Lernens ist und das tägliche Miteinander beim Leben und Lernen, Spielen und Arbeiten, Streiten und Sichvertragen nachhaltig positiv beeinflusst.

„Kind(er)gerechte" Schulkultur der HQS

Durch die Entwicklung zur Ganztagsschule und die damit verbundenen längeren Zeiten, die die Kinder mit uns gemeinsam in der Schule verbringen, erleben wir, dass sich auch unser Bildungs- und Erziehungsauftrag verändert hat. Neben der Vermittlung der zentralen Kompetenzen des Rechnens, Schreibens und Lesens liegt es nun noch stärker in unserer Verantwortung, die Fähigkeit der Kinder zur Mitsprache, zur Mitgestaltung und Mitverantwortung zu entwickeln und zu fördern.

In unserer „kindergerechten Schule" sollen sich die Kinder sicher und geborgen fühlen, gewaltfrei gemeinsam lernen und ihre individuellen Fähigkeiten und Neigungen entwickeln und ausleben können. Alle Schüler*innen sollen sich aktiv an Entscheidungen beteiligen und dadurch auch Verantwortung für das Ganze übernehmen. So bekommen die Kinder die Möglichkeit, sich als wichtigen Teil der Schulgemeinde zu fühlen.

Fast alle Bereiche des Schullebens bieten auch den Kindern vielfältige Möglichkeiten zur Partizipation, sei es bei der Auswahl der Pausenspielgeräte, der Farbe der Schultoiletten, des Tischspruchs beim gemeinsamen Mittagessen, der Reihenfolge der Bearbeitung der Pflichtaufgaben im Ganztägigen Lernen oder auch der Bilder eines schulinternen Malwettbewerbs.

Man glaubt es kaum, welch tolle Ideen die Kinder entwickeln und sich zielgerichtet dafür einsetzen, wenn man ihnen aufmerksam zuhört und ihnen etwas zutraut. Hier sind nur einige wenige Beispiele aus unserem Schulalltag:

Im Unterricht

Es ist uns wichtig, dass die Schüler*innen in die Gestaltung des Unterrichts mit einbezogen werden, indem sie vorgeschlagene Themenfelder und Sozialformen mit auswählen, eigene Entwicklungsziele benennen und Bewertungskriterien erarbeiten. In ritualisierten Reflexionsphasen zum Abschluss einer Unterrichtsstunde oder Lerneinheit überprüfen die Kinder verantwortungsbewusst ihren Lernzuwachs.

Der Bolzplatz

Unser Bolzplatz liegt am Rande unseres Schulhofs auf einem Gelände der Gemeinde und hatte damals nur ein Tor. Das war schon immer ein Ärgernis, zumal die Bälle auf der anderen Seite auf die Straße rollen konnten. Eines Tages akzeptierten die Kinder dies nicht mehr, sammelten bei ihren Mitschüler*innen Unterschriften und setzten selbstständig ein Schreiben an den Bürgermeister mit der Forderung auf, dass auf dem Bolzplatz unbedingt ein zweites Tor aufgestellt werden muss. Nachdem die Kinder in Vertretung durch das Schülerparlament ihr Anliegen dann noch einmal in einer Gemeinderatssitzung im Rathaus begründet vortrugen, wurde kurze Zeit später tatsächlich ein zweites Fußballtor installiert.

Unsere Essenspatenschaften

Nicht alle Familien können sich für ihre Kinder, die die Angebote im Ganztägigen Lernen nutzen, ein warmes Mittagessen leisten. Während einige Familien dafür finanzielle Unterstützung beantragen können, fehlt anderen das Geld und die Kinder haben mittags „nur" ein weiteres Pausenbrot dabei. An unserer Schule gibt es dazu ein Spendenkonto, das verwendet wird, um diesen Kindern auch ein warmes Mittagessen anbieten zu können. Um den Kontostand wieder aufzufüllen, entwickelten die Schüler*innen die Idee, dass sie Kunstwerke anfertigen und auf dem Schulfest verkaufen möchten. Da es nicht nur einfache Bilder, sondern etwas Besonderes sein sollte, baten sie uns um Hilfe. Gemeinsam organisierten wir alte Stühle, bemalten sie und waren anschließend sehr stolz auf die Ergebnisse und die Spenden, die die Kinder für sich und ihre Freund*innen gesammelt haben. Durch diese Aktion auf die Bedürftigkeit einiger Kinder aufmerksam geworden, fanden sich von nun an einige außerschulische Partner*innen, die seitdem regelmäßig Essenspatenschaften für Kinder übernehmen.

Ein Verkehrsgarten auf dem Schulhof

Als „gesundheitsfördernde Schule" ist uns das Anbieten vielfältiger Bewegungsaktivitäten sehr wichtig. Ein großer Fuhrpark mit verschiedenen Fahrzeugen wird nicht nur für die täglichen Bewegungszeiten genutzt, sondern dient ebenfalls einer anschaulichen Verkehrserziehung. Auf unserem Schulhof sollte zur Unterstützung ein kleiner Verkehrsgarten auf den Asphalt gezeichnet werden. Nun hätte man sicherlich innerhalb des Kollegiums oder der Elternschaft Experten für diese Aufgabe finden können. Aber wir haben die Schüler*innen als Profis ihrer eigenen Bedürfnisse und Vorstellungen miteinbezogen. Sie zeichneten im Unterricht Pläne, wie ihr Verkehrsgarten auf dem Schulhof aussehen könnte, bauten sie zuerst mit Lego oder der Holzeisenbahn nach und hielten ihre Entwürfe häufig sehr künstlerisch auf Papier fest. Der anschließend vom Schülerparlament ausgewählte Entwurf wurde an einem Wochenende von vielen freiwilligen Helfer*innen mit Straßenfarbe auf dem Schulhof aufgemalt. Die Kinder haben viel Freude daran, ihren Verkehrsgarten während der Pausen und/oder dem Sachunterricht, bei Projekten und Feiern auch mit ihren Eltern zu benutzen und reale Verkehrssituationen lebendig nachzuspielen.

Bei uns an der Hans-Quick-Schule gestalten die Kinder also nicht nur ihre eigenen Lernprozesse aktiv mit, sondern treffen auch in vielen anderen Bereichen des ganztägigen Schulalltags demokratisch Entscheidungen und setzen sich dabei für sich und andere Menschen ein. Dadurch entsteht ein verantwortungsbewusstes, wertschätzendes und konstruktives Klima für alle Beteiligten.

Unsere demokratische Schulkultur ist geprägt durch ein hohes Maß an Teamgeist, der Vertrauen, Toleranz, Respekt und Wertschätzung voraussetzt.

Transparent vereinbarte Regeln und Rituale sind Ergebnisse zahlreicher Mitbestimmungsprozesse innerhalb der Schulgemeinde und sichern für alle Verlässlichkeit, Verbindlichkeit und Orientierung in ihrem Schulalltag.

Um diese Kennzeichen einer guten Schulkultur „quick"-lebendig zu entwickeln und zu festigen, bedienen wir uns folgender Strategien:

Wir evaluieren regelmäßig unseren Schulalltag.
Dazu werten wir die Arbeit in den verschiedenen Gremien der Schule unter dem Blickwinkel gelebter Kinderrechte aus. An der Hans-Quick-Schule werden die Kinderrechte sowohl klassenintern, stufenübergreifend als auch auf die gesamte Schule bezogen durch vernetzte Bausteine gesichert:

Klassenrat und Inselrat
Jede Klasse trifft sich einmal wöchentlich im Klassenrat, um sich über eigene Gefühle und Wünsche auszutauschen, den Schulalltag zu reflektieren und Möglichkeiten der Mitgestaltung zu suchen. Auch im Bereich des ganztägigen Lernens an der Hans-Quick-Schule, in dem die Kinder sich entspannen, miteinander spielen, lesen, essen oder kreativ sein können, gibt es den Inselrat. Einmal im Monat treffen sie sich im Rahmen der Betreuung und formulieren ihre Bedürfnisse oder benennen Missstände. Zwei

Vertreter*innen des Inselrats und die Klassenratssprecher*innen nehmen am Schülerparlament teil, um die Ergebnisse der Ratsgespräche weiterzutragen.

Schülerparlament

Das Schülerparlament tauscht sich nach einem festgelegten Zeitplan oder anlassbezogen über Entscheidungen, Wünsche, Kritik oder besondere Anliegen aus den Klassen und der Insel aus. Es wählt zwei Schülerparlamentssprecher, die alle Informationen an andere Schulgremien weitergeben und die Ergebnisse an alle Kinder transportieren. Außerdem übernehmen Mitglieder des Schülerparlaments repräsentative Aufgaben für die Schulgemeinde wie beispielsweise bei Versammlungen der Gemeindevertretung, in Gesamtkonferenzen oder bei Präsentationen für außerschulische Gäste.

Schülerversammlungen

Alle Schüler*innen sowie das HQS-Team versammeln sich anlassbezogen zu einer Schülerversammlung, die von der Schulleitung moderiert wird. Hier werden Informationen und Probleme aus dem Schulalltag mitgeteilt, Absprachen getroffen, besondere Leistungen gewürdigt oder Ergebnisse zu jahreszeitlichen Themen aufgeführt.

Streitschlichter*innen

Unsere Streitschlichter*innen helfen allen Kindern auf dem Schulhof, konstruktiv Konflikte zu lösen. Dazu lassen sie sich im 3. Schuljahr von einer Mediator*in ausbilden und verrichten ihren Dienst im folgenden Jahr nach den gelernten Ritualen selbstständig. Die Ausbildung sowie die Gespräche zwischen den Schüler*innen und Streitschlichter*innen erfolgen in einem separaten, geschützten Streitschlichterraum. Erwachsene werden nur in Notfällen zur Hilfe gebeten.

Patenschaften

Unter dem Motto „Groß hilft Klein" erhalten alle Schüler*innen in Form von Patenschaften die Möglichkeit, sich gegenseitig zu unterstützen, gemeinsam den Schulalltag zu gestalten und Verantwortung füreinander zu übernehmen.

Kinderrecht-Motto des Monats

In jedem Monat gibt es ein von Schüler*innen und dem HQS-Team formuliertes Motto des Monats, welches gut sichtbar für alle im Schulgebäude und auf der Homepage visualisiert sowie im Klassenrat besprochen wird. Es beschreibt kindgerecht Vereinbarungen zu unserem alltäglichen, kind(er)gerechten Leben in der Schule.

Elterngremien

Unsere Eltern arbeiten in verschiedenen Gremien im Sinne der Rechte ihrer Kinder mit, indem sie ihre persönlichen Expertisen einbringen, den Schulalltag begleiten oder als „kritischer Freund" auf die pädagogische Arbeit schauen. Neben dem Elternbeirat, der Schulkonferenz sowie einem Förderverein beteiligen sich Eltern in Anlehnung an unsere Arbeitsvorhaben in verschiedenen Teams beispielsweise zur Planung eines gebundenen Ganztags. Am Ende eines jeden Schuljahres veranstalten wir einen Themen-Elternabend, an dem wir gemeinsam an unterschiedlichen „Marktplätzen" die Ergebnisse dieser gemeinsamen Arbeit präsentieren, reflektieren und neue Vereinbarungen für das kommende Schuljahr treffen.

Multiprofessionelle Teams

Jedes Team trifft sich regelmäßig zu gemeinschaftlichen Gesprächsrunden, in denen zu aktuellen Themen Stellung genommen wird. Für einen transparenten Austausch unter den Teams sorgen Kooperationsrunden sowie öffentliche Verschriftlichungen der Vereinbarungen. Mindestens einmal im Jahr führen wir gemeinsame Veranstaltungen aller Teams durch, um unser Gemeinschaftsgefühl zu stärken. Dies hilft uns, unsere Rollen zu klären und mit unserer jeweiligen Expertise mitzugestalten.

Wir formulieren gemeinsam(e) Ziele.

Aus den jeweiligen Evaluationsprozessen aller Schulgremien ergeben sich neue Ziele, die kleinschrittig so formuliert werden, dass alle Beteiligten damit einverstanden sind und das Erreichen der Ziele in einem überschaubaren Zeitrahmen überprüft werden kann.

Wir ermöglichen für alle Beteiligten Partizipation.

Durch die Partizipation identifizieren sich die Schüler*innen mit unserer Schule und tragen so zu einem gemeinsamen Wohlgefühl bei. Sie nutzen durch die konsequente Auseinandersetzung mit den Kinderrechten auf der einen Seite verantwortungsvoll ihre Rechte und nehmen auf der anderen Seite mit Engagement auch ihre Pflichten wahr. Lehrkräfte, pädagogische Mitarbeiter*innen und Teilhabeassistent*innen leben die Bereitschaft, mitzugestalten, in ihrer Gremien-Arbeit vor und gestalten kindgerechte Lern- und Lebensräume. Eltern und außerschulische Partner*innen bringen sich ebenso ein und demonstrieren für alle sichtbar ein konstruktives, kooperatives sowie selbstorganisiertes Verhalten, welches zu einem positiven Schulklima beiträgt.

Wir lassen uns durch außerschulische Partner inspirieren.

Wir profitieren von Anregungen unserer Kooperationspartner. So bereichert uns beispielsweise MAKISTA durch Veröffentlichungen, Fortbildungen und

Seminartreffen in unserer Schulentwicklung und lässt uns den „roten Faden" der Kinderrechte immer wieder bewusst wahrnehmen und konsequent weiterentwickeln. Im engen Austausch mit der Gemeinde Bickenbach als kinderfreundliche Kommune entstehen neue Ideen, wie Kinder aktiv in Entscheidungsprozesse einbezogen werden und die Möglichkeit erhalten, ihren Lebensraum neu zu betrachten sowie mitverantwortlich zu gestalten. Eine generationenübergreifende Kooperation mit einem Seniorenzentrum inspiriert die Kinder zu sozialem Engagement auch über die Schulgrenzen hinaus.

Wir treffen verbindliche Vereinbarungen.

Nach der Bilanzierung von Lern- und Lebenssituationen im Schulalltag, dem gemeinsamen Finden von erreichbaren Zielen sowie der Bereicherung durch Kooperationspartner ist das Treffen von verbindlichen Vereinbarungen ein nächster Schritt einer konsequenten Schulentwicklung zum Wohle der Kinder. Dieser Prozess benötigt durch die Beteiligung aller Schulmitglieder sowohl verlässliche Strukturen und ausreichende Zeitfenster als auch eine wirksame Fehlerkultur. Alle Vereinbarungen werden schriftlich dokumentiert und nach der Umsetzung zielgerichtet evaluiert. Hierzu nutzen wir beispielsweise ein einheitliches Lernzeitplanheft, welches die Lernentwicklung dokumentiert und sowohl alle geltenden Schulregeln im Ganztägigen Lernen enthält als auch eine transparente Kommunikation zwischen Eltern und Schule bietet.

Wir halten diese im Schulprogramm fest.

Unser Schulprogramm ist als Arbeitsprogramm der Hans-Quick-Schule so gestaltet, dass es für uns einen Fahrplan für Schulentwicklungsprozesse im Schuljahresverlauf darstellt. Hierfür benötigen wir ausreichend Zeit, um diese anzustoßen, umzusetzen und zu reflektieren. Der Weg zu einer gebundenen Ganztagsschule für alle Kinder wird diesem „mehr Zeit zum Lernen, Entspannen und Mitbestimmen" gerecht. Das Soziale Lernen als Unterrichtsfach bietet den Kindern die Chance, Methoden zur Selbstwahrnehmung kennenzulernen und einzuüben.

Wir informieren die Öffentlichkeit sowohl schulintern als auch extern.

Ein gutes Schulklima ist nicht nur durch die Möglichkeit einer Identifikation aller Beteiligten mit ihrer Schule geprägt, sondern ist auch abhängig von einer wohlwollenden Betrachtung von außen. Wir nutzen hierzu unsere schuleigene Homepage, die sowohl von der Schulleitung, den Lehrkräften und pädagogischen Mitarbeiter*innen als auch von den Schüler*innen mitgestaltet wird. Unsere Schulhomepage dokumentiert alle Ereignisse und Vereinbarungen, die unser Schulklima prägen, und lädt Außenstehende ein, sich zu informieren, sich kritisch mit uns auseinanderzusetzen und gegebenenfalls mitzuwirken.

Fazit

Gemeinsam mit allen Beteiligten unseres „quick"-lebendigen Miteinanders blicken wir in ritualisierten Evaluationsprozessen auf eine wachsende Verinnerlichung der Kinderrechte zugunsten einer demokratischen Schulkultur.

Es kann gelingen, die Rechte der Kinder in den Mittelpunkt der pädagogischen Arbeit zu rücken, wenn Kinder ihre Bedürfnisse angstfrei äußern dürfen, diese ernstgenommen werden und sie zur Basis einer gemeinsamen Unterrichts- und Schulentwicklung werden.

Beobachtungen, Fragebögen und Interviews zeigen, dass die aktive Beteiligung der Schüler*innen an ihrem eignen Lernprozess mit allen Sinnen für ein wertschätzendes und konstruktives Lernklima sorgt. Die Haltung, Lernprozesse mit Kindern und nicht nur für sie zu beschreiben, lässt die Kinderrechte tatsächlich als „roten Faden" aller pädagogischen Prozesse zum Wohl der Kinder erscheinen.

Wir gehen diesen Weg weiter und wollen anderen Schulen gerne Mut machen, die Rechte der Kinder Schritt für Schritt in den Schulalltag zu integrieren und so eine demokratische Schulkultur zu gestalten.

Literatur

Makista, Bildung für Kinderrechte und Demokratie (o. J.): Infothek. www.makista.de/angebote/praxismaterialienundinfothek, Download am 02.10.2021.

Webseite der Schule

https://hans-quick.bickenbach.schule.hessen.de

Melanie Hansmann, Dorothea Haußmann, Simone John,
Ulrike Mathein-Landschütz, Doris Maier, Kerstin Spiers &
Martina Zippelius-Wimmer

Grundschule Bubenreuth, Bubenreuth bei Erlangen (Bayern)

Natur, Kultur und Demokratie an der Grundschule Bubenreuth

Einführung

Martina Zippelius-Wimmer, Dorothea Haußmann

Die Gemeinde Bubenreuth liegt im nördlichen Bayern, direkt an der Städte-
achse Nürnberg-Fürth-Erlangen. Die Hauptorientierung der Gemeinde und
ihrer Bewohner*innen geht nach Erlangen, das als Siemens-, Universitäts-
und Medizinstadt gilt, sodass die Grundschule Bubenreuth zu einem großen
Teil von Kindern aus bildungsnahen Familien besucht wird. Die Schule ist
gekennzeichnet durch das Schulprofil der „Flexiblen Grundschule" sowie
das Schulprofil „Inklusion". Die gut 200 Kinder werden in zehn jahrgangsgemischten Klassen unterrichtet.

Abb. 1: WIR vor Grundschule

Natur – Kultur – Demokratie, diese thematischen Schwerpunkte haben sich
in den vergangenen Jahren an der Grundschule Bubenreuth entwickelt und
etabliert. In diesem Artikel stellen wir dar, warum, wie und mit welchen Konzepten diese Bereiche in unserem Schulalltag gelebt werden.

Als ich, Martina Zippelius-Wimmer, 2012 die Aufgabe der Schulleiterin übernahm, hatte ich von den drei oben genannten Inhalten vor allem das Thema „Demokratie" im Fokus, da dieses sich nach einer internen Evaluation als Entwicklungsziel herauskristallisiert hatte. Die Themen „Natur" und „Kultur" brachten zwei Kolleginnen ins Haus, deren Engagement diesen beiden Themen galt und gilt. Ich nahm das gerne auf und versuchte hierfür Raum zu schaffen, Konzepte zu erarbeiten, Ressourcen zu erschließen und vieles mehr, um die Umsetzung möglich zu machen. So gelang es schließlich, auch diese beiden Arbeitsschwerpunkte in das Schulprofil aufzunehmen. Daraus

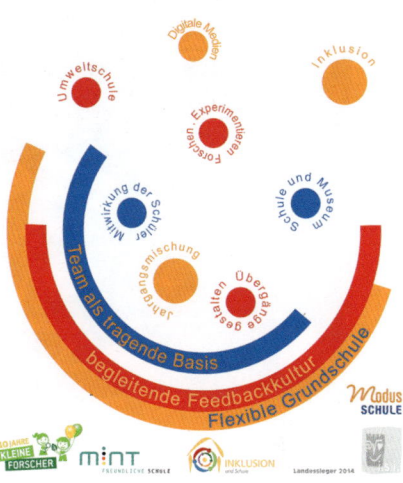

Abb. 2: Schullogo

entstand für jede Kollegin eine Nische, die sie ziemlich eigenverantwortlich gestaltete und für die sie schnell ein Team gewinnen konnte, wodurch auch der Funke auf das Kollegium, die Kinder und die Elternschaft übersprang. In unserem Schullogo wird deutlich, wie sich alle Bausteine unseres Profils zu einem Ganzen fügen. Wichtig dabei war und ist unsere Grundüberzeugung, die Verschiedenartigkeit unserer Kinder als zentrale Grundlage für jede Entwicklung nicht aus dem Auge zu verlieren und den Prozess in jedem Bereich so zu gestalten, dass jedes Kind eine Mitwirkungs- und Entfaltungsmöglichkeit erhält. Dazu werden regelmäßig Evaluationen und Reflexionen eingesetzt.

„Natur" im Profilbaustein „Forschen und Experimentieren"

Simone John, Doris Maier

Das Forschen und Experimentieren ist im Laufe der vergangenen sechs Jahre zu einem fest in unserem Schulprofil verankerten und nicht mehr wegzudenkenden Bestandteil unseres schulischen Alltags geworden. Alle zu Beginn dieses Zeitraums begonnenen Aktivitäten konnten wir kontinuierlich fortführen, weiterentwickeln und dauerhaft implementieren. Ausgangspunkt unserer Konzeption war und ist das Kind mit all seinen Fragen, die ernst genommen

Abb. 3: Forscherhaus

werden. In jedem Jahr seiner Grundschulzeit erhält es ausreichend Raum und Zeit, seinen eigenen Fragen forschend-entdeckend nachzugehen. Was mit einer Schülerfrage beginnt und im Versuch erforscht und beantwortet wird, endet immer auch mit einem Lebensweltbezug sowie der Erkenntnis, wozu das neu erworbene Wissen im Alltag des Kindes nützlich ist bzw. welche erlebten natur-wissenschaftlichen Phänomene damit noch erklärt werden können. Gleichzei-tig erwirbt jedes Kind fachwissenschaftliche Arbeits- und Denkweisen, welche unabhängig vom jeweiligen Fachinhalt einen großen persönlichen Gewinn dar-stellen und sein akademisches Selbstkonzept stärken.

So sehen wir das Forschen und Experimentieren nicht als eine Art „iso-liertes Erleben", sondern bereiten dieses fachdidaktisch und methodisch so auf, dass unsere Schüler*innen immer auch einen Wissenszuwachs innerhalb des jeweiligen Jahresforscherthemas haben und sich mit der Erkenntnis aus selbst „begriffenen" Experimenten ihre Welt ein Stück weit besser erschließen und erklären können. Dies waren und sind unsere Ziele, die wir mit unserem Forscherkonzept vom ersten Gedankenanstoß an erreichen möchten und die bis heute Ausgangspunkt all unserer Überlegungen und Planungen sind.

Im September starten unsere Schüler*innen nicht nur in ein neues Schul-jahr, sondern immer auch in ein neues Forscherjahr, welches stets mit einer Forscherkonferenz beginnt, um das jeweils neue Jahresforscherthema, das die Abgeordnetenversammlung aufgrund der Vorschläge der jeweiligen Klassen im Einvernehmen mit der Lehrerkonferenz festlegt, vorzustellen und sich gemeinsam auf dieses einzustimmen. Forscherkonferenzen sind ein fester

Bestandteil unseres Schulalltags geworden. Regelmäßig im Laufe eines Schuljahres treffen wir uns dabei mit allen 200 Schüler*innen und den jeweiligen Lehrkräften in der Aula unserer Schule, um dem Forschen Raum zu geben.

Dabei steht das jeweilige Jahresforscherthema losgelöst vom aktuellen Lerninhalt des Heimat- und Sachunterrichts und wird jeweils von der Steuergruppe Lernwerkstatt aufbereitet. Zuerst wird das neue Jahresforscherthema[1]

Abb. 4: Forscherkonferenz in der Aula

vorgestellt. Danach erhalten alle Klassen die Möglichkeit, bereits vorhandenes Vorwissen, aber auch Fragen, die sie sich dazu stellen, einzubringen. Beides wird für alle sichtbar im Forscherflur gesammelt und gestalterisch, z. B. beim Thema Wasser in Form von Wassertropfen (Vorwissen) und Wasserwellen (Forscherfragen), aufbereitet.

Nun kann die Forscherzeit für alle beginnen. Dabei erhält jede Klasse 3–4 zweiwöchig im Rahmen einer Doppelstunde die Möglichkeit, zum jeweils

Abb. 5: Forscherlabor – Versuch

---

1) In den Schuljahren 2019/2020/2021 war es das Thema Wasser

Abb. 6 und 7:
Forscherlabor:
Versuch und
Dokumentation

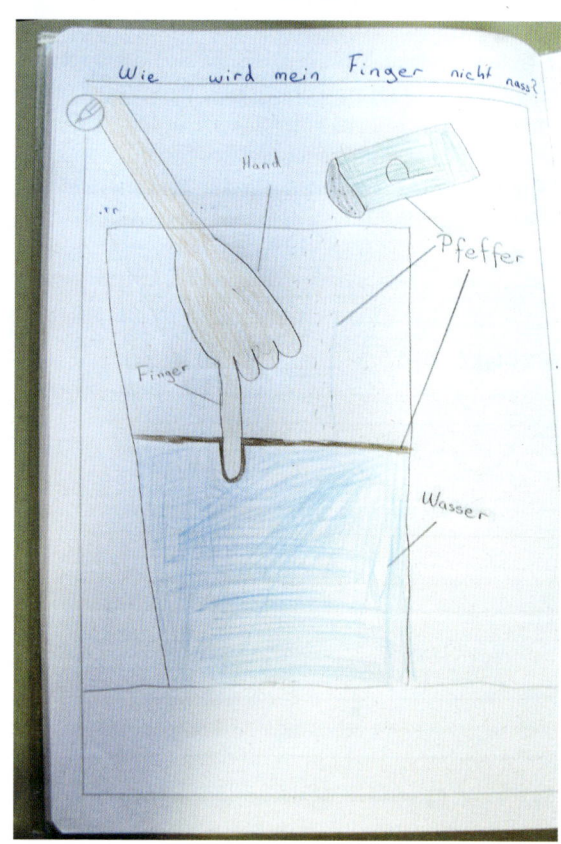

aktuellen Jahresforscherthema schülerorientiert und fragengesteuert zu forschen. Die jeweilige Forscherfrage, welche es im Versuch zu beantworten gilt, bringt entweder unser Forscherkind Berti, eine Art Forscherleitfigur, mit oder aber sie kommt von den Kindern selbst. Nachdem die Frage im Klassenzimmer gestellt und mit eventuell vorhandenem Vorwissen verknüpft wurde, machen sich die Schüler*innen einer Klasse mit Federmäppchen und Forscherheft auf in den Forscherflur, um sich durch das Anziehen von Forscherkittel und Forscherbrille in echte Forscher*innen zu „verwandeln" und um dann in das Forscherlabor einzutreten.

Ausgestattet mit sechs breiten Forschertischen und dazu passenden Sitzhockern, einem großen Waschbecken sowie zahlreichen Versuchskisten nach Forscherthemen sortiert, bietet es den Forscher*innen alles an Ausstattung, was sie zum praktischen Erforschen mit Blick auf die Forscherfrage benötigen. Diese gilt es in Kleingruppen von drei bis vier Forschern im Versuch zu beantworten sowie im schülereigenen Forscherheft zu dokumentieren. Hierzu gehört ein korrektes naturwissenschaftliches Vorgehen, welches den Schüler*innen durch unseren Forscherkreis veranschaulicht wird (Abb. 8).

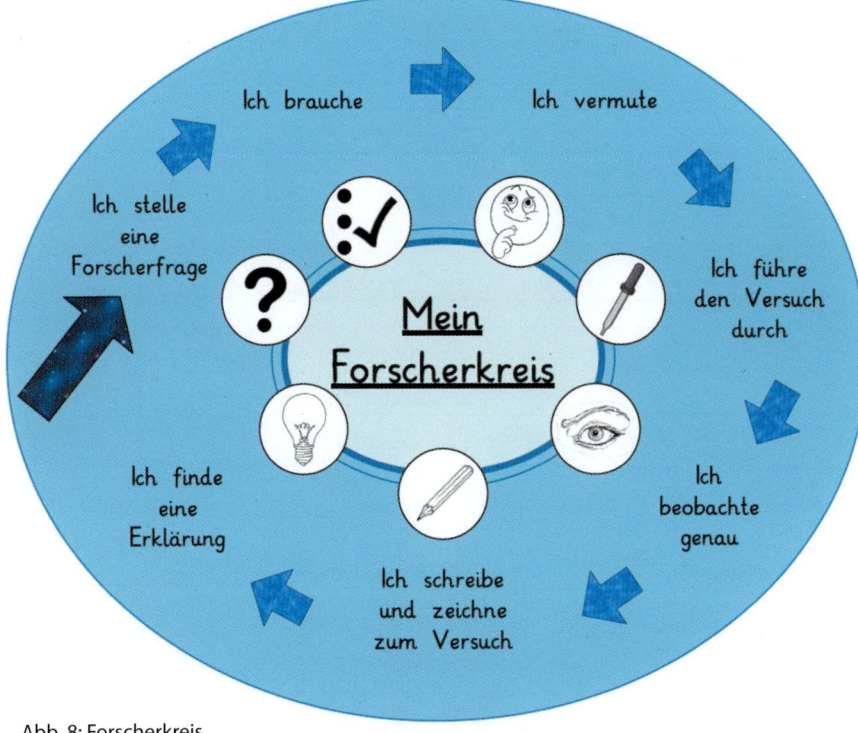

Abb. 8: Forscherkreis

Bewertung deines Forschens

Die Bewertung basiert auf der Beobachtung von drei aufeinander folgenden Versuchsdurchführungen im Forscherlabor:

V1: Wie viele Wassertropfen passen auf eine Münze?
V2: Wie viele Münzen passen in das volle Wasserglas?
V3: Wie kann ich den Boden des Glases berühren, ohne nass zu werden?

Forschendes Vorgehen und Dokumentation

	V1	V2	V3	
Du kennst die **Forscherfrage** und notierst sie.				/3
Du formulierst eine **Vermutung** passend zur Forscherfrage und begründest diese, indem du auf Vorwissen zurückgreifst.				/4,5
Du dokumentierst deine **Beobachtungen** ausführlich und genau.				/4,5
Deine **Versuchszeichnung** passt zum Versuch, ist mit korrekten Begriffen beschriftet und übersichtlich gestaltet (Farbe, Pfeile, Ziffern).				/6
Du findest eine **Erklärung** für deine Beobachtungen, indem du Vorwissen einbindest und „weiterdenkst".				/6
Deine Dokumentation ist in sorgfältiger **Schrift** gut lesbar.				/3
Du hältst die **Reihenfolge des Forscherkreises** ein.				/3

Forschendes Arbeiten in der Forschergruppe

Du hast dich in deiner Gruppe sinnvoll und zielführend eingebracht.	/2
Du hast in einer **Lautstärke** gearbeitet, die konzentriertes Arbeiten ermöglicht.	/2
Du hast dich beim **Aufbau und Abbau** des Forschertisches beteiligt.	/2

Du hast von 36 möglichen Punkten insgesamt _____ Punkte erreicht.

Deine Note: ☆   Kenntnisnahme: _____

Abb. 9: Bewertungsbogen

Bewertung deiner Versuchspräsentation

Name: _____

Partner: _____ Präsentationstag: _____

Forschendes Vorgehen	
Du hast die <u>Forscherfrage</u> für alle sichtbar aufgeschrieben oder aufgehängt.	/ 1
Du hast <u>alle Materialien</u>, die du für deinen Versuch brauchst, mit <u>richtiger Benennung</u> (Fachbezeichnung) vorgestellt.	/ 2
Du hast <u>Vermutungen</u> aus der Klasse gesammelt.	/ 1
Du hast die <u>einzelnen Schritte</u> des Versuchs in der <u>richtigen Reihenfolge</u> durchgeführt.	/ 3
Du bist <u>sorgfältig</u> und <u>ruhig</u> vorgegangen.	/ 1
Du hast deine <u>Beobachtungen</u> genau geschildert und für alle sichtbar <u>aufgeschrieben</u> oder in Form von Wortkarten <u>aufgehängt</u>.	/ 2
Du hast eine <u>sachlich richtige Erklärung</u> für den Versuch gefunden und diese deinen Mitschülern <u>verständlich</u> mit <u>eigenen Worten</u> (unter Verwendung von Fachbegriffen) erklärt.	/ 4
Deine Versuchszeichnung ist <u>sorgfältig gezeichnet</u>, mit <u>Fachbegriffen beschriftet</u> und macht deutlich, <u>was</u> im Versuch geschehen ist.	/ 3
Du hast deinen Versuchstisch <u>sauber hinterlassen</u> und alle verwendeten Materialien ins <u>Labor</u> zurück geräumt.	/ 2
Dokumentation	
Du hast den präsentierten Versuch in deinem Forscherheft <u>vollständig</u> und <u>sorgfältig</u> dokumentiert.	/ 2
Präsentation	
Du hast <u>deutlich</u> und <u>in angemessener Lautstärke</u> gesprochen.	/ 1
Du hast dich der Klasse <u>zugewandt</u> und <u>für alle sichtbar präsentiert</u>.	/ 1
Du hast <u>Fragen deiner Mitschüler</u> zum Versuch <u>sicher beantwortet</u>.	/ 1

Du hast von 24 möglichen Punkten _____ Punkte erreicht.

Unterschrift: _____   Deine Note:

Abb. 10: Bewertungsbogen 2

Forscherzeit im Labor
zum Jahresforscherthema WASSER

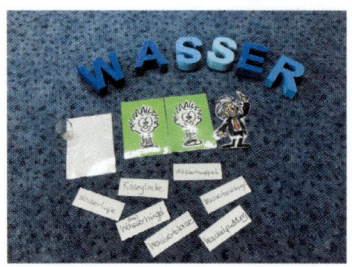

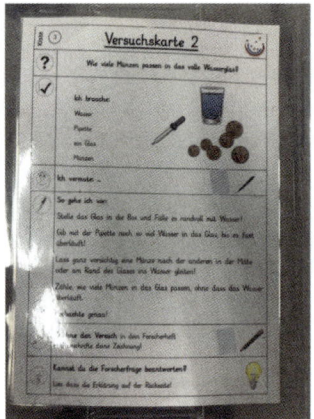

Lieber Johann,

sei stolz auf dich und deine Leistungen im Forschen! Berti ist sich sicher, dass in dir ein echter Forscher steckt und hat vor allem über deine tollen Erklärungen gestaunt – weiter so ☺ !

Bis bald im Forscherlabor, zusammen mit Berti und Einstein freue ich mich auf dich!

Deine Frau Maier

Abb. 11: Individuelle Rückmeldung

Dabei eröffnet unsere neu eingeführte Figur Einstein (s. Abb. 9 bis 11) mit der mitgebrachten Einsteinkarte den Forscher*innen immer auch die Möglichkeit, einzelne Parameter im Versuch zu verändern, eigene Varianten zu erproben und Je-desto-Zusammenhänge zu erkennen. Weiterhin hält die Figur wertvolles Einsteinwissen bereit, welches die Schüler*innen dafür sensibilisiert, die im Versuch gewonnenen Erkenntnisse auf die eigene Lebenswelt zu übertragen, fachliche Begrifflichkeiten zu erwerben und Phänomene im Alltag zu finden, welche damit erklärt werden können.

Im abschließenden Reflexionsgespräch, welches häufig unter Zuhilfenahme digitaler Medien, wie Wissensfilme und Erklärvideos zu den erforschten Erkenntnissen, stattfindet, können Beobachtungen und Erkenntnisse der einzelnen Forschergruppen unter Anleitung der Lehrkraft gebündelt und mit bereits vorhandenem Vorwissen verknüpft werden. Um die Leistung, die die Schüler*innen dabei erbringen, anzuerkennen und entsprechend zu würdigen, wird das Forschen in Form einer Versuchsbeobachtung oder einer Versuchspräsentation (im jährlichen Wechsel) als eine kompetenzorientierte Leistungsmessung im Fachbereich Heimat- und Sachunterricht in den Jahrgangsstufen 3 und 4 herangezogen. Hierzu liegen ausgearbeitete Bewertungsbögen sowie eine Verankerung im Leistungskonzept unserer Schule vor (s. Abb. 9 und 10).

Bereits nach den Herbstferien eines jeden Schuljahres wird die Forscherzeit für alle auf die fünf jahrgangsgemischten Klassen 1–2 ausgeweitet und die älteren Schüler*innen aus den Klassen 3–4 nehmen als „bereits ausgebildete Forscher" die jüngeren Schüler*innen aus den Klassen 1–2 an die Hand und forschen mit ihnen gemeinsam an weiteren Forscherfragen des jeweiligen Jahresforscherthemas. Dabei geben sie ihre bislang erworbene Kompetenz sowie ihr bisher erworbenes Wissen im Sinne des Lernens durch Lehren weiter.

Die aus der gemeinsamen Forscherzeit gewonnenen Erkenntnisse bieten regelmäßig am Ende eines Schuljahres Gelegenheit für das Abhalten eines schulhausinternen Forscherfestes im Zuge des bundesweiten „Tages der kleinen Forscher"[2] (Stiftung Haus der kleinen Forscher)[3].

Das dargestellte Forscherkonzept, wie wir es heute an unserer Schule praktizieren und stetig weiterentwickeln, empfinden wir als ein echtes Geschenk in der Arbeit mit den Kindern. Dabei sehen wir das Besondere einerseits darin, dass wir im Laufe der Jahre ein funktionales Forscherlabor einrichten sowie mit einer Vielzahl an selbst entwickelten Versuchskisten ausstatten konnten und es in jedem Jahr an inhaltlicher und konzeptioneller Umsetzung „wachsen" darf. Zum anderen sehen wir eine Besonderheit in

---

2) Näheres siehe www.tag-der-kleinen-forscher.de
3) Zur Vertiefung: www.haus-der-kleinen-forscher.de/de/wissenschaftliche-begleitung/
    ergebnisse-publikationen/schriftenreihe

der Tatsache, dass wir das Forschen an unserer Schule als Unterrichtsprinzip in allen Klassen umsetzen und den Schüler*innen eine Art Handwerkszeug mit auf den Weg geben, mit welchem sie sich eigene Fragen an die sie umgebende Umwelt im Versuch beantworten können.

Dabei sind auch wir Lehrer stets Teil des sich entwickelnden Prozesses – frei nach Albert Einstein[4]:

> **„Wichtig ist, dass man nie aufhört zu fragen!"**

„Kultur" im Profilbaustein „Schule und Museum"

Ulrike Mathein-Landschütz

Angestoßen durch eine Lehrkraft, die eine Zusatzqualifikation Museumspädagogik an der Bayerischen Museumsakademie erwarb, entwickelte sich im Schuljahr 2013/14 die Idee, diesen Bereich im Schulprofil zu implementieren. Die Idee einer im Bereich Museumspädagogik angesiedelten Arbeitsgemein-

Abb. 12: Museumshaus

---

4) Das Zitat stammt aus dem LIFE Magazine, 2. Mai 1955, S. 64 (Kurz-URL: https://kurzelinks.de/8glw).

schaft wurde schnell umgesetzt, allerdings war es von Anfang an ein Anliegen des Kollegiums, dieses kulturelle Angebot auf breitere Füße als eine AG am Nachmittag, zu der nur eine Handvoll Kinder kommen würden, zu stellen. Gemäß dem Anspruch der Grundschule Bubenreuth, alle Kinder auf ihrem individuellen Lernweg zu unterstützen und individuelle Lernfortschritte zu ermöglichen, sollten diese für die AG zur Verfügung stehenden Lehrerstunden der ganzen Schülerschaft zugutekommen und jedem Kind, in jeder Jahrgangsstufe und in jedem Schuljahr einen fachlich vor- und nachbereiteten Museumsbesuch ermöglichen.

Nach einer Pilotphase in Zusammenarbeit mit dem Bubenreutheum (Geigenbaumuseum vor Ort) entstand folgendes Konzept: Eine museumspädagogisch geschulte Lehrkraft entwickelt mit der jeweiligen Klassenlehrerin ein Vorhaben, das in einen Museumsbesuch mündet. Hierbei kann das Museum oder eine Ausstellung selbst den Anreiz zum Besuch bieten, aber auch die augenblicklich behandelten Lerninhalte oder Schülerinteressen können den Anstoß für die Auswahl geben. Der Besuch steht nie isoliert im Raum, sondern wird von der „Museumslehrerin" im jahrgangsgemischten Klassenverband vor- und nachbereitet. Den Unterrichtsgang, der auch die Organisation des Hin- und Rückwegs sowie die Buchung und die Absprache mit dem museumspädagogischen Personal beinhaltet, übernimmt ebenfalls diese Lehrkraft. So kann jedes Kind der Grundschule Bubenreuth in jedem Schuljahr einen im Unterrichtsalltag eingebetteten, nachhaltigen Museumsbesuch erleben. Exemplarisch zeigt Abb. 15 einen Besuch im ortsansässigen Geigenbaumuseum, dem „Bubenreutheum"[5].

Im Laufe der Jahre entwickelte sich mit den unterschiedlichsten Museen im Umfeld von Bubenreuth eine kontinuierliche und intensive Zusammenarbeit. Die Heimatgeschichte mit dem Besuch des Bubenreutheums, des Heimatmuseums und des erweiterten Umfeldes der Hugenottenstadt Erlangen ist ein fester Bestandteil im Heimat- und Sachunterricht der jahrgangsgemischten Klassen 3–4. Mit Kunst- und Kulturvermittler*innen hat sich inzwischen eine gute Zusammenarbeit entwickelt, sodass diese in ihrer Museumsführung gezielt

Abb. 13: Bubenreutheum

5)   siehe www.bubenreutheum.de/ und
     www.yumpu.com/de/document/read/63173603/publikation-bubenreutheum

an die unterrichtliche Vorarbeit anknüpfen können. Neben der Heimatgeschichte spielen verschiedene geschichtliche Themen in der Wahrnehmung der Dimension Zeit eine wichtige Rolle. Für Themen wie „das Leben zu Großmutters Zeit", „die Hugenotten", „Römer", „Kelten" und „die Steinzeit" sind das Stadtmuseum Erlangen, das Kindermuseum in Nürnberg und die Kaiserpfalz in Forchheim wichtige Ansprechpartner. Das Erleben von Kunst ist ein weiterer wichtiger Punkt der Arbeit von „Schule und Museum". Kunstwerke im Kunstpalais und Stadtmuseum Erlangen sowie dem Germanischen Nationalmuseum, dem Neuen Museum und der Kunstvilla in Nürnberg geben Anlass, sich mit diversen Stilen, Ausdrucksformen und Interpretationen zu beschäftigen sowie im eigenen Tun neue Erfahrungen zu sammeln.

Durch die kontinuierliche Entwicklung des Profilbausteins „Schule und Museum" ist der jährliche Museumsbesuch für die Schüler*innen der Grundschule Bubenreuth eine feste Größe in ihrem Schulalltag geworden. Mit ihrer „Museumslehrerin" verbinden sie die unterschiedlichsten Besuche, Ausflüge und Projekte. Wenn es um historische Themen geht, ist ihnen die rote

Abb. 14: Stadtmuseum

Zeitschnur als unterrichtliches Material inzwischen ein vertrautes Signal, sodass sie gemäß des Spiralprinzips an bekannte Inhalte anknüpfen und diese mit neuen Themen vernetzen können; dies ermöglicht nachhaltiges Lernen. Die enge Zusammenarbeit der „Museumslehrerin" mit jeder Klasse und ihrer Lehrerin einmal im Jahr lässt vertrauensvolle Beziehungen entstehen, die die Grundlage einer jeden guten Zusammenarbeit sind. Durch die klare Aufgabenverteilung wird die Klassenlehrkraft bzgl. der organisatorischen Aufgaben entlastet, und sie bekommt einerseits die Möglichkeit, ihr Unterrichtsvorhaben fachlich durch externe Experten aus dem Museum zu vertiefen, als auch andererseits zusätzliche Zeit, ihre Schüler*innen intensiv zu beobachten. Während der Stunden der Vor- und Nachbereitung kann sie ihre Klasse aus einer anderen Perspektive erleben und einen neuen Zugang zu ihren Schüler*innen erhalten.

Der Baustein „Schule und Museum" ist eine feste Größe im Schulprofil mit klaren Zuständigkeiten geworden. Der Museumsbesuch mit seiner Vor- und Nachbereitung stellt eine Grundlage dar, auf der sich weitere Aktionen entwickeln können; solche waren z. B. eine Ausstellung im Ort mit dem Modefotografen Juergen Teller oder die Zusammenarbeit mit dem fränkischen Künstler Dieter Erhard. Dieser Entwurf ist ein offenes Konzept. Ein Museumsbesuch, der den alltäglichen Unterricht ohne großes Repräsentationsergebnis unterstützt, steht gleichwertig neben den großen Projekten. Die weiterführende Aktion wird den jeweiligen Rahmenbedingungen angepasst, birgt aber das Potenzial für Projekte, die Schüler*innen packen und zu Höhenflügen verleiten können.

„Demokratie" in ihrem Profilbaustein

Melanie Hansmann, Kerstin Spiers

Artikel 12.1. der UN-Kinderrechtskonvention besagt, dass Kinder an allen Entscheidungen, von denen sie betroffen sind, entsprechend ihres Alters und ihrer Reife beteiligt werden sollen.[6] Geleitet von diesem Gedanken haben sich an unserer Schule über die letzten Jahre folgende Elemente der demokratischen Mitwirkung unserer Schüler*innen am Schulleben entwickelt:

Pausenhelfer
Die Pausenhelferdienste waren eines unserer ersten demokratischen Projekte. Pausenhelfer haben die Aufgabe, ihren Mitschüler*innen in der Pause zusätzlich zur Pausenaufsicht Ansprechpartner*innen bei Problemen zu sein. Sie sind verantwortlich für das zügige Verlassen des Schulhauses sowie das ruhige und geordnete Hineingehen am Ende. Außerdem koordinieren sie die Ausgabe und korrekte Rückgabe unserer Pausenspiele.

Streitschlichter
Im Schuljahr 2012/13 bildete eine Kollegin erstmals zwei Gruppen von Streitschlichter*innen aus. Während der Ausbildung lernten die Schüler*innen sowohl theoretische als auch praktische Inhalte einer Streitschlichtung. Anschließend übernahm jede*r Streitschlichter*in regelmäßige Dienste während der Pause und entlastet so den Unterricht. Dieser Baustein hat sich etabliert und bildet bis heute ein wichtiges Element unseres demokratischen Miteinanders.

Morgenkreis
Im Laufe des Morgens treffen sich alle unsere Schüler*innen in ihrer Klasse zu einem schülergeleiteten Morgenkreis. Ein wöchentlich wechselnder

---

6) www.kinderrechtskonvention.info

„Kreischef" führt eigenständig durch den Ablauf. Er begrüßt, entscheidet das Morgenlied, lässt sich das Stimmungsbild der Kinder berichten und gibt, anhand eines tagesaktuellen Stundenplans, einen Überblick über den Tagesablauf. Zum Abschluss koordiniert er die Vorstellung mitgebrachter, interessanter Dinge, wie zum Beispiel Zeitungsartikel, Fundstücke oder auch die Präsentation einzelner Arbeitsergebnisse. Auch Fragen der Kinder, Knobel- oder Kopfrechenaufgaben können hier ihren Platz haben. Die Lehrkraft hat während dieser Phase lediglich begleitende Funktion.

Klassengesprächskreis / Klassenrat

Unseren Klassenrat haben wir in allen Klassen fest etabliert. Dabei lösen die Schüler*innen Konflikte innerhalb der Klasse selbstständig. Dies geschah anfangs unter Moderation der Lehrkraft, liegt aber nun in allen 3–4- und in vielen 1–2-Klassen nahezu komplett in der Hand der Kinder. Dadurch verlagert sich das Ergebnis hin zu einer lösungsorientierten Problembewältigung und die Rolle der Lehrkraft ist nunmehr die einer Begleitung. Auch Wünsche, Beschwerden, Anregungen und Sorgen der Klasse werden in dieser Zeit debattiert und bei Bedarf mit den Klassensprecher*innen in die Abgeordnetenversammlung geschickt. Unser Klassenrat dient darüber hinaus zur Findung von Entscheidungen innerhalb einer Klasse. Hierbei werden aktuelle Themen des Klassenlebens diskutiert, evaluiert und reflektiert. Beispiele dafür sind die Sitzordnung oder die Mannschaftsbildung beim Fußballturnier.

Abb. 15: Ablauf Klassenrat

Abgeordnete (Klassensprecher) – Abgeordnetenversammlung

Unsere Klassensprecher*innen werden pro Halbjahr gewählt. Mit eigenverantwortlichen Aufgaben binden wir sie verstärkt in die Gestaltung des Schullebens mit ein. Sie kommen regelmäßig in sogenannten Abgeordnetenversammlungen zusammen, diskutieren und eruieren Probleme, Wünsche und Anregungen ihrer Mitschüler*innen und treffen Entscheidungen, z. B. darüber, welche Themen so wichtig sind, dass sie anschließend in die Agenda unserer nächsten Schulversammlung aufgenommen werden sollen (s. Abb. 16). Die anderen Themen gibt die Abgeordnetenversammlung zurück in die Klassenräte oder kümmert sich um deren Klärung mit den entsprechenden Beteiligten.

Ablauf der Abgeordeten-Versammlung

1. **Moderator** und **Protokollführer** werden ausgewählt

2. Die **Anwesenheit** der Abgeordneten wird überprüft und auf dem Protokoll eingetragen

3. **Begrüßung** der Abgeordneten

4. Das **letzte Protokoll** wird zur Erinnerung noch einmal vorgelesen (Sind alle Themen erledigt?)

5. Neue **Themen/Probleme** werden besprochen

> z.B.
> Wer hat ein Problem/Thema mitgebracht?
> Was sagen die anderen Abgeordneten dazu?
> Wie lösen wir dieses Problem? Hat jemand Vorschläge?
> Muss das Thema in die Schulversammlung?

6. **Positive Dinge** werden gesucht

> z.B.
> Waren im Briefkasten genug Zettel mit positiven Dingen?
> Welche Klasse sammelt diesmal positive Dinge?

7. **Leiter der nächste Schulversammlung** werden ausgesucht und auf dem Protokoll festgehalten

> z.B.
> Wer hat Lust die nächste
> Schulversammlung zu leiten?

Dabei immer auf die Lautstärke achten!

8. **Verabschiedung** der Abgeordneten

Abb. 16: Ablauf Abgeordnetenversammlung

Abb. 17: Demokratie-Ampel

Da bei Entscheidungen auch Grenzen gesetzt sind, haben wir zusammen mit den Kindern unsere sogenannte Demokratie-Ampel (s. Abb. 17) entwickelt. Mit dieser kann den Kindern bewusst werden, dass nicht in allen Bereichen Mitsprache bzw. Entscheidung möglich ist. Es ist uns wichtig, dass Kinder verstehen, warum im gesellschaftlichen Raum Grenzen der Mitsprache durch Gesetze gegeben sind, aber auch dort, wo Entscheidungen für das gelingende Zusammenleben einer Gemeinschaft mit Blick auf das Ganze getroffen werden müssen. Sie sollen dennoch erfahren, dass ihre Meinung auch in solchen Fragen wichtig ist und gehört wird. So trägt die Demokratie-Ampel dazu bei, dass Kinder ein Gefühl dafür entwickeln, wo Mitbestimmung, ein Veto oder eine Anhörung möglich sind und im Sinne der demokratischen Mitbestimmung genutzt werden sollten.

Vor einiger Zeit äußerten unsere Abgeordneten den Wunsch, sich, wie ihre großen Vorbilder, zu spezialisieren. Seither gibt es bei uns folgende Abgeordnetenversammlungs-Ausschüsse: Schulhaus, Schulweg, Pausenhof, Geburtstagsdienst, Infoplakat, positive Dinge.

Schulversammlung

Schulversammlungen gehören fest zu unserem demokratischen Schulleben und finden sieben bis achtmal pro Schuljahr statt. Alle Klassen kommen in der Aula zusammen und werden von zwei Abgeordneten, die diese Veranstaltung moderieren, durch das Programm geführt. Zuhören, Mitmachen und Mitdiskutieren stehen dabei im Vordergrund. Neben festen Bestandteilen, wie unserem Schullied, Gratulation für unsere Geburtstagskinder, den positiven Dingen und unseren Talenten besteht unsere Schulversammlung aus Anregungen der Kinder, angemeldeter Redezeit, zum Beispiel von Klassen, Streitschlichtern oder Forschern und Ehrungen (s. Abb. 18).

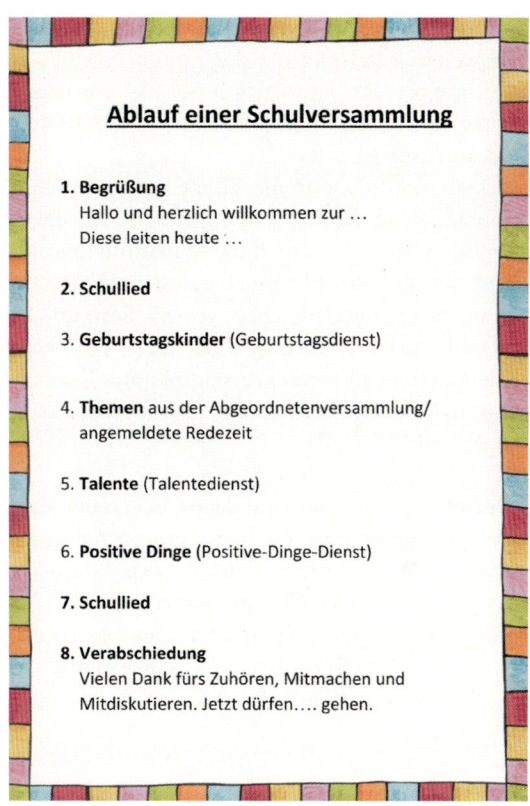

Ablauf einer Schulversammlung

1. **Begrüßung**
Hallo und herzlich willkommen zur …
Diese leiten heute …

2. **Schullied**

3. **Geburtstagskinder** (Geburtstagsdienst)

4. **Themen** aus der Abgeordnetenversammlung/ angemeldete Redezeit

5. **Talente** (Talentedienst)

6. **Positive Dinge** (Positive-Dinge-Dienst)

7. **Schullied**

8. **Verabschiedung**
Vielen Dank fürs Zuhören, Mitmachen und Mitdiskutieren. Jetzt dürfen…. gehen.

Abb. 18: Ablauf einer Schulversammlung

Unsere Schulordnung und ihre demokratische Entstehung

In der Entstehungsphase unserer Schulordnung musste grundgelegt werden, welchen Zweck eine Schulordnung erfüllen soll. Dazu studierte eine Arbeitsgemeinschaft verschiedene Schulordnungen anderer Schulen. Vor- und Nachteile wurden erörtert und ein eigener erster Entwurf erstellt. Dieser Erstentwurf wurde den Klassen vorgestellt, in den Klassen besprochen und ergänzt. Nach einer Überarbeitung durfte der Elternbeirat Vorschläge hinzufügen. Im Anschluss nahmen die Schüler*innen im Rahmen ihrer Arbeitsgemeinschaft an der Lehrerkonferenz teil, präsentierten den derzeitigen Entwurf und diskutierten mit den Lehrer*innen mögliche Änderungen. Über das Endergebnis der Arbeit gab es eine Abstimmung aller Schüler*innen. Zum Schuljahr 2014/15 trat unsere demokratisch geschaffene Schulordnung dann in Kraft.

Schulwegprojekt mit dem Landratsamt

Ein weiteres Beispiel für die Einbindung unserer Schüler*innen war das Schulwegprojekt „Bewegt zur Schule" mit dem Landratsamt. Ziel war es, gemeinsam Ideen für einen sicheren Schulweg unserer Kinder zu sammeln und umzusetzen.

Dazu wurde zuerst die Einstellung unserer Kinder zum Thema „In die Schule laufen?" in Erfahrung gebracht. Im Beisein von Vertreter*innen des Landratsamtes während einer Abgeordnetenversammlung wurden anschließend Aussagen sowie Probleme zusammengetragen. Auch unsere Eltern sollten sich über eine Onlinebefragung äußern und konnten Lösungen und Ideen mit einbringen. In der anschließenden Phase kristallisierten sich Handlungsfelder heraus und wurden zusammen mit Landratsamt, Gemeinde, Elternbeirat und den Kindern festgelegt, eine Ideenwerkstatt zur Problemlösung wurde eingerichtet.

Wir hoffen – nein, wir sind davon überzeugt, dass wir mit all diesen gemeinsam gelebten demokratischen Elementen einen Beitrag zu folgender Forderung der UN-Konvention leisten: *„Das Kind soll umfassend auf ein individuelles Leben in der Gesellschaft vorbereitet und (…) im Geiste des Friedens, der Würde, der Toleranz, der Freiheit, der Gleichheit und der Solidarität erzogen werden"* (aus der Präambel der UN-Konvention).

Abschluss

Martina Zippelius-Wimmer, Dorothea Haußmann

Vielleicht konnten wir Sie ein bisschen in unser Schulleben, unseren Schulalltag und unsere Schulkultur mitnehmen. Alles bleibt nur angerissen. Gerne sind wir für den Besuch von Gästen, Praktikant*innen und Hospitant*innen offen, um bei Interesse das eine oder andere live erleben zu können, aber auch um uns im Austausch weiterzuentwickeln und neue Impulse zu erhalten.

Im Rückblick wird immer wieder bewusst, wie entscheidend es für die Entwicklung einer Schule ist, die richtigen Menschen im Team zu haben, aber auch den Mut zu finden, deren Interessen zu berücksichtigen und der Flamme, die in ihnen brennt, den nötigen Sauerstoff zu geben.

Sie sehen, wir sind auf dem Weg, vieles ist angestoßen, manches muss vielleicht auch noch auf den Weg gebracht werden – das wird die Zeit zeigen. Es darf aber kein Stillstand eintreten, sondern stets soll gelten[7]:

---

7) japanische Lebens- und Arbeitsmotto; siehe Imai 2002; Harvey 2020

Kaizen
Kai: Veränderung – Zen: zum Besseren
oder
Das Gute verbessern

Literatur

Harvey, S. N. (2020): Kaizen. Schritt für Schritt zu einem erfüllten Leben mit der japanischen Erfolgsformel. München: Irisiana.

Imai, M. (2002): Kaizen. Der Schlüssel zum Erfolg im Wettbewerb. Aus dem Amerikanischen von Franz Nitsch. 2. Aufl. Frankfurt am Main: Ullstein.

Webseite der Schule

 www.grundschule-bubenreuth.de

Eva-Maria Osterhues-Bruns & Georg Schillmöller

Grundschule Nordholz, Wurster Nordseeküste (Niedersachsen)

Jedes Kind lernt gern

Bildung an einer Schule in Bewegung

Sie werden es kennen: Sie kommen in eine fremde Schule und schon nach wenigen Sekunden, allenfalls Minuten, ist ein substanzieller Eindruck entstanden: Ist es ein guter Ort? Wirkt er einladend, sympathisch oder eher fremd und abweisend? Kommt Ihnen der Gedanke: Hier möchte ich gern arbeiten?

Die Schularchitektur definiert dabei bei Weitem nicht alles: Geräusche, Gerüche, Lautstärke, Farben, Pflegezustand, Ästhetik – vieles nehmen wir unbewusst wahr und verarbeiten dieses. Vor allem aber: Ausstrahlung der Akteure, der Kinder, der Lehrpersonen, der Sekretär*in, Hausmeister*in.

Woran liegt das? Ähnlich wie beim Kontakt zu Menschen setzen wir offensichtlich blitzschnell intuitiv viele Puzzlesteine zusammen. Diesem Eindruck können wir uns kaum entziehen – wir dürfen uns aber darauf verlassen. Diese spontane Einschätzung ist wertvoll.

Doch wie entsteht dieser Gesamteindruck, dieses Gesamtkunstwerk? Wie entwickelt sich, wie entwickeln wir eine nachhaltige Schulkultur?

Der steinige Weg zur Entwicklung unseres Schulkonzepts

Welche Motive zur Entwicklung und Gestaltung unseres Schulkonzepts gab und gibt es? Welchen Weg haben wir zurückgelegt, welchen Unsicherheiten und Irritationen sind wir begegnet?

Schulen haben eine eigene Geschichte, die sie formt und beeinflusst. Es ist gut und wichtig, sich dieser zu besinnen. Rückblickend finden sich an unserer Schule bereits im Jahr 1996 erste dokumentierte Ansätze zu einem Schulkonzept. Das erste große Projekt unserer Schule war damals die Einführung der Vollen Halbtagsschule (VHTS). Mit diesem niedersächsischen Schulmodell sollte die Lernzeit der Kinder ausgeweitet werden. Im Vordergrund stand dabei jedoch nicht eine Steigerung der reinen Unterrichtszeit, sondern eine Erweiterung der zeitlichen Ressourcen für kreatives, flexibles und interessengeleitetes Handeln.[1] Für Eltern waren sicherlich auch längere verläss-

---

1) In dem von der FDP-Fraktion eingebrachten Entschließungsantrag heißt es dazu: „Die Volle Halbtagsgrundschule hat das Ziel, die Grundschule […] zu einem Lern-, Handlungs-, Erfahrungs- und Lebensraum umzugestalten, der den kindlichen Bedürfnissen besser entspricht" (DS 12/1308 v. 24.04.1991, www.landtag-niedersachsen.de/Drucksachen/Drucksachen_13_2500/0001-0500/13-0062.pdf, S. 7).

liche Betreuungszeiten ein starkes Motiv. Dieses Vorhaben war für uns der erste Schritt zu einer kindergerechten Schule, in der eine umfassende Bildung sowie die Stärkung der Persönlichkeiten der Kinder stärker in den Fokus der Lehrkräfte gelangte. Rhythmisierung, ein Wechsel von Anspannung und Entspannung, Bewegung(sspiele und -lieder), das Ernstnehmen der Interessen der Kinder waren damals neue Elemente unseres Unterrichtes.

Bis zur systematischen Implementierung vergingen noch viele Jahre, in denen wir, durch Krisen geprägt und über Umwege geleitet, das Ziel einer ganzheitlichen, nachhaltigen Bildung, erstmals schriftlich formuliert im Jahre 2002, nicht aus den Augen verloren. Bis heute gilt die damals formulierte Leitidee:

„Wir fühlen uns der Leitidee nachhaltiger Entwicklung im Sinne einer heutigen Verantwortung für die kommenden Generationen verpflichtet. Nachhaltiges Handeln, Förderung von Gesundheit und Bewegung sowie eine umfassende ästhetische Bildung prägen unser Schulprofil" („Der rote Faden", Grundschule Nordholz, 2020).

Krise als Katalysator

In die Vorbereitungen für die Volle Halbtagsgrundschule fiel unsere größte Krise. Bei Nachforschungen über Erkrankungen von Kindern sowie einem Todesfall im Kollegium wurde in vielen Räumen des alten Schulgebäudes das Gift PCB[2] in sehr hohen Konzentrationen gefunden. Die Schule musste sofort evakuiert werden, die Klassen wurden zunächst in verschiedenen Gebäuden untergebracht, später in einer alten Bundeswehrkaserne in einem benachbarten Ort. Es folgte eine Phase öffentlicher Auseinandersetzungen um Sanierung oder Neubau. All dies hat das Kollegium zutiefst belastet, physisch und psychisch; es herrschte bildlich gesprochen eine vergiftete Atmosphäre. Gleichzeitig haben wir durch diese Krise neue Kräfte gewonnen, vertrauensvolles kollegiales Miteinander erlebt, die Elternschaft als kooperativen Partner erfahren. Die Themen Gesundheit und Umwelt sowie Partizipation sind seitdem lebendig und Grundlage für die weitere Schulentwicklung.

Schulentwicklung konkret

Spätestens seit dem Beschluss des Schulträgers zum Neubau im Jahr 1998 war Schulentwicklung kein von außen aufgesetztes Thema, sondern konkrete Aufgabe. Unter dem Druck der Entscheidungen begann das Kollegium mit programmatischer Arbeit. Was und wie wollen wir in Zukunft unterrichten?

---

2) Abkürzung für Polychlorierte Biphenyle

Welche Konsequenzen muss das für den Schulneubau haben? Schulentwicklung im Sinne der heutigen Diskussion wurde eher implizit, nicht explizit vorangetrieben. Wir haben unsere Schule von Grund auf mit entwickelt, unsere Leitgedanken dabei letztendlich aber nicht aus den Augen verloren.

Dennoch vollzog sich unsere Schulentwicklung zunächst eher in Fragmenten. Immer mehr Projekte entwickelten sich urwüchsig, additiv. Die starke Varianz des Kollegiums fand sich wieder in der Vielzahl und Verschiedenartigkeit der Ideen und Projekte (s. Abb. 1). Je nach individueller Interessenlage, Durchsetzungsfähigkeit und Engagement entstanden immer neue Projekte für die weitere Schulentwicklung:

Abb. 1: mögliche Projekte zur Schulentwicklung

Dieser zunächst durchaus positive Aktivismus hatte auch zur Folge, dass das Schulleben und die pädagogische Praxis manchen Kolleg*innen unübersichtlich erschienen; einzelne Projekte und auch die große Linie gerieten darüber leicht aus dem Blick. Das Bedürfnis nach einer Verringerung der Arbeitsfelder, die Fragen nach Bedeutung und Priorität rückten immer stärker in den Vordergrund.

Wie wir zu dem gekommen sind, was heute wichtig ist

Im Zuge der Entwicklung unseres Leitbildes „Der rote Faden" im Jahr 2002 kristallisierten wir vier Leitsätze („Big Points") für unsere Arbeit heraus, die bis heute unseren Schulalltag rahmen[3]:

---

3)   Zum aktuellen „Roten Faden" siehe Grundschule Nordholz 2021, 14 ff.

Auf den Anfang kommt es an – Brückenjahr

Ein gemeinsam erarbeitetes Bildungsverständnis bildet die Grundlage für die Zusammenarbeit zwischen den Kindertagesstätten der Gemeinde und der Grundschule. Das Ziel ist es, Übergänge zu gestalten und durchgängige Bildungsbiografien zu ermöglichen. Vier Mal jährlich stattfindende Aktionstage, Hospitationen der Kindergartenkinder oder das Vorbereiten von Lernumgebungen durch Schulkinder für die Kindergartenkinder wie z. B. der Kindergarten-Fußball-Cup, musikalische Stationen oder die jährlich gemeinsam durchgeführten Wattwochen mit den Schulkindern als Wattexperten schaffen eine vertrauensvolle Grundlage und stärken die Kinder für ihren Eintritt in die Schule.

Jedes Kind ist einzigartig – Eingangsstufe

Die Einführung der Eingangsstufe im Jahr 2004 erwies sich als entscheidender Motor bei der Umsetzung unseres Leitbildes und somit unserer Schulentwicklung insgesamt sowie als konsequenter Schritt zur Nutzung der Heterogenität und Entwicklung einer besseren Unterrichtsqualität. Durch die natürliche Heterogenität und die Notwendigkeit, den Unterricht zu öffnen, gelang es, die individuellen Stärken der Kinder gezielter in den Blick zu nehmen und auf deren Lernbedürfnisse einzugehen. Die Arbeit in unseren Lernhäusern, die jeweils aus Eingangsstufenklassen sowie dritten und vierten Klassen bestehen, stellt eine Fortführung der Arbeit in der Eingangsstufe dar. Innerhalb der Lernhäuser nutzen wir Projekte, Freiarbeit oder Lernlabore für das jahrgangsübergreifende Arbeiten der Klassen 1–4. Ziel ist es, das jahrgangsübergreifende Lernen in den Klassen 1–4 zu etablieren.

Jedes Kind gestaltet Zukunft – Nachhaltigkeit und Inklusion

Dieser Grundgedanke prägt unsere Schulkultur in besonderer Weise. Nur eine nachhaltige Schule ist eine zukunftsfähige Schule. Diese Prämisse schließt einen bewussten Umgang mit der Natur und ihrem ökologischen Gleichgewicht ebenso wie zwischenmenschliche Beziehungen und partizipative Entscheidungsprozesse ein – auch Inklusion wird so selbstverständlich. Lerngespräche auf der Grundlage von Lernlandkarten, Freiarbeit, Lernlabore sowie Klassen- und Schülerräte, Streitschlichter und Buddies[4] sind selbstverständliche Elemente unseres Schullebens geworden, im Rahmen derer die Kinder Verantwortung für sich, ihr Lernen und die Schule übernehmen. Ein wichtiger inklusiver Raum ist unsere „Insel". Hier lernen die Kinder eines Lernhauses gemeinsam, unterstützt durch die Schulsozialarbeiterin sowie die Förderschullehrkräfte. Kinder mit besonderen Bedarfen kommen ebenso

---

4) Zum Buddy-Projekt vgl. u. a. www.mk.niedersachsen.de/startseite/aktuelles/ presseinformationen/-5967.html, aufgerufen am 20.08.2021

in die Insel wie Kinder, die „Auszeiten" vom „normalen" Unterricht benötigen, aber auch Kinder, die besonders gut gearbeitet haben, oder Kinder, die noch etwas einüben müssen. Die „Pädagogische Insel" unserer Schule ist zu einem inklusiven Lernort geworden, in dem alle Kinder kompetenzorientiert gemeinsam arbeiten (vgl. Grundschule Nordholz 2021, 29)

Die Insel

Die Insel:
- ist ein Ort zur Förderung der Sozial-, Handlungs- und Selbstkompetenzen;
- unterstützt sozial-emotional belastete Schülerinnen und Schüler in schwierigen Situationen und entlastet so die Unterrichtssituation;
- ist kein Abschieb- oder Aufbewahrungsort für problematische SuS.

Die Insel bietet folgende Angebote:
- Eine Entspannungsecke für stilles zurückziehen, lesen, zur Ruhe kommen, Musik hören…
- Lernen am Arbeitsplatz;
- Lernen am Gruppentisch;
- Basteln, malen…
- Gespräche mit der sozialpädagogischen Fachkraft über eigene Probleme, Krisensituationen, Streit mit Mitschülern, Probleme im Elternhaus…
- regelmäßige Öffnungszeiten während der Unterrichtszeiten.

Abb. 2: Insel

Jedes Kind lernt gern – Profilklassen

Dieser Leitsatz, der im Mittelpunkt dieser Darstellung stehen soll, knüpft an unsere Idee einer umfassenden, ausgleichenden und interessengeleiteten Bildung an: Um den Übergang von der Eingangsstufe mit individuellen Lernkonzepten in der stützenden Gemeinschaft passender und konsequenter zu gestalten, haben wir nach anschlussfähigen Konzepten gesucht und entschieden uns für die Einführung von Profilklassen in den Klassen drei und vier. Im Schuljahr 2008/2009 starteten wir zunächst die Arbeit in der Vorläuferklasse „Theaterklasse" und mündeten in den drei unterschiedlichen Profilklassen „Praktisches Lernen", „Musik" und „Bewegung". Auf diese Weise konnten Kinder ihren spezifisch eigenen Zugang zur Aneignung der Welt in den Mittelpunkt ihres Lernens stellen. Dieses Konzept fand schnell und nachhaltig große Akzeptanz bei Kindern, Lehrkräften und Eltern. Es förderte die Motivation, erhielt die Lernfreude und erleichterte den Lernprozess. Zur Förderung der Anschlussfähigkeit des Eingangsstufenkonzepts führten wir eine jahrgangsübergreifende Koordinierungskonferenz DreiV (Drei/Vier) ein.

Trotz dieser positiven Entwicklungen ergaben sich zunehmend Realisierungsprobleme, vor allem, weil das passende Lehrpersonal für diese herausfordernden Profile nicht verlässlich zur Verfügung stand. Auch die geschlechterspezifische Zusammensetzung insbesondere der Musik- und Bewegungsklassen machte uns zu schaffen. Trotz vielfältiger Bemühungen um eine relativ ausgeglichene Zusammensetzung der Klassen konnten wir nicht verhindern, dass die Musikklassen sich peu à peu zu „Mädchenklassen" entwickelten, in die „Bewegungsklassen" zog es zunehmend verhaltensoriginelle Kinder, zumeist Jungen. Sollten wir dies hinnehmen oder gegensteuern? Letztendlich entschieden wir uns dafür, die Profilklassen aufzulösen. Ihre positiven Auswirkungen auf unseren Unterricht und auf unser Schulleben prägten unsere Schulkultur allerdings so sehr, dass Bewegung, Musik und praktisches Lernen auch weiterhin wichtige Bausteine sind:

Schule in Bewegung

Die Idee zur „Bewegten Schule" entwickelte sich bereits zur Zeit der Implementierung der Vollen Halbtagsgrundschule im Kollegium (s. o.). Schon damals bereitete die veränderte Kindheit den Lehrkräften Sorge, das Konzept der „Bewegten Schule" schien ein Instrument zu sein, diesem neuen Phänomen entgegenzuwirken. Die Kernidee einer „Schule in Bewegung" sah der Projektleiter Hermann Städler so:

„Schule in Bewegung zu bringen heißt für uns, Schule zu verändern durch eine kind-, lehr- und lerngerechte Rhythmisierung des Unterrichts, durch bewegendes, bewegtes und selbstständiges Lernen, durch bewegte Pausen, bewegende, beteiligende und damit gesundheitsfördernde Organisationsstrukturen, durch Öffnung nach außen, durch vernetztes Denken" (Abeling / Städtler 2008, 42).

So achteten wir bereits beim Schulneubau auf ergonomisches Schulmobiliar: Höhenverstellbare sowie schräg kippbare Einzeltische für die Kinder sollten für eine gesunde Sitzhaltung sorgen. Lernteppiche und Stehtische sind ebenso Bestandteile aller Klassenräume, die somit allein durch ihr Mobiliar Bewegung ermöglichen.

Doch nicht nur im Klassenraum setzte sich der Bewegungsgedanke durch, auch unsere Angebote in den AGs und den Pausen änderten sich. So gründete sich unsere „Bewegte Pause", in der nun unter anderem auch Einräder, Roller oder Kettcars zur Verfügung stehen. Alternative Sportfeste, das Laufabzeichen, ein Ball-unter-die-Schnur-Turnier oder das Projekt „Auf Rollen und Rädern" sind feste Bestandteile im Jahreslauf.

Auch der Ausbau unserer Schule in eine „offene Ganztagsschule" trug dazu bei, den Kindern interessante und nicht alltägliche Sportangebote zu unterbreiten. So können wir im Ganztag unseren Schülerinnen und Schüler regelmäßig Tennis-, Golf- oder Tauch-AGs anbieten.

Der Schulneubau bot uns jedoch noch eine weitere Möglichkeit, bewegtes Lernen in den Schulalltag einzubinden, eine Möglichkeit, die bis heute unterschätzt wird: die Gestaltung des Schulhofes. Riegger (2020, 50) spricht vom Schulhof als „didaktischem Instrument", das es intensiv zu nutzen gelte, allerdings bei den Bauvorhaben scheinbar nicht oben auf der Agenda stehe (ebd., 54). Dabei, so konstatiert Riegger, „[liegt] eine Lösung für den Ausgleich motorischer Defizite […] in einer intelligenten spiel- und bewegungsfreudi-

Abb. 3: Blick auf den Schulhof

gen Planung der Schulhöfe" (ebd., 54). Angelehnt an die Ideen von Thomas Benjes konzipierten wir einen naturnahen Schulhof, der Möglichkeiten zum Klettern, Entspannen, Spielen, Balancieren oder Verstecken bieten sollte. In einer gemeinsamen Aktion mit Kindern und Eltern gestalteten wir unseren Schulhof. Dieser wurde nach und nach naturnah und bewegungsfreundlich erweitert, besonders unser Walskelett bietet zahlreiche Bewegungsmöglichkeiten für die Kinder. Ein Höhepunkt im Rahmen unserer „Bewegten Schule" fand im Jahr 2019 statt. Ein sogenannter „Sponsored Walk" zugunsten unserer neuen Finnbahn mündete in einem Schulfest, an dem sich alle Klassen aktiv beteiligten. Mithilfe der „erlaufenen Gelder", unserem Förderverein sowie der Unterstützung der Gemeinde wurde dann im Herbst 2020 unsere neue Finnbahn auf dem Schulhof – natürlich unter Einhaltung der Corona-Regeln – mit dem Schülerrat eingeweiht.

Musikalische Grundschule

Bereits vor der Zertifizierung als „Musikalische Grundschule" spielte die Musik in unserer Schule nicht nur in den Musikklassen eine große Rolle, denn wir waren und sind ebenso wie Constanze Rora (2007, 15) von der „Besonderheit des Musikunterrichtes [überzeugt], weil das Zusammenwirken als Gruppe Erfahrungen ermöglicht, die zur Entwicklung von Kooperations- und Teamfähigkeit unverzichtbar sind". So stellt seit vielen Jahren das von den Musikklassen geplante und organisierte Weihnachtsfest, unser „Musikzauber" einen Höhepunkt des Jahres dar. Zunächst gestalteten „nur" die Musikklassen diesen Nachmittag, begleitet durch den Chor und die Orff-AG, doch nach und nach bereiteten alle Klassen eine musikalische Aufführung vor.

In Vorbereitung auf die „Musikalische Grundschule" planten wir in musikalischen Dienstbesprechungen weitere Aktionen, in denen die Musik ebenso wie die Bewegung als durchgängiges Prinzip in unseren Unterrichts- und Schulalltag eingebunden werden sollte. Das Motto der „Musikalischen Grundschule" *Mehr Musik von Mehr Beteiligten zu Mehr Gelegenheiten im Unterricht aller Fächer und im pädagogischen Alltag unserer Ganztagsschule* sollte für uns als Richtschnur gelten. Gleichzeitig damit verbunden war die Hoffnung, dass sich die positiven Erfahrungen aus den Musikklassen auch auf unser gesamtes Schulleben und unsere Schulkultur auswirken. Dabei stützten wir uns auf das Rahmenkonzept der Musikalischen Grundschule, in dem es heißt: „Die zentrale Perspektive des Konzepts der „Musikalischen Grundschule" ist die Entwicklung von Schulqualität. Prinzipien einer partizipativen und inklusiven Schule sind dabei handlungsleitend. Es geht darum, von der *Quantität* – einem Mehr an musikalischen Erfahrungen – zu einer gesteigerten *Qualität* des Alltags in Schule (inkl. Hort-/Ganztagsbereich) zu gelangen" (Bertelsmann-Stiftung 2019, Hervorhebung durch die Verf.).

Zum Auftakt und Einstand planten wir eine Projektwoche mit dem Oberthema „Eine musikalische Reise um die Welt". Weitere musikalische Aktionen fanden anschließend Eingang in unsere Schule. Insbesondere der musikalische Frühsport und die Pausendisko sind aus dem Schulalltag nicht mehr wegzudenken, aber auch das Trommeln oder das Erlernen von Blockflöte, Ukulele oder Gitarre sind zentrale Elemente unseres Ganztages geworden. Musik in die Schule zu holen ist ebenfalls ein wichtiger Baustein. So konnten eine für Kinder entwickelte Form von Mozarts Zauberflöte oder das Konzert „percussion posaune" in unserer Aula aufgeführt und unseren Schüler*innen so ein Zugang zu einer ihnen eher ungewohnten Musik eröffnet werden.

Die Musik bildet zudem einen zentralen Pfeiler bei der Gestaltung durchgängiger Bildungsbiografien. Musikalische Angebote für die Kindergartenkinder werden temporär durch unsere Lehrkräfte in der Kita angeboten. Es gibt aber auch musikalische Angebote für die Kindergartenkinder in der Schule, vorbereitet und begleitet durch eine Gruppe von Schulkindern. Zudem finden musikalische Angebote regelmäßig auch während der Aktionstage (s. o.) statt. Aber auch gemeinsame Veranstaltungen mit dem Gymnasium wie zum Beispiel eine gemeinsame Orchesterprobe oder das erwähnte Konzert „percussion posaune" bereichern unseren schulischen Alltag. Nicht selten besuchen Kinder unserer Schule am Gymnasium die Klasse mit dem „musikalischen Profil".

Forschendes Lernen

Als dritte Säule unserer Schulkultur, die sich aus unseren Profilklassen Praktisches Lernen und aus dem Leitsatz *Jedes Kind lernt gern* entwickelt hat, steht das „Forschende Lernen" (Huber 2009). Bereits in unseren Praxisklassen legten die Lehrkräfte großen Wert auf einen handelnden und praxisorientierten Zugang zu den Lerninhalten sowie das interessengeleitete Lernen. So wurden Computer auseinandergebaut und auf ihre Bestandteile hin untersucht, in Zusammenarbeit mit den Landesforsten Bäume gepflanzt, ein Schulgarten angelegt, Hühner gehalten oder ein Steinofen gebaut; im gemeinsamen Wattprojekt wurden gemeinsam mit dem Nationalparkhaus Wattenmeer Wattexpert*innen ausgebildet, die die Kinder der Kindergärten bei deren Wattwochen begleiteten und als Expert*innen für Fragen zur Seite standen. An den Walderlebnisspielen, die in einem zweijährlichen Turnus in dem neben unserer Schule liegenden Nordholzer Wald durchgeführt werden, nehmen immer alle Kinder unserer Schule teil.

Einen Höhepunkt für das praxisorientierte Arbeiten an unserer Schule war die Anschaffung eines Bauwagens, der in unserem Schulgarten seinen Platz gefunden hat, gleichzeitig mobil ist und an den Deich gefahren werden kann. Auch bei dieser Anschaffung bot unser Förderverein seine Unterstützung an.

Neue Impulse erhielt unsere praxisorientierte Herangehensweise dann im Jahr 2018 durch das Projekt LemaS[5], welches die Förderung besonderer Begabungen in den Fokus rückt und gemeinsam von Bund und Ländern gestaltet wird.

Somit findet das Praktische Lernen mittlerweile seinen Fortgang im „Forschenden und Experimentellen Lernen im Sachunterricht", welches im LemaS-Projekt von der Freien Universität Berlin seit 2018 wissenschaftlich begleitet wird.

Unsere zwei Teilprojekte ergänzen unsere bisherige schulische praktische Arbeit: Im ersten Teilprojekt steht die Potenzialentfaltung beim Übergang von der Kita in die Schule im Vordergrund – unser Wattprojekt, dass wir jedes Jahr gemeinsam mit Kitas und Grundschule durchführen, erfährt dadurch noch einmal neuen Aufschwung.

Im zweiten Teilprojekt stellt das Freie Explorieren und Experimentieren (FEE) als didaktisches Konzept die Grundlage für unsere Arbeit dar (Köster / Gonzalez 2007).

Gestartet haben wir mit zwei „Forscherklassen", einer Eingangsstufenklasse und einer dritten Klasse sowie zum Schulhalbjahr mit einer AG im Ganztag.

Abb. 4: Noah beim Forschen

Der Beginn des Freien Explorierens und Experimentierens im Unterricht stellte für unsere Kolleg*innen durchaus eine Herausforderung dar, da die Kinder zunächst scheinbar planlos Substanzen mischten oder Experimente durchführten. Das Aushalten dieser ersten Orientierungsphase der Kinder hat sich jedoch gelohnt. So machten sich die Kinder mit ersten experimentellen Erfahrungen vertraut und wurden sich eigener Interessen und Stärken bewusst. Es hat sich gezeigt, dass die Kinder erst eine genaue und zielgerichtete Beobachtung lernen mussten, um Versuche auch über einen längeren Zeitraum durchzuführen.

Anfangs lag der Fokus eher auf einer schnellen und besonders starken Veränderung (Explosion o. Ä.), es wurde aber auch deutlich, dass die Kinder gerade durch die Wiederholungen und viele – von außen betrachtet – unsinnige Forschungen lernten, auf Details

---

5)   Leistung macht Schule, zur Orientierung s. www.leistung-macht-schule.de

zu achten und Zusammenhänge wahrzunehmen. Die veränderte Lehrer*innenrolle: nicht vorgeben, nicht darauf hinweisen, sondern selbst entdecken lassen erfordert Zeit, Zurückhaltung und genaues Hinhören seitens der Lehrkräfte – auch das musste gelernt werden. Nach und nach jedoch rückte bei den Kindern immer mehr das interessengeleitete, zielorientierte Forschen in das Bewusstsein der Kinder: Zu Hause wurden Ideen gesammelt, notwendige Materialien in die Schule mitgebracht und dort geforscht. Erste Forscherfragen, entwickelt aus Beobachtungen in der Umgebung, wurden in interessengeleiteten heterogenen Gruppen untersucht. Nebenbei motivierte die Notwendigkeit des Notierens von Sachverhalten zum Schreiben, denn viele Kinder wollten Versuche weiterführen oder verändern und waren nicht mehr sicher, was sie beim letzten Forschen schon erprobt hatten (s. Abb. 5).

Mittlerweile stellen die wöchentlichen Forscherstunden das Highlight des Unterrichtes dar und zahlreiche naturwissenschaftliche Phänomene wurden bereits untersucht – diese beschränken sich dabei nicht ausschließlich auf die Vorgaben des Kerncurriculums der Grundschule, sondern gehen teilweise weit über dessen Kanon hinaus. So gab es zum Beispiel Versuche zu sauren und basischen Flüssigkeiten mit Rotkohlsaft, pH-Wert-Bestimmungen oder Zuckertests in Lebensmitteln. Dieser positive, neugierige und fragende Blick der Kinder aus den „Forscherklassen" ermuntert immer mehr Lehrkräfte, nach und nach die Perspektive ihres Sachunterrichtes zu verändern und sukzessive das Forschende Lernen in den Mittelpunkt zu stellen.

Abb. 5: Schrift und Forschen

Resümee

Alle angedeuteten, vielfältigen Projekte auf unserem Weg hatten ihren Sinn, ihre Berechtigung und ihre Erfolge, und sei es als Beiträge zu folgenden, umfassenderen Konzepten und Prozessen.
Zurzeit stellen die oben skizzierten drei Schwerpunkte Eckpfeiler unserer Arbeit dar:

- Lernen ist Bewegung – vielfältige Bewegungserfahrungen in Schule und Unterricht schaffen ein positives Selbstbild. Kinder nehmen sich und ihren Körper als Subjekt wahr; dies ermöglicht die Erkenntnis, sich die Welt aktiv aneignen und gestalten zu können.
- Unbestritten hat Musik eine große Bedeutung in Schule und Unterricht. Sie fördert die Konzentration, verbessert das Gedächtnis; sie stärkt die soziale Kompetenz ebenso wie kulturelles Verständnis. Dabei geht es bei der Musik nicht nur um diese Funktionalität, sondern um den Wert an sich. Musik begründet sich in sich selbst, sie entwickelt nachhaltig Menschen und Gemeinschaften.
- Das Konzept des Forschenden Lernens geht in seiner Stringenz weit über den genetischen oder problembasierten, handlungsorientierten Unterricht, auch über das entdeckende Lernen hinaus. Lernen ist demnach „dann am effektivsten, wenn die Lernenden ihren Lernprozess umfassend selbst steuern können" (Huber 2009, 9 – 35).

Doch auch wir als Schule begegnen immer wieder und meistens schnell aufeinanderfolgend neuen Herausforderungen: Inklusive Schule, Ganztag, Migration, Digitalisierung oder zurzeit die Corona-Pandemie. Sie stellen unser pädagogisches Handeln stets aufs Neue auf den Prüfstand. Immer wieder ist es ein Ausbalancieren von verschiedenen Ansprüchen an Schule auf der einen Seite, Partizipation von Lehrkräften, Kindern, Eltern und Mitarbeiter*innen sowie zur Verfügung stehenden Ressourcen bei der Weiterentwicklung von Schule auf der anderen Seite. Dass dabei unsere zentralen Motive nicht aus dem Blick geraten, sondern unsere Entscheidungen stützend begleiten, gibt uns Sicherheit und Orientierung.
Schulen brauchen Eigensinn, taugen nicht als Klon eines noch so guten Vorbildes. Gleichwohl mögen Strukturen, Prozesse, aber auch Details unserer Schulentwicklung hilfreich sein, Bestätigung zu erfahren, Mut zu fassen, Eigensinn zu entwickeln, Fehler zu vermeiden, aber auch Ideen zu sammeln. Dieser Text mag als Anlass dienen, unseren Weg näher zu betrachten. Für uns boten vertrauensvolle Gespräche und der Austausch mit befreundeten Schulen wertvolle Anregungen und Korrektive – und immer wieder: Neue Wege gehen und gemeinsam miteinander lernen.

Wie eingangs erwähnt: Besucher schilderten häufig ihre Verwunderung darüber, dass Kinder und Kolleg*innen auch nach Ende des Unterrichts mit frohen Gesichtern die Schule bevölkerten. Möglicherweise erschöpft, aber nicht ausgezehrt, möglicherweise selbstkritisch, aber nicht mutlos, sondern selbstbewusst in der Überzeugung, gemeinsam Sinnvolles zu tun, auf einem richtigen Weg zu sein, angetrieben durch Neugier und Begeisterung.

Literatur

Abeling, I./Städtler, H. (2008): Bewegte Schule – mehr Bewegung in die Köpfe. In: Die Grundschulzeitschrift 22 (2008) 212/213, 42–43.

Bertelsmann-Stiftung (2019): Rahmenkonzept Musikalische Grundschule, www.bertelsmann-stiftung.de/fileadmin/files/Projekte/Musikalische_Bildung/MuGs_Rahmenkonzept_2019_.pdf, Download am 03.10.2021.

Grundschule Nordholz (Hrsg.) (2020): Der rote Faden. Das Schulprogramm der GS Nordholz. 6. akt. Auflage.

Grundschule Nordholz (Hrsg.) (2021): Der rote Faden. Das Schulprogramm der Grundschule Nordholz. 6. aktualisierte Auflage 12/2020. https://grundschule-nordholz.de/wp-content/uploads/2021/02/GS-Nordholz-Der-rote-Faden-2021.pdf, Download am 03.10.2021.

Hecker, U./Lassek, M./Ramseger, J. (2020): Kinder lernen Zukunft: Anforderungen und tragfähige Grundlagen. In: Hecker u. a. (Hrsg.): Kinder lernen Zukunft. Anforderungen und tragfähige Grundlagen. Reihe: Beiträge zur Reform der Grundschule Bd. 150. Frankfurt a. M.: Grundschulverband e. V., 9–14.

Huber, L. (2009): Warum Forschendes Lernen nötig und möglich ist. In Huber, L./Hellmer, J./Schneider, F. (Hrsg.): Forschendes Lernen im Studium. Aktuelle Konzepte und Erfahrungen. Bielefeld: UniversitätsVerlagWebler, 9–35. https://de.wikipedia.org/wiki/Forschendes_Lernen, Download am 03.10.2021.

Köster, H./Gonzalez, C. (2007): Was tun Kinder, wenn man sie lässt? Freies Explorieren und Experimentieren (FEE) im Sachunterricht. In: Grundschulunterricht 12/2007, 12–17.

Kultusministerium des Landes Niedersachsen: Landesweites Pilotprojekt zur Gewaltprävention an Schulen startet. www.mk.niedersachsen.de/startseite/aktuelles/presseinformationen/-5967.html, Download am 03.10.2021.

Riegger, S. (2020): Gesunde Schule. Möglichkeiten der Gesundheitsförderung durch Neugestaltung der Schulhöfe. In: Hecker u. a. (Hrsg.): Kinder lernen Zukunft. Über die Fächer hinaus: Prinzipien und Perspektiven. Frankfurt a. M.: Grundschulverband e. V., 47–62.

Rora, C. (2007): Was sollen Kinder im Musikunterricht der Grundschule erfahren lernen? Dimensionen musikalisch-ästhetischer Erfahrung im Grundschulalter. In: Bartnitzky, H. u. a. (Hrsg.): Pädagogische Leistungskultur: Ästhetik, Sport, Englische, Arbeits-/Sozialverhalten. Frankfurt a. M.: Grundschulverband e. V., 6–16.

Webseite der Schule

https://grundschule-nordholz.de

Michael Bauernschuster, Martina Frühmorgen, Corinna Krieg &
Laura Schneidewind

Grundschule Baierbrunn, Baierbrunn bei München (Bayern)

Von der Umweltschule zur nachhaltigen Schule

In diesem Beitrag stellen wir dar, welche praktischen partizipativen Möglichkeiten im Mikrokosmos Schule geschaffen werden können, damit Kinder nachhaltig und umweltbewusst handeln lernen. Unter Nachhaltigkeitsförderung verstehen wir die Umsetzung von „Maßnahmen zum verantwortungsvollen Umgang mit […] Ressourcen"[1]. Voraussetzung dafür ist eine geeignete schulische Lernumgebung. Im Beitrag zeigen wir, wie Schule umweltschonend organisiert und ausgestattet werden kann. Doch zuerst möchten wir uns vorstellen.

Idyllisch im Isartal liegt die Grundschule Baierbrunn. Derzeit unterrichten wir etwa 180 Kinder aus neun Klassen, darunter auch zwei jahrgangsgemischte Klassen (1–2). Seit dem Schuljahr 2018/19 sind wir eine Flexible Grundschule.[2]

Zu unserer Schulfamilie gehört nicht nur unser multiprofessionelles Team innerhalb der Schule. Unsere Schulkultur entwickelt sich auch über den Mikrokosmos Schule hinaus.

Das gesamte Team arbeitet eng mit dem Elternbeirat und der Mittagsbetreuung zusammen. Regelmäßige Arbeitstreffen über didaktische Methoden sowie die Leistungsentwicklung der Schüler*innen ermöglichen eine passgenaue Förderung und Unterstützung. Auch wiederkehrende Hospitationen im Unterricht begrüßen wir sehr.

Wir legen großen Wert auf eine enge Zusammenarbeit mit den Kindergärten der Gemeinde. Um den Kindern den Übergang in die Grundschule zu erleichtern, laden wir regelmäßig Vorschulkinder zur Arbeitsgemeinschaft „Hand in Hand" an die Grundschule ein. Dabei realisieren wir Projekte aus verschiedenen Fachbereichen, wie zum Beispiel eine gemeinsame Schulhausrallye, Drachensteigen oder gemeinsames Musizieren.

Außerschulische Partner*innen beziehen wir wann immer möglich mit ein, um Projekte zu planen, außerschulische Lernorte zu nutzen oder auch zur Realisierung des sogenannten erweiterten Musikunterrichts. Das bedeutet, an unserer Schule gibt es mehrere musikalische Arbeitsgemeinschaften wie „Chor und Tanz", „Spielen auf Orff-Instrumenten" und die „Musical-AG", welche zwei Mal im Jahr eine Aufführung für die Schüler*innen, Eltern und Vorschulkinder aus dem Kindergarten macht.

---

1) www.lbv.de/umweltbildung/fuer-schulen/umweltschule-in-europa
2) www.km.bayern.de/download/15793_flexiblegrundschuleflyer0116.pdf

Wir verstehen uns als Teil der Gemeinde und bringen uns im Baierbrunner Dorfleben mit ein. So organisiert die Schule Stände am Christkindlmarkt oder unternimmt regelmäßige Besuche im Altersheim wie Vorsingen zur Weihnachtszeit. Wir zeigen uns solidarisch und beteiligen uns an Spendenaktionen.

Wir sind eine starke demokratische Gemeinschaft

In der Grundschule Baierbrunn findet unser Leitspruch „Wir wollen uns alle in unserer Schule wohlfühlen, in Ruhe lernen und lehren und friedlich zusammenleben" täglich Beachtung:

Wir unterstützen uns im Team.
Gelingende Teamarbeit ist für uns maßgeblich für eine hochwertige Unterrichtsqualität.
Durch Team-Teaching, kollegiale Hospitationen und schulinterne Fortbildungen, zu denen auch Nachbarschulen eingeladen sind, wollen wir unseren Schüler*innen ein Vorbild sein: Wir lernen und entscheiden gemeinsam, tauschen uns aus und erweitern so unser Methoden- und Handlungsrepertoire.

Wir machen Kinder stark.
Unsere Schulkultur des respektvollen, demokratischen und offenen Miteinanders leben wir vor allem in regelmäßigen Schulversammlungen, in der unsere Werte zum Thema gemacht werden.
Im Unterricht fördern wir die Eigenverantwortung der Kinder. In Klassenparlamenten oder in den regelmäßigen Sitzungen des Schülerparlaments bekommen die Kinder eine Stimme, um Themen, die sie bewegen, zu diskutieren und an Entscheidungen mitzuwirken. So wird auch unser Schulmotto jedes Jahr demokratisch von allen Kindern gewählt.
Jedes Schuljahr setzen wir einen Schwerpunkt auf einen der vier Bereiche Miteinander – Füreinander – Voneinander – in Vielfalt lernen. Zum jeweiligen Motto gibt es unterschiedliche jahrgangsübergreifende Aktionen innerhalb der Schule sowie mit außerschulischen Partner*innen und Einrichtungen.
Im Schuljahr 2020/21 heißt unser von Schüler*innen vorgeschlagenes und in der Schulversammlung gewähltes Jahresmotto „Füreinander sind wir da, wir helfen uns das ganze Jahr". So erziehen wir Kinder zu verantwortungsbewussten jungen Menschen. Beispielsweise sammeln wir jährlich Spenden für den Isartaler Tisch[3] und packen Weihnachtspäckchen für ältere und auch bedürftige Bewohner*innen der Gemeinde.

---

3) www.isartaler-tisch.de

Einen großen Beitrag für ein soziales Miteinander leisten auch die Paten und Patinnen aus den vierten Klassen. Sie helfen den Schulanfänger*innen in den ersten Schulwochen in den Pausen und bei der Orientierung im Schulhaus. Ergänzend finden gemeinsame soziale und fachbezogene Aktionen statt, wie zum Beispiel gemeinsame Vorlesestunden oder jahreszeitliches Basteln.

Erwähnenswert sind außerdem die Lernentwicklungsgespräche an unserer Schule, die das Zwischenzeugnis ersetzen. An den Gesprächen nehmen neben dem Kind und der Lehrkraft auch die Erziehungsberechtigten teil. Dabei wird über das schulische Leben, Lernen und die Lernfortschritte gesprochen. Im Anschluss vereinbaren das Kind und die Lehrkraft Entwicklungsziele für das 2. Halbjahr. Die erarbeiteten Inhalte werden in einem Gesprächsbogen festgehalten. Die Lernentwicklungsgespräche ermöglichen den Kindern, Verantwortung für ihr eigenes Lernen zu übernehmen sowie ihre persönliche Lernentwicklung einzuschätzen und einzusehen.

Umweltbewusstsein und Nachhaltigkeit sind uns wichtig

Unsere Schulgemeinschaft übernimmt Verantwortung für Menschen, Tiere und unsere Umwelt. Dazu haben wir spezielle Formate geschaffen.

Garten-AG

Zusammen mit der Schulsozialarbeiterin kümmert sich regelmäßig eine Gruppe von Kindern um unseren Schulacker. Sie planen verschiedenste Aktionen zum Thema Umwelt und Nachhaltigkeit und setzen diese eigenständig um. Auf den Schulversammlungen berichten die Kinder aus der Garten-AG von ihren Erfahrungen. Auf der schuleigenen Streuobstwiese ernten die Schüler*innen regelmäßig Äpfel und Birnen. Im Schuljahr 2019/20 stellten die Kinder 35 l Apfelsaft aus 60 kg Äpfeln her. In den Pausen schenkten sie diesen an die Schulgemeinschaft aus.

Acker: Pflege und Verwertung

Seit dem Schuljahr 2019/2020 ist die Grundschule Baierbrunn Ackerschule. Wir haben einen großen Acker mit neun Beeten angepflanzt. Das Bildungsprogramm „Gemüse Ackerdemie"[4] hilft uns bei dem Projekt. Vertreter*innen kamen zu drei Pflanzterminen an die Schule. Gemeinsam mit Kindern und Eltern wurden die Beete gemulcht und bepflanzt. In neun Schulbeete wurden viele verschiedene Pflanzen wie Kohlrabi, Radieschen, Salat, Kresse, Palmkohl und Mais eingepflanzt (siehe Abb. 1 bis 3). Die letzten zwei Beete dienen als Experimentierbeete. Hier können Kinder eigene

---

4) www.gemueseackerdemie.de

Pflanzen einsetzen oder etwas einsäen. Um eine regelmäßige Ackerpflege zu gewährleisten, erstellten wir einen Dienstplan. Jede Klasse übernimmt für eine Woche Ackerdienst und erledigt die anfallenden Aufgaben: bewässern, Unkraut jäten, Ungeziefer beseitigen, Gemüse ernten. Während ihrer Arbeit entdecken die Kinder vieles:

Beispielsweise wuchs im Bohnenbeet ein von der Natur gesäter Klatschmohn. In der Blütezeit beobachteten die Kinder Bienen auf Nektarsuche und lernten Neues über Nutzpflanzen und Unkraut. Die Kinder verglichen den Geschmack von Kresse mit dem der wildgewachsenen Salatrauke. Sie agierten als Naturdetektive und entdeckten beispielsweise die Früchte der Felsenbirne. Nach dem Ernten nahmen die Kinder das Gemüse mit nach Hause. Auch in der Schule bereiteten die Schüler*innen Gerichte zu.

Abb. 1: Experimentierbeet

Den Kindern wurde bewusst, dass die Natur keinen Abfall produziert: Mit den Resten auf dem Acker wurde gemulcht und somit das Material dem natürlichen Kreislauf wieder zurückgeführt. Die Schüler*innen erkennen durch den Schulacker eindrücklich, wie wichtig es ist, Artenvielfalt in der Schulumgebung, in der Region und auf der ganzen Erde zu erhalten.

Abb. 2: Gurken und Zuckermais

Klassenzimmer im Grünen, Insektenhotel und Reptilienburg

Eine weitere Umweltaktion unserer Schule ist das Bauen eines „Klassenzimmers im Grünen". Das Grüne Klassenzimmer ist mit einem Wildblumensaum umrandet. Holzbänke aus Baumstämmen bilden Sitzgelegenheiten für eine Klasse und ermöglichen so den Unterricht im Freien. Außerdem wurde an einem ruhigeren Bereich der Schulwiese ein Insektenhotel angelegt, das den Tieren einen neuen Lebensraum bietet. Die Schüler*innen errich-

Abb. 3: Blick über den Gemüseacker

teten überdies eine Reptilienburg an einer Stelle, an der bereits Blindschleichen und Schlangen gesichtet wurden. Dort können die Tiere ungestört leben.

Abb. 4: Das grüne Klassenzimmer

Abb. 5: Das Insektenhotel   Abb. 6: Reptilienburg

Auszeichnung zur Umweltschule Europa

Durch diese genannten Umweltaktionen und unsere nachhaltige Lebensweise an der Schule wurden wir im Schuljahr 2019/2020 von der Deutschen Gesellschaft für Umwelterziehung (DGU) zum 4. Mal mit dem Thema „Biologische Vielfalt in unserer Schulumgebung" zur Umweltschule[5] ernannt. „Für eine Auszeichnung sind […] Handlungsfelder zum Thema Umwelt und Nachhaltigkeit im Sinne einer Bildung für nachhaltige Entwicklung

---

5)   www.lbv.de/umweltbildung/fuer-schulen/umweltschule-in-europa

zu bearbeiten. Dabei sollen dauerhafte Verhaltensänderungen in der Schulgemeinschaft erreicht und konkrete Maßnahmen zum Schutz der Umwelt umgesetzt werden. Partizipation von Schüler*innen steht dabei im Fokus."[6] Die Kinder reflektieren die Bedeutung ihres Handelns für das künftige Schulleben.

Aktionen zum Thema Umweltschutz

Um ein umweltbewusstes Handeln der Schüler*innen schon während der Grundschulzeit zu fördern, gestalten wir jährlich Aktionen zum Thema Umweltschutz, an denen sich die gesamte Schulfamilie beteiligt. So tragen wir nachhaltig zum Schutz der Umwelt bei.

Autofrei-Woche

Ein- bis zweimal jährlich organisiert die Grundschule Baierbrunn die Autofrei-Woche. Kinder und Eltern werden dazu angehalten, zu Fuß, mit dem Roller oder mit dem Rad zur Schule zu kommen, um einen kleinen Beitrag für mehr saubere Luft in der Region zu leisten. Für jeden Weg, den die Kinder ohne Auto zur Schule zurücklegen, bekommen sie einen Muggelstein, pro Tag also zwei Muggelsteine. Am Ende jedes Schultages dürfen sie ihre Steine in eine durchsichtige Glassäule werfen, die für alle sichtbar am Haupteingang der Schule steht. So kann das Engagement der Kinder für unsere Umwelt visualisiert werden. Jeder Muggelstein ist ein Zeichen für mehr saubere Luft. Nicht zu unterschätzen ist der Ehrgeiz der Schüler*innen, möglichst viele Steine zu sammeln. In Baierbrunn kommt, auch aufgrund der kurzen Wege, ein Großteil an Kindern zu Fuß, mit dem Roller oder mit dem Rad zur Schule.

Wie viel Plastikmüll verbrauchen wir in einer Woche?

Diese Aktion entstand aus einer Idee unserer Schulsozialarbeiterin, die immer wieder neue Ideen und Projekte zum Thema Umweltschutz an der Schule einbringt. Im Vorfeld wurden die Eltern informiert, um das Thema auch zu Hause aufgreifen zu können und gemeinsam mit dem Kind ein kritisches Bewusstsein über den Plastikverbrauch zu Hause zu schaffen.

Die Schüler*innen beobachteten eine Woche lang, wie viele Gelbe Säcke mit Plastikmüll ihre Familie verbraucht (siehe Abb. 7). Im zweiten Schritt überlegten die Kinder gemeinsam im Unterricht, wie sie in Zukunft Plastikmüll einsparen und welche Verpackungen sie vermeiden können, z. B. die in Plastik verpackte Gurke, Plastiktüten beim Einkaufen, verpackte Lebensmittel usw.

---

6) Ebd.

Einige Wochen später beobachteten die Schüler*innen noch einmal den Verbrauch an Gelben Säcken zu Hause. Die Plastiksäcke wurden deutlich reduziert (siehe Abb. 8).

Abb. 7: Plastikmüll vor der Aktion

Abb. 8: Plastikmüll nach der Aktion

Ramadama

Die Grundschule Baierbrunn führt die jährliche Aufräumaktion „Ramadama" (Anmerkung: Bayerisch etwa für „Wir räumen auf") durch. Hierbei handelt es sich um eine Abfallsammelaktion in den Wäldern und Wiesen Münchens, um Natur und Tiere zu schützen. Da nicht nur Schulen, sondern auch Vereine, Initiativen und verschiedene Gruppen an dieser Aktion teilnehmen, entsteht daraus ein Gemeinschaftserlebnis, um Verantwortung für die umliegenden Naturerholungsgebiete, Pflanzen und Tiere zu übernehmen. Dabei sammeln die Kinder der Grundschule Baierbrunn vor allem den Müll in den Flussauen der Isar oder in den Wäldern, die unmittelbar in der Nähe der Schule liegen. In der Regel kommen die Kinder mit mehreren gefüllten Müllsäcken wieder zur Schule zurück. Gemäß dem bayerischen Lehrplan der Grundschule erkennen die Kinder die Einflüsse des Menschen auf die Lebensräume des Waldes und der Gewässer (Bayerisches Staatsministerium für Bildung und Kultus, Wissenschaft und Kunst 2014).

Sommerfest an der Grundschule Baierbrunn zum Thema „Umwelt"

Am Ende des Schuljahres findet jährlich ein Sommerfest an der Grundschule statt, an dem Schüler*innen, Eltern und Lehrer*innen zusammenkommen. Dort werden auch verschiedene Aktionen angeboten. Zum Abschluss der Feste präsentieren die Kinder dabei entstandene Ergebnisse.

Das Sommerfest im Schuljahr 2018/2019 fand unter dem Motto „Umwelt schützen" statt. Für das Projekt wurde auch eine Expertin an die Schule eingeladen, die mit den Kindern selbst gemachte Kernseife herstellte. Die Seife wurde zum einen aus natürlichen Zutaten ohne bedenkliche Inhaltsstoffe für die Umwelt und den Menschen hergestellt. Zum anderen konnte dadurch auf unnötige Plastikverpackungen verzichtet werden, die beim Kauf solcher Seifen normalerweise anfallen. Die Kinder und Eltern waren erstaunt, wie einfach die Herstellung eines umweltfreundlichen Produkts sein kann. Im Werkraum der Schule wurde zudem das Herstellen von wiederverwendbaren Bienenwachstüchern angeboten, die zum Verpacken von Pausenbroten, Obst oder Gemüse dienen.

Schulaktion zur Artenvielfalt von Pflanzen und Tieren

Im Juli 2020 startete eine gemeinsame Schulaktion. Alle Schüler*innen haben einen Forschungsauftrag. Letztendlich entsteht eine vielfältige Plakatwand mit Steckbriefen, Erlebniserzählungen, Geschichten, Lapbooks und Bildern. Die Kinder informieren über Nutzpflanzen des Schulackers und über ihre ursprüngliche Art in der Natur wie beispielsweise die Wilde Möhre. Außerdem ernten die Kinder Himbeeren, Felsenbirnen, finden Johannis-, Stachel- und Walderdbeeren und werden sich des Artenreichtums bewusst.

Abb. 9: Schulaktion biologische Vielfalt in der Schulumgebung

Papierumschläge statt Plastikumschläge

Der Weg zur Umweltschule geschieht nicht von heute auf morgen, weshalb auch wir Lehrkräfte immer wieder überlegen, wie wir in Zukunft noch mehr zum Umweltschutz beitragen können.

Da sich Plastik in der Natur schlechter abbaut als Papier, regen wir die Kinder und Eltern auch zu einem kritischen Kauf von Schulmaterialien an. Dies betrifft auch die Vermeidung von Plastikumschlägen, die zum Teil von Eltern jedes Jahr wieder neu besorgt werden. Ein Schulkind würde dabei circa 30 Umschläge in seiner Grundschulzeit verbrauchen. Bei einer Klasse von 20 Kindern wären das ungefähr 600 Umschläge, die während der ersten vier Schuljahre anfallen.

Ein erster Schritt an unserer Schule in Richtung Reduzierung des Plastikmülls war anzuregen, dass gut erhaltene Umschläge im nächsten Schuljahr weiter benutzt werden können. Auch Hefte und Schreibblöcke dürfen wiederverwendet werden. In einem weiteren Schritt probierten einige Lehrkräfte aus, teilweise ohne Plastikeinbände auszukommen, indem für die Hefte ein Papiereinband verwendet wurde.

Ob es insgesamt umweltverträglicher ist, die Plastikeinbände durch Papiereinbände zu ersetzen, bleibt zu diskutieren. Unser Ziel ist es lediglich, die Schulfamilie zu einem konsumkritischen Denken anzuregen.

Schulobst

Einmal pro Woche wird über das EU-Programm „Schulobst und Schulgemüse"[7] der Schule für jede Klasse eine Kiste mit lokalem Obst und Gemüse geliefert. Damit verpflegen wir die Kinder einerseits mit vitaminreichem Essen. Gleichzeitig schaffen wir damit auch einen Anlass, über die Bedeutung von gesunder, ausgewogener Ernährung für die eigene körperliche und geistige Gesundheit zu sprechen. Gemäß Lehrplan reflektieren die Schüler*innen ihre eigenen täglichen Ernährungsgewohnheiten „(…) und stellen ihr Pausenbrot oder Frühstück entsprechend zusammen. (…)" (Bayerisches Staatsministerium für Bildung und Kultus, Wissenschaft und Kunst, München 2014, 234). Parallel dazu erkennen die Kinder im Jahresverlauf die typischen Reifezeiten von Obst und Gemüse und recherchieren ihre Herkunft und Bedingungen. Da die Lebensmittel von einem lokalen Anbieter geliefert werden, thematisieren wir im Unterricht auch den Zusammenhang zwischen Lokalität, Umweltfreundlichkeit, CO_2-Ausstoß und Transportwegen von Lebensmitteln.

Digitale Schule

An unserer Schule wird ausschließlich recyceltes Papier benutzt. Gleichzeitig verhelfen uns digitale Möglichkeiten, den Papierverbrauch zu reduzieren.

Die Kommunikation mit Eltern und dem Personal läuft über ein E-Mail-Verteilersystem. Dadurch müssen Elternbriefe, Mitteilungen sowie Rückmeldungen zu Umfragen nicht mehr kopiert und in Papierform verteilt werden.

Jedes Klassenzimmer unserer Schule besitzt ein Whiteboard und interaktive Beamer. Einige Klassenzimmer sind auch mit einer Set-Top-Box ausgestattet, die über W-Lan mit Endgeräten wie Laptops und Tablets interagiert. Medieninhalte von Laptops und Tablets können auf dem Whiteboard-Bildschirm wiedergegeben und interaktiv bearbeitet werden. Darüber hinaus verfügen wir über zwei Koffer mit je 12 Tablets und jeweils einem Lehrer-Laptop, die sich alle Klassen über eine Ausleihliste teilen. Die digitale Ausstattung schafft eine Lernumgebung, in der die Schüler*innen prozessbezogene Kompetenzen sowie ihre Medienkompetenz auf- und ausbauen können: Recherchieren, Gestalten und Präsentieren. Lehrer*innen und Kinder werden dafür sensibilisiert, dass nicht alles ausgedruckt werden muss.

---

7) https://ec.europa.eu/info/food-farming-fisheries/key-policies/common-agricultural-policy/market-measures/school-fruit-vegetables-and-milk-scheme/school-scheme-explained_de

Papierreduktion – Beispiele aus dem Unterrichtsalltag

Dateien wie Dokumente, Videos, Audiodateien oder Fotos, die die Kinder in Einzel-, Partner- oder Gruppenarbeit bearbeiten sollen, können von den Endgeräten miteinander geteilt oder am Whiteboard aufgeschaltet werden. Damit können beispielsweise die Kopie von Arbeitsblättern oder der Gebrauch von Plakaten hinfällig werden.

Ein querverbindendes Unterrichtsbeispiel soll eine Papierreduktion verdeutlichen: Die Lehrperson teilt Lesetexte zu Märchen mit den Kindern. Die Schüler*innen erarbeiten die Merkmale der Textsorte. Im Anschluss schreiben die Kinder selbst ein Märchen mit einer Textverarbeitungs-App. Nach der Überarbeitung in Schreibkonferenzen sprechen die Schüler*innen das Märchen in verteilten Rollen mithilfe einer Audio-Video-Bearbeitungs-App ein. Zu ihren Märchen gestalten sie Kulissen und Figuren. Sie spielen ihren Text damit nach und filmen es mithilfe der App ab. Zum Schluss präsentieren die Kinder ihre produzierten Audio-Videos am Whiteboard ihrer Lerngruppe mit einer anschließenden Feedback-Runde. Ein weiteres Beispiel für einen reduzierten Papierverbrauch gibt es bei Stationenarbeiten: Bei den einzelnen Stationen scannen die Kinder von den Lehrkräften erstellte QR-Codes mit ihren Tablets. Anschließend öffnen sich beispielsweise Erklärvideos oder Anleitungen als Fotos, Audio- und/oder Videodatei.

Ob der Einsatz von Tablets im Vergleich zum Papierdruck insgesamt wirklich umweltfreundlicher ausfällt, ist von unterschiedlichen Faktoren abhängig und in der aktuellen Forschung umstritten.

Im Hinblick auf unseren Schwerpunkt Umweltschule möchten wir jedoch aufzeigen, welche Chancen digitale Lösungen für den Aufbau eines kritischen Ressourcenbewusstseins haben können:

Ist ein Arbeitsblatt wirklich so ergiebig, dass ich es im Klassensatz kopieren muss? Gibt es sinnvolle digitale Alternativen, mit denen ich Papier sparen kann? Muss ich mehrseitige Infos für das gesamte Kollegium wöchentlich ausdrucken oder genügt eine E-Mail?

Was möchten wir anderen Schulen mitgeben?

Umweltschule bedeutet für uns nicht nur, den Unterricht thematisch darauf auszulegen, sondern auch der ganzen Schulfamilie Raum und Möglichkeiten zu bieten, Ideen einzubringen, das Konzept in der Praxis mitzutragen und fortzuführen.

Unsere Grundschule ist nicht nur Ort der formalen Wissensvermittlung. Wir möchten die Kinder als Umweltschule zu einem konsumkritischen und ressourcenbewussten Denken und Verhalten erziehen. In einem demokratischen Setting erfahren sich die Kinder als selbstwirksam: Sie diskutieren, entscheiden und gestalten mit, um eine umweltfreundliche Umgebung zu schaffen. Damit legen wir den Grundstein für eine gemeinsame Weiterentwicklung als Umweltschule.

Zudem möchten wir das Insektenhotel sowie die Reptilienburg weiterentwickeln und das Grüne Klassenzimmer fertigstellen. Unser Ziel ist es, ein weiteres Jahr zur Umweltschule ausgezeichnet zu werden – diesmal als Auszeichnung für unser wachsendes Nachhaltigkeits-Engagement. Dem entspricht das diesjährige Motto: „Nachhaltigkeit in unserer Umgebung".

Literatur

Bayerisches Staatsministerium für Bildung und Kultus, Wissenschaft und Kunst (2014): Lehrplan PLUS Bayern. www.lehrplanplus.bayern.de, Download am 03.10.2021.

Bayerisches Staatsministerium für Bildung und Kultus, Wissenschaft und Kunst (2019): Flexible Grundschule – ein Profil für bayrische Grundschulen. www.km.bayern.de/download/15793_flexiblegrundschuleflyer0116.pdf, Download am 03.10.2021.

Europäische Kommission (o. J.): Schulobst-, Schulgemüse- und Schulmilchprogramm. https://ec.europa.eu/info/food-farming-fisheries/key-policies/common-agricultural-policy/market-measures/school-fruit-vegetables-and-milk-scheme/school-scheme-explained_de, Download am 03.10.2021.

GemüseAckerdemie (o. J.): www.gemueseackerdemie.de, Download am 03.10.2021.

Isartaler Tisch e. V. (o. J.): www.isartaler-tisch.de, Download am 03.10.2021.

Landesbund für Vogelschutz in Bayern e. V. (2021): Umweltschule in Europa / Internationale Nachhaltigkeitsschule. www.lbv.de/umweltbildung/fuer-schulen/umweltschule-in-europa, Download am 03.10.2021.

Webseite der Schule

http://grundschule.baierbrunn.de

Sabine Cordes

Schule am Wingster Wald, Wingst (Niedersachsen)

Mera, deine, nuestro future – unser gemeinsamer Kompass für unsere Welt von morgen!

Globales Lernen und Nachhaltigkeit als Wegweiser der Schule am Wingster Wald

Grundschüler*innen arbeiten gemeinsam mit indischen und mexikanischen Kindern im Rahmen der 17 Nachhaltigkeitsziele der Agenda 2030. Im Mittelpunkt des Projektes und der Partnerschaft steht das Ziel 17 „Partnerschaften zur Erreichung der Ziele". Im Wesentlichen geht es um Ziel 4 „Hochwertige Bildung", Ziel 13 „Maßnahmen zum Klimaschutz" und Ziel 15 „Leben an Land". Gleichzeitig geht es um die Frage „Wie kann sich eine Grundschule im Sinne des Whole School Approach im Bereich der ‚Bildung für Nachhaltige Entwicklung' als lernende Schulgemeinschaft auf den Weg machen?

Die Schule am Wingster Wald im Landkreis Cuxhaven wurde seit mehr als zehn Jahren stetig als Umweltschule in Europa bzw. internationale Nachhaltigkeitsschule ausgezeichnet. Mit dem Eintritt in dieses große Netzwerk stellten sich frühzeitig im Rahmen der Schulentwicklung die Fragen „Welche Schwerpunkte will sich die Schulgemeinschaft setzen? Welche Werte und Normen bestimmen unser Handeln in der Schule? Welche Verbindlichkeiten wollen wir schaffen, um uns mit allen in der Schule Beteiligten in eine Richtung zu begeben? Wie wollen wir als inklusive Schule arbeiten und allen Schülerinnen und Schülern ein gutes Bildungsangebot machen? Ist Inklusion auch ein Thema im Rahmen von BNE[1]? Wie kann mehr Demokratisierung auch schon im Rahmen einer Grundschule gelingen?"

Diesen langen Weg in Richtung des Whole School Approach[2] mit unterstützenden Maßnahmen, aber auch Stolpersteinen möchte ich in diesem Artikel darstellen.

Die Schule am Wingster Wald

Die Schule am Wingster Wald liegt in der kleinen Gemeinde Wingst im Landkreis Cuxhaven. Die Schule ist in der Regel zweizügig und arbeitet mit der

---

[1] BNE steht als Abkürzung für „Bildung für nachhaltige Entwicklung", vertiefend: Carle 2021, 36–39

[2] im Sinne von ganzheitlicher Schulentwicklung und nicht nur umfassender Unterrichtsentwicklung – siehe: Mathar 2016, 412 ff.; Grundmann 2017, 58 ff.; KMK/ BMZ 2016)

jahrgangsgemischten Eingangsstufe. Sie liegt am Waldrand und hat ein großes Schulgelände. Dieses wurde 2018 im Sinne der „Holunderschule" naturnah umgestaltet. Die Schulkinder erleben in der Schule ein naturnahes Umfeld mit insektenfreundlichen Anpflanzungen wie Eh-da-Flächen und einer Schulimkerei, einer kleinen Streuobstwiese und einem grünen Klassenzimmer sowie vielen naturnahen Bewegungsangeboten. Einzelne Klassen oder Arbeitsgemeinschaften übernehmen die Pflege und Bepflanzung von Teilen des Geländes und die Arbeit mit den Bienen.

Ideen und Begegnungen bewegen die Schule

Wie bereits in der Einleitung beschrieben, hatte schon vor vielen Jahren die Umweltbildung eine große Bedeutung für die Schule. Im Laufe der Jahre wurde dieser Bereich durch das Globale Lernen erweitert und sehr bereichert. Ein monatliches Schulforum bietet allen Klassen die Möglichkeit, der Schulgemeinschaft Projekte, Anliegen oder Unterrichtsergebnisse zu präsentieren. Das schafft Transparenz für alle. Es findet jährlich ein Abschlussabend der ganzen Schule statt, an dem häufig Musicals zu Umweltthemen oder globalen Themen aufgeführt werden und alle Schülerinnen und Schüler teilnehmen. Mit dem Musical „Eine Reise um die Welt" gewann die Schule 2016 überraschend den Schulpreis des Bundeswettbewerbs zur Entwicklungspolitik „Eine Welt für alle". Dieser Preis war ein Impuls, immer wieder weitere Projekte in Angriff zu nehmen. Die Schule arbeitete danach im Rahmen eines Projektes des Kultusministeriums zum Thema „Grundschulen gestalten Globalisierung – Gutes Leben für alle" zwei Jahre lang im Rahmen von didaktischen Werkstätten an der Schulentwicklung im Bereich BNE. Hier wurden weitere Grundsteine zur Veränderung der Schulkultur gelegt. Netzwerke wurden geknüpft, eine Lehrerfortbildung für das ganze Kollegium organisiert und an der Implementierung der Inhalte von BNE in allen Fächern gearbeitet. Diese schuleigenen Curricula wurden am Ende des Projektes verabschiedet und sind damit verbindlich. Im Leitbild der Schule hat die Bildung für nachhaltige Entwicklung ihren festen Platz.

Aus der Arbeit mit verschiedenen Netzwerkpartnern wurden verschiedene Bereiche der Schulentwicklung immer neu in den Fokus genommen. So entstand in der Zusammenarbeit mit „bezev e.V." ein Leitfaden für inklusive Bildung und BNE,[3] in dem der Whole School Approach am Beispiel unserer Schule erarbeitet wurde. Weiter stand nun im Fokus unserer Schulentwicklung die Demokratiebildung. Die Frage „Wie können auch schon Grundschüler*innen demokratische Strukturen erlernen und Chancen kennenlernen, die sich durch eigenes Handeln entwickeln? "

---

3) Behinderung und Entwicklungszusammenarbeit e.V. (bezev) 2020 (www.bezev.de)

Klassensprecher*innenwahlen in allen Jahrgängen, der Schüler*innenrat, die Streitschlichter*innen und die aktive Teilnahme des Schüler*innenrates an Gesamtkonferenzen prägen seitdem den Schulalltag. Selbstverständlich darf der Schüler*innenrat Anträge in die Gesamtkonferenz einbringen, muss diese in Diskussionen verteidigen und kann damit Veränderungen im Schulalltag bewirken.

Aktuell beteiligt sich die Schule als Pilotschule am Greenpeace-Projekt „Schools for earth – Schulen auf dem Weg zur Klimaneutralität". Wie auch bei den anderen Projekten wird die Teilnahme stets über die Schulgremien abgestimmt und in der Regel über Präsentationen allen interessierten Eltern und Schüler*innen vorgestellt. Dazu kommen häufig die Projektleitenden wie kürzlich von Greenpeace und MitarbeiterInnen der Leuphana Universität in Lüneburg in die Schule.

Es folgten weitere Teilnahmen am Bundeswettbewerb. Unser Projekt „Echt gerecht", das von der ganzen Schule durchgeführt wurde, wurde mit einem weiteren Schulpreis ausgezeichnet. Darüber hinaus wurden einzelne Klassen zweimal für internationale Projekte ausgezeichnet. Ein weiterer Schulpreis wurde zum Thema „Fairer Handel, Nachhaltigkeit, Wasser" verliehen. Intensive Verwendung zur Vorbereitung und Umsetzung des Projektes fanden hierbei unter anderem die inklusiven Bildungsmaterialien von „bezev e. V.". Ebenfalls in die Projektarbeit eingebunden waren Mitarbeiterinnen von bezev und aus dem Entwicklungsdienst. Durch diese Kooperationen mit außerschulischen Partner*innen konnten alle Kinder an diesen besonderen Themen arbeiten und ihre Ergebnisse am Ende an einem Nachmittag der Schulgemeinschaft vorstellen.

Hier ist besonders zu erwähnen, dass über das Netzwerk „ESD Expert Net" PartnerInnen in Indien und Mexiko gefunden wurden, die gemeinsam mit Wingster Klassen auch virtuell an denselben Nachhaltigkeitsthemen gearbeitet haben.

Am Beispiel des Projektes „Mera, deine, nuestro Future – unser gemeinsamer Kompass für die Welt von morgen – Ein Grundschulprojekt in Kooperation mit Grundschulen in Ahmadabad, in Neu-Mumbai (beides Indien) und in Mexico City" möchte ich die Umsetzung des World School Approach exemplarisch skizzieren und deutlich machen, wie bereits Grundschulkinder vom Globalen Lernen nachhaltig profitieren können.

Dieses Projekt ist bereits das zweite mit Partnerschulen im Globalen Süden. Am ersten Projekt „Feliz Birth Tag – mein Geburtstag ohne Müll" hatte die Schule aus Neu Mumbai noch nicht teilgenommen.

Auf einer Tagung zum Schulwettbewerb „Eine Welt für alle" entstand die Idee, einmal ein internationales Projekt zu versuchen. Über verschie-

Abb. 1: Ideennetz

dene Netzwerkpartner gelang es, zwei Expert*innen aus dem Education for Sustainable Development Expert Network (ESD-Expert Net) zu finden, die bereits im Bildungsbereich BNE in ihren Heimatstädten arbeiteten. Diese machten sich auf die Suche nach interessierten Schulen in ihrer Umgebung, holten die Genehmigungen der Schulleitungen ein und fanden somit die Partnerlehrer*innen und -klassen. In der Projektplanung auf der Projektleitungsebene galt es zunächst einmal, in Skypekonferenzen gemeinsame Ziele abzustecken und ein machbares Thema passend zum Schulwettbewerb zu finden.

In oft wöchentlichen Konferenzen entwickelte sich das Thema und wurde schrittweise in die Praxis umgesetzt. Hierbei bedurfte es immer wieder großer Flexibilität, weil die für die Kooperation geeigneten Unterrichtszeiten in den Partnerklassen begrenzt waren oder die Schüler*innen manche Ideen in der Praxis nicht so gut wie erwartet umsetzen konnten. Eine zusätzliche Herausforderung stellte außerdem das von den Veranstaltern vorgegebene Abgabedatum dar, das einen pünktlichen Abschluss des Projekts inklusive der Dokumentation erforderlich machte.

Eine projektbegleitende Aufgabe war der Austausch von Fotos und kleinen Videos für den direkten Einblick in das Leben der anderen Kinder mit den passenden Übersetzungen. Es wurden Skypekonferenzen zwischen den Klassen organisiert, die aber oft durch die unterschiedlichen Zeitzonen und aufgrund der schlechten Übertragungsqualität beeinträchtigt wurden.

Dennoch waren diese Erlebnisse entscheidend für das Gelingen des Projekts. Die Projektsprache in den Videokonferenzen und den Planungen war

Englisch. Kleine Sätze über sich selbst oder die Schule konnten die deutschen Schüler*innen auch schon in englischer Sprache formulieren.

Inhaltliche Anregungen entnahmen wir einer wissenschaftlichen Abhandlung zum Thema „Was kann ein Kompass für unser Handeln in der Zukunft sein?"[4] Besonders die indischen Kolleg*innen regten an, das Bild des Kompasses als für Kinder der Grundschule begreifbares Symbol zu verwenden. Im Text über den Kompass spielten die Begriffe Heimat und deren Eigenart, Inklusion und Zukunft eine große Rolle. Daraus entwickelten sich die Ideen für das Projekt:

- Wir stellen uns gegenseitig unsere Schule und unseren Ort vor. Was ist bei uns besonders? Was schätzen wir?
- Haben alle Kinder die gleichen Rechte? Gibt es Unterschiede zwischen Jungen und Mädchen? Wie sieht es mit Chancengleichheit für Arme und Reiche aus?
- Was brauchen wir für eine lebenswerte Zukunft? Wie sieht es mit Nachhaltigkeit in unserer Schule / in unserem Ort aus? Was ist schützenswert und wer unterstützt uns?

Abb. 2: Skypekonferenz mit den Kindern aus Mumbai

4) WBGU (2016), The Urban Planet – How cities save our future

Wichtige Elemente waren Gruppenarbeiten zu den oben genannten Themen. Die Wingster Kinder drehten gemeinsam mit der Landesmedienanstalt
einen Film über die Wingst, erstellten Plakate, luden den Bürgermeister und
seinen Stellvertreter ein und schrieben gemeinsam mit den Partnerschulen
einen Brief an den deutschen Entwicklungsminister Müller. Die Plakate aller
Schulen wurden um einen Kompass herum gestaltet, sodass es zu genauem
Vergleichen der Ideen kommen konnte und ein wirklich gemeinschaftliches
Projekt entstand.

Stolpersteine und Schwierigkeiten im Projekt waren auf der einen Seite die
unterschiedlichen Zeitzonen, die gemeinsame Treffen schwierig machten. Die
Bildungspartner*innen mussten einen von außen gesteckten Zeitplan einhal-
ten und so konnten wir manche Inhalte aus Zeitgründen nicht immer vertiefen. Da das Projekt einen hohen digitalen Anteil hatte, war es besonders hin-
derlich, dass die Technik häufig nicht funktionierte. Die Gesprächsbeiträge
während der Videokonferenzen mussten ständig übersetzt werden, was auf
der anderen Seite ein gutes Lernfeld für die Schüler*innen darstellte, die sich
im Anfangsunterricht Englisch befanden und hier den praktischen Wert des
Fremdsprachenunterrichts kennenlernten.

Am Ende war es ein großer Gewinn für die Kinder, die hier die Möglichkeit erfuhren, Perspektivwechsel auf Augenhöhe zu erleben und zu vertiefen.

Projekte wie diese schaffen eine Bereicherung für unser Schulleben und
erweitern den Blick unserer Schüler*innen in die Welt. Voneinander und miteinander lernen ist eine große Chance für die Zukunft.

Der Whole School Approach:
Gemeinsam – Miteinander – Voneinander lernen

Die Schule am Wingster Wald hat sich bereits bei der ersten Leitbildentwick-
lung für ihr Schulprogramm der Bildung für nachhaltige Entwicklung verpflichtet. Im Whole School Approach[5] bedeutet dies, die ganze Schule in den
Blick zu nehmen und damit nicht nur die verschiedenen Bereiche von Schule,
sondern neben Lehrkräften, Schüler*innen, Eltern und anderen Personen in
der Schule auch die Kommune, die außerschulischen Lernorte und Netzwerkpartner*innen.

Da es sich jeweils um einen individuellen Prozess jeder Schule handelt, ist
auch jede Schule gleichzeitig ihr eigener Motor.

Wie bereits im Abschnitt „Entwicklungsgeschichte" deutlich wurde,
wurde die Schulentwicklung der Schule am Wingster Wald von verschiedenen, teilweise zufälligen Ereignissen beeinflusst. Diese dienten aber immer

---

5) Behinderung und Entwicklungszusammenarbeit e. V. 2020, 13–28 ; Mathar 2016,
412 ff.; Grundmann 2017, 58 ff.; KMK/ BMZ 2016

wieder als Impulse der Weiterentwicklung. Zentral waren Inputs wie z. B. das Pilotschulprojekt zum Globalen Lernen. Durch die jahrelange Begleitung von Fachleuten in dieser intensiven Arbeitszeit, der kontinuierlichen Information und Bearbeitung der BNE-Themen in den didaktischen Werkstätten, aber auch die Einbindung der ganzen Schule in die aktuellen Themen der Pilotschularbeit profitierte die ganze Schule von der Teilnahme einzelner Kolleg*innen an den Tagungen des Pilotschulprojektes. Nur in dieser engen Verzahnung von Steuergruppen, Weiterbildung und Schulentwicklung konnte dies gelingen. Dabei sind stets die drei Bausteine Unterrichtsentwicklung, Organisationsentwicklung und Personalentwicklung im Auge zu behalten.

Eine Schulentwicklung ohne Veränderungen im Unterricht oder Weiterbildung des Lehrerkollegiums oder ohne ein hohes Maß an Demokratisierung für die ganze Schulgemeinschaft ist nicht denkbar, bringt aber stets neue Herausforderungen mit sich.

Es gehört ein hohes Maß an Disziplin aller Beteiligten dazu, die selbst gesetzten Ziele im Auge zu behalten und in der gemeinsamen Arbeit der Schulgemeinschaft nicht nachzulassen. Dabei sind es zentrale Aufgaben der Schulleitung, kleine Ziele zu setzen, die Motivation aller aufrecht zu erhalten und möglichst viele Mitglieder der Schulgemeinschaft mitzunehmen. Eine gute Unterstützung bei der so umfangreichen Aufgabe sind Schulentwicklungsberater, die beispielsweise dabei helfen, Strukturen zu ordnen und verbindliche Absprachen und Ziele zu formulieren. Das kann eine große Entlastung für Schulleitungen in dieser Arbeit sein.

Am Ende eines erreichten Schrittes ist die Anerkennung der erreichten Ziele mit z. B. einer öffentlichen Vorstellung, Belobigung oder in Form eines Festes sehr wichtig. Feste sollten auf jeden Fall einen festen Platz im Schulleben haben.

In der Grafik zum Whole School Approach der Schule am Wingster Wald ist dieses Zusammenspiel der Aktionen und Akteure abgebildet (s. Abb. 3).

Schulentwicklung im Sinne des Whole School Approach: Chancen und Herausforderungen

Schulentwicklung hat immer dann eine gute Chance, wenn sie das Thema der ganzen Schule ist. Entscheidend ist die Entwicklung von Schwerpunktthemen, die einer regelmäßigen Überarbeitung und Weiterentwicklung bedarf und mit den Schulgremien verankert werden muss. Bei Bedarf sollten themenbezogene Steuergruppen eingerichtet werden. Sinnvollerweise werden externe Berater*innen wie Schulentwicklungsberater*innen oder Expert*innen aus den Netzwerken zur Unterstützung einbezogen. Fortbildungen und die Arbeit mit anderen Schulen erweitern den Horizont und zeigen neue Möglichkeiten auf.

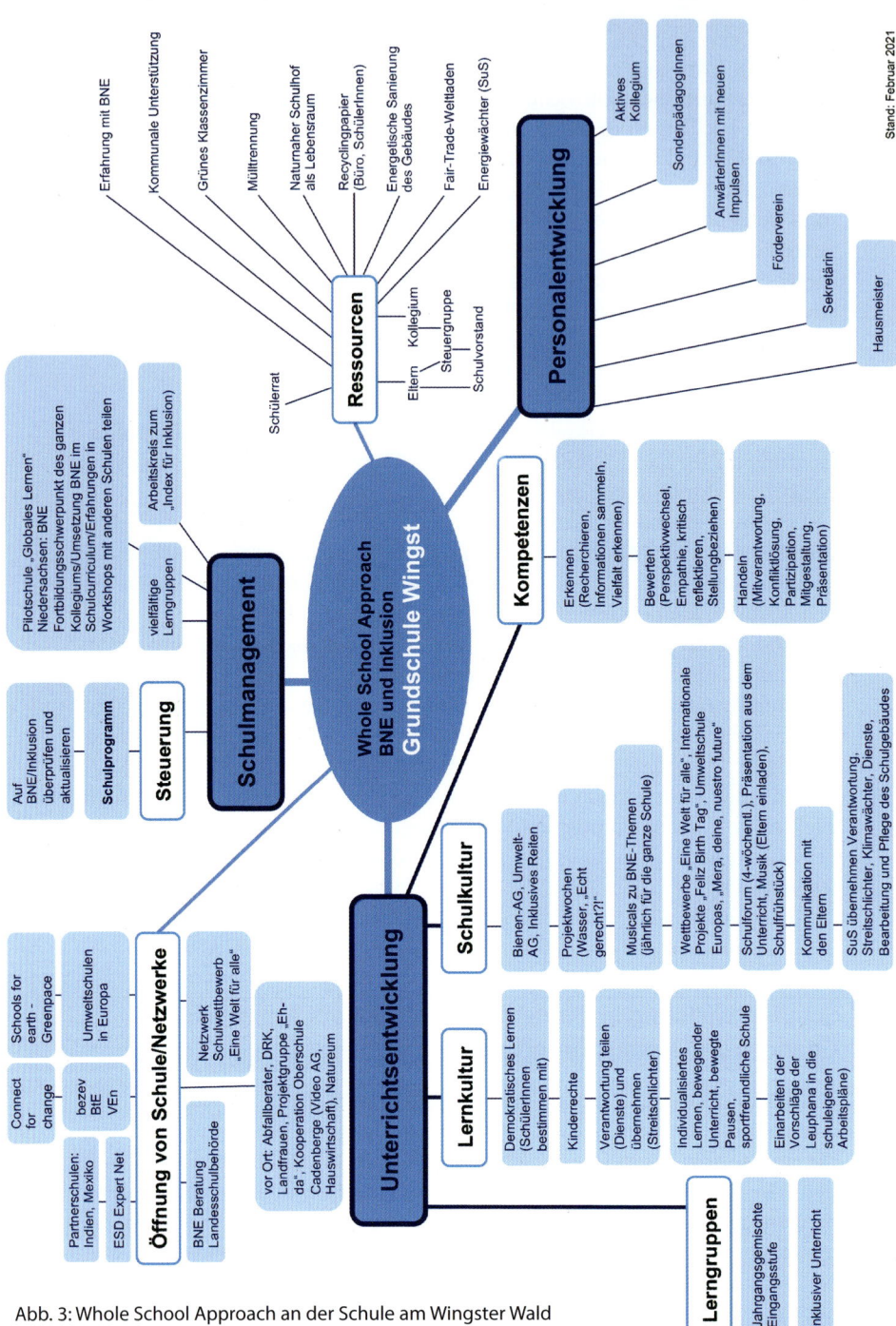

Abb. 3: Whole School Approach an der Schule am Wingster Wald

Wie das Wort „Entwicklung" deutlich zeigt, kann nur eine offene, sich an die Herausforderungen anpassende, neugierige und lernende Schulgemeinschaft gemeinsam Veränderungen für die Schülerinnen und Schüler bewirken. Stillstand führt zu verpassten Möglichkeiten und Lethargie. Dennoch geht es nicht darum, ständige Neuerungen einzuführen und damit Unruhe in der Schulgemeinschaft hervorzurufen. Ich empfinde es als sehr hilfreich, ein Schulprofil zu schaffen, um das herum machbare Ziele gesetzt, bearbeitet und evaluiert werden. Dieses Schulprofil wird in jeder Schule anders aussehen, ist aber nach meiner Erfahrung eine Leitschnur für kontinuierliches Arbeiten.

Literatur

Behinderung und Entwicklungszusammenarbeit e.V. (Hrsg.) (2020): Bildung für nachhaltige Entwicklung inklusiv als Aufgabe der ganzen Schule. Eine Handreichung mit praktischen Anregungen für Grundschulen. Essen: bezev.de.

Carle, U. (2021): Gemeinsam lernen, die Ungerechtigkeiten der Welt zu beseitigen: Bildung für nachhaltige Entwicklung (BNE 2030) und Agenda 2030. Grundschule aktuell, Zeitschrift des Grundschulverbandes, Mai 2021, Heft 154, 36–29.

Grundmann, D. (2017): Bildung für nachhaltige Entwicklung in Schulen verankern. Handlungsfelder, Strategien und Rahmenbedingungen der Schulentwicklung. Wiesbaden: Springer.

KMK (Ständige Konferenz der Kultusminister der Länder in der Bundesrepublik Deutschland)/ BMZ (Bundesministerium für wirtschaftliche Zusammenarbeit und Entwicklung) (Hrsg.) (2016): Orientierungsrahmen für den Lernbereich „Globale Entwicklung" im Rahmen einer Bildung für nachhaltige Entwicklung. 2. aktualisierte und erweiterte Auflage. Berlin: Cornelsen. www.kmk.org/fileadmin/Dateien/veroeffentlichungen_beschluesse/2015/2015_06_00-Orientierungsrahmen-Globale-Entwicklung.pdf, Download am 04.10.2021.

Mathar, R. (2016): Der Lernbereich Globale Entwicklung als Aufgabe der ganzen Schule. In: KMK / BMZ (Hrsg.): Orientierungsrahmen für den Lernbereich „Globale Entwicklung" im Rahmen einer Bildung für nachhaltige Entwicklung. Ein Beitrag zum Weltaktionsprogramm „Bildung für nachhaltige Entwicklung". 2. aktualisierte und erweiterte Auflage. Berlin: Cornelsen, S. 412–432. www.kmk.org/fileadmin/Dateien/veroeffentlichungen_beschluesse/2015/2015_06_00-Orientierungsrahmen-Globale-Entwicklung.pdf, Download am 04.10.2021.

WBGU (2016): The Urban Planet – How cities save our future. Berlin WBGU. www.wbgu.de/fileadmin/user_upload/wbgu/publikationen/comics/comic_2016/The_urban_planet__160920_web.pdf

Webseite der Schule

www.grundschule-wingst.net

Steffen Petzak

Kneipp-Grundschule Mestlin, Mestlin bei Goldberg
(Mecklenburg-Vorpommern)

Modellprojekte als Motor für Schulentwicklung – die pädagogische Arbeit an der KNEIPP-Grundschule Mestlin

Unsere Schulgeschichte

Unsere alte und ehrwürdige Schule blickt auf eine lange Tradition zurück. Sie wurde im Jahre 1958 als Bestandteil eines geplanten sozialistischen Musterdorfes als einzügige zehnklassige polytechnische Oberschule gebaut. Der Standort der Schule am Marx-Engels-Platz zusammen mit einem modernen Kulturhaus, Kindergarten, Friseur und Altenheim wurde mit Bedacht in ein Gesamtensemble sozialistischer Architektur eingefügt und befindet sich heute wie alle anderen Gebäude unter Denkmalschutz. Rund eine Million Mark wurden damals investiert. Namhafte Künstler der damaligen Zeit waren beteiligt. Das Sgraffito an der Außenwand rechts vom Haupteingang schuf Prof. Walter Zschunke aus Schwerin. Es stellt in der Landwirtschaft lernende und arbeitende Schüler dar. In den hohen, weiträumigen Fluren verzieren zahlreiche Gipsreliefs von Vera Kopetz die Wände. Sie versinnbildlichen die Gesetze der Jungen Pioniere und sind wie viele weitere Gemälde und Zeichnungen an den Schulwänden noch im Original an der Schule zu besichtigen. Das Schulgebäude mit der neuen Sporthalle war mit seinen Fachräumen für Physik, Geografie, Biologie und Chemie die seinerzeit modernste Landschule des Kreises Parchim.

In der Vergangenheit musste die Schule mehrere Strukturveränderungen annehmen. Die jetzige Organisationsform – die einzügige Grundschule Mestlin – besteht seit 1991.

Zur Schulorganisation

Die Grundschule Mestlin trägt den Status „Kleine Grundschule auf dem Lande in Mecklenburg-Vorpommern". Die vorgeschriebenen Schülerzahlen je Jahrgangsstufe dürfen aufgrund zu weiter Schulwege unserer Schülerinnen und Schüler unterschritten werden. Zu unserem ländlich geprägten Einzugsbereich gehören fünf Gemeinden mit 16 Ortschaften. Zwei Drittel der knapp 80 Schülerinnen und Schüler sind Fahrschüler. Träger unserer Einrichtung ist die Gemeinde Mestlin.

In den fünf Klassen der Grundschule lernen durchschnittlich 15 Mädchen und Jungen. Diese werden durch sieben Lehrerinnen und Lehrer unterrichtet.

Eine Schulsozialarbeiterin begleitet die erzieherische Arbeit der Lehrkräfte. Unsere Einrichtung verfügt über eine gute räumliche und sächliche Ausstattung. Schulküche, Kräutergarten, Sporthalle oder Computerkabinett unterstützen seit 2005 das Konzept der vollen Halbtagsschule mit vielen Angeboten, wie Schach, Kochen, Fußball, Zirkusschule und Musikschule. Viele Kinder nutzen anschließend das Angebot der Hortbetreuung im nahe liegenden Kindergarten. Im angrenzenden Nebengebäude besteht die Möglichkeit der Schülerspeisung.

Unser Schulprofil

Unsere Schule arbeitet seit 2014 als anerkannte zertifizierte KNEIPP-Schule[1]. Ein Großteil des Kollegiums absolvierte eine Ausbildung als anerkannte*r KNEIPP-Gesundheitslehrer*in beim KNEIPP-Bund e. V. Inhaltlich geht es darum, die fünf Säulen der Kneippschen Lehre Wasser, Ernährung, Heilpflanzen, Bewegung und Lebensordnung sinnvoll in den Schulalltag aller Schülerinnen und Schüler zu integrieren. Dies geschieht fächerübergreifend im Rahmen der Gestaltung des Unterrichtes sowie durch Projekttage bzw. Projektwochen. Folgende Schwerpunkte werden dabei gesetzt:

- Wasser: Wassertreten, Arm- und Beingüsse
- Ernährung: wöchentliche kostenlose Versorgung mit Milch, Obst und Gemüse durch ein EU-Schulernährungsprogramm
- Heilpflanzen: Anbau, Pflege, Nutzung und Zubereitung von Heilpflanzen und Kräutern in Schulgarten und Kinderküche (Kräutersäckchen, Kräutersalbe)
- Bewegung: Programm Lernen in Bewegung, Schwimmlager, Sportfest, Crosslauf, Zirkusschule, Fußball
- Lebensordnung: Yoga, Wanderungen und Spaziergänge, Streitschlichterprogramm, Pausenhofhelfer

Das Konzept der KNEIPP-Schule leistet somit einen Beitrag im Rahmen des von der Weltgesundheitsorganisation (WHO) im Programm Gesundheit 2020 ausgearbeiteten Gesundheitsbegriffs. Gesundheit ist demnach ganzheitlich und prozesshaft zu sehen und umfasst das individuell erlebte körperliche, psychische und soziale Wohlbefinden. Durch die in den Schulalltag integrierten Inhalte und Methoden werden zudem die gesundheitlichen Kompetenzen (Health Literacy) gestärkt. Damit leistet die Schule auch einen Beitrag im Rahmen der Bildung für nachhaltige Entwicklung (Grundmann 2017).

Eine der naturnahen Aktivitäten in diesem Rahmen bieten die jährlichen Waldolympiaden. Dabei werden die Kinder für die Natur, insbesondere für

---

1)   Weitere Informationen: www.kneippbund.de/guetesiegel-zertifizierung/schulen/

den Lebensraum Wald, aufgeschlossen. Dies geschieht auf eine wettkampf-spielerische Art. So durchlaufen sie in einer bestimmten Zeit einen Rund-kurs durch den Wald, auf dem sie an 10 bis 12 Stationen Aufgaben zu lösen haben. An den Stationen ist Artenwissen gefragt und es werden Kenntnisse zur Nutzung, auch zur gesundheitlichen Nutzung sowie zu den biologischen und klimatischen Aufgaben des Waldes gefordert. Insgesamt bietet die Waldolympiade eine fächerübergreifende und handlungsorientierte Lernform und vermittelt die verschiedensten Kompetenzen wie Personal-, Sozial-, Methodenkompetenzen neben medizinisch-biologischen Fach- und Sachkompetenzen.

Abb. 1: Schüler*innen an einer Station der Waldolympiade

Zum Ansatz unserer schulischen Arbeit

Wohlbefinden setzt eine Organisation der Schule voraus, die Sicherheit bietet und jedem einzelnen Kind ermöglicht, in der Gemeinschaft seinen eigenen Weg und seinen eigenen Lernrhythmus zu finden. Um das zu erreichen, arbeiten wir nach dem Klassenleiter*innenprinzip. Dies bedeutet, dass die Klassenleitung einen Großteil der Unterrichtsstunden in der eigenen Klasse erteilt und somit regelmäßig als tägliche*r Ansprechpartner*in für die Schülerinnen und Schüler zur Verfügung steht. In fachspezifischen Gegenstandsbereichen des Lernens (Sport, Musik, Kunst, Werken) unterstützen ausgebildete Fachlehrer*innen die Unterrichtsgestaltung. Die Lehrkräfte unserer Grundschule arbeiten kollegial zusammen und sind übereingekommen, in allen Jahrgangsstufen abgestimmt zu handeln.

Wenn wir in unserer heutigen pädagogischen Arbeit davon ausgehen, dass die Schülerinnen und Schüler einer Jahrgangsstufe in der Regel keine homogene Gruppe bilden, sondern mit unterschiedlichen Entwicklungsständen zu uns an die Schule kommen, können wir nicht den gleichen Plan für jedes Kind anbieten. Die Schnelleren sollten ein Recht haben, gefordert zu werden, die Langsamen die Möglichkeit erhalten, spezielle Förderung zu bekommen. Vielen Schüler*innen werden deshalb an unserer Schule hinsichtlich der Organisationsform des Arbeitens, des Umfanges von Aufgaben und des Arbeitstempos individuelle Lernangebote unterbreitet. Über diese Form der Binnendifferenzierung hinaus gilt es künftig, die eigenen Lernwege jedes Kindes noch stärker in den Blick zu nehmen.

Strategie der Landesregierung zur Gestaltung eines inklusiven Bildungssystems – ein Modellprojekt

Im Rahmen der „Strategie der Landesregierung zur Umsetzung der Inklusion im Bildungssystem in Mecklenburg-Vorpommern bis zum Jahr 2023" (Inklusionsstrategie des Landes M-V) (MBWK M-V 2017), erhalten die Grundschulen in Mecklenburg-Vorpommern „die Möglichkeit, flexible Schuleingangsphasen zu bilden" (ebd., 14), was in den Jahrgangsstufen 1 und 2 für Schüler*innen die Möglichkeit beinhaltet, „entsprechend ihrer individuellen Lernvoraussetzungen und ihres individuellen Lerntempos ohne Versetzung oder Rückstufung ein bis drei Jahre in der Schuleingangsphase zu verweilen" (ebd.). Der vom Ministerium für Bildung, Wissenschaft und Kultur M-V im Schuljahr 2020/2021 eingerichtete Schulversuch „Jahrgangsübergreifenden Lernens (JüL)" bietet eine Möglichkeit, die zum Schuljahr 2024/2025 vorgesehene Einführung einer (freiwilligen) flexiblen Schuleingangsphase (FLEX) vorzubereiten (vgl. MBWK M-V 2019).

Zum Schulversuch des jahrgangsübergreifenden Lernens

Seit dem Schuljahr 2021/22 ist die KNEIPP-Grundschule Mestlin Schulversuchsschule des Ministeriums für Bildung, Wissenschaft und Kultur Mecklenburg-Vorpommern zum inklusiven jahrgangsübergreifenden Lernen. Kinder lernen auf unterschiedlichen Wegen und nutzen unterschiedliche Kanäle für ihren Wissenserwerb und ihre Persönlichkeitsentwicklung. Sie lernen von- und miteinander. Das gegenseitige Helfen und Unterstützen, Zuschauen und Abschauen von jüngeren und älteren Schulkindern kann besonders durch jahrgangsgemischte Lerngruppen unterstützt werden. Wir möchten am Schulstandort in Mestlin außerdem jedem Kind die Möglichkeit der Teilhabe und Chancengleichheit einräumen, an einem inklusiven Grundschulstandort zu lernen. Ein „Weiterdelegieren" der Schülerinnen und Schüler mit Beeinträchtigungen im Lernen, in der Sprache oder der emotionalen und sozialen Entwicklung an andere spezialisierte Bildungseinrichtungen möchten wir vermeiden.

Im Rahmen der Umsetzung des Schulversuches zum jahrgangsübergreifenden Lernen arbeiten gegenwärtig 19 Schülerinnen und Schüler der Jahrgangsstufen 1 und 2 gemeinsam mit ihrer Klassenlehrkraft in einer Schulklasse. Diese wird stundenweise durch eine weitere Lehrkraft unterstützt. In der Klasse lernen sowohl Schülerinnen und Schüler mit vorzeitiger Einschulung als auch mit längerer Verweildauer und mit sonderpädagogischem Förderbedarf zusammen. Ein zweiter Arbeits- und Förderraum steht analog zur Verfügung. Gegenwärtig bilden das Klassenraummanagement, die Arbeit mit Wochenplänen, die Erstellung individueller Förderpläne und die Arbeit mit neuen Medien die Schwerpunkte der Entwicklung der pädagogischen Arbeit. Schulträger, Schulkonferenz und Elternvertretungen unterstützen unser neues Vorhaben. Das Institut für Qualitätsentwicklung, das Bildungsministerium M-V, das Staatliche Schulamt Schwerin und die Universität Rostock begleiten uns auf diesem neuen pädagogischen Weg.

Zur wissenschaftlichen Begleitung durch die Universität Rostock

Ein Projektvorhaben der Universität Rostock „Formative Leistungsbeurteilung im jahrgangsübergreifenden Lernen (JüL)"[2] begleitet die Schulversuchsschulen vornehmlich im Entwicklungsbereich der „lernprozessbegleitenden Leistungsrückmeldung". Dabei stehen u.a. die übergeordneten Fragen im Zentrum, wie sich die lernprozessbegleitende Leistungsrückmeldung an den Schulen im Schulversuch zum jahrgangsübergreifenden Lernen entwickelt und ob bzw. wie es den Schulen/den Lehrpersonen gelingt, die individuelle Leistungsrückmeldung so zu gestalten, dass sie in den Unterricht eingebettet ist und das Lernen der Schüler*innen unterstützt. Zur Beantwortung der Fragen werden im Rahmen von zwei Erhebungswellen an den teilnehmenden Schulen jeweils Unterrichtsbeobachtungen vorgenommen und Interviews mit den Lehrpersonen durchgeführt. Zur Auswertung der erhobenen Daten kommen insbesondere qualitative Verfahren zum Einsatz.

KNEIPP-Schule und Jahrgangsübergreifendes Lernen

Das gesundheitsorientierte Konzept der KNEIPP-Schule bietet eine gute Grundlage für den Einstieg in den Schulversuch und die Entwicklung hin zu einer jahrgangsübergreifend und inklusiv arbeitenden Grundschule.

---

2) Seite des Begleitforschungsprojekts: www.isb.uni-rostock.de/forschung/schulpaedago-gik-und-bildungsforschung/qualitaetsoffensive-lehrerbildung-lehren-in-m-v-1

Besonders für vertieftes Lernen spielen Wohlbefinden und die Fähigkeit, sich entspannt auf eine Sache einzulassen, eine wichtige Rolle. Zudem hat sich gezeigt, dass die gesundheitsorientierten Angebote zugleich einen Beitrag zur sozialen Integration der Lerngemeinschaft leisten. Vor diesem Hintergrund wird es leichter gelingen, kooperatives Arbeiten in jahrgangsheterogenen Gruppen zu etablieren. Gerade der ganzheitliche Ansatz des KNEIPP-Konzepts bietet ein Fundament für unsere lebendige, wertschätzende und vertrauensvolle Lernkultur.

Quellen

Grundmann, D. (2017): Bildung für nachhaltige Entwicklung in Schulen verankern. Handlungsfelder, Strategien und Rahmenbedingungen der Schulentwicklung. Wiesbaden: Springer. https://link.springer.com/content/pdf/10.1007/978-3-658-16913-8.pdf, Download am 03.10.2021.

WHO (2013): Gesundheit 2020. Rahmenkonzept und Strategie der Europäischen Region für das 21. Jahrhundert. Paris. www.euro.who.int/__data/assets/pdf_file/0009/215757/Health2020-Long-Ger.pdf, Download am 03.10.2021.

Ministerium für Bildung, Wissenschaft und Kultur Mecklenburg-Vorpommern – MBWK (2017): Strategie der Landesregierung zur Umsetzung der Inklusion im Bildungssystem in Mecklenburg-Vorpommern bis zum Jahr 2023. Kurzfassung. Schwerin: MBWK. www.regierung-mv.de/serviceassistent/download?id=1574407, Download am 03.10.2021.

Ministerium für Bildung, Wissenschaft und Kultur Mecklenburg-Vorpommern – MBWK (2019): Neues Schulgesetz ab 2020. Mehr Freiraum für die Schulen Mecklenburg-Vorpommerns. www.bildung-mv.de/aktuell/2019/schulgesetz-2019, Download am 03.10.2021.

Webseite der Schule

 https://mestlin.de/schule

Autorinnen und Autoren

Bauernschuster, Michael, Grundschullehrer, Grundschule Baierbrunn, www.grundschule.baierbrunn.de

Braunreuther, Antje, Lehrerin, Evangelisches Schulzentrum Muldental, www.eva-schulze-mtl.de

Brautmeier-Ulrich, Maxi, Schulleiterin, Grundschule Sande, www.gs-sande.de

Burkhardt, Doris, Schulleiterin, Grundschule Saarbrücken Am Ordensgut, www.grundschule-am-ordensgut.de

Carle Dr., Ursula, Professorin für Grundschulpädagogik an der Uni Bremen i. R., www.grundschulpaedagogik.uni-bremen.de

Cordes, Sabine, Rektorin, Schule am Wingster Wald, Wingst, www.grundschule-wingst.net

Cunis, Malte, Primarstufenorganisation, Winterhuder Reformschule, Hamburg, www.sts-winterhude.de

Dautel, Matthias, Grundschullehrer, Grundschule Schimmeldewog, www.kleine-schule.de

de Gooijer, Melanie, Sonderpädagogin, Grundschule Sande, www.gs-sande.de

Dombrowski, Jan, Projektkoordination, Winterhuder Reformschule, Hamburg, www.sts-winterhude.de

Ertel, Marja, Förderschullehrerin, Brüder-Grimm-Schule Ingelheim, www.bgs-ingelheim.de

Fritz, Martina, Grundschullehrerin, Grundschule Stein, www.grundschule-stein.com

Frühmorgen, Martina, Grundschullehrerin, Grundschule Baierbrunn, www.grundschule.baierbrunn.de

Gelesz, Marcel, Lehrer, Gemeinschaftsschule Otto Lilienthal, Erfurt, www.gemeinschaftsschule-otto-lilienthal.de

Geis, Volker, Grundschullehrer, Grundschule Saarbrücken Am Ordensgut, www.grundschule-am-ordensgut.de

Grom, Christina, Grundschullehrerin, Brüder-Grimm-Schule Ingelheim, www.bgs-ingelheim.de

Großmann, Klaus, Rektor, Brüder-Grimm-Schule Ingelheim, www.bgs-ingelheim.de

Gukelberger, Boris, Bereichsleiter Bildung & Jugendhilfe, Kotti Nachbarschafts- und Gemeinwesenverein am Kottbusser Tor e.V., Berlin, www.kotti-berlin.de

Hallmann, Barbara, Journalistin, Kamern, www.freie-schule-elbehavelland.de

Hansmann, Melanie, Grundschullehrerin, Grundschule Bubenreuth, www.grundschule-bubenreuth.de

Hartwig, Tina, Grundschullehrerin, Brüder-Grimm-Schule Ingelheim, www.bgs-ingelheim.de

Haußmann, Dorothea, Konrektorin, Grundschule Bubenreuth, www.grundschule-bubenreuth.de

Hentschel-Gärtner, Simone, Schulleiterin, Grundschule Schimmeldewog, www.kleine-schule.de

Hertel, Lenka, Grundschullehrerin, Hans-Quick-Schule Bickenbach, https://hans-quick.bickenbach.schule.hessen.de

Huber, Gaby, Grundschullehrerin, Grundschule Schuttertal, www.grundschule-schuttertal.de

Hunfeld, Beate, Schulleiterin, Hans-Quick-Schule Bickenbach, https://hans-quick.bickenbach.schule.hessen.de

John, Simone, Grundschullehrerin, Grundschule Bubenreuth, www.grundschule-bubenreuth.de

Karlsberg, Andrea, Primarstufenleiterin, Winterhuder Reformschule, Hamburg, www.sts-winterhude.de

Kastel, Conni, Lehrerin, Grundschule Rellinger Straße, Hamburg, www.schule-rellinger-strasse.de

Kauder, Stefan, Schulleiter, Ganztagsschule Appelhoff, Hamburg, https://schule-appelhoff.hamburg.de

Keyser, Andrea, Schulleiterin, Grundschule Steinbergkirche, www.grundschule-steinbergkirche.lernnetz.de

Kies, Patricia, Grundschullehrerin, Brüder-Grimm-Schule Ingelheim, www.bgs-ingelheim.de

Krieg, Corinna, Grundschullehrerin, Grundschule Baierbrunn, www.grundschule.baierbrunn.de

Maier, Doris, Grundschullehrerin, Grundschule Bubenreuth, www.grundschule-bubenreuth.de

Mangold, Alexandra, Rektorin, Hermann-Brommer-Schule Merdingen, www.hermann-brommer-schule.de

Mathein-Landschütz, Ulrike, Grundschullehrerin, Grundschule Bubenreuth, www.grundschule-bubenreuth.de

Münch, Cornelia, Schulleiterin, Gemeinschaftsschule Otto Lilienthal, Erfurt, www.gemeinschaftsschule-otto-lilienthal.de

Nagel-Jung, Susanne, Rektorin, Reinhold-Schneider-Schule Freiburg, www.reinhold-schneider-schule.de

Neuffer, Andreas, Förderlehrer, Steinmetz, Diplom-Künstler, Grundschule Rellinger Straße, Hamburg, www.schule-rellinger-strasse.de

Noll, Karolin, Lehrerin, Gemeinschaftsschule Otto Lilienthal, Erfurt, www.gemeinschaftsschule-otto-lilienthal.de

Ortner, Marie-Luisa, Grundschullehrerin, Grundschule Stein, www.grundschule-stein.com

Osterhues-Bruns, Eva-Maria, stellv. Schulleiterin, Grundschule Nordholz, www.grundschule-nordholz.de

Pauli, Carmen, Lehrerin, 59. Grundschule Jürgen Reichen, Dresden, www.59-grundschule-dresden.de

Pehle, Michael, Digital-Team, Winterhuder Reformschule, Hamburg, www.sts-winterhude.de

Petzak, Steffen, Schulleiter, KNEIPP Grundschule Mestlin, www.mestlin.de/schule

Putler, Susanne, Studienrätin, Grundschule, Grundschule Stein, www.grundschule-stein.com

Quosdorf, Katrin, stellvertretende Schulleiterin, 59. Grundschule Jürgen Reichen, Dresden, www.59-grundschule-dresden.de

Ristow, Stefanie, Grundschullehrerin, Grundschule Stein, www.grundschule-stein.com

Rosner, Johanna, Sonderpädagogin, Hermann-Brommer-Schule Merdingen, www.hermann-brommer-schule.de

Rottler, Kathrin, Lehrerin, Grundschule Stein, www.grundschule-stein.com

Ruge-Strudthoff, Gunda, Schulleiterin, Grundschule Borchshöhe, Bremen, www.schule-borchshöhe.de

Rupp-Uhlig, Beate, pädagogisch-didaktische Koordination, Winterhuder Reformschule, Hamburg, www.sts-winterhude.de

Ruthmann, Raphaela, Lehrerin, Grundschule Sande, www.gs-sande.de

Schega, Markus, Schulleiter der Nürtingen-Grundschule, Berlin, www.nuertingen-grundschule.de

Schillmöller, Georg, Schulleiter i. R., Grundschule Nordholz, www.grundschule-nordholz.de

Schindler, Kerstin, Schulleiterin, Grundschule Brück, http://grundschule.campus-brueck.de

Schneidewind, Laura, Grundschullehrerin, Grundschule Baierbrunn, www.grundschule.baierbrunn.de

Schubert, Johannes, Rektor, Adolf-Reichwein-Bildungshaus Freiburg, https://adolf-reichwein-bildungshaus.de

Semmelmann, Vivien, Grundschullehrerin, Grundschule Stein, www.grundschule-stein.com

Sickau, Dörthe, Rektorin, Thaddäus-Rinderle-Schule Staufen, www.trs-staufen.de

Spiers, Kerstin, Grundschullehrerin, Grundschule Bubenreuth, www.grundschule-bubenreuth.de

Strömel, Lars, Konrektor, Brüder-Grimm-Schule Ingelheim, www.bgs-ingelheim.de

Stumpf, Petra, Schulleiterin, Grundschule Rellinger Straße, Hamburg, www.schule-rellinger-strasse.de

Tröbitz, Claudia, Lehrerin, Evangelisches Schulzentrum Muldental, www.eva-schulze-mtl.de

Vanin-Andresen, Alexandra, Schulleiterin, Otfried-Preußler-Schule, Hannover, https://wordpress.nibis.de/opgs

Wagner, Frank, Schulleiter, Gebrüder-Grimm-Schule, Hamm, www.gebr-grimm.schulnetz.hamm.de

Weber, Hendrik, Ganztagskoordination, Winterhuder Reformschule, Hamburg, www.sts-winterhude.de

Zippelius-Wimmer, Martina, Rektorin, Grundschule Bubenreuth, www.grundschule-bubenreuth.de

Lieferbare Bücher des Grundschulverbandes

Herausgeber: Der Vorstand des Grundschulverbandes e.V.

Mitgliederbände

151   KINDER LERNEN ZUKUNFT: Über die Fächer hinaus: Prinzipien und Perspektiven

150   KINDER LERNEN ZUKUNFT: Anforderungen und tragfähige Grundlagen

148/149   Auf dem Weg zur kindergerechten Grundschule

147   Bildung für nachhaltige Entwicklung. Eine Aufgabe für alle Fächer und Lernbereiche

146   Sprachen und Kulturen

145   Kinder beim Übergang begleiten. Von der Anschlussfähigkeit zur gemeinsamen Verantwortung

144   Gemeinsam Mathematik lernen – mit allen Kindern rechnen

143   Forschung für die Praxis

142   Grundschrift – Kinder entwickeln ihre Handschrift

141   Neue Medien in der Grundschule 2.0

140   Rechtschreiben in der Diskussion – Schriftspracherwerb und Rechtschreibunterricht

139   Erzählen, vorlesen, zum Schmökern anregen

138   Gemeinsam unterwegs zur inklusiven Schule

137   Lernwerkstätten – Potenziale für Schulen von morgen

136   Sachunterricht in der Grundschule entwickeln – gestalten – reflektieren

135   Kompetenzen stärken – individuell fördern, Schuber II (ab Kl. 3)

134   Kompetenzen stärken – individuell fördern in der Eingangsstufe (Kl. 1 und 2)

133   Schreibkompetenz und Schriftkultur

132   Grundschrift. Damit Kinder besser schreiben lernen

131   Grundschule entwickeln – Gestaltungsspielräume nutzen

130   Kinder in Gesellschaft – Was wissen wir über aktuelle Kindheiten?

129   Allen Kindern gerecht werden. Aufgabe und Wege

126   Fremdsprachen in der Grundschule. Auf dem Weg zu einer neuen Lern- und Leistungskultur

125   Schule außerhalb der Schule. Lehren und Lernen an außerschulischen Orten

124   Pädagogische Leistungskultur: Ästhetik, Sport, Englisch, Arbeits-/Sozialverhalten

123   Lehren und Lernen in jahrgangsgemischten Klassen

121   Pädagogische Leistungskultur: Materialien für Klasse 3 und 4

120   Deutsch als Zweitsprache lernen

119   Pädagogische Leistungskultur: Materialien für Klasse 1 und 2

118   Leistungen der Kinder wahrnehmen – würdigen – fördern

116   Kinder beteiligen – Demokratie lernen?

114   Freiarbeit in der Grundschule – offener Unterricht in Theorie und Praxis

113   Schatzkiste Sprache 2

104   Schatzkiste Sprache 1

„Eine Welt in der Schule"

Sammelband (grün): Eine Welt in der Schule

Aminatas Entdeckung (Kinderbuch)

Material-CD zu Aminatas Entdeckung

Wissenschaftliche Expertisen

Zu viele Aufgaben, zu wenig Zeit: Überlastung von Lehrkräften in der Grundschule

Jahrgangsübergreifendes Lernen

Sind Noten nützlich und nötig?

Inklusive Bildung in der Primarstufe

Extras

Förderkartei zur Schreibmotorik. 25 Impulskarten und 1 Heft mit Praxishilfen

Grundschrift-Kartei zum Lernen und Üben. Teil I und II

Faktencheck Grundschule. Populäre Vorurteile und ihre Widerlegung

Sie können sich per Post an
Grundschulverband e. V.,
Frankfurter Straße 74–76, 63263 Neu-Isenburg
oder Fax (06102 8821664) anmelden oder auch
auf unserer Homepage www.grundschulverband.de

Ich bin dabei!

● Für meine **Ausbildung** finde ich zu vielen Themen nachhaltige Informationen, Ideen und Praxisbeispiele.

Ich beantrage die Mitgliedschaft im Grundschulverband e. V.
Als Mitglied erhalte ich jährlich zwei neue Mitgliedsbände aus der Reihe „Beiträge zur Reform der Grundschule" sowie viermal im Jahr die Zeitschrift „Grundschule aktuell" jeweils nach Fertigstellung kostenfrei zugesandt.

Den angekreuzten Jahresbeitrag

☐ **Mitgliedsbeitrag Einzelmitglied** 75,– €

☐ **Ermäßigter Beitrag** 39,– €
(während Studium oder Referendariat / bitte belegen)

☐ **Probemitgliedschaft für 1 Kalenderjahr** 25,– €
(während Studium oder Referendariat / bitte belegen)

☐ **Mitgliedsbeitrag Schulen** 75,– €

☐ **Förderbeitrag** mindestens 39,– €
(z. B. für Pensionäre, die weiterhin aktuell informiert werden wollen und andere Förderer, die die Arbeit des Grundschulbandes unterstützen möchten)

☐ zahle ich nach Erhalt der Jahresrechnung
☐ zahle ich per Einzug im SEPA-Lastschriftverfahren:

Kreditinstitut (Name und BIC) _____

IBAN _____

_____
Vor- und Nachname

_____
Straße und Hausnummer

_____
PLZ und Ort

_____
E-Mail   Tel.

☐ Ja, ich möchte den kostenlosen Newsletter erhalten.

_____
Datum und Unterschrift

Als neues Mitglied im Grundschulverband e. V. erhalten Sie kostenfrei einen Band aus der Reihe „Beiträge zur Reform der Grundschule" als Aufnahmegeschenk *(gilt nicht für Probemitgliedschaft)*:

☐ Als neues Mitglied im Grundschulverband wünsche ich mir den Band _____ als Aufnahmegeschenk.

● Als **Ausbildner/in** bekomme ich Materialien und Informationen die mir helfen, die Inhalte der Aus- und Weiterbildung zukunftsorientiert zu gestalten.

● Für meine **tägliche Arbeit** und für fachliche Diskussionen erhalte ich durch die Veröffentlichungen des Grundschulverbands praxiserprobte Unterrichtsvorschläge und Praxishilfen.

● Meine Schule findet für ihre **Schulentwicklung** Impulse, Bestärkung, Austauschforen und Bündnispartner.

● Für das **Gespräch mit Eltern** bekomme ich fundierte Argumentationshilfen zu Schulpraxis und Bildungspolitik, die meine Wirksamkeit in der Zusammenarbeit mit Eltern stärken.

● Ich erhalte **Argumente** zu bildungspolitischen, schulpraktischen und forschungsbezogenen Entwicklungen und bin stets gut informiert für fachliche Diskussionen.

● In der **Landesgruppe** meines Bundeslandes komme ich mit Gleichgesinnten, mit Experten aus Wissenschaft und Praxis in einen **anregenden Austausch.**

● Über einen **mitgliederstarken Verband** kann ich meine Ideen weitergeben und meine Anliegen finden mehr Gehör.

● Durch **meine Mitgliedschaft** kann ich dazu beitragen, dass die Bildungsansprüche ALLER Kinder in der politischen Diskussion überparteilich und bundesweit mehr Gewicht bekommen.

Machen auch Sie mit!